beck**ʼsche**
reihe

bsr

Das Bild Atatürks ist bis heute in der Türkei allgegenwärtig. Schon zu seinen Lebzeiten setzte der Personenkult um den visionären und entscheidungsstarken Mann mit der Lammfellmütze ein, der westliche wie östliche Beobachter beeindruckte. Gegen den Widerstand der Sieger des Ersten Weltkriegs erkämpfte er die Unabhängigkeit und rief 1923 den ersten türkischen Nationalstaat aus. Atatürk verordnete einen beispiellosen Traditionsbruch: Das altehrwürdige Sultanat und das Kalifat wurden abgeschafft, Turbane, Fese und Gesichtsschleier aus der Öffentlichkeit verbannt. Die Hauptstadt wurde von Istanbul nach Ankara verlegt, die arabische Schrift durch die lateinische ersetzt und das islamische Bildungswesen rigoros unterdrückt. Europäische Gesetze sorgten für die Gleichstellung der Frauen. Wie konnte ein aus bescheidenen Verhältnissen stammender Berufssoldat zum Staatschef und Kulturrevolutionär werden? Klaus Kreiser erzählt höchst anschaulich das Leben Mustafa Kemals und zeigt, wie die historischen Umstände und die richtigen Verbindungen, aber auch Machtbewusstsein und Charisma einen einzigartigen Aufstieg ermöglicht haben.

Klaus Kreiser, geb. 1945, ist Professor em. für Turkologie an der Universität Bamberg. Bei C.H.Beck erschienen von ihm außerdem «Istanbul. Ein historischer Stadtführer» (2. Auflage 2009) sowie «Geschichte Istanbuls» (2010).

Klaus Kreiser

ATATÜRK

EINE BIOGRAPHIE

Verlag C.H.Beck

Dieses Buch erschien zuerst in gebundener Form im Verlag C.H.Beck.
1.–3. Auflage. 2008

Mit 38 Abbildungen und 4 Karten

1. Auflage in der Beck'schen Reihe. 2011
© Verlag C.H.Beck oHG, München 2008
Satz: Fotosatz Amann, Aichstetten
Druck u. Bindung: Druckerei C.H.Beck, Nördlingen
Umschlaggestaltung: www.kunst-oder-reklame.de
Reihengestaltung: malsyteufel, Willich
Umschlagbild: Mustafa Kemal, 1923, © Bettmann / Corbis
Printed in Germany
ISBN 978 3 406 61978 6

www.beck.de

INHALT

VORBEMERKUNG ZU UMSCHRIFT UND NAMEN

Für die Wiedergabe des Türkischen vor der Latinisierung im Jahr 1928 habe ich auf die in der Wissenschaft üblichen Sonderzeichen verzichtet. Bei Personennamen bevorzuge ich die Anlehnung an die ältere Schreibweise, bei der «Ahmed» oder «Mehmed» statt, wie heute üblich, «Ahmet» und «Mehmet» steht. Personen, die 1935 einen Familiennamen bekommen haben, werden in der Regel bei der ersten Nennung mit diesem und ihren Lebensdaten erwähnt. Das Personenregister verweist von den üblichen Eigennamen auf die späteren Familiennamen (zum Beispiel von «İnönü» auf «İsmet İnönü»). Ein geographisches Register erleichtert durch Verweise das Auffinden älterer Städtenamen (wie Manastir, das heutige Bitola).

VORWORT

Mustafa Kemal Atatürk ist die Hauptperson dieses Buches. Er beherrschte die politische Szene im Drama des niedergehenden Osmanischen Reichs und der neuen Türkischen Republik. Aber es war kein Einpersonenstück. Viele Mitstreiter und Gegner umgaben ihn. Daher müssen in diesem Buch vor den Kulissen von Saloniki, Bitola, Istanbul, Ankara und vieler anderer Orte auch seine Familie, Freunde, Kameraden und Gegner auftreten. Atatürk selbst agierte in verschiedenen Rollen, zunächst als Soldat und Politiker, der sich für die Verkörperung des Willens der Nation hielt, dann als Kulturrevolutionär, der Religion und Recht, Geschichtsbild und Sprache, Kleidung und Musik tiefgreifend verändern wollte. Nachgezeichnet wird daher auch der Weg vom bildungshungrigen Offizier zum Gestalter der türkischen Moderne.

Viele Quellen zu Atatürk sind bisher nur ansatzweise ausgewertet worden. Die meisten Texte werden hier zum ersten Mal in deutscher Übertragung zugänglich. Ich habe versucht, durch Zitate Atatürks und seiner Zeitgenossen die Darstellung möglichst anschaulich zu machen.

Ich setze bei meinen Lesern keine Kenntnisse der türkischen Kultur und Geschichte voraus, lasse sie aber an einigen Stellen in die Forschungsdiskussion Einblick nehmen. Die Studien zu Atatürk haben in den letzten Jahren starke Impulse von Autoren erhalten, die sich das bekannte Quellenmaterial erneut vorgenommen und gegen den Strich gelesen haben. Ich habe aus eher affirmativen wie auch aus revisionistischen Ansätzen viel gelernt. Insgesamt war meine Arbeit einfacher als die vieler türkischer Biographen, deren persönliches Engagement in den Konflikten der Gegenwart ihre Sichtweise beeinflusst. Mein Ziel war es, letztlich dem Leser die Entscheidung zu überlassen, welchem Atatürkbild er zustimmt und welches er ablehnt.

Dankbar habe ich Hinweise von Freunden und Kollegen aufgegriffen. Stellvertretend für viele seien genannt Semih Tezcan (Bamberg/Ankara), Winfried Riesterer (München) und Erik Jan Zürcher (Leiden). Ulrich Nolte hat effizient geholfen, aus einem Manuskript ein Buch zu machen.

Berlin und Istanbul, im Mai 2008 *Klaus Kreiser*

DER MANN MIT DEN VIELEN NAMEN

Mustafa? Kemal? Gazi? Paşa? Atatürk? Wie lautet eigentlich sein «richtiger» Name? Der Leser einer Atatürk-Biographie hat Anspruch auf eine kleine Namenskunde und eine Erklärung der verschiedenen Titel. Da Mustafa Kemal erst 1934 den bürgerlichen Familiennamen Atatürk annahm, kommt kein Buch über den ungewöhnlichen Mann mit einem Namen aus. Die Namen, Ränge und Titel, die ihm im Laufe seines Lebens verliehen wurden, lösten einander nicht einfach ab, sondern bestanden längere Zeit nebeneinander fort. Wenn man in den Notizbüchern seines Weggefährten İsmet (İnönü) blättert, findet man noch in den Einträgen des Jahres 1937 die Bezeichnung Gazi, auch wenn er ab 1935 gelegentlich von Atatürk schreibt. In İnönüs Aufzeichnungen von vor 1922 stößt man zudem auf «Oberbefehlshaber» *(başkumandan)*, am häufigsten aber bleiben zunächst die Titel Gazi oder Gazi *Paşa*. Auch sein Schulfreund Ali Fuad (Cebesoy) spricht in seinen Erinnerungen stets von Gazi beziehungsweise Gazi *Paşa*. Diese Beispiele, die sich vervielfachen ließen, sind bemerkenswert, weil Atatürk selbst die beiden osmanischen Titel durch ein Gesetz abschaffte.

Atatürk signierte sein offizielles Porträt mit dem ausgeschriebenen Titel Gazi und dem schwungvoll abgekürzten Namen Mustafa Kemal. Es wurde einige Jahre vor der Latinisierung der osmanischen Schrift im Jahr 1928 verbreitet.

Der aller Wahrscheinlichkeit nach im Winter 1880/81 oder im Frühjahr 1881 in der osmanischen Provinzhauptstadt Saloniki (türk. Selanik) geborene Knabe war das vierte Kind von Ali Rıza Efendi und seiner Frau Zübeyde. Nach türkischer Sitte erhielt er beim Abtrennen der Nabelschnur den *Göbek adı* («Nabelnamen») Mustafa: einen Beinamen des Propheten Muhammad, der für türkische Muslime ohne Arabischkenntnisse die Bedeutung «Auserwählter» hat. Noch heute gehört er zu den häufigsten männlichen Rufnamen in der Türkei und in anderen Teilen der islamischen Welt.

Die Eltern hatten Glück mit dem Knaben, sollte er doch anders als seine jung verstorbenen Geschwister Fatma, Ahmed und Ömer das Kindesalter überleben. Der Vater, der sich zunächst als kleiner Finanzbeamter, dann als Brennstoffhändler durchschlug, starb schon um 1888 im Alter von 47 Jahren. Die Mutter, die erst 1923 mit ungefähr 72 Jahren verstarb, wurde noch Zeugin des Aufstiegs ihres Sohnes zum Führer der neuen Türkei. Alle uns bekannten Familienmitglieder trugen Namen mit arabischen Wurzeln, zum größeren Teil nach Personen aus der Umgebung des Propheten. Zübeyde jedoch ist ein recht seltener Frauenname, der beispielsweise nur einmal in der osmanischen Sultansfamilie vergeben wurde.

Von Atatürks Mutter Zübeyde gibt es nur wenige Aufnahmen. Diese entstand kurz vor ihrem Tod in İzmir (1923). Die Photographie ihres berühmten Sohns schmückt die Wand.

Da es sich bei Mustafas Eltern um in bescheidenen Verhältnissen lebende Leute handelte, erscheint auch nirgendwo ein Sippenname, wie
ihn osmanische Großfamilien mit jahrhundertealten Stammbäumen trugen, der auf -«Sohn» oder -«Söhne» endete (pers. *-zâde* oder türk. *-oğul-
ları*). Mustafas Gattin Latife hingegen, die aus einer in Westanatolien
ansässigen Mittelschichtfamilie stammte, führte den Sippennamen Hel-
vacı-Zâde, den sie nach 1935 gegen Uşaki-Zâde tauschte. Vater und Groß-
vater Latifes, damals schon gestandene Kaufleute, waren aus der Tep-
pichstadt Uşak nach İzmir gekommen.

Nach eigener Darstellung wurde Mustafa 1894 oder 1895 wegen seiner guten Leistungen im Mathematikunterricht an der militärischen
Vorbereitungsschule in Saloniki mit dem Beinamen «Kemâl» ausgezeichnet, um sich von seinem Lehrer, einem einfachen Mustafa, zu unterscheiden. *Kemâl* bedeutet, für jeden Gebildeten der Zeit verständlich, «Voll-
kommenheit, Perfektion». Doppelnamen zu führen war in der osmanischen Elite die Regel, die Häufigkeit von Geburtsnamen wie Mehmed
oder Ahmed und eben auch Mustafa machte einen solchen Zusatz im
Alltag schlicht notwendig. Die Atatürk-Forscher haben sich nicht einigen können, ob diese Erzählung aus dem Mund ihres Helden völlig stim-
mig ist. Ging es tatsächlich darum, eine wenig einleuchtende Verwechs-
lung mit seinem Lehrer auszuschließen? Oder war ein gleichnamiger
Schüler die Ursache? Manche Autoren glauben, Mustafa habe sich den
Namen selbst zugelegt wegen seiner grenzenlosen Verehrung für den ersten türkischen «Nationaldichter» Namık Kemal (1840–1888). Auf den
staatlichen Schulen behalf man sich ansonsten mit näheren Bestimmungen wie der Angabe des Geburtsorts (Selanikli Mustafa: «Mustafa aus
Saloniki») oder simplen Ordnungszahlen.

In Manastir, dem heutigen Bitola, der nächsten Station des jungen
Mustafa Kemal, erhielt der Kriegsschüler 1896 die *apolet* («Schulter-
klappennummer», von franz. *épaulette*) 7348. Die Schüler der Vorberei-
tungsklassen der Kadettenanstalt hatten noch keine Ränge, sie galten
wie die Anfänger in der Zivilbürokratie als «Lehrlinge» *(şagirdân)*. Erst
auf der Kriegsschule in Istanbul wurden die *şagirdân* dann mit *Efendi*
(«Herr») angesprochen. Bei seiner Aufnahme wurde Mustafa Kemal am
1. März 1899 mit folgenden Worten in das Register eingetragen:

Der Sohn des verstorbenen Zollbeamten Ali Rıza Efendi aus Saloniki, wohnhaft im
Quartier Koca Kasım, Mustafa Kemâl, groß gewachsen, von heller Gesichtsfarbe,
(geboren) in Saloniki (im Jahr) 1296 (1880/81).

Auf alle Fälle war Mustafa durch den Zusatz «Kemâl», wie immer er entstanden sein mag, leichter identifizierbar. Der Beiname trat bald in den Vordergrund. Die intimen Briefe an die *chère* Corinne, von denen noch öfter die Rede sein wird, sind teilweise mit «Kémal» (man beachte den aparten *accent*), teilweise mit «M. Kémal» unterschrieben. In einem weiteren Brief an Corinne von der Front aus dem Jahr 1916, in dem er sich etwas leichtfertig über einen hohen Befehlshaber lustig machte, verwendete er das Pseudonym «M. Noury». «Nûrî» lässt sich traditionell mit «der Erleuchtete» wiedergeben und war ein Beiname des Kalifen Osman, wahrscheinlich wollte er damit jedoch nur seine Bildung ins Spiel bringen. In der Folgezeit sollte er in aller Regel mit «M. Kemal» signieren, in seinen letzten Jahren unterschrieb er mit «K. Atatürk» unter vollständiger Weglassung des Vornamens Mustafa. Das hat die Bezeichnung seiner Ideen und Prinzipien als Kemalismus erleichtert, denn aus «Mustafa» lässt sich nicht so leicht ein *-ismus* bilden.

Das sich reformierende osmanische Heer hatte eine an die europäischen Armeen angelehnte Hierarchie, die Mustafa Kemal vom Unteroffizier *(çavuş)* über sämtliche Offiziersränge bis zum Brigadegeneral und Feldmarschall durchlief. Als er die Istanbuler Kriegsakademie 1905 als Fünftbester im Rang eines Unterleutnants verließ, hatte er die folgenden militärischen Rangbezeichnungen noch vor sich: Hauptmann (1905), *Kolağası* (Vizemajor 1907), Major (1911), Oberst (1915) und – im Jahr nach der historischen Verteidigung der Dardanellen – Brigadegeneral (1916), Befehlshaber der 2. Armee und der 7. Armee bis zur Kapitulation des Osmanischen Staats am 30. Oktober 1918. Überdies führten Offiziere bis hinauf zum Oberst den Titel *Bey* («Herr»).

Nach zehn Jahren fortgesetzter Beförderungen hatte Kemal Bey also 1916 die Feldoffiziersränge hinter sich gelassen und wurde ein «Pascha». Der Ursprung dieses Wortes – hergeleitet aus dem iranischen *padişâh* für «Herrscher» – ist völlig verwischt. Jedenfalls ist der Militärtitel in allen denkbaren orientalischen und südosteuropäischen Sprachen verbreitet. Im osmanischen Reich wurde der Titel seit dem 19. Jahrhundert auch an hohe Zivilbeamte wie die Gouverneure von Provinzen verliehen und selbst an Ausländer in osmanischen und ägyptischen Diensten. In diesem Buch werden wir in den Abschnitten über den Ersten Weltkrieg noch deutschen Befehlshabern wie Goltz Paşa und Liman von Sanders Paşa begegnen.

Nach dem Zusammenbruch des Istanbuler Regimes (1922) nannte man nur noch die Generäle «Pascha». Das gesetzliche Verbot des Titels im November 1934 änderte nichts an seiner bis heute anhaltenden Popularität. Jedenfalls blieb für den späteren Atatürk zwischen 1916 und 1934 «Mustafa Kemal Paşa» beziehungsweise zunehmend nur «Kemal Paşa» die üblichste und neutralste Bezeichnung. Ausländische Berichterstatter schrieben während des Befreiungskrieges (1919–1922) und danach überwiegend über «Kemal» und folgerichtig über seine Anhänger als «Kemalisten». Damit war aber zunächst nicht die Vorstellung von einer progressiven, westlich orientierten Bewegung verbunden. Unter Kemalisten verstand die Öffentlichkeit in Orient und Okzident vor allem die Kraft, die sich in Anatolien gegen die Kapitulationspolitik der Sultansregierung wehrte. Befremdlich für türkische Ohren war die unkorrekte Stellung von «Pascha» vor dem Namen, wie zum Beispiel in einer Meldung der Londoner *Times*: «Pasha Mustapha Kemal».

Am 9. August 1919 wurde Mustafa Kemal durch ein Befehlsschreiben des Sultans als Heeresinspekteur abgesetzt und als General verabschiedet. Bei dieser Gelegenheit verlor er nicht nur die zahlreichen Orden und Medaillen, mit denen er ausgezeichnet worden war, sondern auch den Titel «Ehrenadjutant seiner Majestät des Sultans» *(Yâver-i Hazret-i Şehriyâr)*. Diesen hatte er allerdings erst ein Jahr zuvor erhalten, und er legte wohl keinen allzu großen Wert darauf.

Im September 1921, wenige Tage nach der Abwehr der griechischen Invasionsarmee am Sakarya-Fluß, zeichnete die Große Nationalversammlung in Ankara ihren Präsidenten und Oberbefehlshaber Mustafa Kemal mit dem Titel *Gazi* aus. Diese arabische Bezeichnung für einen islamischen Krieger ist schon für die Zeit des Propheten Muhammad belegt und wurde bei den Osmanen zunächst für Herrscher verwendet, die aktiv und siegreich an Feldzügen teilnahmen. Später nannte man auch einzelne Feldherren Gazi. Am Ende beanspruchten sogar Sultane wie Abdülhamid II. und Mehmed V. den Titel Gazi, nachdem ihre Armee eine Schlacht gewonnen hatte.

Gleichzeitig wurde Mustafa Kemal zum Feldmarschall (osman. *müşir*, später *mareşal*) ernannt. Die türkische Geschichte kennt nur noch einen General, der mit dem Marschallstitel ausgezeichnet wurde: Mustafa Kemals langjährigen Kameraden Fevzi (Çakmak). Die französischsprachige Zeitung *Stamboul* gebrauchte am 3. November 1923 die Bezeichnung «*Maréchal* Mustafa Kemal Pacha». In derselben Ausgabe wurde der Kalif Abdülmecid in einer Notiz über seine Ausfahrt zum Freitagsgebet *(selamlık)* als *S(a) M(ajesté)* apostrophiert. Diese Aufwertung las man in Ankara weniger gern, war der Ort doch damals schon seit einigen Monaten

Hauptstadt der Türkei und Mustafa Kemal erster Präsident der Republik.

Eine wahre Inflation erlebte seit Anfang der dreißiger Jahre das Wort *Şef* («Chef») oder *Büyük Şef* («Großer Chef»), das man als Lehnübertragung von *re'is* ([Staatsober]Haupt) auffassen muss. Ministerpräsident Celal Bayar verwandte es in seiner Regierungserklärung vom 1. November 1937 nicht weniger als 39 Mal. Noch in der Meldung von Atatürks Tod am 10. November 1938 hieß es von Seiten der Ärzte, dass «unser großer *Şef* in einem tiefen Koma das Leben verlassen hat».

Obwohl es auch andere erfolgreiche türkische Feldherren im Befreiungskrieg gab, blieb der eher islamisch-traditionelle *Gazi*-Titel auf Mustafa Kemal beschränkt. Man muss hinzufügen, dass *gazi* zugleich alle an einem siegreichen Krieg beteiligten einfachen türkischen Soldaten meinte, ohne dass einzelne Veteranen *Gazi* als Titel führen konnten. In der amtlichen Korrespondenz lesen wir *Gazi Hazretleri* oder *Gazi Paşa Hazretleri*, das heißt «Seine Exzellenz der Gazi (Pascha)». Eine noch stärker religiöse Grundbedeutung hat die Bezeichnung *mücâhid* «Glaubenskämpfer, Vorkämpfer im Glaubenskrieg *(cihâd)*», mit der Mustafa Kemal vom Sprecher der «Gesellschaft zur Verteidigung der Rechte der Ostprovinzen» im Juli 1919 angeredet wurde.

Als er am 2. Oktober 1922 mit dem Zug aus İzmir in Ankara eintraf, wurde Musatafa Kemal am Bahnhof von einer großen Menschenmenge mit Transparenten begrüßt: *Bin yaşa, Gazi Paşa* («Mögest Du tausend Jahre leben, Gazi-Pascha»). Die Landkarte Kleinasiens musste ab diesem Zeitpunkt umgezeichnet werden. Das griechische Invasionsheer war geschlagen, die Türken befanden sich seit dem 9. September wieder im Besitz von İzmir, die letzten Truppen des Feindes hatten über Çeşme das Land verlassen, und ihr Führer General Trikoupis war als Gefangener nach Ankara gebracht worden. Wenige Tage später, am 11. Oktober, wurde in Mudanya der Waffenstillstand mit Griechenland unterzeichnet.

Verknüpft wurde der *Gazi*-Titel überdies mit dem Wort «Retter, Befreier». Auf einem Plakat aus den zwanziger Jahren wurden unter der Überschrift «Die Retter des Islam» Porträtmedaillons von Mustafa Kemal und 13 weiteren Kommandanten gezeigt. In der Bildmitte war die Gestalt einer jungen Frau zu sehen, die als Allegorie für den Nationalpakt *(Misâk-i Millî)* vom 28. Januar 1920 galt, der die Grenzen der Nachkriegstürkei entlang der Waffenstillstandslinien festlegen sollte. Eine solche Vielzahl von «Rettern» *(halâskâr)* war nach 1925 mit dem

Übergang zur «Diktatur der Volkspartei» nicht mehr vorstellbar. Es gab fortan nur *einen* Befreier und Erlöser. Auch das im Nachkriegsfrankreich entstandene Konzept vom Unbekannten Soldaten wurde letztlich verworfen. Ohne das Genie des *Gazi* wären die Kriege nicht zu gewinnen gewesen, erklärten seine Gefolgsleute.

Am 15. Dezember 1923 druckte die Istanbuler Zeitung *Vakit* Texte Mustafa Kemal Paşas im Faksimile ab und bezeichnete ihn als den «großen Retter» *(büyük münci)*. Dieser heute völlig vergessene Ehrentitel erschien sogar als Anrede in Briefen. Latife verwandte das Wort in einem Liebesbrief an den Pascha vom 25. Oktober 1922. In einem Bericht von Ağaoğlu Ahmed Bey (1869–1939), einem aserbaidschanischen Intellektuellen, der in türkische Dienste getreten war, las man im Jahr 1926: «An seine Exzellenz, unseren Retter, den großen Gazi Mustafa Paşa.» *Münci* ist mit dem Wort *necât* in der Bedeutung «Erlösung», «Befreiung» verwandt. Beide Begriffe gehen auf eine gemeinsame arabische Wurzel zurück. Mustafa Kemal gebrauchte *necât* in einer kurzen Rede in Erzurum (1. August 1919), als er von der «Erlösungshoffnung unserer Nation» sprach, wohlgemerkt zu einem Zeitpunkt, als er noch nicht als *münci* gelten konnte. Ein Wochenblatt *(Asri Hafta)* unterschrieb, charakteristisch für die unterwürfige Presse dieser Jahre, das Titelbild vom 7. November 1926 mit «Seine Exzellenz, Mustafa Kemal Paşa, unser Erretter und Erlöser, unser ruhmreicher und großer Gazi». Auch andere Paschas hatten zur Befreiung des Landes an verschiedenen Fronten beigetragen, aber nur Mustafa Kemal wurde mit der Erfüllung dieser Heilserwartung in Verbindung gebracht.

«Retter» *(halâskâr)* hat im Gegensatz zu dem messianischen *münci* eher eine nüchterne, politische Bedeutung. Allein die häufige Verwendung des Plurals verweist darauf, dass wir es noch nicht mit einem geschichtlich einmaligen, geradezu auf eschatologische Dimensionen verweisenden Erlöser zu tun haben. Bei der Eröffnung der zweiten Sitzungsperiode der Nationalversammlung *(Millet Meclisi)* am 11. August 1923 hielt der Alterspräsident und letzte osmanische Reichshistoriker Abdurrahman Şeref Bey (1853–1925) eine Ansprache, in der er die erste Nationalversammlung von 1920 als «Retterin *(halâskâr)* des Vaterlandes» bezeichnete. Die Pflicht dieser zweiten *Meclis* sei es, eine neue Staatsordnung zu schaffen. Ausdrücklich sprach Abdurrahman Şeref nicht von Mustafa Kemal als «Retter», sondern hob die Rolle der versammelten Deputierten unter dem Dach einer Institution, der Nationalversammlung, hervor.

Ein eigenes Kapitel stellt der Titel «Oberlehrer» dar. Es handelt sich hier nicht um eine devote oder gar ironisch eingesetzte Bezeichnung für den Propagandisten der Schriftreform. Das Parlament betraute Mustafa Kemal 1928 vielmehr in aller Form mit dem Amt des «Oberlehrers *(başmuallim)* der Nationalschulen», die Lese- und Schreibkenntnisse in die breite Bevölkerung tragen sollten.

Ab 1934 verlieh Atatürk einer größeren Zahl (genannt werden bis zu 200 Personen) von Mitstreitern und prominenten Zeitgenossen gleichsam als Ritterschlag in einer ansonsten egalitären republikanischen Gesellschaft Familiennamen, ohne sich um die Vereinbarkeit dieser selbstherrlichen Namenspatenschaft mit Gepflogenheiten «moderner, zivilisierter, europäischer Länder» zu kümmern, die er stets als Vorbild anführte. Nur wenige hochrangige, selbstbewusste Opfer dieser Vorliebe wie zum Beispiel Fevzi (Çakmak) konnten es sich erlauben, Namensvorschläge des großen Führers zurückzuweisen. Sein naher Vertrauter Fethi musste hingegen seinen bereits gewählten Familiennamen mit dem von Atatürk diktierten «Okyar» vertauschen. Der Name *Atatürk* («Vater der Türken») wurde per Gesetz auf seinen Träger beschränkt. Zu diesem Zeitpunkt konnte niemand erwarten, dass er noch leibliche Nachkommen haben würde, und seinen Adoptivkindern war es verwehrt, den Namen zu führen.

Kemal Paschas Bedürfnis, neu zu benennen, ging jedoch über Personen hinaus. Die heutigen Namen ganzer Provinzen (etwa Hatay) und Städte (etwa Diyarbakır) sind das Resultat einer Leidenschaft, die bei ernsthaften Philologen schmerzliche Reaktionen auslöst. Eine altehrwürdige Institution wie die *Mekteb-i Mülkiye* («Verwaltungshochschule», die *École Nationale d'Administration* der Türkei) änderte unverzüglich ihren Namen in *Siyasal Bilgiler Okulası*, als Atatürk ein Glückwunschtelegramm mit dieser angeblich rein türkischen Bezeichnung verschicken ließ.

Nach der «Verleihung» des Familiennamens Atatürk befasste sich der Präsident bis zum Ende seines Lebens immer intensiver mit sprachwissenschaftlichen Spekulationen. Unzufrieden mit der Form seines in Schultagen angenommenen Vornamens dekretierte er die Umbenennung von Kemâl zu Kamal. In Wörterbüchern des Kirgisischen und Jakutischen und anderer entfernter Turksprachen taucht das Wort *kamal* im Sinne von «Festung», aber auch «Belagerung» oder «Felsen» auf. Diese Bedeutungen ermutigten Atatürk zur Wahl eines neuen Vornamens, der im Gegensatz zu *kemâl* der türkischen Vokalharmonie entsprach, die innerhalb eines Wortes nur dunkle oder helle Silben zusammenfügt. Damit

*Nach dem Familiennamensgesetz von 1934 erhielt Mustafa
Kemal neue Personaldokumente mit dem Namen Atatürk, seinem
Geburtsort und den Vornamen der Eltern. Ein Geburtstag ist
noch nicht eingetragen.*

war auch ein weiteres Signal für die Abwendung von allem Osmanischen,
einschließlich eines patriotisch-fortschrittlichen Exponenten wie Nâmık
Kemâl, gesetzt. Die Parteiideologen beeilten sich denn auch, ihre Bewegung als *Kamalizm* zu bezeichnen.

Die Sammlung und Deutung der Wesensmerkmale, die Mustafa Kemal von seinen Biographen zugeschrieben wurden, würde ein eigenes
Kapitel erfordern. Sein Privatsekretär Hasan Rıza (Soyak, 1888–1970)
nannte ihn, um nur einen Autor anzuführen, in seinen Erinnerungen an
vielen Stellen mit großen Lettern BÜYÜK ADAM («Großer Mann») beziehungsweise EŞSİZ İNSAN («Unvergleichlicher Mensch»). Die zwanziger und dreißiger Jahre waren die Epoche der autoritären Präsidenten.
Da blieb es nicht aus, dass Mustafa Kemal Atatürk für viele seiner Anhänger als «Übermensch» im Sinne Nietzsches (so der Dichter Cenab
Şehabeddin, 1870–1934) oder als der «Große Führer» *(Ulu Önder)* galt,
auch wenn er mit den Diktatoren seines Zeitalters wie Mussolini, Stalin
und Hitler wenig gemein hatte.

Die drei Namen *Mustafa, Kemâl und Kamal* markieren den Weg von
der islamischen Konvention über den osmanischen Patriotismus zum ge-
samttürkischen Kulturbekenntnis. Die Verwalter von Atatürks Erbe haben sich allerdings über diese von ihm gewollte Veränderung seines
Eigennamens stillschweigend hinweggesetzt. Schon in der Trauersitzung

zum ersten Todestag am 10. November 1939 war allein von *Kemal Ata-türk* die Rede. Der tote Atatürk hatte einen letzten Beinamen als «Ewi-ges Oberhaupt» *(Ebedî Şef)* erworben. Sein langjähriger Wegbegleiter und Nachfolger İsmet İnönü ließ sich den Titel *Millî Şef* («Nationales Oberhaupt») gefallen.

Zum Nachleben unseres Helden gehört, dass bekennende Anhänger des Staatsgründers ihre Kinder Mustafa Kemal nannten und nennen. Eine weitere Besonderheit besteht darin, dass die Umschreibung seines Todestags als «Jener (traurige) Tag» *(o gün)* auf Personen übertragen wurde, die an einem 10. November zur Welt kamen (Ogün). Auch Orts-namen wurden zum Teil schon zu Lebzeiten von diesem Namenskult er-fasst: Das Städtchen Kirmasti zum Beispiel taufte sich 1922 in Mustafa-kemalpaşa um, obwohl es zu keinem Zeitpunkt von seinem «Paten» aufgesucht wurde. Auf «Wunsch der Bevölkerung» erlaubte im selben Jahr der Ministerrat die Umbenennung des ostanatolischen Eğin in Ke-maliye. Zahllose Straßen und Wohnviertel, Flughäfen, Universitäten, Gesellschaften und viele andere Örtlichkeiten tragen die eine oder an-dere Variante von Atatürks Namen.

Aus dem bisher Gesagten wird deutlich, warum in diesem Buch häu-figer von Mustafa Kemal und seinen verschiedenen Titeln die Rede ist als von Atatürk. Eine ungenaue Verwendung von Namen und Titeln würde die einzelnen Stationen seines Lebens verwischen und die Erzählung un-übersichtlicher machen.

1. EINE KINDHEIT UND JUGEND IN MAKEDONIEN (1881–1896)

Saloniki, der Hafen Makedoniens

Zu den Merkwürdigkeiten des Atatürk-Kults gehört, dass man sein Geburtshaus an *zwei* Orten besichtigen kann. Das Original steht in Saloniki, und eine Nachbildung dieser *casa sancta* befindet sich am Stadtrand von Ankara. Jeder Türke kann sich also, ohne die Landesgrenze zu überschreiten, ein Bild von dem in auffälligem Rosa getünchten Geburtshaus des Staatsgründers machen.

Das *eigentliche* Geburtshaus in Saloniki wurde nach dem Tod des Vaters verkauft. Die Mutter richtete sich mit den Kindern in einem kleineren Nachbargebäude ein. Als Mustafa Kemal 1907 als Offizier nach Saloniki zurückkehrte, erwarb er das alte Haus für seine Familie zurück. Zübeyde verließ es erst im März 1912, als sie gezwungen war, nach Istanbul umzusiedeln. Heute ist das Gebäude in der «Apostel Paulus Straße No. 75» liebevoll mit Objekten (Wanduhren, Möbel, allerlei Stickereien) aus den Depots des Topkapı- und des Dolmabahçe-Palastes in Istanbul eingerichtet. Auf dem Höhepunkt der griechisch-türkischen Annäherung im Jahr 1937 machte die Regierung in Athen es Atatürk zum Geschenk. Die Islahhane-Straße, wie die Adresse damals lautete, hatte ihren Namen nach einer unweit gelegenen «Besserungsanstalt», in der arme und elternlose Kinder ein Handwerk erlernten. Wenn eine Festlegung von Atatürks Geburtstag nicht ganz einfach ist, über seinen Geburts*ort* bestehen also keine Zweifel.

Saloniki gehörte in den letzten Jahrzehnten, die dem Osmanenstaat beschieden waren, zu den Hafenstädten, die sich besonders rasch dem Tempo des 19. Jahrhunderts anglichen. Dabei spielten die Verbindungen über Land und Meer noch vor der Erschließung durch Bahnlinien eine besondere Rolle. Das landwirtschaftlich ergiebige «Makedonische Kampanien», die große Ebene am nordwestlichen Rand des Thermäischen Golfes, produzierte Wolle, Baumwolle, Tabak und Rosinen. Die großen Landeigner waren mit Ausnahme der näheren Umgebung der Stadt Muslime. Mustafa Kemals Onkel mütterlicherseits verdingte sich auf einem dieser Landgüter als Inspektor.

Das Geburtshaus Mustafa Kemals in Saloniki vor der Übergabe an die türkische Regierung im Jahr 1933. Seine Familie bewohnte das Haus erneut zwischen 1907 und 1912. Ab 1953 wurde es aufwendig als Gedenkstätte restauriert.

Während seiner Jugend bedienten längst schon Dampfschiffe die wichtigsten Häfen: Piräus, Neapel, Triest, Marseille, Odessa, Port Said und das gegenüberliegende, in vielen Eigenschaften wie eine Schwesterstadt Salonikis wirkende İzmir. Istanbul war in weniger als zwei Tagen zu erreichen. Als Londoner Reeder errechneten, dass die Verbindung zwischen Saloniki und dem Suez-Kanal kürzer war als die zwischen Brindisi und Port Said, wurde die Post nach Indien über diesen Hafen umgeleitet. Für den Personenverkehr nach Mitteleuropa und in die Hauptstadt wurden Ende des Jahrhunderts in kurzen Abständen Bahnlinien fertig gestellt (nach Belgrad 1888, Manastir/Bitola 1894, Istanbul 1896).

Saloniki zählte vor der Jahrhundertwende etwa 100 000 Einwohner. Ein loses Blatt in einem osmanischen Register des Historischen Archivs von Makedonien enthält eine kleine Statistik der ethnokonfessionellen Gruppen in der Stadt um 1890:[*]

---

[*] Quelle: Meropi Anastassiadou, *Salonique, 1830–1912. Une Ville Ottomane à l'âge des réformes*, Leiden 1997.

	Männer	*Frauen*	*insgesamt*
Juden	23 215	23 583	46 798
Griechisch-Orthodoxe	5 300	5 313	10 613
Türkische Muslime	11 677	12 452	24 129
Ausländer verschiedener Volksgruppen	10 332	5 168	15 500
Sonstige osmanische Staatsangehörige			1 898
Insgesamt	52 422	46 516	98 938

Man kann von den demographischen Verhältnissen in der Stadt Saloniki nicht auf die Zahlen in der Provinz schließen. Hier waren in Mustafa Kemals Geburtsjahr 1881 wesentlich mehr Muslime (447 909) bei insgesamt 989 844 Einwohnern registriert.

Die «Türkischen Muslime» dieser Aufstellung schlossen sicherlich auch Menschen mit albanischer und slawischer Muttersprache ein. Genauere Angaben zu den «Sonstigen osmanischen Staatsangehörigen» fehlen. Es handelt sich vermutlich vor allem um hier auffallend gering vertretene Armenier. Unter den «Griechisch-Orthodoxen» muss man neben Griechen auch Bulgaren verstehen, von denen sich aber die meisten nicht mehr dem Patriarchat in Konstantinopel, sondern einem eigenen Exarchat verbunden fühlten. Die Bulgaren hatten in Saloniki auch ein eigenes Gymnasium, aus dem mit Goce Delčev (1872–1903) der Gründer und führende Funktionär der radikalen «Inneren Makedonischen Revolutionären Organisation» (IMRO) hervorgegangen war. 1903 verübte diese Gruppe in Saloniki einen Anschlag auf die Gasversorgung und zerstörte mit Dynamit ein Klubgebäude. Auch Deutsche fehlten in der Stadt nicht, sie hatten schon 1887 einen Kegelklub gegründet und verkehrten in eigenen Bierhäusern. Die Bevölkerung setzte sich also wie in zahlreichen anderen osmanischen Städten Südosteuropas aus vielen ethnischen und religiösen Gruppen zusammen. Mehr als ein Autor sprach von Saloniki als einem «Turm zu Babel».

Obwohl die Stadt erstmalig 1387, dann 1430 für fast vier Jahrhunderte in osmanischen Händen war – also noch vor Konstantinopel in Besitz genommen wurde –, hatten die Eroberer zu keinem Zeitpunkt ihre vollständige Turkisierung oder Islamisierung angestrebt beziehungsweise erreicht. Sultan Bayezid II. hatte nach 1492 spanische Juden («Sepharden») zur Ansiedlung ermutigt, denen weitere jüdische Einwanderer, vor allem aus Italien, aber auch aus Deutschland, folgten. Zu den religionsgeographischen Besonderheiten der Stadt zählten die *Dönme*, Juden, die ab 1666 mit ihrem messianischen Anführer Sabbatei Sevi zum

Islam übergetreten waren, aber weiterhin eine recht geschlossene soziale Gruppe bildeten. Sie heirateten nur untereinander und besuchten eine eigene Moschee. Vor ihrer Auswanderung in die Türkei nach 1923 machten sie etwa 15 000–16 000 Personen aus und gebrauchten Türkisch wie eine Muttersprache.

Die muslimischen Türken, die nur etwa ein Viertel der Bevölkerung umfassten, lebten kompakt in den *mahalle* («Quartieren») größtenteils nördlich der großen Vardar-Straße an den Abhängen des Festungshügels. Die fast doppelt so starke jüdische Bevölkerung hatte sich hingegen fast ausschließlich südlich dieser Straße angesiedelt; einige ihrer Viertel grenzten ans Meer, ein Ausgleich für die wesentlich engere Wohnweise. Im Westen drängten sich die zwölf griechischen Viertel, und nur einige wenige Klöster blieben innerhalb der muslimischen Quartiere ausgespart. Die heute auffällig gleichförmig angelegten Quartiere der Unterstadt wurden erst nach dem verheerenden Stadtbrand von 1917 gebaut.

Anders als in den meisten anderen Städten des osmanischen Europa («Rumeliens») wohnten die Türken in Saloniki zum großen Teil *intra muros*. Die im Mittelalter auf acht Kilometer Umfang verlängerten antiken Mauern boten Platz für die von den Muslimen bevorzugten Häuser mit Gärten. Es fehlte allerdings eine große Zentralmoschee; die meisten muslimischen Gebetshäuser waren umgewandelte Kirchen. All das lässt auf eine geringe Bereitschaft der osmanischen Elite schließen, in dieser Stadt weithin sichtbare Stiftungsbauten zu errichten. Auch der Staatsmann und Dichter Cezeri Kasım Paşa (gestorben vor 1532/33) begnügte sich mit der Umwandlung der Kirche des Stadtheiligen Demetrios in die Kasimiye-Moschee, die der Mittelpunkt von Mustafa Kemals Wohnviertel war. Diese Aneignung fand unter Bayezid II. statt, dem Sultan, der die verfolgten iberischen Juden ins Osmanische Reich einlud und ihnen Plätze wie Saloniki, Edirne und Istanbul zuwies.

Wenn man genauer hinsieht, zeigt sich, dass die großen Bevölkerungsgruppen Salonikis im 19. Jahrhundert nicht wie ein aus drei verschiedenfarbigen Steinwürfelchen zusammengesetztes Mosaik ein buntes Muster bildeten, sondern wie drei scharf voneinander abgegrenzte Blöcke aneinanderstießen. Ob man angesichts dieser räumlichen und sozialen Trennung von einem «Kosmopolitismus» sprechen darf, wenn man darunter eher fließende Zugehörigkeiten versteht, ist fraglich.

Schulwege

Auf welchen Wegen sich der kleine Mustafa die weitere Stadt eroberte, wissen wir nicht. Wir können aber sicher sein, dass sich sein Radius rund um das Wohnquartier von Kasım Paşa von Jahr zu Jahr erweiterte. Der Schulweg, zunächst in die *mekteb*, dann in die Şemsi Efendi-Schule, machte nur wenige Minuten aus. Die älteren Schüler liefen wohl auch hinunter zum Neuen Hafen, wobei sie die belebte Vardar-Straße, die zu dieser Zeit noch Sabri Paşa hieß, überqueren mussten. Vielleicht hatte ihnen ein Lehrer von Mehmed Sabri erzählt, der 1869 nach seiner Versetzung aus İzmir als Gouverneur von Saloniki mit zahlreichen Reformen von sich reden machte.

An seinem früheren Amtssitz İzmir hatte Sabri schon 1868 eine moderne Stadtverwaltung eingeführt. İzmir war auch sonst Vorreiter bei der Einführung von wichtigen zivilisatorischen Erleichterungen wie Gasbeleuchtung, Druckwasserversorgung und Elektrizität. Der eigentliche Modernisierungsschub in Saloniki erfolgte nach der Amtszeit des Paschas. So konnte der Schuljunge noch verfolgen, wie Leuchtgas (1890) und fließendes Wasser (1891) die Stadt erreichten. Die ersten Straßenbahnen fuhren ab 1893. Auf den Bürotüren Salonikis standen die Namen der Betriebsgesellschaften auf Französisch und Osmanisch wie zum Beispiel *Compagnie Ottomane des Eaux de Salonique*. Der Zusatz *Ottomane* verhieß wie bei der berühmten *Banque Ottomane* eher das Gegenteil, dass nämlich die Kapitalmehrheit in ausländischen Händen lag. Die großen und kleinen Staaten waren durch 14 Konsulate – mehr als in jeder anderen Stadt des osmanischen Europa –, eigene Postämter und Reedereien, Bahngesellschaften, Telegraphenbüros und Handelskontore vertreten. So stark die Gruppen nach Sprache, Religion, Wohnweise und Schulwesen getrennt waren, der Waren- und Kapitalaustausch erfolgte wie in anderen osmanischen Städten über ethnische Grenzen hinweg. Die osmanischen Türken stellten das Militär und einen großen Teil der Verwaltungsbeamten. Mustafas Vater Ali Rıza Efendi hatte als Unteroffizier und Zollbeamter in beiden staatlichen Sektoren gedient.

Im späten 19. Jahrhundert entstand die elegante Villenvorstadt Kalamari, in der Bankiers, Spekulanten und andere *nouveaux riches* ihre Häuser hatten. Der deutsche Besucher Edmund Naumann notierte im Jahr 1894 begeistert: «Dieses Kalamari macht einen freundlichen Eindruck, besonders nach ermüdender Wanderung durch das Gewirr der alten Gassen. Hier leuchten die weißen Villen in der tiefgrünen Umkränzung südländischer Vegetation.»

Der zeitlichen Abfolge vorausgreifend seien noch einige für den späteren Mustafa Kemal wichtige Merkmale seiner Geburtsstadt erwähnt: Schon vor der Explosion des Pressewesens nach dem jungtürkischen Umsturz von 1908 gab es in Saloniki einige wichtige Zeitungen wie *Asır* («Jahrhundert») und das *Journal de Selanique, Politique, commerciale et literaire* mit dem türkischen Untertitel «Im Dienst der ruhmreichen osmanischen Interessen». In einem verhältnismäßig liberalen Milieu konnten Freimaurerlogen, teils italienischer, teils französischer Prägung, aufblühen. Sie waren Entstehungsorte politischer Oppositionsparteien wie der *Hürriyet ve İtilaf* («Freiheit und Eintracht»), aus denen die «Gesellschaft für Einheit und Fortschritt» hervorging, der sich Mustafa Kemal im Jahr 1907 anschließen sollte. Die Mitglieder der Logen waren Großkaufleute, Bankiers, Börsenhändler und die Direktoren der französischen und deutschen Schule. Zu den türkischen Logenbrüdern gehörten der Herausgeber der oben genannten Zeitung (die inzwischen als *Yeni Asır* firmierte) und mit Talat Paşa und Cemal Paşa zwei der drei wichtigsten Figuren des jungtürkischen Regimes. In Saloniki sollte auch eine Dependance des 1911 in Istanbul gegründeten nationalistischen *Türk Ocağı* («Türkisches Foyer») entstehen. Zu seinen Funktionären gehörte der Kultursoziologe Ziya (ab 1911 Ziya Gökalp, 1876–1924), dessen Konzepte einen starken Einfluss auf Mustafa Kemal ausüben sollten. Damals rief eine Gruppe von Literaten, zu denen auch Gökalp zählte, die Zeitschrift *Genç Kalemler* («Junge Federn») ins Leben, die eine Vorreiterrolle bei der Sprachreform einnahm.

Wenn gesagt wurde, dass eine Bestimmung von Mustafa Kemals Geburtstag nicht ganz einfach ist, muss hinzugefügt werden, dass dies für viele Kinder des Jahrhunderts galt, deren Eltern das Datum nicht in den Koran eintrugen und diesen ein Leben lang hüteten. Eine amtliche Registrierung von Geburten existierte nicht, erst im Schulalter wurden Jahreszahlen in die Klassenverzeichnisse eingetragen. Als die Kürbisse sich zu röten begannen, wurde der kleine Mustafa geboren – so überliefert es seine Schwester Makbule (Atadan, gest. 1956), die damals freilich noch nicht geboren war! Die Festlegung auf den 19. Mai 1881 wurde erst im Jahr 1936 amtlich, als der englische König Edward VIII. in Ankara anfragen ließ, zu welchem Tag er denn Glückwünsche senden dürfe.

Die offizielle Biographie, die Mustafa Kemal Paşa als Präsident der Republik 1926 und 1927 auf den ersten Seiten des voluminösen Staats-

handbuchs abdrucken ließ, übergeht seine nicht ganz glatt verlaufene
Einschulung. Zum Glück für die Nachwelt hatte er in sehr entspannter
Form schon Anfang 1922 in einem großen Interview mit Ahmed Emin
(Yalman), dem Herausgeber der Istanbuler Zeitung *Vakit*, über seine ze-
remonielle Aufnahme in die traditionelle Stadtviertelschule von Saloniki
geplaudert:

Meine frühesten Kindheitserinnerungen haben mit der Einschulung zu tun. Die
Wahl der Schule löste einen Konflikt zwischen meinen Eltern aus. Meine Mutter
bestand darauf, dass ich in die Stadtviertelschule unter Absingen der (traditionellen) Hymne gehen sollte. Mein Vater zog als Beamter der Zollverwaltung die
eben eröffnete Schule des Şemsi Efendi vor, um mir eine moderne Erziehung zu ermöglichen. Schließlich fand mein Vater eine pfiffige Lösung. Zunächst begann ich
in der *mekteb* mit der bekannten Zeremonie, was meine Mutter zufriedenstellte.
Ein paar Tage später trat ich dann in die Şemsi-Efendi-Schule ein. Kurz danach
starb mein Vater.

Nach dem Tod des Vaters, «kurz danach» heißt ein bis zwei Jahre später,
um 1888, blieb die Familie fast unversorgt zurück. Zübeyde musste mit
«zwei *Mecidiye*» (40 *kuruş*) Witwenrente auskommen, ein Betrag, der
etwa einem unteren Arbeiterlohn entsprach.

Ich kam mit meiner Mutter bei einem Onkel unter, der ihr Bruder war und auf dem
Dorf lebte. Ich beteiligte mich am Dorfleben, man gab mir kleine Aufgaben, die ich
auch erledigte. Meine wichtigste Pflicht war die Feldhüterei. Nie werde ich vergessen, wie ich mit meiner kleinen Schwester (Makbule) in der Mitte eines Bohnen-
feldes unter einem Schutzdach saß und wir mit dem Vertreiben der Krähen beschäftigt waren.

Es ist mehr als einleuchtend, dass die Mutter auf dem feierlichen Ein-
zug in die Schule bestand, bei dem die neuen Schüler, häufig auf einem
Reittier sitzend, von den älteren Kindern begleitet wurden, die aus
frischer Kehle die altbekannte Hymne von Yunus Emre (13. Jahrhundert) sangen:

Im Paradies die Flüsse all,
Sie fließen mit dem Ruf: «Allah»,
Und dort auch jede Nachtigall,
Sie singt und singt «Allah, Allah».

Bei der Einschulung handelte es sich schließlich um den wichtigsten Über-
gangsritus, den in der alten Türkei ein junger Muslim – neben Beschnei-
dung und Eheschließung – durchlief. Mustafa war zu diesem Zeitpunkt,

nach dem frühen Tod seiner Geschwister aus der ersten Ehe des Vaters, der einzige Sohn. Von seiner Beschneidungszeremonie («Sunna») wissen wir nichts, vielleicht wurden die Kosten, wie es bei Söhnen von kleinen Beamten und Offizieren nicht selten vorkam, von einem Würdenträger oder gar dem Sultan selbst übernommen. Belegt ist zum Beispiel, dass Sultan Abdülhamid II. (reg. 1876–1908) anlässlich seines Thronjubiläums von 1894 für die Ausstattung von Offizierskindern und solchen «aus dem Volk» in Saloniki eine bestimmte Geldsumme bereitstellte.

Wir können nicht rekonstruieren, ob sich die traditionelle Quartiersschule, in die Zübeyde ihren Sohn schicken wollte, bei der Alphabetisierung der Kinder auf den Koran beschränkte. Damals versorgte der Staat auch diese Schulen mit gedruckten Türkisch-Fibeln, nicht zuletzt, um das seit 1876 als Amtssprache in der Verfassung festgehaltene Osmanisch-Türkische unter Muslimen mit anderen Muttersprachen – in Südosteuropa waren das Albaner, Bosnier, Kreter und bulgarische Pomaken – zu verbreiten.

Der Verfasser der oben erwähnten Lebensbeschreibung im Staatsalmanach setzte das Thema «Schule» mit wenigen Zeilen fort:

> Nachdem Mustafa Kemal in Saloniki auf der Schule des Şemsi Efendi seine Elementarbildung erworben hatte, wurde er (ebenfalls) in Saloniki in die Vorbereitungsschule für zivile Beamte aufgenommen. Als ihn in dieser Schule von Anfang an ein Arabisch-Lehrer namens Kaymak Hafız ganz ohne Anlass mit einem Stock schlug, verließ er umgehend die Schule. Da seine Mutter und seine Verwandten nicht zugestimmt hätten, beantragte er, ohne ihnen Bescheid zu sagen, die Aufnahme in die Vorbereitungsschule der Armee. Er unterzog sich der Aufnahmeprüfung und wurde angenommen.

Die Şemsi-Efendi-Schule war eine private Anstalt, die von einem Mitglied der großen Dönme-Gemeinde in Saloniki gegründet worden war. Şemsi hatte wohl schon in den 1860er Jahren junge jüdische Mädchen im heiratsfähigen Alter kurz vor ihrer Verehelichung in einer Privatschule mit den Elementarkenntnissen in Lesen, Schreiben und Rechnen versorgt. Dass Mustafa Kemal in dem Interview aus dem Jahr 1922 von einer neu eröffneten Schule spricht, ist vielleicht durch eine Renovierung zu erklären. Die Schule trug, dem Zeitgeist entsprechend, den werbenden Namen *Feyziye* («Gnade, reiche Gaben, berufliches Vorankommen»).

Die *Vakit*-Version ist ausführlicher und farbiger bei der Schilderung des Zusammenstoßes mit Kaymak Hafız. Hier zeigt sich, dass der jähzornige Lehrer durchaus einen Anlass hatte:

Ich stritt eines Tages während des Unterrichts mit einem anderen Kind. Es wurde ziemlich laut. Der Lehrer packte mich und schlug stark zu. Mein ganzer Körper blutete. Meine Großmutter, die ohnehin gegen diese Schule war, holte mich heraus.

Auch die Erwähnung der Tatsache, dass der kleine Mustafa das Aufnahmezeremoniell in die traditionelle *mekteb* absolviert hatte, erschien dem Redakteur des Staatsalmanachs auf dem Höhepunkt der Kulturrevolution von 1925 nicht nur überflüssig, sondern auch politisch unangebracht: Hatte man sich doch schon 1924 im Programm der Volkspartei für ein «einheitliches Bildungssystem» ausgesprochen, worunter man nichts anderes als eine Kampfansage an die religiösen Schulen verstehen musste. Daraus resultierend wurde 1926 ein republikanisches Gesetz verabschiedet, das sämtliche *mekteb*s und *medrese*s auflöste.

Das osmanische Schulwesen in der Epoche Abdülhamids II., in welche die gesamte Bildungsbiographie Mustafa Kemals fällt, war eine riesige Baustelle, auf der die jahrhundertelange Vernachlässigung des muslimischen Schulwesens mit unzureichenden Ressourcen ausgeglichen werden sollte. Das Monopol der islamischen Stiftungsschulen wurde dabei schon lange vor Ausrufung der Republik (1923) in Frage gestellt. Mit den traditionellen *medrese*s, die im Grunde nur für Posten als Richter und Religionslehrer qualifizierten, konkurrierten jetzt nicht allein staatliche Schulen, sondern auch zahlreiche ausländische Bildungseinrichtungen. Die meisten von ihnen wurden von Kirchen und Orden getragen, die häufig auch Muslime als Schüler aufnahmen. Man darf sich jedoch das im 19. Jahrhundert entstehende staatliche Schulwesen weder von den Lehrinhalten noch vom Lehrpersonal her als eine kontraststarke Alternative zu *mekteb* und *medrese* vorstellen. Noch lange besetzten religiöse Fächer und das unentbehrliche Arabisch auch hier große Teil des Curriculums.

Endlich: Die Uniform

Die nächste Etappe im Bildungsgang Mustafa Kemals war die militärische Vorbereitungsschule *(Askeri Rüşdiye)*, die zur entscheidenden Weichenstellung für das Leben des zukünftigen Soldaten und Kommandeurs wurde:

In unserer Nachbarschaft lebte ein Oberst Kadri Bey, sein Sohn besuchte die militärische Vorbereitungsschule und trug die Schuluniform. Wenn ich ihn sah, wollte ich auch einen solchen Anzug tragen. Später erblickte ich auch Offiziere in den Straßen.

Die Mutter hielt sich von allem Militärischen ängstlich zurück und verbot dem Knaben, unter die Soldaten zu gehen. Wie oben im Zitat aus·
dem Staatsalmanach schon erwähnt, bestand dieser jedoch heimlich die
Aufnahmeprüfung für die *Rüşdiye* und schuf so vollendete Tatsachen. Es
ist inzwischen gesichert, dass er die erste Klasse dieser «Mittelschule»
übersprang und im April 1894 als knapp 13-Jähriger in die zweite Klasse
aufgenommen wurde.

Enver Behnan Şapolyo, einer der zeitnahesten Biographen Atatürks,
stellte sich den neu eingekleideten Schüler folgendermaßen vor:

> Er trug ein eng sitzendes Jackett aus dunkelblauem Tuch, auf der Brust strahlte eine
> Reihe gelber Knöpfe mit Halbmond und Stern, an den Ärmelaufschlägen ein finger-
> dicker dreifacher grüner Streifen, eine enge Hose mit grünen Tressen. Auf dem
> Kopf ein Fes mit militärischer Quaste, der ein wenig zur linken Augenbraue herun-
> tergezogen war. Jetzt sahen ihm alle seine Freunde mit neidvoller Bewunderung
> nach. Er stolzierte wie ein würdevoller General durch die Straßen.

Auf der neuen Schule zeichnete er sich vor allem im Fach Mathematik
aus, auch wurde er sehr schnell mit dem Amt eines Tutors *(müzakereci)*
betraut. Das Militärarchiv bewahrt die Liste mit den Noten nach Punkten, die er in der vierten und letzten Klasse der *Askeri Rüşdiye* erzielt
hatte, auf: In der Abschlussklasse hatte er in allen Fächern – Logik,
Rechnen, Buchhaltung, Geometrie, Geographie, Osmanische Geschichte, Französisch, Türkische Orthographie, Französische Schreibübungen,
Zeichnen – die Höchstnote (45 beziehungsweise 20 Punkte) erreicht –
mit einer Ausnahme: In «Geschichte des Islam» fehlten zwei Punkte auf
die 45. Wer mochte voraussehen, dass er zum Thema «Sultanat und Kalifat» 1922 eine einstündige historische Vorlesung vor den Abgeordneten der Nationalversammlung in Ankara halten würde?

Kurz vor Mustafas Eintritt in die *Rüşdiye* verehelichte sich Zübeyde
erneut. Der Stiefvater Ragıb Efendi war ein aus Thessalien stammender
Beamter, der in der Tabakmonopolverwaltung arbeitete. Der anfangs
wenig geliebte Fremde soll sich später die Zuneigung des Stiefsohns erworben haben. Es steht nicht fest, ob Zübeyde sich von ihm trennte,
jedenfalls ging sie nach Ausbruch des Balkankriegs ohne Ragıb nach
Istanbul.

2. KARRIERE UND KONSPIRATION (1896–1905)

Garnison und Kadettenanstalt

Seit 1894 waren die beiden Zentren Makedoniens, Saloniki und Manastir (so für die Türken und Albaner) beziehungsweise Bitola (für die Slawen), durch eine 220 Kilometer lange Eisenbahnlinie verbunden. Der fünfzehnjährige Kadett Mustafa Kemal gehörte 1896 zu den frühen Passagieren auf dieser Strecke, die ein international zusammengesetztes Ingenieurkorps erstaunlicherweise in drei Jahren durch schwieriges Gelände fertiggestellt hatte. Die Lokomotiven waren wie im Wilden Westen mit Kuhfängern ausgestattet. Durch die Fenster sah man bulgarische Dörfer, in denen Bauern ihre Schweine durch die Straßen trieben. Mustafa Kemal benutzte diese Verbindung regelmäßig – nach Fahrplan war man zehn Stunden unterwegs –, wenn er in den Ferien nach Hause fuhr.

Manche Biographen Atatürks kontrastieren das «kosmopolitische» Saloniki mit einem eher zurückgebliebenen Manastir. Gewiss war auch die zweitgrößte Stadt Makedoniens kein Klein-Paris. Es zählte weniger als die Hälfte der Bevölkerung von Saloniki, hatte aber neben den Einrichtungen der Provinzverwaltung und der Armee einiges zu bieten. *Baedekers Reiseführer* sprach von einer «wohlhabenden Wilajetshauptstadt (…) am Fuß hoher Bergketten (…) zu beiden Seiten des Dragorbaches schön gelegen.»

Das große historisch-topographische Lexikon des Şemseddîn Sâmî, eine Art osmanischer Brockhaus, liefert für das späte 19. Jahrhundert genaue Zahlenangaben: 31 347 Einwohner, 24 Moscheen, 5 Kirchen, 9 Synagogen, 9 Medresen, eine protestantische Missionsschule, 2 große Kasernen, 1 Militärkrankenhaus, 2482 Läden. Sâmî, ein aus dem Epirus stammender Albaner, hebt hervor, dass die Stadt «der Schlüssel zu Albanien» sei und deshalb eine überragende Bedeutung für die Kriegskunst habe. Die «allgemeine Sprache» sei Türkisch, es werde daneben Albanisch, Bulgarisch, Wallachisch, Griechisch und Spaniolisch gesprochen. Gleichzeitig bedauert er, dass die meisten Muslime der Provinz des Türkischen nicht mächtig seien.

Jeder damalige Besucher Manastirs konnte bestätigen, dass sich der «Schlüssel zu Albanien» herausgemacht hatte. Noch Ende der 1830er

Jahre hatte Ami Boué, ein erfahrener Balkanreisender, über Manastir als «eine der schmutzigsten Städte der Türkei» geklagt. Unter Mahmud II. (reg. 1808–1839) war die Verwaltung der Großprovinz Rumelien von Sofia in den Nordosten verlegt worden. Um ihre Bedeutung als Provinzhauptort nahe der Grenze zu den unruhigen Landstrichen von Albanien und Montenegro hervorzuheben, ließ der Sultan einen riesigen Uhrturm errichten, der bis heute das Wahrzeichen der zweitgrößten Stadt des «exjugoslawischen» Makedonien ist. Die Osmanen machten Manastir zum Ausgangspunkt der Rückeroberung Albaniens, das im 18. Jahrhundert fast ganz verloren gegangen war. Am 26. August 1830 demonstrierten sie ein klassisches Lehrstück von brutalem *tribal management*: Der Statthalter Mehmed Reşid Paşa lud in seine Residenz zu einem großen Bankett für die albanischen Stammesführer, die er dann bis auf den letzten Mann massakrieren ließ.

Zu Mustafa Kemals Militärzeit hatten sich die Sitten verfeinert. Die Großmächte bewachten die Entwicklung in Makedonien sehr eifersüchtig. In Manastir saßen neun Konsuln und Vizekonsuln aller wichtigen Staaten, und hier war auch das einzige europäische Armeekorps außerhalb Istanbuls stationiert. So war ein eigener militärischer Stadtteil mit Krankenhaus, Schule, Waffenarsenal, Pulvermagazin, Apotheke und Bädern entstanden. Am Vorabend der Balkankriege (1912–1913) zählte die Garnison 8000 Mann.

Die Kasernen waren von Grünflächen umgeben. Die Bevölkerung nutzte sie gerne für Spaziergänge. Ein Café stand Offizieren und Vertretern der guten Gesellschaft offen. Für Unterhaltung sorgten Paraden, Wachablösungen und Militärmusik. Nun war Mustafa Kemal noch längst nicht Offizier und auch nicht Mitglied der örtlichen Bourgeoisie, doch wird der künftige Flaneur und Nachtschwärmer Vergleiche mit den Kaffeehäusern seiner Heimatstadt gezogen haben. Man darf aber vermuten, dass Manastir bei allem wirtschaftlichen Aufschwung und einer gewissen morbiden Internationalität für einen jungen Mann aus Saloniki wahrscheinlich zweite Wahl war. Die Traumstadt Istanbul indes wäre für einen 16-Jährigen ohne Geld und Beziehungen nur erreichbar gewesen, wenn dort ein aufnahmebereiter Verwandter oder Familienfreund gelebt hätte; davon konnte jedoch keine Rede sein.

Die Zahl der dem Sultan treu ergebenen Offiziere dürfte in Mustafa Kemals drei nordmakedonischen Jahren (1896–1899) noch beachtlich gewesen sein. Freilich weiß niemand, wie es im Inneren jedes einzelnen Mitglieds des riesigen Heeres aussah, das 1897 aus 23 273 Offizieren

und 471 620 Soldaten bestand. Abdülhamid II. war in diesen Jahren so
schwer in Bedrängnis geraten, dass Kaiser Wilhelm II. im August 1896
an den Rand eines Telegramms seines Botschafters schrieb: «Der Sultan
muss abgesetzt werden.» Kurz zuvor hatten armenische Revolutionäre
der Daschnakzutjun-Partei die Zentrale der Osmanischen Bank besetzt,
worauf es in der anatolischen Provinz zu Massakern an Armeniern kam.
Im darauffolgenden Jahr wendete sich nach dem für die Türkei glücklichen Ausgang des «30-Tage-Kriegs» gegen Griechenland das Blatt ein
wenig zugunsten des Sultans, der sich jetzt *Gazi* nannte.

Die Opposition im Landesinneren wie im Ausland war wieder unter
Druck geraten. Der deutsche Kaiser reiste 1898 zum zweiten Mal in die
Türkei und benutzte sein Lieblingsspielzeug, die Anatolische Bahn. Abd-
ülhamid bereitete sich auf die Feierlichkeiten zu seinem 25-jährigen
Thronjubiläum vor. Obwohl den Sultan-Kalifen, der sich in seinem Pa-
last förmlich selbst interniert hatte, nur wenige Auserwählte beim frei-
täglichen *selamlık* zu Gesicht bekamen, war seine Verehrung Pflicht aller
Untertanen. In Manastir genauso wie in Saloniki wurde eine wichtige
Straße *Hamidiye* benannt, und im Hinblick auf das Thronjubiläum wett-
eiferten Würdenträger mit Brunnen, Uhrtürmen und Verkehrsbauten.

Wahrscheinlich waren den Militärschülern nur wenige Zeitungen zugänglich. In der staatlichen Druckerei von Manastir erschien seit 1884
allwöchentlich eine nüchterne Amtszeitung, die dadurch, dass sie überdies Nachrichten aus anderen Teilen des Reiches übernahm, ihren türkischen Lesern doch ein bestimmtes Gefühl von einem ausgedehnten,
wenn auch arg schwächelnden Weltreich vermittelte. Die patriotische
Jugend las die «Türkischen Gedichte» von Mehmed Emin (Yurdakul,
1869–1944), einem bisher ganz unbekannten Autor, der in markigen
Vierzeilern zum Kampf für Nation und Religion aufrief («Ich bin ein
Türke, mein Glaube, meine Rasse sind erhaben!»). Den Titel der Sammlung *(Türkçe Şiirler)* müsste man eigentlich mit «Türkischsprachige Gedichte» wiedergeben, weil sein Autor einen Arabismen und Persismen
vermeidenden, bis zur Unbedarftheit schlichten Wortschatz verwendete.

Die militärische Sekundarschule *(Askeri İdadi)* war in einem pompösen Bau mit 15 Fensterachsen und herausragendem Mittelrisalit untergebracht. In einem von den Präsidenten Makedoniens und der Türkei
eingeweihten Gedenkraum für Atatürk steht heute in einem Glaskasten
die lebensgroße Puppe des Schülers in blauer Uniform. Die militärischen
Anstalten unterschieden sich in ihrem Programm nur wenig von den zivilen Sekundarschulen, wenn man von den Drillübungen einmal absieht.

Allerdings waren die meisten Lehrer Offiziere, und die Schüler trugen Uniform. Sie erhielten freie Kost und Logis sowie ein Taschengeld, das von der ersten bis zur dritten Klasse jeweils um einige Piaster stieg. Für das erste Jahr von Mustafa Kemal an der *İdadi* von Manastir liegen keine amtlichen Dokumente vor, doch haben sich seine Abschlussnoten für das zweite und dritte Schuljahr (1897/98 und 1898/99) erhalten.

Ein Blick auf die Listen zeigt uns, wie stark der Lehrplan von der klassischen osmanischen Medrese abwich. Nur in der dritten Klasse wurden auch die Grundlagen des islamischen Glaubens gelehrt. Dass sich Mustafa Kemal diesem Fach nicht verweigerte, beweist die Höchstnote 45. In den Fächern, in denen 20 Punkte das beste Ergebnis waren, erreichte er dies genauso ohne Ausnahme. In den unterschiedlichsten Fächern waren seine Jahresnoten glänzend:

Schulfach	1897/98 2. Jahrgang	1898/99 3. Jahrgang
Trigonometrie	45	
Maschinenwesen	45	45
Kosmographie		45
Geometrie	45	
Allgemeine Geschichte	45	45
Osmanische Geschichte		45
(Militärische) Korrespondenz	44	45
Logik		45
Glaubenslehre		45
Französisch	44	45
Zeichnen	20	20
Kartenschraffieren	20	20
Gymnastik	20	20

Wir kennen aus Mustafa Kemals Erzählungen die Namen einiger Lehrer und wissen deshalb, dass der Dozent für Geschichte den stärksten Einfluss auf ihn ausübte. Die *İdadi* in diesem nordwestlichen Vorposten des Reiches war ein Sammelpunkt für die besten Absolventen, die das osmanische Rumelien hervorbrachte. So liest sich das Verzeichnis der Heimatprovinzen der Schüler wie eine Verwaltungskarte der Balkanländer: Selanik (Saloniki), Yanya (Janina), Köprülü (Veleš), Üsküb (Skopje), Ohri (Ohrid). Allein bei einem gewissen Ömer Naci stand der Zusatz *Der-Aliye* («Hohe Pforte», das ist Istanbul), aber das hatte spezielle Ursachen.

Beinahe ein Poet

Der aus Istanbul stammende Ömer Naci war von der *İdadi* in Bursa gewisser Unbotmäßigkeiten wegen in die balkanische Provinz geschickt worden. Für Mustafa Kemal gehörte die Freundschaft mit ihm, die über die Zeit an der Kriegsschule in Istanbul hinaus währte, zu den prägendsten Erlebnissen dieser Jahre. Es dauerte nicht lange, bis die Begeisterung Ömers für den zwölf Jahre zuvor (1888) auf Chios verstorbenen Dichter Namık Kemal auf seine Kameraden übersprang, wobei er bei Mustafa Kemal offene Türen einrannte. Dessen Lehrer beobachteten seine dichterischen Ambitionen mit Besorgnis. Eine Erinnerung von Ali Fuad (Cebesoy, 1882–1968) gehört zu den Versatzstücken der Atatürk-Legende:

Ömer Naci drückte sich schön aus und schrieb auch schön. Mustafa Kemal pflegte zu sagen: «Wenn mir unser Lehrer für die amtliche Korrespondenz, Zahlmeister Mehmed Asım Efendi, nicht beigesprungen wäre, wäre auch ich als Dichter ausgeschieden. Er (aber) sagte zu mir: ‹Schau, Mustafa, mein Sohn, lass die Dichterei. Das Ganze steht dir nur im Weg, wenn du ein guter Soldat werden willst. Ich habe mit den anderen Instrukteuren gesprochen, und sie sind genau meiner Meinung. Halt dich nicht mehr an den Naci (…)».

Naci war ein politischer Kopf und gehörte Ende 1906 zu den Begründern der Geheimgesellschaft «Osmanische Freiheit» *(Osmanlı Hürriyet Cemiyeti)* in Saloniki. Noch vor dem Erfolg der Jungtürkischen Revolution reiste er über Paris und Russland nach Persien. Er sollte sich den «sich aufopfernden Offizieren» anschließen, die mit Enver Bey (dem berühmten Enver Paşa der Kriegsjahre, 1881–1921) und Mustafa Kemal 1911 nach Afrika gingen. Als Mitglied der «Spezialorganisation» *(Teşkilat-ı Mahsusa)*, von der noch zu sprechen sein wird, betätigte er sich während des Weltkriegs teils konspirativ, teils offen an allen Fronten, bis er 1916 in Kirkuk einer Typhus-Erkrankung erlag.

Mustafa Kemal schwärmte, ohne sich von seinen Altersgenossen zu unterscheiden, nicht nur für Namık Kemal, sondern auch für den Dichter Tevfik Fikret (1867–1915), dessen Verse über die beklemmende Atmosphäre, die sich unter dem despotischen Sultan wie ein Nebel über die Stadt legte, keinen Leser unberührt ließen.

Eine dunkle Seite seiner Jahre in Manastir vertraute Mustafa Kemal später Hasan Reşit (Tankut, 1891–1980) an:

Ich war ja schon früh eine (Halb-)Waise, konnte nur unter Mühen studieren. Schon als Junge ließ ich mich vom Alkohol verleiten, freilich trank ich damals nicht allzu viel. Ich trank aber regelmäßig. (…) Sie haben mich dann ins Militärinternat gegeben. Meine Mutter schickte mir für jeden Tag zwei Kurusch. Da gab es einen Portier an der Schule, einen älteren Mann, der früher Trompetenausrufer war. Ich pflegte ihm die zwei Kurusch zu geben. Er behielt 40 Para (das ist ein Kurusch) für sich, für die anderen 40 Para brachte er mir in einer blechernen Feldflasche den Schnaps.

Angeblich wussten seine Lehrer Bescheid, es gab keine Strafe, nur bei der Verabschiedung den guten Rat: «Wir wussten, dass du täglich trinkst und wer es dir beschafft hat. Auf der Kriegsschule wirst du keine Gelegenheit dazu finden, suche sie gar nicht erst.»

Während seiner drei Jahre an der Kadettenschule in Manastir scheint Mustafa Kemal regelmäßig in den Ferien das heimatliche Saloniki besucht zu haben. Eine Reise nach Istanbul hatte er nie unternommen. So ergab es sich, dass er erst nach seiner Zulassung zur Kriegsschule den ehrwürdigen Sitz von Sultanat und Kalifat erblickte. Wahrscheinlich reiste der mittlerweile 18-Jährige im März 1899 an Bord eines der türkischen Postschiffe, die zwischen Saloniki und Istanbul eine Reihe kleinerer Häfen bedienten, in die Hauptstadt des Reiches.

Als das Schiff um die Serailspitze bog, sah Mustafa Kemal das ganze Panorama des «Hauses der Glückseligkeit», wie der offizielle Name Istanbuls bis zum Ende des Osmanischen Reiches lautete. Freilich waren die Pavillons und Gärten des Yıldız-Palastes, in dem sich der verhasste Despot Abdülhamid II. mit Ausnahme kurzer öffentlicher Freitagsgebete in der Moschee vor dem Serail ständig aufhielt, von der Seeseite aus nur zu ahnen.

Am 13. März 1899 betrat Mustafa Kemal die Hallen der *Mekteb-i Harbiye*, die heute äußerlich unverändert als Militärmuseum dient. Die Kriegsschule bildete lange Zeit den nördlichen Endpunkt der Straßenbahn, die vom traditionellen Stadtteil Fatih in der Altstadt über die Galatabrücke herausführte. Das Bauwerk war schon damals zu klein, um dem jährlichen Ansturm Hunderter von Offiziersanwärtern zu genügen. Die Gesamtzahl der Schüler lag in diesen Jahren bei 2000. Ein Schreiber trug seine Personalien in ein Aufnahmeregister ein: «Mustafa Kemal Efendi, Selanik 96 (das heißt 1296 [im osmanischen Sonnenjahr]/1880/81), Sohn des verstorbenen Ali Rıza Efendi, Zollbeamter aus dem Quartier Koca Kasım Paşa in Selanik.» Zu seinem Aussehen wurde «großgewachsen, helle Gesichtsfarbe» vermerkt.

Die Uniform als Infanterist führte die blaue Grundfarbe seiner Schülerzeit fort, unterschied sich aber durch rote Kragen- und Ärmelstücke. Die Kadetten erhielten Waffenrock und Ausgehuniform und durften einen Degen führen. Der rote Fes bildete den einzigen auffälligen Unterschied zu europäischen Uniformen.

Mustafa Kemal hatte die Wahl zwischen den Lehrgängen für Infanteristen, Kavalleristen und Veterinäre (Artillerie und Marine verfügten über eigene Lehranstalten). Er entschied sich für die Infanterie, eine Zusatzausbildung als Kavallerist und Artillerist sollte er als Stabshauptmann in Syrien durchlaufen. In die erste Klasse seines Jahrgangs wurden 736 junge Männer aus allen Teilen des Reichs aufgenommen, von denen 459 nach drei Ausbildungsjahren die notwendigen Mindestpunkte (mehr als die Hälfte der theoretisch erzielbaren Gesamtpunkte) erreichten. Wer unter diese Auslese fiel, hatte Zugang zur Stabsschule.

Die *Harbiye* war in vielfachem Sinn multiethnisch und international. Ihre osmanischen Schüler verwendeten verschiedene Sprachen. Das Hinterland von Istanbul war im Gegensatz zu dem von Manastir fast grenzenlos. Es reichte vom Jemen bis Makedonien, vom osmanischen Afrika bis an den Kaukasus. Allerdings wurde mit der Aufnahme von Nichtmuslimen erst nach 1909 begonnen. Bei Ausbruch des Weltkriegs soll es 800 christliche Kadetten gegeben haben, von denen die Hälfte Griechen waren. Ihnen stand – auf dem Papier – der Zugang zu allen Fächern mit Ausnahme der Festungsartillerie offen. Die Schüler hatten die Neigung, ethnische Cliquen zu bilden. Das galt nicht nur für die arabischen Kadetten aus Bagdad oder die wenigen Albaner, auch die Anatolier blieben unter sich. Schüler aus Erzurum zum Beispiel zogen an schulfreien Tagen als Gruppe in die Innenstadt und sonderten sich sogar von ihren Kameraden aus anderen Orten der asiatischen Türkei ab.

Spezialklassen widmeten sich den kaiserlichen Prinzen *(şehzâdegân)*, die bis dahin keine militärische Ausbildung erfahren hatten. In den «Stammesklassen» für Kurden und arabische beziehungsweise berberische Nomaden aus der asiatischen und afrikanischen Peripherie bemühte man sich um die zivilisatorische Bändigung dieser «barbarischen» *(vahşi)* Häuptlingssöhne. Es gab sogar auch Gaststudenten aus dem benachbarten Iran. Bei bestimmten Vorlesungen über den Aufbau der osmanischen Streitmacht mussten die Iraner jedoch den Hörsaal verlassen, obwohl zwischen den alten Erzfeinden fast zwei Jahrhunderte kein Schuss gefallen war.

Nach wie vor war der Großteil des Offizierskorps ohne höhere Schulbildung direkt aus den Regimentern (als *alaylı*) aufgestiegen. Nun aber machten die modernen Militär- und Verwaltungshochschulen fachliche Qualifikationen zum wichtigsten Auswahlkriterium. Wie im modernen Europa wurden der Kauf und die Vererbung von Ämtern sowie die Patronage im Laufe der Zeit zurückgedrängt. Ein gemeinsames «Standesbewusstsein» konnte sich auf dieser Grundlage zwischen den *alaylı*- und *mektebli*-Offizieren nicht herausbilden. Nur wenige waren ihrerseits Söhne prominenter Offiziere. Dass diese während des Dienstes und bei Beförderungen rascher «nach oben fielen» wie zum Beispiel Mustafa Kemals Freund und Kampfgefährte Ali Fuad (Cebesoy), lag nahe. Insgesamt war aber ein rationales System auf dem Vormarsch.

Die Generation, die im Abstand von wenigen Jahren die Bänke der Kriegsschule drückte, bildete eine recht homogene Gruppe. Elemente ihrer biographischen Schnittmenge waren nicht allein Alter und Beruf, sondern auch die Übereinstimmung in der zentralen Frage, dass das Reich nur durch entschlossene Modernisierung gerettet werden konnte. Unterschiedliche familiäre Prägungen – von mystisch durchdrungener islamischer Frömmigkeit bis zu orthodoxen Haltungen – wurden auf der *Harbiye* zunehmend durch nationalistische und modernistische Zielsetzungen eingeebnet.

Die osmanische Hauptstadt unter Abdülhamid II.

Istanbul zählte damals rund 700 000 osmanische Einwohner, zu denen wohl mehr als 100 000 Ausländer kamen, eine grob geschätzte Zahl, weil der IV. Stadtbezirk, in dem der Yıldız-Palast lag, nicht statistisch erfasst werden durfte. Das Zahlenverhältnis der großen Religionsgemeinschaften wich von dem Salonikis vollständig ab, war Istanbul doch mehrheitlich muslimisch. Die Stadtverwaltung zählte im Jahr 1914 506 434 Muslime, 205 763 Griechen und 84 093 Armenier. Die Juden fielen mit weniger als zehntausend Personen – ganz anders als in Saloniki – weniger ins Gewicht.

In den folgenden Jahren blieb die Kriegsschule Mustafa Kemals zweite Heimat. Die dreijährige Infanterieausbildung absolvierte er 1902 als achtbester. Auf Grund dieser Leistungen stand ihm die höchste Stufe der Offiziersausbildung, die damals dreijährige Stabsschule, offen. Seine knapp sechs Istanbuler Jahre bis Anfang 1905 gehören zu den bewegtesten der an dramatischen Krisen nicht eben armen spät-osmanischen Geschichte.

Der Besuch Kaiser Wilhelms II. ein Jahr vor Mustafa Kemals Eintreffen in Istanbul hatte die geringe internationale Reputation des Sultans verbessert. Deutschland und Österreich-Ungarn vermittelten bei den großen Konflikten um Kreta und den Status der sogenannten armenischen Provinzen. Am Ende des Jahres 1900 beging Abdülhamid II. das 25. Jubiläum seiner Thronbesteigung und demonstrierte mit dem Baubeginn der Hedschas-Bahn und der Neueröffnung der Universität seine Fürsorge für Religion und Wissenschaft. Gleichzeitig nahm der Druck der Mächte an allen Ecken und Enden zu: Russland sicherte sich den Eisenbahnbau im Nordosten Anatoliens, und England legte in einem Geheimabkommen die Hand auf Kuwait.

Aus Makedonien aber kamen die Nachrichten, die in diesem Jahr die meisten Schlagzeilen auslösten. Revolutionäre sprengten die *Banque Ottomane* in Saloniki. Wir wissen nicht, ob Mustafa Kemal damals Anhänger einer *Pax Ottomanica* war, unter deren Ägide die Balkanvölker daran gehindert werden sollten, sich weiter zu zerfleischen. Sein zukünftiger Einsatz an vielen Fronten beweist aber, dass er jeden Interventionismus der Mächte, unabhängig von demographischen oder historischen Beweisgründen für eine osmanische Legitimität in diesem oder jenen Raum, ablehnte.

Die intellektuelle Elite der islamischen Länder richtete in diesen Jahren ihren Blick auf den russisch-japanischen Konflikt, in dem Armee und Flotte des Zarenreichs in der Mandschurei und der Seestraße von Tsushima geschlagen wurden. Die Begeisterung über den Sieg einer asiatischen Nation über den Erbfeind schlug vor allem bei den Osmanen hohe Wellen, auch wenn die Zensur anfangs versuchte, Nachrichten über japanische Erfolge zu unterdrücken, um den angeschossenen russischen Bären nicht weiter zu reizen. In Saloniki wurde die Zeitung *Asır*, ein «Leitmedium» des osmanischen Südosteuropa, wegen ihrer projapanischen Haltung verboten. Die militärtechnischen Fortschritte Japans beeindruckten die osmanischen Offiziere nicht weniger als ihre deutschen Ausbilder. An der *Harbiye* wurde sogar das Wahlfach Japanisch eingerichtet, und in der türkischen Republik sollte dann das Studium der japanischen Kriegführung zum festen Bestandteil der Stabsausbildung werden.

Das fast ausnahmslos positive Echo auf die japanische Reformpolitik, welche die Siege zu Land und zu Wasser ermöglichten, scheint Mustafa Kemal nicht erfasst zu haben. Man muss, bis zum Auftauchen neuer Schriftquellen, davon ausgehen, dass er – bei aller Anerkennung der japanischen Fortschritte – in dem fernen Land kein nachahmungswürdiges Modell für die Türkei sehen mochte. Zu eng waren sicher schon damals in seinem Weltbild die Konzepte «Fortschritt» und «Westen» verbunden.

Einige der im Exil lebenden «Jungtürken» hatten zu jener Zeit ein Japan-Bild, das sie mit vielen konservativen Osmanen teilten. 1906 beantworteten Komitee-Mitglieder eine Anfrage zum Thema Japan mit den Worten:

> Wir sind keine Nachahmer der Europäer. Demgemäß meiden wir sie auch. Dennoch ist der Fortschritt der Europäer in den Wissenschaften nicht zu leugnen. Wir wollen gleich den Japanern den Fortschritt der Europäer in den Wissenschaften studieren und nur diesen Teil wissen. Denn der Muslim übertrifft hinsichtlich der Ethik und seiner Sitten die Europäer um ein Vielfaches.

Ziya Gökalp hat das japanische Modell, das in den Augen vieler Muslime die Quadratur des Kreises im Sinne von technischem Fortschritt ohne kulturelle Verluste darstellte, noch deutlicher akzentuiert:

> Die Japaner sind unter der Bedingung, ihren Glauben und ihre nationalen Eigenschaften zu bewahren, in die westliche Zivilisation eingetreten. Dank dessen haben sie alles erreicht. – Haben die Japaner, indem sie so vorgingen, irgendwelche Verluste an ihrem Glauben und an ihrer nationalen Kultur erlitten? Durchaus nicht! Wenn dem so ist, warum zögern wir (ihnen zu folgen)?

Die letzte Äußerung stammt zwar aus dem Jahr 1923, sie kann hier jedoch deutlich machen, dass Mustafa Kemal in seinen formativen Jahren nicht Anhänger dieses selektiven Modernisierungskonzepts war, nach dem sich der «Import» westlicher Errungenschaften auf technische Kenntnisse und Produkte beschränken sollte, um die Integrität der türkisch-islamischen Gesellschaft und Kultur nicht zu beschädigen. Jedenfalls stimmt dies mit der Warnung des tatarischen Intellektuellen Akçuraoğlu Yusuf (1879–1935) überein, der kurz nach Ausbruch des Krieges zwischen Russland und Japan schrieb, man könne nicht Schüler von Blériot und Zeppelin sein, ohne auch bei Immanuel Kant und Auguste Comte in die Lehre gegangen zu sein. Die Beispiele aus dem türkischen Japan-Diskurs in den ersten Jahrzehnten des 20. Jahrhunderts ließen sich vermehren. Selektive Modernisierung, ob sie in Japan funktionierte oder nicht – am Bosporus bildete das Thema Japan den Lackmustest für die Frage nach dem Grad des von Intellektuellen aller Lager angestrebten Fortschritts.

Wenn man nach den wenigen Selbstzeugnissen und den Erinnerungen seiner Mitschüler urteilen will (die wichtigste veröffentlichte Ali Fuad Cebesoy unter dem Titel «Mein Klassenkamerad Mustafa Kemal»), setzte der junge Mann den in Manastir eingeschlagenen Pfad eines kritischen Patrioten fort, der für den Fortbestand der Dynastie und ein ungeschmälertes Reich eintrat. Für seine Schulzeit kann man einige respektierte Lehrer aufzählen, aber es fehlte eine charismatische «Erweckerpersönlichkeit», wie sie etwa der «Jungtürke» Mizancı Mehmed Murâd (1854–1914) als Lehrer an der Verwaltungshochschule für die dort studierenden Studentengenerationen darstellte.

Die entscheidenden Impulse, die aus dem ehrgeizigen Knaben einen politischen Verschwörer machten, kamen aus dem gesamten Umfeld der Altersgenossen und wurden durch gemeinsame Lektüre verstärkt. In seinen 1922 publizierten Erinnerungen schrieb er allerdings freimütig, dass er das erste Jahr in Istanbul schlicht vertrödelte:

> In der ersten Klasse ließ ich mich von den Phantasiegebilden der Jugend treiben. Die Lektionen vernachlässigte ich. Ich war mir nicht einmal bewusst, wie das Jahr verstrich. Erst als der Unterricht (das Schuljahr) zu Ende war, stürzte ich mich auf die Bücher.

Ein preußisches Curriculum

Im osmanischen Reich klaffte zwischen den Ansprüchen der Kriegsschule und dem Alltag in den Klassenräumen eine große Lücke. Für die Kriegsschule wurde zu jener Zeit Preußen Vorbild und Muster, auch wenn ihre Praxisorientierung unendlich geringer war und das Auswendiglernen eine viel größere Rolle spielte. Immerhin lehnten sich die Türken zunehmend stärker an diejenigen Unterrichtsfächer an, die in Deutschland Kern der Ausbildung waren: Taktik, Waffenlehre, Befestigungskunst. Auch Fächer wie «Militärischer Geschäftsstil» und «Planzeichnen» hatten ihre osmanische Entsprechung. Besichtigungen vor Ort, etwa von Waffen- und Munitionsfabriken, waren eine Seltenheit, die Ausbilder hätten dafür jedes Mal eine schriftliche Genehmigung des Sultans einholen müssen. Nur Felddienstübungen am Rande Istanbuls – mit ungeladenen Gewehren – gehörten zum gewöhnlichen Programm. Kennzeichnend ist die Klage des in der Republik zum General avancierten Mitschülers Ziya (Yergök, geboren 1873): Man habe alle Einzelheiten über Mineralien gepaukt, aber nie einen realen Stein vor Augen gehabt.

Während in Preußen Sprachprüfungen freiwillig waren, gehörte die erste Fremdsprache Französisch an den osmanischen Kriegsschulen aller Stufen zum Pflichtprogramm. Mustafa Kemal war schon in Saloniki ein emsiger, wenn auch nicht exzellenter Französisch-Schüler, aber mit der Aussprache hatte er stets Schwierigkeiten. Das späte Eintauchen ins Istanbuler Leben reichte übrigens nicht aus, um Eigentümlichkeiten seines rumelischen Dialekts abzuschleifen, in dem in bestimmten Positionen ein «o» mit einem «u» vertauscht wird. In der arabischen Schrift werden die Zeichen für o/u/ö/ü nicht unterschieden, nach Latinisierung des Türkischen schrieb er jedoch in einer Notiz *Ukudum* statt korrekt *okudum* («Ich habe es gelesen»).

Seine Ferienaufenthalte in Saloniki nutzte er, um seine Französischkenntnisse an der Schule der Lazaristen (dem *Collège des Frères de la Salle*) zu verbessern, eines Missionsordens, der es sich eigentlich zur Aufgabe gemacht hatte, unter den orthodoxen Bulgaren Seelen für die römische Kirche zu gewinnen. Dieser freiwillige Lerneinsatz war alles andere als die Regel. Der eben genannte Ziya, der 1897, zwei Jahre vor ihm, in die *Harbiye* eingetreten war, gestand in seinen Erinnerungen, er habe auch nach 13 Jahren Französisch-Unterricht weder sprechen noch lesen gelernt. Auf der Istanbuler Kriegsschule war das zumindest in den Stabsklassen schwerer vorstellbar, unterrichteten hier doch einige der deutschen Instrukteure auf Französisch, während sich andere eines Übersetzers bedienten.

Wenn man die Biographien der rund 400 Personen durchsieht, die zwischen 1899 und 1908 die Verwaltungshochschule abschlossen, um sich auf die Ämter eines Landrates und Präfekten vorzubereiten, und damit Altersgenossen Mustafa Kemals waren, stößt man auf höchstens zwei oder drei Namen, die während des Unabhängigkeitskriegs und in Atatürks Republik eine Rolle spielten. Nur ein *Mülkiye*-Absolvent dieser Generation, Mustafa Abdülhalik (Renda, 1881–1957), gehörte zu den Säulen des Systems. Im Kapitel über die Kongresse in Erzurum und Sivas wird uns mit Ahmed Mazhar Müfid (Kansu, 1873–1948) ein weiterer *Mülkiyeli* begegnen, der allerdings mit seinem Geburtsjahrgang nicht in die «Kohorte» von Mustafa Kemal passt. Abdülhamid II. beobachtete die Entwicklung an den Militärschulen mit einem an Paranoia grenzenden Misstrauen. Mit einiger Berechtigung zog er aber immer noch die *Mekteb-i Harbiye* ihrer Schwesterschule für die Ausbildung von Militärmedizinern vor. Die *Mekteb-i Tıbbîye* galt ihm als Brutstätte der Anarchie und Gottlosigkeit. An beiden Anstalten kursierten regimefeindliche, oft aus dem Ausland eingeschleuste Schriften. Die Werke von Namık Kemal waren schon deshalb verboten, weil hier die Liebe zum Vaterland die absolute Loyalität zur Dynastie und zum Souverän überstrahlt. In den letzten Jahren des Sultans hörte man immer häufiger im verordneten Chor «Es lebe der Herrscher» *(Padışahımız çok yaşa)* revoluzzerische Parolen wie «Nieder mit dem Herrscher» *(Padışahımız baş aşagı)*.

An der Spitze der *Harbiye* stand zu Mustafa Kemals Zeit Esad Paşa (Bülkat, 1862–1952), der vier Jahre (1890–1893) in Deutschland verbracht hatte und sich im Balkankrieg als Verteidiger seiner Heimatstadt Yanya/Ioannina einen Namen erwerben sollte. In der Dardanellenschlacht wurde er 1915 Mustafa Kemals Vorgesetzter. Unter den Dozenten der *Harbiye* befanden sich, wie schon angedeutet, nicht nur Osmanen. Hochrangige Mitglieder der deutschen Militärmission vertraten, seit Colmar von der Goltz 1882 vom Sultan zum Inspekteur der Kriegsschulen ernannt worden war, Fächer wie Taktik oder Logistik (Hausschild Bey, Auler Pascha, Dithfurth Pascha). Kritiker behaupteten, etwas überzogen, dass sich die Wirksamkeit der deutschen Militärmission fast ganz auf diese Tätigkeiten konzentrierte.

Das Wahlfach Deutsch unterrichtete ein bei den Kadetten beliebter Tahir Bey, der das Goltz'sche Werk *Das Volk in Waffen. Ein Buch über Heerwesen und Kriegsführung in unserer Zeit* (1883) schon ein Jahr nach Erscheinen ins Türkische übersetzt hatte. Bei den jungen Offizieren wurde es zu einer Art Bibel, aus der sie Inspiration für den Wiederaufstieg ihrer Nation schöpften. İsmet Paşa (İnönü) verbesserte während seiner Stationierung in Edirne mit Hilfe der Übersetzung dieses Werks seine Deutschkenntnisse. Der Einfluss dieses Buchs reicht weit in die Republikzeit. Die «Staatsbürgerkunde» aus dem Jahr 1930, der unten ein eigener Abschnitt gewidmet wird, enthält umfangreiche Zitate aus *Das Volk in Waffen.*

Die Fächer Glaubenslehre *(Akaid-i Diniye)* und Ethik *(İlm-i Ahlak)* fehlten ursprünglich an der *Harbiye,* wurden aber ab 1900 fest im Lehrplan verankert. Die Kadetten waren streng an die fünf Gebetszeiten gebunden. Im Fastenmonat Ramadan stiftete der Sultan ein *iftâr*-Mahl für die Kriegsschüler, das mit einem Goldstück als Gastgeschenk («Zahnmiete», das ist der Ausgleich für die Abnutzung der Zähne) verbunden war.

Mustafa Kemal erwarb sich auf der Kriegsschule Freunde, denen er sein gesamtes militärisches und politisches Leben lang verbunden blieb. Sein engster Gefährte war der eine Klasse über ihm studierende Ali Fethi (Okyar, 1880–1943). In der Klasse unter ihm waren Kâzım Fikri (Özalp, 1882–1968) und sein Verwandter Nuri (Conker, 1881/82–1937), die er beide bereits aus Saloniki kannte. Neue Freunde waren Mehmed Arif (1883–1926) und Kâzım Karabekir (1882–1948, eine Klasse tiefer) und der schon mehrfach genannte Ali Fuad (Cebesoy).

Rückblickend bedauerte Mustafa Kemal ein wenig, dass ihn seine Begabung und Neigung für die mathematischen Fächer von durchaus vorhandenenen musischen Interessen abhielten. Zu Ali Fuad sagte er bei

einem Ausflug auf die Große Prinzeninsel im Marmarameer (Büyük Ada/
Prinkipo):

Glaub mir, wenn ich mich genauso stark der Poesie und Malerei wie der Mathematik gewidmet hätte, hätte ich mich nicht in die vier Wände der Kriegsschule eingeschlossen. Ich wäre ständig in den Vollmondnächten aus der Schule geflüchtet und
hierher gekommen, hätte Gedichte verfasst und bei den ersten morgendlichen Son-
nenstrahlen zu malen begonnen.

Man muss ihn sich deshalb nicht als sentimentalen Jüngling vorstellen.
Die geradezu Klopstock'sche Begeisterung für Frühling, Liebe und Kahn-
fahrten teilte er mit seinen Generationsgenossen. Gespräche im Schulhof
oder in der von den Freunden frequentierten «Deutschen Bierhalle von
Zowwe» (Poststraße 10) behandelten übergangslos Napoleons Feld-
züge, den Aufstieg Preußens und die neuesten Hefte der Literaturzeit-
schrift *Servet-i Fünûn*. Wer in diesem Umfeld keine Gedichte schrieb,
war eher ein Außenseiter. Es wäre sicher hilfreich, wenn wir mehr über
die Lektüre der Freunde in diesen Jahren wüssten. Gleichwohl gilt, dass
viele Themen in Kaffeehausgesprächen und Schlafsaalgeflüster nur
mündlich, bruchstückweise und oft fehlerhaft die jungen Männer erreichten (Man hat daran erinnert, dass er in den Jahren des Unabhängig-

*Nach Absolvierung der Kriegsakademie ließ sich
Mustafa Kemal im Januar 1905 in der Uniform eines
Unterleutnants der Infanterie photographieren.*

keitskriegs in einer Rede über die «Gewaltenteilung» die Namen Rousseau und Montesquieu verwechselte!).

Mustafa Kemal schloss das dritte und letzte Jahr der Kriegsschule mit einem herausragenden 8. Platz ab und wurde 1902 zur Stabsausbildung zugelassen. Nun befand er sich auf der Kriegsakademie, die jährlich nur vierzig Absolventen entließ, von denen die mit «sehr gut» Bewerteten Stabsoffiziere wurden. Er blieb der glänzende Schüler, den der Zustand der osmanischen Länder wie viele seiner Kameraden intensiv umtrieb.

Am 11. Januar 1905 beendete er als Fünftbester des 57. Akademiejahrgangs seine Ausbildung. Der beste Absolvent war Ali İhsan Sabis (1882–1957), ein in Deutschland ausgebildeter Offizier, der in den kommenden Kriegen noch wichtige Kommandostellen einnehmen sollte, sich aber schon 1922 mit Mustafa Kemal überwarf. Ali Fuad, Nummer acht der Rangliste, wurde – wie schon vermerkt – ebenfalls eine wichtige Figur in den Jahren des Befreiungskriegs.

Die Generation von 1908 auf der Schulbank

Die Gemeinsamkeiten der Mitglieder dieser Gruppe waren sehr groß. Sie machten parallel Karriere und hatten am Ende des Weltkriegs hohe Ränge von Oberst bis General erreicht. Der Altersunterschied zwischen der alten, in Istanbul um den letzten Sultan gescharten Elite und den Männern des anatolischen Widerstands betrug etwa 17 Jahre. Mustafa Kemals Generation sollte das Schicksal der Republik bis in die siebziger Jahre bestimmen.

Später berichtete er über diese Jahre, in denen er zu politischem Bewusstsein erwachte:

Wir begannen zu begreifen, dass es bei der Verwaltung und in der Politik des Landes große Unzulänglichkeiten gab. Wir wollten diese unsere Erkenntnis den nach Tausenden zählenden Kadetten auf der Kriegsschule weitergeben. So gründeten wir eine handgeschriebene Zeitung, die von den Schülern gelesen werden konnte. Innerhalb unserer Klasse gab es eine kleine organisierte Gruppe, deren Leitungsgremium ich angehörte. Die meisten Beiträge für diese Zeitung habe ich geschrieben. Damals war İsmail Paşa Inspekteur der (Kriegs-)Schulen. Er kam unseren Aktivitäten auf die Spur und ließ sie verfolgen. Der Direktor der Schule war ein gewisser Rıza Paşa. Beim Sultan wurde er von İsmail Paşa verleumdet: Auf der Schule gebe es bestimmte Kadetten. Er habe entweder keine Kenntnis von ihnen oder drücke beide Augen zu. Rıza Paşa leugnete alles, um seine Position zu behalten. Eines Tages befassten wir uns mit der Niederschrift eines Beitrags für diese Zeitung. Wir schlossen uns in einem Klassenzimmer der Tiermediziner ein und stellten eine

Anzahl von Wachen hinter der Tür auf. Rıza Paşa, der davon erfahren hatte, ließ das Zimmer besetzen. Die Texte lagen auf dem Tisch ganz vorne. Er tat so, als sehe er sie nicht. Er ordnete lediglich an, uns festzunehmen, weil wir uns mit anderen Dingen als dem Unterrichtsstoff befassten. Als er wieder herausging, sagte er: «Es reicht, euch wegen Ungehorsams zu bestrafen.» Später sagte er, dass es nicht anging, überhaupt keine Strafe zu verhängen.

Es wäre zu modern gedacht, wenn man glaubte, Symptome von «Unterentwicklung» hätten die Debatten beherrscht. Gewiss war die «Infrastruktur» des Reiches in einem katastrophalen Zustand. Die Schulkameraden aus dem fernen Erzurum erreichten die Heimatprovinz erst nach fünftägiger Schiffsreise und weiteren zehn Tagen auf Karawanenstraßen, so dass sie es vorzogen, die Sommerferien in Istanbuler Kaffeehäusern abzusitzen. Eisenbahnlinien und Straßen (die einzige ordentliche Chaussee Anatoliens endete kurz hinter İzmit, etwa 80 Kilometer östlich der Hauptstadt) konnten jedoch früher oder später angelegt werden. Dagegen waren die Gebietsverluste in allen Teilen des Reiches nicht rückgängig zu machen. In den Jahren, in denen Mustafa Kemal an der Istanbuler Kriegsschule seine Ausbildung absolvierte, war der Interventionismus der Großmächte ein allgegenwärtiges Thema von Kreta über Armenien bis nach Ägypten und Kuwait. Das Schicksal der drei makedonischen Provinzen beherrschte die Debatten der aus den Balkanländern stammenden Männer.

In seinen Erinnerungen an die Schulzeit stellt sich Mustafa Kemal als treibende Kraft der kleinen Verschwörung dar, die von dem Direktor in einer Mischung aus Sorge um die eigene Haut und Wohlwollen nicht «nach oben» gemeldet wurde. Man habe diese Aktivitäten bis zur letzten Klasse weiter betrieben. Nach Absolvierung der Stabsschule mieteten die Verschwörer unter falschen Namen eine Wohnung, in der sie sich «hin und wieder» versammelten. Auch diese Aktionen wurden beobachtet und waren den Agenten des Sultans bekannt. Die jungen Hauptleute nahmen einen angeblich aus der Armee ausgestoßenen und hilfsbedürftigen Offizier namens Fethi in ihre Wohnung auf, der sich als Spitzel erwies und die Verhaftung eines Mitverschwörers erwirkte:

Einen Tag später verhafteten sie auch mich. Was Fethi anlangt, war er ein Geheimpolizist von İsmail Paşa. Ich wurde eine ganze Zeit in einer Gefängniszelle festgehalten. Dann brachte man mich ins Serail und verhörte mich. Anwesend waren İsmail Paşa, der erste Sekretär des Sultans und ein weißbärtiger Mann. Aus dem Verhör ergab sich, dass wir in Verdacht standen, eine Zeitung herausgegeben, eine Organisation gegründet zu haben und in der Wohnung konspirativ tätig gewesen zu sein. Kurz, wir wurden wegen all dieser Aktivitäten verdächtigt. Die vor uns verhörten Kameraden hatten ihre Taten eingestanden. Nachdem ich einige Monate festgehalten worden war, ließ man mich frei.

Alle geschilderten Ereignisse einschließlich der mehrmonatigen Haft müssen sich in der ersten Hälfte des Jahres 1905 abgespielt haben, da er im Juli den Befehl erhielt, sich zur 5. Armee nach Syrien zu begeben.

Wie kann man die Istanbuler Jahre resümieren? Mustafa Kemal teilte als «Interner» das Schicksal mit zahlreichen Studenten in der Hauptstadt. Die in den modernen staatlichen Schulen lebenden Jünglinge waren, wie Leyla Hanım (Saz, 1850–1936), eine Dame des osmanischen Hofes und bekannte Musikerin, notierte, nicht allein Objekte der Modernisierung in diesen Jahrzehnten, sondern trugen bestimmte Errungenschaften wieder in ihre Familien: zum Beispiel Kleidungsstil, europäische Sitzmöbel und Betten über dem Fußbodenniveau.

Mustafa Kemal hatte jetzt seinen formellen Bildungsgang abgeschlossen. War er nun nicht nur ein brauchbar ausgebildeter, sondern über die dienstlichen Erfordernisse hinaus auch ein gebildeter Offizier? Die Antwort fällt nicht leicht, weil in dieser Umbruchzeit allgemeine Maßstäbe für «Bildung» fehlten.

Einerseits wurde die traditionelle orientalische Gelehrsamkeit in dieser Zeit nur noch von ganz wenigen Personen aus dem orthodox-religiösen beziehungsweise sufischen Milieu verkörpert, andererseits bot die osmanische Moderne kein zusammenhängendes Korpus im Original oder in Übersetzung kanonisch verpflichtend an. Für Mustafa Kemal gilt darüber hinaus, dass er in einem, modern gesprochen, «bildungsfernen» Milieu groß wurde. Es existierte kein Vater oder älterer Verwandter, der ihn in die «großen Texte» der islamischen Tradition hätte einführen oder wenigstens für den penetrant volkserzieherischen, aber dennoch unterhaltsamen Ahmed Midhat (1844–1912) begeistern können. Um so stärker wirkte die Gruppe der mehr oder weniger Gleichaltrigen auf den Militärschulen ein.

Auch durch intensive Lektüre wurde er nicht zum *homme de lettres*. Theoretische Konzepte beschäftigten ihn nicht, obwohl er ein guter Stilist war. Als Typ blieb er ein vor allem historisch belesener, bildungshungriger Mann. Sein bis zum Lebensende betriebenes Selbststudium war die Basis für die Fähigkeit, Wissenschaftler zur Mitarbeit an seinen großen Projekten Anthropologie, Archäologie, Sprach- und Geschichtswissenschaft zu gewinnen.

3. KÄMPFE UND KAMPAGNEN (1905–1910)

Damaskus und die Drusen

Mustafa Kemal Bey, nun Hauptmann im Generalstab, wurde in den Worten der offiziellen Biographie von 1926 «nach tagelangen Vernehmungen und monatelangen Festnahmen» nach Syrien «verbannt». Am Grab der Mutter erinnerte er am 27. Januar 1923 die Anwesenden daran, dass Frau Zübeyde erst nach seiner Freilassung von seinem Schicksal erfahren hatte.

Im Übrigen gingen Osmanen, die sich in Istanbul zwischen den Stadtteilen Pera und der Hohen Pforte eingerichtet hatten, manchmal leichtfertig mit dem Wort «Verbannung» um. Jedenfalls hätte es Mustafa Kemal schlimmer treffen können. In diesen Wochen hatte der Sultan die Wiedereroberung der jemenitischen Hauptstadt befohlen, die im April an den aufrührerischen Imam Yahya verloren gegangen war. Feyzi Paşa gelang es im August, unter riesigen Verlusten Sanaa einzunehmen. Als klassische Verbannungsorte der Zeit galten eher der Jemen, vor allem aber Tripolitanien und Fezzan, in dem fast die gesamte osmanische Militärkolonie aus Exilierten bestand. Im Vergleich zu diesen Orten in Südarabien oder Afrika war der Infanterie-Hauptmann Mustafa Kemal, der in Syrien programmgemäß seine Ausbildung bei Kavallerie und Artillerie abrunden musste, gar nicht schlecht aufgehoben.

Die Schiffsreise nach Beirut und die anschließende Bahnfahrt nach Damaskus unternahm er zusammen mit seinen Kameraden Ali Fuad (Cebesoy) und Müfid (Özdeş). Ali Fuad hatte einen Draht zum Kommandeur der 5. Armee, Hakkı Paşa, und durfte in dessen Privathaus angenehm unterkommen, während sich Mustafa Kemal in der Kaserne des 30. Kavallerieregiments bescheidener einrichtete.

Zum ersten Mal betrat der etwa 24-Jährige, der bis dahin allenfalls die asiatischen Vororte von Istanbul aufgesucht hatte, im Hafen von Beirut außereuropäischen Boden. In Syrien bildete das Türkische nicht mehr die *Lingua Franca* zwischen den einzelnen Bevölkerungsgruppen wie in Saloniki, Istanbul und sogar Manastir. Sein spärliches Koran-Arabisch taugte nicht dazu, ein Glas Wasser zum Kaffee zu bestellen, geschweige denn dazu, eine lokale Zeitung zu lesen. Damaskus mit seinen

rund 300 000 Einwohnern war, obschon fast vierhundert Jahre unter osmanischer Oberherrschaft, eine ungebrochen arabische Stadt geblieben.
Hier pflegten Muslime und Christen ein und dieselbe Sprache, während
sich in Saloniki fast alle religiösen Gruppen auch durch ihre Sprache unterschieden. Allerdings galt ebenfalls für Syrien, dass eine bestimmte Os-
manisierung – das heißt das Bekenntnis zur hanafitischen Rechtsschule
und die Beherrschung des Türkischen in Wort und Schrift – eine wichtige
Voraussetzung war, um eine Laufbahn in den höheren Etagen der Zivil-
oder Religionsverwaltung anzutreten.

Damaskus wurde um die Wende zum 20. Jahrhundert durch Bahnlinien mit den wichtigen Häfen Beirut (1895) und Haifa (1905) verbunden. Im Jahr 1900 wurde der Bau der Hedschas-Bahn anlässlich des
25-jährigen Thronjubiläums von Sultan Abdülhamid in Angriff genommen. Im Zentrum der Stadt erinnerte ein Denkmal an die Fertigstellung
der Telegraphenlinie vom Sitz des Kalifats in Istanbul über Aleppo zu
den Heiligen Stätten von Mekka und Medina. Die moderne Infrastruktur konnte freilich den Bedeutungsverlust im Karawanenverkehr, vor
allem nach der Eröffnung des Suezkanals (1869), nicht ausgleichen.

In der syrischen Hauptstadt wie auch in Jaffa, in das Mustafa Kemal
anschließend versetzt wurde, bestand Gelegenheit, zu oppositionellen
Offizieren Kontakt aufzunehmen. 1905 oder Anfang 1906 gründete er
mit einigen Kameraden, von denen er 1925 noch drei als gewählte Vertreter der Nationalversammlung in Ankara aufzählen konnte (ein vierter
diente als Konsul), eine konspirative Vereinigung, deren Name *Vatan*
(«Vaterland») auf Namık Kemals patriotisches Stück von 1873 («Das
Vaterland oder Silistre») anspielte. Die Militärzöglinge hatten es gleichsam unter der Bettdecke gelesen. *Vatan* wurde zum Schlüsselwort für
den osmanischen Patriotismus. Mit diesem Begriff ging eine Sakralisie-
rung des Territoriums einher, dessen Unverletztheit es unter allen Umständen zu schützen galt. Der Zustand des Vaterlandes im Guten und
Bösen übertrug sich auf die seelische Befindlichkeit des Einzelnen, wie
Namık Kemal formulierte und Mustafa Kemal gern zitierte: «Wenn das
Vaterland in Trauer liegt, trauere auch ich».

Wenige Tage nach Mustafa Kemals Dienstantritt in Damaskus hatten
die Zeitungen von einem missglückten Attentat auf den Sultan und Kalifen in Istanbul am 27. Juli 1905 berichtet. Ein für die armenische Sache
gewonnener belgischer Terrorist namens Édouard Jorris hatte beim
selamlık vor der Hamidiye-Moschee eine in Europa gefertigte Zeitbombe
(machine infernale) zur Explosion gebracht, bei der 26 Tote und 58 Ver-

Beirut, 15. Juli 1906: Neben Mustafa Kemal (vorne links) lässt sich sein Freund Ali Fuad (Cebesoy) identifizieren.

letzte, vor allem Offiziere, Soldaten und Kutscher, zu beklagen waren. Abdülhamid II., der sich ein Leben lang vor Anschlägen fürchtete, hatte um Haaresbreite überlebt. Die Opposition im In- und Ausland blieb sich uneinig, ob die Beseitigung des Sultans einen Ausweg aus der Dauerkrise bedeuten würde.

Für Mustafa Kemal hätte es, wie gesagt, schlimmer kommen können. Er fand Anlässe für private und dienstliche Reisen nach Beirut, wo sich ein lebhafteres Nachtleben entwickelte als in dem sittenstrengen Damaskus. Der täglich verkehrende Personenzug nach Beirut verließ Damaskus um 7:30 Uhr und erreichte 12–14 Stunden später die christlich geprägte Stadt samt ihren Bier- und Kaffeehäusern. Vier Photoateliers boten ihre Dienste an (7 Franken das Dutzend, schreibt der *Baedeker* von 1910). So zeigt eine Aufnahme vom 15. Juli 1906 eine Gruppe von jungen Offizieren in makellosen Sommeruniformen. Mustafa Kemal und die Mehrheit der Männer tragen den Schnurrbart à la «Es ist erreicht» des Deutschen Kaisers.

Beirut wurde von seinem späteren Adjutanten İzzeddin (Çalışlar, 1882–1951) noch kurz vor Ende des Weltkriegs recht ausführlich geschildert. Es wirkte auf ihn nicht *wie* eine europäische Stadt, er schreibt, Beirut *war* «eine schöne europäische Stadt». Man muss das hervorheben, um die Rolle Salonikis, Manastirs oder Sofias, von Städten, die Mustafa Kemal nach Meinung vieler Autoren auf den Westen vorbereiteten, im angemessenen Rahmen zu sehen. Ein Hauch von Europa wehte auch in Kurdistan oder Arabistan, solange man eine illustrierte Zeitschrift aus Istanbul erhielt, ein französisches Buch lesen oder – wie İsmet (İnönü) am osmanischen «Südpol», dem Jemen – eine Partie Bridge spielen konnte. Beirut war in Teilen elegant, oft wohlhabend, überall reich an Schulen und Kirchen. Auch hier existierte eine osmanische Sekundarschule *(Sultaniye)* mit elektrischer Beleuchtung. Wie in Istanbul, Kairo oder Saloniki konnte man seine Bedürfnisse nach europäischen Luxuswaren in einem Kaufhaus der Orosdi-Back-Kette stillen.

Mustafa Kemal wurde in Syrien zum Liebhaber arabischer Musik, die sich recht deutlich von den sentimentalen *(şarkis)* und den schmissigen Liedern *(kantos)* seiner Heimat unterscheidet. Noch auf dem Höhepunkt der Kulturrevolution sollte er bei einer sommerlichen Veranstaltung an der Serailspitze von Istanbul, von der noch die Rede sein wird, die im ganzen Orient angebetete ägyptische Sängerin Munira al-Mahdiyya (um 1885–1965) um den Vortrag eines arabischen Lieds bitten, das ihm aus seiner syrischen Dienstzeit im Ohr geblieben war.

Von einer Vernachlässigung seines militärischen Programms und seiner politischen Agenda konnte bei all dem nicht die Rede sein. Für die Kommandanten der 5. Armee bildete die südsyrische Provinz Hauran mit ihrer überwiegend aus Drusen bestehenden, notorisch unbotmäßigen Bevölkerung die wichtigste Ordnungsaufgabe. Die Drusen erhoben sich regelmäßig gegen die osmanische Verwaltung und überfielen die Dörfer ihrer christlichen Nachbarn. Angeblich gegen den Willen seiner Vorgesetzten begab sich Mustafa Kemal auf nicht ungefährliche Inspektionstouren in den Hauran. Später ließ er erklären, er habe hier Gelegenheit gehabt, die Unzulänglichkeit der Zivilverwaltung und die Mangelhaftigkeit der militärischen Ausbildung kennenzulernen.

Brennendes Makedonien

Aus der Heimat erreichten den Offizier keine guten Nachrichten. Die Zeitungen berichteten aus allen makedonischen Bezirken von Attentaten, erpresserischen Entführungen und Raubüberfällen. Auch Eingeweihte konnten nicht immer zwischen politischen Aktionen oder schlicht kriminellen Handlungen der diversen *komitacis* unterscheiden. Abdülhamids Regime hatte lange auf die wechselseitige Belohnung und Bestrafung der einzelnen Volks- und Religionsgruppen gesetzt. Das vom Sultan in machiavellistischer Perfektion praktizierte gegenseitige Ausspielen der Minderheiten (bei einer gewissen Privilegierung der Griechen) hatte sich allerdings um 1902 totgelaufen. Der österreichische Hauptmann Hubka, der an der Reform der osmanischen Gendarmerie beteiligt war, skizzierte die Lage vor 1908 mit folgenden Worten:

Später änderten die Banden ihre Taktik über Weisung ihrer Komitees und begannen sich gegenseitig zu befehden; die bulgarischen Banden fielen über serbische und griechische Dörfer her, die serbischen plünderten exarchistische Kirchen und Gemeinden, die griechischen Komitadschis bekämpften Türken, Kutzowalachen und Bulgaren – das Chaos hatte seinen Höhepunkt erreicht.

Die Große Politik der europäischen Kabinette befasste sich ohne Unterlass mit der armenischen Frage, dem Balkan und Syrien. So sollte das Mürzsteger Abkommen zwischen Österreich-Ungarn und Russland vom 30. September 1903 über Reformen in Makedonien einerseits nicht an den Status quo der osmanischen Provinzen in territorialer Hinsicht rühren, andererseits aber den «Mächten» weitgehende Mitwirkung bei der Verwaltung der Provinz ermöglichen. Seine Bestimmungen blieben auf dem Papier, nicht zuletzt wegen der mit jeder Reform verbundenen finanziellen Belastungen. Die Dinge waren aber in Bewegung geraten und führten nach dem Scheitern des Aufstands am St. Eliastag (Ilinden) 1903 sogar zu einer gewissen Annäherung von Teilen der makedonischen Revolutionäre an die türkischen Reformoffiziere.

Der unrettbar osmanophile Freiherr von der Goltz hatte bei seinem Besuch in Makedonien manches vorausgesehen:

Ein Racekampf wäre unvermeidlich (…) Der türkischen Verwaltung muss man zugestehen, dass sie, trotz aller Mängel, es doch trefflich versteht, die Gegensätze zu mildern und einen gewaltsamen Ausbruch der nationalen Rivalitäten durch ein geschicktes System wechselnder Bevorzugung und Zurücksetzung zu verhindern. Vielleicht würde keine andere so glücklich mit der Aufgabe fertig werden. Darin beruht ihr bester Rechtstitel.

Alles, was wir von Mustafa Kemals syrischer Zeit wissen, deutet darauf hin, dass ihn die Lage in Makedonien stärker beschäftigte als die regionalen Krisen im osmanischen Arabien. Das mag auch für das sich ankündigende Palästina-Problem zutreffen. Sein Dienstort Jaffa war ein wichtiges Einfallstor für den Zionismus, und Jerusalem hatte bereits 35 000 jüdische Einwohner. Vielleicht konnte diese Zahl wenig Eindruck auf jemanden machen, der aus einer osmanischen Großstadt kam, in der Juden die größte Bevölkerungsgruppe stellten.

Es lag nahe, dass sich Mustafa Kemal für die britischen Vorstöße am Roten Meer interessierte. London hatte den zügigen Bau der Hedschas-Bahn misstrauisch beobachtet und wurde durch osmanische Überlegungen, eine Zweigbahn zum Golf von Akaba zu führen, alarmiert. Mit einer solchen Linie hätte Istanbul seine für den Jemen bestimmten Truppen bis zum Roten Meer transportieren können, während der Suez-Kanal seine Rolle als einziger bequemer Verkehrsweg nach Süden verloren hätte. London und Istanbul setzten sich in diesen Jahren erstmals über eine Grenze zwischen Ägypten und dem Osmanischen Staat auseinander. Bis dahin hatte die Sinai-Halbinsel als wenig abgegrenzte Pufferzone gegolten.

In den verbliebenen balkanischen Provinzen ging es jedoch nicht um den Besitz einer verfallenen Festung inmitten der Wüste, hier stand die Kontrolle über das gesamte osmanische Europa auf dem Spiel. Im Sommer 1906 gelang es Mustafa Kemal mit Hilfe einer fingierten Krankschreibung, aus dem Raster der militärbürokratischen Überwachung durch Istanbul zu verschwinden und unerkannt auf dem Umweg über Ägypten und Athen nach Saloniki zu reisen. In seiner Heimatstadt bewegte er sich in aller Öffentlichkeit, sprach mit wichtigen Militärs und suchte seine überraschte Mutter auf. Ein Kamerad, ein Stabsarzt, verhalf ihm zu einem ärztlichen Attest, aus dem hervorging, dass er sich zur Wiederherstellung seiner Gesundheit in Saloniki aufhielt.

Im Herbst kehrte er nach überstandener «Krankheit» zurück nach Jaffa. In Damaskus hatte inzwischen die Suche nach dem abgängigen Hauptmann begonnen. Sein Vorgesetzer in Jaffa setzte ihn vorsorglich in Richtung Birseba in Marsch. Eine Expedition in die 1900 von den Osmanen als Verwaltungsstadt in die Wüste gesetzte Siedlung war glaubwürdig, weil angesichts der Akaba-Krise das Zeigen der osmanischen Flagge nahe der vagen Sinai-Grenze erforderlich erschien.

Der syrische Ausbildungsabschnitt endete mit seiner Verwendung beim Generalstab der 5. Armee. Dem zum *Kolağası*, einem Grad zwischen Hauptmann und Major, ernannten Mustafa Kemal Bey gelang am 16. September 1907 die Aufnahme in die 3. Armee mit Hauptquartier in Saloniki, wo wichtige Weichenstellungen für die Zukunft der Türkei und sein persönliches Leben vorgenommen werden sollten. Fethi (Okyar), der seit dieser Zeit mit ihm befreundet war, schrieb in seinen Erinnerungen:

Mein Eintritt in die «Gesellschaft» (für Einheit und Fortschritt) geschah durch Vermittlung von İsmail Hakkı (Baha) Bey, der im Armeekorps von Manastır diente. Der Eintritt von Enver Bey und Cemal Bey und dem aus seiner Verwendung in Damaskus nach Saloniki gekommenen Mustafa Kemal geschah auf demselben Weg.

Die «Gesellschaft für Einheit und Fortschritt» wurde von Ausländern abkürzend als «Komitee», ihre Mitglieder wurden als «Unionisten» bezeichnet. Aus dieser Oppositionsgruppe ging das sogenannte «jungtürkische» Regime der Jahre zwischen 1908 und 1918 hervor.

Zehn Männer trafen sich am 29. Oktober im Haus von Hakkı Baha, der ein Freund des Dichters Ömer Naci war, der ja seinerseits mit Mustafa Kemal seit Manastır eng verbunden war. Eine knappe Ansprache Mustafa Kemals an die Mitverschworenen ist überliefert:

Heute wollen sie Makedonien und den gesamten Balkan von der vaterländischen Gemeinschaft abtrennen. Unser Land ist teilweise und wirksam unter ausländischen Einfluss und ausländische Herrschaft geraten. Der Sultan ist eine hassenswerte Existenz, die sich ihren Vergnügungen und der Alleinherrschaft hingibt. Er ist zu den niedrigsten Taten fähig. Wo Freiheit fehlt, herrscht der Tod und die Zerstörung.

Mustafa Kemal hat seine Zugehörigkeit zur «Gesellschaft» (mit der Mitgliedsnummer 322) nie geleugnet, auch wenn er später in tödliche Konflikte mit führenden Unionisten geriet. Weniger sicher ist, ob er Führungsrollen in der Partei einnahm, und, wenn ja, welche.

Die jungtürkische Revolution: Eine Militärrevolte?

Etwa gleichzeitig schloss sich auf dem Zweiten Jungtürkischen Kongress in Paris im September 1907 – die französischen Behörden hatten auf ein Treffen in einer Privatwohnung Wert gelegt – unter Führung der «Gesellschaft für Einheit und Fortschritt» eine breite Mehrheit von muslimischen und christlichen Oppositionsgruppen zusammen, obwohl viele, wenn nicht die meisten ihrer politischen Ziele geradezu gegensätzlich waren. Während die christlichen Balkanvölker auf den Interventionismus der Großmächte setzten, waren die türkischen Muslime an einer Stärkung von Armee und Zentralverwaltung interessiert. Auch wenn sie den regierenden Sultan gründlich hassten, wollten sie unter keinen Umständen auf die osmanische Herrscherfamilie als Klammer des Vielvölkerstaates verzichten. Die Staatsform der Republik wurde übrigens selbst von radikalen Jungtürken nicht ernstlich erwogen.

Für die Militärs unter den Sympathisanten der «Gesellschaft» blieb aber die Aufgabe, in einer höchst unübersichtlichen ethnischen Landschaft Banden aus mehreren Bevölkerungsgruppen zu bekämpfen, wobei Bulgaren, Serben, Griechen, Wallachen und Albaner und ihre jeweiligen Geheimgesellschaften oft wechselnde Koalitionen eingingen. Dabei verstand man unter Bulgaren die orthodox-slawischen Bewohner der makedonischen Provinzen, also eine «regionale Gruppe der bulgarischen Nation» (von der modernen, in Jugoslawien entstandenen polyethnischen «Nation» war man noch weit entfernt).

Alle politisch aufmerksamen Osmanen verfolgten im Frühsommer 1908 das Treffen von Edward VII. mit Nikolaus II. auf der Yacht des Zaren vor Reval. Obwohl das «Programm», das die Minister der mächtigen Männer – der Zar leckte freilich nach der Niederlage gegen Japan noch seine Wunden – ausheckten, die Einsetzung eines von den Mächten bestimmten osmanischen Gouverneurs in Makedonien vorsah, wurde es, schon weil Deutschland und Österreich-Ungarn nicht zustimmen konnten, nie wirksam. Doch vermochte jeder das bekannte Muster – von der Besetzung über die Verwaltung zur faktischen Einverleibung – zu erkennen. Die Beispiele Bosnien-Herzegowina, Kreta und Zypern, so unterschiedlich sie waren, wirken aus dem Abstand betrachtet doch sehr ähnlich. In diesen bewegten Monaten wurde Mustafa Kemal die Zuständigkeit über die Kontrolle der durch Anschläge gefährdeten Bahnlinie übertragen, die Saloniki mit Skopje, dem dritten städtischen Zentrum der Provinz, verband.

Die geringen Erfolge bei der Bekämpfung der Guerilla in Makedonien lösten bei den unzufriedenen Offizieren in den südosteuropäischen Garnisonen die «Jungtürkische Revolution» aus, die in der Wiedereinsetzung der Verfassung und der weitgehenden Entmachtung des Sultans gipfelte. Die «Revolution» hatte eher das Gesicht eines Militärputsches, angestiftet von niedrigrangigen Offizieren an der balkanischen Peripherie. Am Abend des 24. Juni verließ Enver Bey Saloniki, um sich in Köprülü (heute Veleš) mit anderen Revolutionären zu treffen. Am 3. Juli machte sich der in Resne stationierte Adjutant-Major Niyazi (1873–1912) aus seiner Garnison auf und ging mit 200 Mann «in die Berge». In der Folge verdichteten sich die Kontakte unter den dem Komitee nahestehenden Militärs.

In Manastir ermordete am 7. Juli das Komitee-Mitglied Atıf Bey, ein junger Leutnant, den mit der Niederschlagung der Revolte beauftragten General Şemsi Paşa. Zwei Wochen später richtete das Komitee aus Manastir telegraphisch eine dringende Aufforderung an den Sultan, die Verfassung wieder herzustellen. Andere Balkanstädte folgten mit einer Flut ähnlich lautender Telegramme. In den makedonischen Provinzen übernahmen die Reformoffiziere die Gouverneurspaläste und Kommandostellen. Vehib Paşa, der Chef der Kriegsschule von Manastir, hielt eine kurze Rede, in der sich allgemeine islamische Leitsätze von der Gerechtigkeit mit den Schlagwörtern der Französischen Revolution «Freiheit, Gleichheit, Brüderlichkeit» verbanden. Von der im europäischen Exil versprochenen Gleichbehandlung aller ethnischen und religiösen Gruppen war eher beiläufig die Rede. Das Wort «Fortschritt» kam auffälligerweise nur bei der namentlichen Nennung des Komitees vor. Dass die Revolutionäre aus Manastir den Sultan nicht stürzen wollten, wurde allmählich deutlich. Vollmundig hieß es zwar, dass man das eigene Leben für das Grundgesetz opfern werde, zugleich wurde aber klargemacht, dass man weiter mit dem Sultan rechnete und alle Übel der Vergangenheit einer schurkischen Kamarilla anlastete. Vehibs Rede wurde nur dort konkret, wo sie die Genugtuung für Armeeangehörige forderte. Sie seien ohne Befragung verbannt, degradiert und ausgestoßen worden, schmachteten in Gefängnissen, hungerten und wären ohne medizinische Versorgung. So ergibt sich das Gesamtbild einer frustrierten, in ihrer Ehre beschädigten Armee, der es um Wiedergutmachung der Erniedrigung ihrer Angehörigen (im Offiziersrang) ging. Die von der Opposition im Ausland so quälend diskutierte Frage nach einem eher zentralistischen oder dezentralistischen Kurs stellte sich für die militärische Elite nicht.

Abdülhamid hatte zunächst versucht, die Revolte mit militärischen Mitteln niederzuschlagen, und hatte zwei anatolische Bataillone aus İzmir hinüber nach Saloniki geschickt – vergeblich, weil sich deren Mannschaften und Offiziere unverzüglich mit ihren Kameraden in Makedonien verbrüderten. Am folgenden Tag (dem 23. Juli) verkündete der Sultan die Gültigkeit der suspendierten Verfassung von 1876, indem er erklärte, das Land sei nun reif für diese Maßnahme. Das Komitee zwang ihn, Said Paşa (1838–1914), den Großwesir seiner Wahl, wieder zu verabschieden und den im achten Lebensjahrzehnt stehenden, rüstigen und reformfreudigen Kamil Paşa (1832–1913) einzusetzen. Zügig arbeiteten Hohe Pforte und Komitee an der Entlassung der hamidischen Gefolgschaft. Noch vor Ablauf von zwei Jahren waren keine höheren Beamten mehr Vertreter des *Ancien Régime*; selbstverständlich wurden alle Gouverneure und Botschafter ausgetauscht und Verbannungen, Entlassungen und Degradierungen rückgängig gemacht. Als Receb Paşa, der als *vali*

(Provinzgouverneur) nach Tripolis abgeschobene Sympathisant der Jungtürken (wenn auch nur für wenige Wochen im August 1908) Kriegsminister wurde, schien die Niederlage des alten Herrn im Yıldız-Palast vollständig.

Im Dezember wurde in den Provinzen gewählt. Die daraus hervorgegangenen Wahlmänner traten daraufhin in der Halle der Hauptpost von Istanbul zusammen. Die *Meclis* («Versammlung, Parlament») stellte sich so buntscheckig dar wie die Landkarte des Reichs: Von 275 Deputierten waren 142 Türken, 60 Araber, 25 Albaner, 23 Griechen, 12 Armenier, 5 Juden, 4 Bulgaren, 3 Serben und 1 «Wallache». Als 1920 in Ankara die Nationalversammlung der neuen Türkei zusammentrat, mochte sich mancher Abgeordnete an diesen 17. Dezember erinnern, als das Osmanische Reich gleichsam ein österreich-ungarisches Format einübte. Die überkonfessionelle Zusammensetzung schloss größere religiöse Manifestationen aus. Man begnügte sich 1908 mit einem kurzen Gebet eines Religionsgelehrten, ansonsten übertönten nationale Farben und Gesänge die islamischen Pflichtübungen. Ein Marsch für die Deputiertenversammlung enthält zum Beispiel Zeilen wie «Die Bajonette haben den Abgeordneten den Weg gebahnt, hoch lebe Niyazi, hoch lebe Enver». Bezeichnenderweise war der Komponist des Musikstücks ein Armenier (Hékimian), der Herausgeber ein Grieche (Christidis).

Die Ereignisse von 1908 hatten eine Lawine von politischen Ereignissen ausgelöst, von denen die förmliche Annexion Bosnien-Herzegowinas, die Unabhängigkeitserklärung des Fürstentums Bulgarien und die Union Kretas mit Griechenland die wichtigsten waren. Tatsächlich standen alle diese Gebiete seit dem Berliner Kongress von 1878 nur mehr sehr locker in staatsrechtlicher Verbindung mit Istanbul, doch zeigte sich sehr schnell, dass auch das neue System den Abfall der europäischen Reichsteile nicht aufhalten konnte.

Die muslimische Bevölkerung der Hauptstadt und Anatoliens schloss sich nur teilweise und zögernd der Verurteilung Abdülhamids an. Auch hier herrschte wie in Teilen des Militärs die Vorstellung vom guten Hirten, der allein durch Machenschaften seiner Umgebung, worunter man vor allem die einflussreichen Palastsekretäre verstand, am Kontakt mit seiner Herde gehindert wurde. Dieser Stimmung konnten sich auch die neuen Machthaber nicht entziehen. Bei der Wiedereröffnung des Parlaments hielt Abdülhamid eine Ansprache, und es gelang ihm bei der Gegeneinladung im Palast, unter allen Deputierten Sympathie zu erwerben.

«Konterrevolutionäre» in den Istanbuler Kasernen

Eine große Belastungsprobe für die «Jungtürken» war mit dem 31. März 1909 verbunden. Dieses Datum bezeichnet den Versuch, das seit Juli 1908 installierte Regime zu stürzen. Der Auslöser war die Meuterei des 4. Jägerregiments in der Kaserne von Taşkışla im europäischen Teil Istanbuls. Die Soldaten lehnten sich gegen das harte Exerzieren ihrer aus der preußisch geprägten Kriegsschule hervorgegangenen Offiziere auf. Möglicherweise hat die dadurch bedingte Erschwerung der pflichtgemäßen Waschungen und Gebete dabei eine Rolle gespielt. Bald schlossen sich aus dem Soldatenstand stammende Offiziere und andere Truppenteile an, darunter auch Marinesoldaten. Die Unzufriedenheit verband sich mit dem Ruf nach Einsetzung der islamischen Rechtsordnung. Ulema und Medreseschüler, die nicht von der Vereinbarkeit von *Şeriat* und *Meşrutiyet* (Konstitution) überzeugt waren (und zum Teil Grund hatten, die Ausdehnung der Dienstpflicht auf ihre Kaste zu befürchten), erhoben die Stimme. Die in zahlreiche Fraktionen zersplitterte liberale Opposition witterte Morgenluft.

Währenddessen verhielt sich der Sultan untätig, selbst als Besatzungsmitglieder des Panzerschiffs *Asar-i Tevfik* ihren Befehlshaber am 15. April vor den Fenstern des Yıldız-Palastes grausam ermordeten. Dieses Ereignis gilt als der letzte Auslöser für das Eingreifen der 3. Armee unter ihrem Kommandanten Mahmud Şevket Paşa (1856–1913). Die «Aktionsarmee» *(Hareket Ordusu)* wurde in Saloniki aus regulären Truppen und Freiwilligen gebildet, denen sich zahlreiche Nichtmuslime und in Edirne auch Teile der 2. Armee anschlossen. Die Bahnverbindung zwischen Saloniki, Edirne und der Hauptstadt erlaubte eine rasche Verlegung der Truppen.

Der aus Berlin herbeigeeilte Enver Bey, der dort als Militärattaché diente, und Cemal Bey (1872–1922) als die wichtigsten militärischen Führer der «Gesellschaft für Einheit und Fortschritt» hielten in Aya Stefanos (dem heutigen Yeşilköy) Kontakt mit der Aktionsarmee. Am 22. April begann die Besetzung Istanbuls, die am 25. mit der Erklärung des Ausnahmezustands abgeschlossen war. Bei den Kämpfen starben bis zu 100 Soldaten der Ordnungstruppe. Nach der Niederschlagung der «Gegenrevolution», die keine allzu breite Basis gehabt zu haben scheint, legitimierten sich die neuen Herren über das Schicksal der Türkei doppelt: als Wiederhersteller der Verfassung und der mit ihr verbundenen Freiheitsrechte (1908) und als Retter vor der Reaktion, die das kostbare Gut zu zerstören drohte (1909).

Obwohl nicht viele Einzelheiten bekannt sind, wissen wir, dass Mustafa Kemal als Stabschef an der Aktionsarmee unter ihrem ursprünglichen Kommandeur Hüseyin Hilmî Paşa (1855–1923) beteiligt war. Die Aktionsarmee, deren Kommando am Ende Mahmud Şevket Paşa übernahm, wurde von ihren Gegnern später als ein bunt zusammengewürfelter Haufen rumelischer Desperados beschrieben. Richtig ist, dass selbst der ehemalige bulgarische Bandenchef Sandanski und Juden aus Saloniki neben den regulären Truppen gesehen wurden. Nach Mustafa Kemals eigenen Worten hatte er die ursprünglich vorgeschlagene Bezeichnung «Freiheitsarmee» für die Eingreiftruppen mit dem Argument, die gesamte Armee sei der Freiheit verpflichtet, zurückgewiesen und das Wort «Aktionsarmee» (Hareket Ordusu) vorgeschlagen, das bis heute gültig geblieben ist. Eine von Hüseyin Hilmî Paşa unterzeichnete Proklamation an die Bevölkerung Istanbuls wurde Yusuf Hikmet (Bayur, 1891–1980) zufolge von Mustafa Kemal verfasst und stellt ein frühes Beispiel seiner politischen Stilistik dar.

Abdülhamid II. wurde nach der Niederschlagung der Revolte abgesetzt, und sein Bruder Mehmed V. Reşad, ein stiller, etwas korpulenter Herr von 64 Jahren, durfte am 27. April 1909 den Thron Osmans besteigen. Mit einem Teil seines Harems wurde Abdülhamid nach Saloniki verbracht, wo das Komitee nach wie vor die Fäden der Istanbuler Politik zog und ihn unter ihren Augen behalten konnte.

Mustafa Kemal, der schon vor dem Umsturz für die Trennung politischer und militärischer Ämter und Aufgaben eingetreten war, widmete sich nun – fast demonstrativ – der Truppe und ihrer Ausbildung, wobei ihm die deutsche Militärmission eine Hilfe war, die die wichtigsten Lehrwerke für Taktik und Einsatz zur Verfügung stellte. Außerdem wurde er mit der Übersetzung des schon als Klassiker geltenden Taktiklehrbuchs des preußischen Generals Litzmann beauftragt, wobei er sich wahrscheinlich auf französische Versionen stützte. Die türkischen Übersetzungen wurden für die Ausbildung von Soldaten an alle Truppenteile ausgegeben.

Aus verschiedenen Äußerungen in diesen letzten Vorkriegsjahren geht hervor, dass er von der Qualität der Ausbildung in Deutschland nicht uneingeschränkt überzeugt war. Bei einer Militärübung im makedonischen Cumalı (Florina im Vardartal) kritisierte er unter Missachtung der Rangordnung den Kavallerie-General Subhi Paşa, der sich während des Manövers einige Fehler geleistet hatte. Mustafa Subhi hatte in den 1880er Jahren in Deutschland einen Sprach- und Vorbereitungskurs so-

General Colmar Freiherr von der Goltz besuchte im Sommer
1909 die makedonischen Manöver. Ein dem deutschen Militär
gegenüber skeptischer Mustafa Kemal und Bewunderer des
Gastes empfingen ihn am Bahnsteig in Istanbul.

wie eine dreijährige Ausbildung in der Truppe absolviert und war als Major in die Türkei zurückgekehrt, wo er es bis zum Inspekteur der Kavallerie im Kriegsministerium brachte. Mustafa Kemals Kritik beschränkte sich aber nicht auf die von Abdülhamid nach Deutschland entsandten Offiziere. Er soll vielmehr erklärt haben, dass man mit Befehlshabern über dem Majorsrang im Grunde nichts anfangen könne. Dabei hatten die als Goltz-Schüler bekannten Offiziere nach 1908 wichtige Kommandostellen erhalten, allen voran Mahmud Şevket Paşa.

Zu diesem Zeitpunkt hatte Mustafa Kemal noch zwei Jahre bis zur Beförderung in den Majorsrang vor sich. Seine durch starkes Selbstbewusstsein verstärkte Auflehnung gegen ältere Autoritäten ist nicht überraschend, die Auseinandersetzung mit Subhi Paşa zeigt aber, dass durch das Offizierskorps mehrere Bruchlinien verliefen. Da war nicht nur das Überlegenheitsgefühl der aus der Kriegsschule oder gar Generalstabsausbildung hervorgegangenen Männer über die aus dem Unteroffiziersrang aufgestiegenen Regimentsoffiziere, deren Gegensatz bei den März-Ereignissen sichtbar wurde. Auch die in osmanischen Anstalten herangezogene Elite hatte mit Komplexen gegenüber den aus Deutschland zurückgekehrten «Ausländern» zu kämpfen. Bald ergab sich die Gelegenheit, den Zustand der französischen Armee, deren Prestige nach der Niederlage von 1870/71 in der Türkei stark gesunken war, aus nächster Nähe kennen zu lernen.

Herbstmanöver in der Picardie

1910 wurde Mustafa Kemal als Beobachter der französischen Herbstmanöver in die Picardie (9. bis 18. September) geschickt. Über Wien reiste er per Bahn nach Frankreich. Die türkische Delegation bestand aus ihm und seinem Stabschef in Saloniki Oberst Ali Rıza, in Paris stieß Fethi (Okyar) Bey dazu, der als osmanischer Militärattaché – vermutlich die Abordnung seines Freundes eingefädelt hatte.

Zwei Jahre nach der Entmachtung Sultan Abdülhamids hatte man dem unbequemen Offizier eine Dienstreise nach Paris genehmigt, in jene Stadt, die über Jahrzehnte Exilort sämtlicher Oppositionsgruppen und Traumziel zahlloser junger Leute war. Man «fuhr» unter dem alten Regime nicht nach Paris, sondern man «floh» dorthin. Mustafa Kemal gehörte freilich nicht zu den jugendlichen Schöngeistern, die mit Julien Sorel aus Stendhals Roman zu Bett gingen und mit Balzacs Rastignac wieder aufstanden. Seine Kenntnis der französischen Kultur war nicht besser oder schlechter als die seiner Kameraden im Offizierskorps. Man hatte die Sprache leidlich gelernt, konnte kleine Briefe schreiben, ein kurzes Gedicht zitieren und mit Gewinn in französischen Journalen und militärischer Fachliteratur blättern, verzichtete aber auf ein Eindringen in hochgespannte intellektuelle Diskurse.

Mustafa Kemals erster und einziger Aufenthalt in Frankreich dauerte nur zwei kurze Wochen. Im Sommer 1910 waren die osmanisch-französischen Beziehungen in eine Sackgasse geraten. Finanzminister Mehmed Cavid (1875–1926), das erste Kabinettsmitglied, das der «Gesellschaft für Einheit und Fortschritt» angehörte, hatte sich im Mai um eine bedeutende Anleihe auf dem französischen Finanzmarkt bemüht, die im Oktober jedoch von der Regierung in Paris abgelehnt wurde, weil die Türkei die französische Forderung nach Kontrolle ihrer Finanzen öffentlich zurückgewiesen hatte.

Das französische Interesse an der Türkei hatte sich aber keinesfalls abgeschwächt. Die Botschafter der Republik in Istanbul kämpften – zum Missfallen des deutschen Kollegen Marschall von Bieberstein (1842–1912) – hartnäckig um Importe von Kanonen aus der Waffenschmiede Schneider-Creusot. Der Besuch der Werke des Konkurrenten von Krupp bildete die zweite Aufgabe der Frankreich-Mission.

Auch auf kulturellem Gebiet blieb das französische Interesse an der Türkei intensiv. Nachdem das Regime Abdülhamids versucht hatte, osmanische Studenten verstärkt nach Deutschland umzulenken, arbeitete man in Paris im selben Sommer 1910 an einer Denkschrift zur Errichtung einer *École Normale Ottomane*, die junge Osmanen auf ein Hochschulstudium vorbereiten sollte.

Mustafa Kemal betrat zu einem Zeitpunkt französischen Boden, als die «Generation von 1910» einen Neo-Nationalismus zelebrierte, der vor der deutschen Kriegsmaschine warnte und den Kult um die 1870 verlorenen Provinzen Elsass und Lothringen in den Mittelpunkt rückte. Die Lage im Land war nach den Wahlen, aus denen die Konservativen siegreich hervorgegangen waren, im Frühjahr 1910 alles andere als stabil. Vor diesem Hintergrund waren die *Grandes Manœuvres* in der Picardie für den französischen Patriotismus ein wohltuendes Spektakel. Sie demonstrierten das kriegerische Potenzial, insbesondere die jüngsten Errungenschaften in der Luftfahrt.

Mit drei Vertretern war die türkische Delegation die größte (vielleicht hatte man die Einladung nicht genau gelesen), fast alle anderen Staaten hatten nur einen Offizier als Beobachter entsandt. Das Zusammenwirken der klassischen Waffengattungen Artillerie, Infanterie und Kavallerie mit der Militärluftfahrt (Flugzeuge und Lenkluftschiffe) machte sicher einen tiefen Eindruck auf die türkischen Offiziere. Während ihrer Ausbildung hatten die meisten von ihnen an keinem einzigen Manöver teilgenommen. Eine Ausnahme bildeten lediglich die im Ausland, verstärkt seit 1884 in Deutschland, ausgebildeten Offiziere. Der paranoide Sultan hatte selbst Generalstabsreisen, Schießübungen und Mobilmachungsvorbereitungen untersagt.

Das erste türkische Manöver großen Stils – mit ebenso vielen (60 000) Soldaten wie in der Picardie – wurde sehr bald nach Mustafa Kemals Rückkehr in sein Heimatland in der Nähe des ostthrakischen Lüleburgaz veranstaltet. Das Kriegsministerium zögerte auch nicht mit der Einführung der Militärfliegerei. 1912 wurde eine Flugschule am Rande Istanbuls eingerichtet. Nach Gründung der Republik gab Mustafa Kemal die Devise «Die Zukunft liegt in der Luft» aus und ließ seine Adoptivtochter Sabiha (Gökçen, 1913–2001) zur Militärpilotin ausbilden.

Eine zeitgenössische Postkarte aus der Picardie zeigt die ausländischen Offiziere, ganz vorne Fethi und Kemal, bei der Beobachtung der Kunststücke der tollkühnen französischen Flieger. Schon durch ihre militärische Kopfbedeckung, den *kalpak,* kann man die beiden Türken von den übrigen Delegierten unter Schirmmützen oder der preussischen Pickelhaube gut unterscheiden. Die Lammfellmütze sollte bis nach dem Unabhängigkeitskrieg das Erkennungszeichen türkischer Offiziere bleiben. Ansonsten aber trug Mustafa Kemal im Ausland einen Anzug mit Weste und Krawatte sowie einen steifen Hut.

Schon am ersten Tag des Manövers kam es zu einem beinahe tragisch endenden Absturz eines Doppeldeckers aus niedriger Höhe. Die zweiköpfige Besatzung entstieg dem Flugzeug jedoch ohne Verletzung. Vermutlich war Mustafa Kemal Zeuge dieses Unfalls, denn er berichtete später von der Wirkung, die diese Beinah-Tragödie auf ihn machte. Obwohl Atatürk zu einem großen Förderer der Luftfahrt wurde, hat er selbst nie einen Flugapparat bestiegen und reiste unermüdlich mit Bahn, Schiff und Automobil. Seine Flugphobie fiel nur wenigen auf, weil er nach 1918 auf alle Auslandsreisen verzichtete.

Ein Flaneur im Luna-Park

Nach dem feierlichen Abschluss des Manövers mit einem großen Essen im Rathaus von Granvilliers reiste man aus der etwas öden Landschaft zurück nach Paris, wo Fethi seinen Gast in den eben eröffneten Luna-Park draußen vor der Porte Maillot führte. Wir wissen davon aus dem Bericht des Journalisten Abidin (Daver, 1886–1956), auf den sie bei diesem Ausflug stießen. Abidin war Absolvent der Eliteschule von Galataserail *(Lycée Imperial Ottoman)* und bewegte sich im Gegensatz zu den beiden Militärs im Französischen ganz ohne Mühe. Wahrscheinlich setzte man sich in ein *Café Concert* und übte Manöverkritik. Dabei referierte Mustafa Kemal: «Flugzeuge werden im Krieg eine wichtige Rolle spielen. Die Feldgeschütze der Franzosen sind fehlerlos, aber die französischen Infanteristen bilden mit ihren roten Hosen ein sehr gutes Ziel. Die französische Armee wird allerdings mit einem übertrieben feurigen und angriffslustigen Geist ausgebildet.» Wie immer diese Beobachtungen bewertet werden mögen, wir erleben ihn wie an so vielen Stellen seiner militärischen Laufbahn als knapp zusammenfassenden Analytiker, dessen Urteile kein Wenn und Aber enthalten.

Auch die Produktion der Schneiderschen Kanonen in Le Creusot konnte er bei dieser Reise in Augenschein nehmen. Wer von den türkischen Flaneuren im Luna-Park mochte voraussehen, dass sich in wenigen Jahren die 155 mm-Geschütze auch gegen französische Soldaten an den Dardanellen richten würden? Oder gar, dass zwölf Jahre später der letzte Kalif in einem Vorort von Paris Wohnung beziehen würde?

Einige Postkarten, zwei Zeilen in der offiziellen Biographie, die Erinnerung von Abidin – mehr haben wir nicht in Händen von diesem militärischen Ausflug in die Hauptstadt der Welt. Mustafa Kemal hat mit Sicherheit auch hier ein Tagebuch geführt und Briefe sowie Karten nach Hause gesandt. Noch wurde davon allerdings nichts zu Tage gefördert.

Bezüge zur französischen Kultur finden sich häufig in seiner Biographie, war doch Frankreich das einzige Ausland, zu dessen Sprache er ausreichenden Zugang hatte. Seine Lesekenntnisse erlaubten die Lektüre leichterer Romanliteratur (zum Beispiel Alphonse Daudet) und ganzer Meter von historischen Schriften. So darf man annehmen, dass er mit einem größeren Bücherpaket aus Paris zurückkehrte. Jedenfalls enthält seine Bibliothek eine beachtliche Zahl französischsprachiger Titel, von denen aber nicht wenige Übersetzungen aus anderen Sprachen sind. Vermutlich besorgte er sich schon sehr früh Thomas Carlyles Werk «Über Helden und Heldenverehrung» (Original 1841), das aus einer Serie von Vorträgen über Wotan (!), Muhammad und Dante bis zu Cromwell und Napoleon reicht. Carlyles Bücher stießen in diesen Jahren in einem nationalistisch aufgeheizten Europa auf eine große Leserschaft, seine Sicht der Weltgeschichte als Folge von Biographien großer Männer beeindruckte nicht nur den türkischen Leser. Mustafa Kemals Exemplar, so wissen wir, enthält zahlreiche Anstreichungen und Anmerkungen.

Dass das Frankreich der III. Republik für die jungtürkischen Reformer Modellcharakter hatte, kann nicht bestritten werden. Es war jedoch eher das heidnische oder säkularisierte Frankreich der Eliten als das sich vor dem Weltkrieg wieder stärker artikulierende katholisch-patriotische. Unvorhersehbar war für die kleine Runde im Luna-Park auch, dass Mustafa Kemal in nicht allzu ferner Zukunft selbst in Sammelbiographien großer Männer einen Platz beanspruchen würde.

Der Europa-Aufenthalt wurde durch eine zweiwöchige Privatreise, die Fethi mit seinem Freund in die Schweiz, Belgien und Holland unternahm, abgerundet. «Wir sagten uns, dass wir diese Länder nicht wieder zusammen besuchen würden», heißt es in Fethi Okyars Erinnerungen. Von diesen Ausflügen haben die Archive bisher keinerlei Einzelheiten preisgegeben.

Im November 1910 erfolgte die deutsch-österreichisch-ungarische Zusage eines Kredites in Höhe von 11 Millionen Gold-Pfund an die Türkei. Die Waagschale neigte sich zu den Mittelmächten, zu denen die «Jungtürken» so lange auf Abstand gegangen waren.

4. AN ALLEN FRONTEN (1908–1915)

Als jungtürkischer Propagandist nach Tripolis

Bald nach dem Sieg der Jungtürken reiste Mustafa Kemal in politischer Mission nach Tripolitanien. Sein Auftrag bestand darin, die Stammesführer und Notabeln des osmanischen Afrika von den guten Absichten des neuen Regimes zu überzeugen. Nachdem er erreicht hatte, dass die Soldaten der Garnison von Tripolis den Eid auf die Verfassung leisteten (19. Oktober 1908), begab er sich auf dem Seeweg nach Bengasi, dem Hauptort der Kyrenaika. Dort überzeugte er seine Landsleute – die im Klubhaus des Komitees unter sich blieben – davon, im Sinne des Volksgruppen übergreifenden Osmanismus auch zwei arabische Honoratioren in ihre Mitte aufzunehmen.

Von dem Aufenthalt in Tripolis lieferte uns ein europäischer Beobachter das früheste Charakterbild Mustafa Kemals. Der britische Konsul berichtete am 17. Oktober 1908 seinem Botschafter in Istanbul über den Emissär der 3. Armee:

Er ist ein beredter, flüssiger Sprecher, ich kann das bezeugen, weil ich ihn vor fünf Tagen gehört habe, wie er enthusiastischen Beifall von einer großen Zuhörerschaft erhielt, die aus allen Klassen der Bevölkerung bestand, als er mit bemerkenswerter Klarheit die Grundsätze und Ziele seiner Partei entwickelte.

Es steht zwar fest, dass er sich mit Hilfe eines Übersetzers an die arabische Bevölkerung wandte, aber offensichtlich gelang es ihm, Befürchtungen über die Zukunft von Sultanat und Kalifat zu zerstreuen. Derselbe Berichterstatter hatte schon zuvor nach einem privaten Gespräch mit Mustafa Kemal festgehalten:

Er besuchte mich gestern, und ich hatte die Gelegenheit zu beobachten, dass er sehr ruhig und von einer reservierten Haltung war. Er vermittelt mir den Eindruck, und ich glaube, das wird sich in Zukunft bestätigen, von einem energischen Charakter und entschlossenem Temperament, beide wird man brauchen können, wenn sich bestimmte gesetzlose Tendenzen, die ich vor Ort beobachtet habe, ausbreiten.

Italienische Kriegsschiffe an der Küste Afrikas

Drei Jahre später war «Libyen» weit mehr als ein Thema der osmanischen Innenpolitik. Am 27. September 1911 überreichte der Botschafter Italiens dem Großwesir ein Ultimatum, in dem seine Regierung erklärte, sie sei gezwungen, «Tripolitania» und «Cirenaíca» zu besetzen, um «Leben und Eigentum ihrer Untertanen zu beschützen». Zwei Tage später erklärte Italien der Türkei den Krieg. Der Korrespondent des *Manchester Guardian*, Ernest Bennett, ein erfahrener Afrika-Mann, schrieb damals von einem «Akt internationaler Straßenräuberei» und bemerkte zu den italienischen Begründungen: «Es ist müßig, über die armseligen Vorwände zu diskutieren, die Italien zur Rechtfertigung seines Feldzugs anbrachte.»

Seit 1908 galt Mustafa Kemal in militärischen und politischen Kreisen als Experte für das «Osmanische Afrika», das neben den von Italien beanspruchten Provinzen Tripolitanien und Kyrenaika noch den Fezzan im Süden umfasste, der heute an Algerien, Niger und den Tschad grenzt und vor 1908 ein besonders gefürchtetes Verbannungsziel war. Da der Kriegsminister Mahmud Şevket Paşa keine herausgehobene Verwendung für ihn fand oder finden wollte, meldete er sich 1911 freiwillig für eine Aufgabe in Afrika. Ohne wirkliche Unterstützung seines Ministers reiste er mit drei Begleitern, unter ihnen sein alter Dichterfreund aus Manastir Ömer Naci, und mit falschen Papieren und fast bargeldlos über das von England kontrollierte Ägypten in die Provinz Bengasi. Diesmal war der Afrika-Aufenthalt keine Angelegenheit von Tagen oder Wochen. Die Militärdelegation sollte erst nach einem Jahr, im Herbst 1912, zurückkehren.

Der Zeitpunkt der Besetzung der afrikanischen Küste, die der Befriedigung des verspäteten italienischen Imperialismus diente, war aus der Sicht Roms besonders gut gewählt, da die Osmanen kurz zuvor Truppen und Kriegsmaterial von dort in den Jemen geschafft hatten, wo es nach einer Erhebung des Imam Yahya ebenfalls lichterloh brannte. Die libyschen Vertreter im osmanischen Parlament forderten mit bitteren Worten Unterstützung (23. Oktober 1911):

Meine Herren, heute sind Trablusgarb (das «westliche Tripolis» zur Unterscheidung von Tripolis in Syrien) und Bengasi der Gefahr ausgesetzt (...), vom Vaterland getrennt zu werden. Mit Trablusgarb und Bengasi verliert das teure und heilige Vaterland ein Viertel seiner (territorialen) Existenz, die ganze angesehene osmanische Nation ungefähr zwei Millionen ihrer Abkömmlinge, das Sultanat seine

Herrschaft in Afrika und die hohe Instanz des Kalifen ihre substantielle Verbindung mit 90 Millionen Muslimen auf dem Kontinent Afrika.

Die Abgeordneten beklagten den ersatzlosen Abzug von Truppen in den Jemen, die Vernachlässigung der Festungsanlagen, die fehlenden (arabischen) Sprachkenntnisse der türkischen Offiziere und die geringe Vertrautheit der Verwalter mit den lokalen Verhältnissen.

Eben diese dargestellten Zustände haben Trablusgarb und Bengasi, diese einzigartige, gesegnete Region, die die Osmanen als Erbe ihrer Vorfahren in Afrika besaßen, unfähig zu jeder Art von Verteidigung, ohne Soldaten, ohne Waffen, ohne Patronen, ohne Offiziere, ohne Gouverneur und Kommandant, ohne Getreide und Geld, hungrig und elend, als Spielzeug für die Gier Italiens im Stich gelassen und ausgeliefert.

Die Aufgabe der osmanischen Offiziere, die sich wie Diebe in der Nacht durch die ägyptische Hintertür hatten einschleichen müssen, war im Grunde unlösbar, was auch höheren Orts im Kriegsministerium eingestanden wurde. In Tripolitanien standen nur noch 2000 Mann, und in Bengasi gab es so gut wie keine türkischen Truppen. Die italienische Flotte war moderner ausgestattet und der osmanischen um das Zehnfache überlegen. Die Festung Tripolis war mit einigen alten Krupp-Kanonen nicht zu halten. Keine ihrer Granaten erreichte die italienischen Schiffe. Man war vollständig auf die Unterstützung der arabischen und berberischen Stämme angewiesen.

Nachdem schon am 30. September Darna/Derne von See aus bombardiert worden war, landete am 4. Oktober ein italienisches Expeditionskorps in Tobruk. Am 5. November verkündete Italien die Annexion von Tripolis. Im *Tanin*, dem «Zentralorgan» der Jungtürken, rief daraufhin am folgenden Tag Hüseyin Cahid (Yalçın, 1875–1957) unter der Überschrift «Jetzt reicht es!» zum anhaltenden Widerstand auf:

Denn niemand darf das Recht des großen Osmanischen Staats leugnen, sein Recht und seine Ehre zu verteidigen und zu bewahren. (…) Es gibt keinen Grund zu klagen. Ein Krieg ist ohne Zweifel eine Katastrophe für das Land. Aber für die Verteidigung der Ehre muss man zweifellos eine Katastrophe hinnehmen.

Die Gruppe von türkischen Offizieren in Afrika war zwar klein, bestand aber aus wichtigen Personen, die seit 1908 eine Rolle gespielt hatten und in Zukunft noch spielen sollten. Den höchsten Rang hatte Oberst Enver Bey inne, der im Mai desselben Jahres durch seine Verbindung mit der

*Gruppenaufnahme der osmanischen Freiwilligen in der
Kyrenaika, wahrscheinlich bei Derne 1913: Mustafa Kemal
(vorne rechts) und Fuad (Bulca, links).*

blutjungen Naciye Sultan in das osmanische Herrscherhaus eingeheiratet hatte. Außer diesem späteren Rivalen waren auch echte Freunde mit von der Partie: Fethi Bey (Okyar), Ahmed Fuad (Bulca, 1881–1962) und Mehmed Nuri (Conker). Fuad und Nuri waren Mitglieder der erweiterten Familie Mustafa Kemals und sollten ihm bis zu seinem Lebensende nahe stehen. Enver wurde von zwei noch engeren Verwandten begleitet, seinem Onkel Halil Bey (Kut) und seinem jüngeren Bruder Nuri Bey (Killigil). Mit Ausnahme des zuletzt Genannten waren die Offiziere alle Anfang dreißig. Diese und weitere Freiwillige verband die Mitgliedschaft in der Gruppe der *Fedai Zabitan* (etwa «die sich aufopfernden Offiziere»), aus der in den Balkankriegen die *Teşkilat-i Mahsusa* («Spezialorganisation») hervorgehen sollte, welche wiederum zahlreiche Führer des Unabhängigkeitskriegs hervorbrachte.

Auf einer Photographie aus dem Jahr 1912 wirken Mustafa Kemal und Fuad freilich älter, mit ausgezehrten Gesichtern, die unter schwarzen Vollbärten gerade noch erkennbar sind. Augenprobleme und andere Krankheiten hatten Mustafa Kemal längere Zeit außer Gefecht gesetzt. In den folgenden Jahren des Balkankriegs, im Weltkrieg und den ersten Jahren der türkischen Republik wird man diesen Männern aus zwei Verwandtschaftsgruppen immer wieder begegnen.

Patrioten in der Wüste

Eine Genugtuung war der Inhalt eines kurzen Telegramms des Generalstabs an Enver Bey, in dem die lang erwartete Beförderung Mustafa Kemals zum Major mitgeteilt wurde (17. November 1911). Im Frühjahr des folgenden Jahres war seine Begeisterung angesichts einiger italienischer Misserfolge noch sehr lebendig. Ein Brief an Salih (Bozok, 1881–1941) liest sich wie die patriotischen Manifeste der Istanbuler Zeitungen, eingeleitet mit rhetorisch bemänteltem Selbstlob:

Im Hauptquartier von Ayn-ı Mansur in der Nacht vom 8. zum 9. Mai, 6 Uhr

Mein Bruder Salih,

Ganz sicher nehmt Ihr es mit Befriedigung zur Kenntnis, dass einige von Euren Brüdern das Mittelmeer überquert und große Strecken in den Wüsten überwunden haben und dem niederträchtigen Feind, der sich auf seine Flotte stützt, entgegengetreten sind. Wir haben hier unsere Volksgenossen umarmt und nageln den schamlosen Feind an den Küstenorten fest. Wenn wir uns aber das Ausmaß der Opferbereitschaft, die wir dem Vaterland schulden, vor Augen halten, finden wir den bis heute geleisteten Dienst ziemlich wertlos. Eine Stimme unseres Gewissens mahnt uns: Solange wir diese heißen Horizonte des Vaterlandes nicht vollständig gesäubert haben und solange unsere Schiffe nicht wieder in den Gewässern von Tobruk, Derne, Bengasi und Tripolis Anker werfen – solange haben wir unsere Pflicht nicht vollständig erfüllt.

Der Brief enthält auch ein starkes Bekenntnis zum Soldatenberuf und zur Notwendigkeit, es der Welt noch einmal zu zeigen:

Wie Du weißt, liebe ich am Militär vor allem die Kriegskunst. (…) O Salih, Gott weiß es, ich habe in meinem Leben bis heute keinen anderen Herzenswunsch gehabt, als ein nützliches Mitglied der Armee zu sein. Schon seit langem bin ich überzeugt von der Notwendigkeit, der Welt noch einmal zu beweisen, dass unsere Armee immer noch die Armee ist, die ihre Bajonette in die Mauern von Wien hineinstieß um der Bewahrung des Vaterlands und des Wohlergehens der Nation willen.

Er endet mit einem hochgestimmten Bericht aus dem Lagerleben:

Heute Abend haben sämtliche Kommandeure und Offiziere unserer Streitkräfte in Derne eine Einladung organisiert. Ich schreibe diese Zeilen nach der Rückkehr in meinem Zelt. Ich habe in den aufrichtigen Blicken meiner gutherzigen und heldenmütigen Kameraden, dieser nach (militärischem) Rang niedrigen, aber den Feind das Zittern lehrenden großen Befehlshaber, das brennende Verlangen gelesen, für das Vaterland zu sterben. Diese Erkenntnis hat in mir die Erinnerung an all die Freunde, die ich in Makedonien kennengelernt hatte, an all die heldenhaften Kinder unserer Armee wachgerufen, und ich habe zu meinen Kameraden gesagt: Das Vaterland wird bestimmt wieder gedeihen. Die Nation wird bestimmt wieder glücklich sein. Denn es gibt sehr viele Kinder des Vaterlands, die ihr eigenes Heil und ihr eigenes Glück für das Heil und Glück von Land und Nation opfern können.

Sicher hat Salih diesen Brief weitergereicht oder Kameraden vorgelesen, trotzdem bleibt er ein privates Dokument, bei dem sich der nachgeborene Leser fragt, wie jemand in einer Situation, die von Anfang an aussichtslos war, von der Wiedergewinnung der osmanischen Herrschaft auch nur träumen konnte. Die Nachricht von der italienischen Besetzung der Insel Rhodos (ab 4. Mai) war vielleicht noch nicht im Hauptquartier von Enver angekommen, aber trotzdem klingt das alles wie ein Pfeifen im Wald (oder der Wüste – um im Bild zu bleiben). Die Heraufbeschwörung der Belagerungen von Wien (meinte er 1529? 1683? Oder beide Ereignisse?) zeigt Mustafa Kemal noch befangen in den Geschichtsmythen einer längst am Boden liegenden Nation. Bei einer Analyse des Brieftextes fällt jedoch auf, dass er frei von religiösen Metaphern ist. Wer sich opfert, ist schlicht ein Held *(fedai)*, kein Märtyrer *(şehid)*. Während der Dardanellenschlacht sollte er sich explizit zum islamischen Märtyrertum äußern.

Enver und seine Offiziere bemühten sich mit Hilfe der stets schwankenden und auf die Goldprämien der Türken schielenden Stämme, den Vormarsch des Feindes aufzuhalten, was jedenfalls in Derne trotz einer wiederholten Landung der Italiener gelang, bis diese im Laufe des Jahres 1912 die gesamte Küstenzone kontrollierten. Die Bombardierung von Beirut im März 1912 und die Besetzung von Rhodos und der Sporaden im Mai setzten die Regierung in Istanbul schon vor dem Balkankrieg so unter Druck, dass eine Aufgabe des osmanischen Afrika nur noch eine Frage von Wochen war.

Als die Lage in Bengasi aussichtslos geworden war – in Ouchy am Genfer See hatten eben die mit einem desaströsen Ergebnis für die Türkei endenden Friedensverhandlungen mit Italien begonnen –, schickte Enver am 16. Oktober 1912 im Namen seiner Offiziere ein Telegramm an den Generalstab:

Auf Grund der jüngsten Vorgänge bitten ergebenst Mustafa Kemal, Kommandant von Derne, und Nuri Bey, Oberst im Generalstab und der Stabschef des Generalkommandos für Bengasi, im Operationsgebiet Makedonien Dienst tun zu dürfen, und um am Krieg teilzunehmen, in Marsch gesetzt zu werden.

Die griechische Armee in Saloniki

Bei den «jüngsten Vorgängen» handelte es sich um den Ausbruch des Balkankriegs, der noch vor Unterzeichnung des Ouchy-Vertrags durch den Angriff des Balkanbunds aus Serbien, Griechenland, Bulgarien und Montenegro auf die Türkei ausgelöst wurde. Diese Staaten strebten – allerdings in durchaus unvereinbarer Weise – die Aufteilung der letzten bei der Türkei verbliebenen Gebiete Makedonien und Albanien an. Als der Verteidigungsring um Edirne nach monatelanger Belagerung zerbrach, ritt bulgarische und serbische Kavallerie am 26. März 1913 unter dem Beifall der nichtmuslimischen Bewohner in die Stadt ein. Saloniki, das von Griechen und Bulgaren kampflos besetzt wurde, folgte am 10. November. In Makedonien wurden alle muslimischen Dörfer, aber auch Orte mit einer gemischten Bevölkerung geplündert, wobei irreguläre Truppen im Gefolge der serbischen Armee den größten Schaden anrichteten. Flüchtlingsströme ergossen sich nach Albanien, Edirne und Saloniki.

Mustafa Kemal, ein Kind dieser makedonisch-albanischen Provinz, war an keiner militärischen Operation beteiligt, da sich seine Rückkehr aus Bengasi hinzog. Die Nachricht von der kampflosen Übergabe seiner Heimatstadt an einen griechischen General muss ihn in Ägypten erreicht haben, wo der britische Hochkommissar am 10. November das Eintreffen von mehreren Hundert türkischen Offizieren und Beamten aus Derne schildert. Endlich zurück in Istanbul, wurde er auf einen Posten versetzt, dessen Name so lang wie einflussarm war: Seit 25. November war er «Chef der vereinigten Streitkräfte an den Meerengen zum Mittelmeer».

Nachdem, wie vorauszusehen war, keine Einigung über die Verteilung der Beute unter den kleinen Balkanstaaten erzielt werden konnte, wurde Bulgarien Kriegsziel der übrigen Mitglieder des Balkanbunds und der Türkei (Juni–Juli 1913). Die Rückeroberung Edirnes musste Mustafa Kemal Enver überlassen, er selbst marschierte in Dimetoka ein, einer kleinen griechisch-türkischen Stadt im heutigen Westthrakien.

Die Balkankriege waren so kurz wie grausam. Unter den Augen zahlreicher europäischer Militärbeobachter kam es zur blutigen Erprobung modernster Waffen, 380000 Tote und Verwundete wurden gezählt. Die demographischen Konsequenzen waren weitreichend: Vor den Balkankriegen (1911) hatte das osmanische Europa etwa 6,35 Millionen Einwohner, von denen 3,24 Millionen Muslime waren (51 Prozent). Danach wurden sie mit Ausnahme Albaniens überall zu einer kleinen Minderheit.

Zum ersten Mal in der Geschichte kam es zu einem Abkommen über den Austausch von muslimischen und nichtmuslimischen Bevölkerungsgruppen, der zur Aussiedlung von 48 500 Muslimen aus Bulgarien und 46 700 Bulgaren aus der Türkei (Ostthrakien) führte. Noch konnte man nicht ahnen, dass ein Jahrzehnt später ein Bevölkerungstausch in erheblich größeren Dimensionen bevorstand.

Für viele türkische Zeitgenossen lautete die Antwort auf das Desaster «Rache». Nationalistische Autoren predigten, dass nur die Wiedergewinnung der rumelischen Provinzen die Schande heilen könne. Ihre politische Rhetorik erinnerte an die französische Beschwörung der «immer offenen Wunde» des verlorenen Elsass-Lothringen. Weitsichtige und in Bezug auf das osmanische Europa illusionslose Beobachter hatten hingegen schon Jahrzehnte zuvor auf Anatolien als türkisches Kernland hingewiesen und dessen humane und ökonomische Ressourcen gepriesen. Mustafa Kemal blieb die Erfahrung erspart, seine Heimatprovinz vergeblich zu verteidigen. Er hat auch in späteren Reden und Erklärungen niemals auf das verlorene Rumelien nostalgisch oder auch nur historisch distanziert Bezug genommen.

Am 27. Oktober 1913 wurde er zum Militärattaché in Sofia ernannt, am 19. November um 15:20 Uhr bestieg er den Zug Richtung Bulgarien. Zuvor hatte man ihm noch wegen seiner Verdienste in den Kämpfen in der Kyrenaika den *Osmani*-Orden vierter Klasse angeheftet.

Als Militärattaché in Sofia: Nicht nur Maskenbälle

Einen Monat nach dem Friedensschluss der Türkei mit Bulgarien traf Mustafa Kemal in Sofia ein. Vor seiner Ernennung zum Militärattaché in Sofia, die ab 11. Januar 1914 mit der Notifizierung in den Nachbarstaaten Serbien, Montenegro und Rumänien verbunden war, hatte er die Hauptstadt des neuen Bulgarien nur von der Durchreise nach Wien gekannt. Ungeachtet der Niederlage im zweiten Balkankrieg nach der Rückeroberung von Edirne (21./22. Juli 1913), die die revisionistischen Ziele des Fürstentums zunichte gemacht hatte, und trotz gewaltiger Flüchtlingsströme aus dem nun serbischen Makedonien prosperierte das kleine Land unter Ferdinand von Sachsen–Coburg–Gotha, der sich 1908 zum Zaren proklamiert hatte.

Mustafa Kemal hatte in Saloniki und dem makedonischen Hinterland seit seiner Kindheit in Tuchfühlung mit Bulgaren gelebt und konnte sich wohl auch ein wenig auf Bulgarisch verständigen. Die im Fürstentum verbliebene türkische Volksgruppe zählte mehr als eine Million Menschen, genoss Glaubensfreiheit und Minderheitenrechte. In der *Sobranye*, dem Parlament, war sie mit 17 Abgeordneten vertreten. Auch viele christliche Bulgaren sprachen Türkisch.

Sofia blieb bis zum 20. Januar 1915 sein Dienstort. In der Atatürk-Literatur wird diese Zeit etwas widersprüchlich als eine Art Exil – Enver wollte ihn angeblich von Istanbul fernhalten –, aber gleichzeitig als eine leichte, fast heitere Epoche seines Lebens beschrieben. Auf alle Fälle war Sofia ein wichtiger Posten. Hätte man ihn abschieben wollen, dann wohl nicht in die Hauptstadt eines jungen Staates, dessen Politiker und Militärs noch die Wunden leckten, die ihnen im letzten Balkankrieg von ihren Nachbarn beigebracht worden waren. Hinzu kam, dass sein Freund Fethi seit September den Botschafterposten in Sofia innehatte. Die osmanische Regierung hatte für 120 000 Goldfranken ein sehr repräsentatives Gesandtschaftsgebäude erworben. Fethi, der sich als ein in Makedonien geborener Nachkomme der frühosmanischen Eroberer *(Evlad-i Fatihan)* sah, erinnerte sich schmerzlich, dass er in einem Land als Botschafter diente, das noch «vor fünfzig Jahren eine Provinz innerhalb unserer Grenzen war».

Erste Briefe verschickte Mustafa Kemal aus dem *Grand Hôtel Bulgarie Sofia* «en face du Palais Royal», dann aus dem *Splendide*, bevor ihn Geldnöte zwangen, ein Privatquartier bei der deutsch-österreichischen Familie Christianus zu beziehen. Mit Frau Hilda konnte er seine rudimentären Deutschkenntnisse erproben.

In einem Brief an Madame Corinne Lütfü (über diese Korrespondenzpartnerin wird noch einiges nachzutragen sein) beklagte er sich – nicht völlig überzeugend – am 21. November 1913:

Da ich die Stadt und das hiesige Leben noch nicht kennengelernt habe, kann ich Dir keine interessanten Neuigkeiten aus Sofia berichten. Aber ich kann ganz aufrichtig sagen, dass ich mich wie in der Hölle fühle (…) Kémal.

«Kémal» mit dem *accent* auf dem *e* scheint sich aber im Laufe der winterlichen Ballsaison in der bulgarischen Hölle trotz aller Finanznöte einigermaßen eingerichtet zu haben. Wir wissen von Theaterbesuchen, Soireen und Landpartien. Sehr bekannt wurde eine Photographie, die den Militärattaché, der am 1. März 1914 zum Oberstleutnant befördert worden war, bei einem Kostümball am 11. Mai in der Uniform eines osmanischen

Janitscharen zeigt. Das war gewiss nicht der Einfall eines gut gelaunten jungen Mannes, der noch weit von seinem 40. Geburtstag entfernt war. Man konnte das Kostüm vielmehr auch als einen mehr oder weniger gelungenen Fingerzeig an die Balkanstaaten verstehen, die im Spätmittelalter von den osmanischen Heeren bezwungen worden waren. Mustafa Kemal glaubte nämlich nicht, dass die Bulgaren das Projekt einer Wiedereroberung von Odrin, wie sie Edirne nannten, aufgegeben hatten.

Das neue Regime in Istanbul war bei der Auszahlung von Gehältern an seine Diener so unzuverlässig wie das *Ancien Régime*. Schon im Januar 1914 war der Militärattaché gezwungen, ein persönliches Schreiben an den eigentlich nicht zuständigen, ihm aber gewogenen Ahmed Cemal Paşa, Marineminister und starker Mann der jungtürkischen Troika, zu richten:

Ich wäre außerordentlich dankbar, wenn Sie die November- und Dezember-Bezüge so rasch wie möglich schicken ließen und Sie auch in Zukunft dafür sorgen könnten, sie regelmäßig bereitzustellen.

Mustafa Kemal bezeichnete sich in diesem Brief als «verelendet» *(aç sefil)*. Im Februar wandte er sich wegen unregelmäßiger Zahlungen zweimal an seinen eigentlichen Dienstherrn, das Kriegsministerium. Er könne seine dienstlichen Kontakte nicht «von der dritten Etage eines beliebigen Hotels aus betreiben».

Eine weitere böse Überraschung war die Mitteilung des Kriegsministeriums, man habe sein Gehalt um eine Zwangsspende für die osmanische Flotte gekürzt. Darauf reagierte der Militärattaché gereizt:

Ich habe nicht die Absicht, vor der finanziellen Notlage der Regierung die Augen zu verschließen. Aber ich sehe auch die Notwendigkeit, das Ansehen meiner hiesigen Aufgabe zu wahren.

Als Antwort erhielt er offensichtlich nur eine Abmahnung, er möge solch sensible Themen nicht in normalen, unchiffrierten Telegrammen behandeln.

Abends frequentierte der Attaché die Restaurants, schon aus professioneller Obliegenheit den eleganten *Club Militaire* (in dem auch der erwähnte Maskenball stattfand) und das *Entretien Slave*. Seit 1907 verfügte Sofia über eine pompöse Oper, die mehr als 1000 Personen Platz bot. Hier besuchte er eine Aufführung der *Carmen* mit den noch heute allen bulgarischen Musikfreunden bekannten Stars Hristina Morfova und Stefan Makedonski. Als Staatspräsident konnte er sich in den drei-

*Für einen «Ball der Nationen» in Sofia
lies der damalige Militärattaché eine
Originaluniform aus dem Militärmuseum
Istanbul kommen (11. Mai 1914).*

ßiger Jahren durch die Einladung des Sofioter Theaters nach Istanbul
und Ankara revanchieren. In einen Kenner und Liebhaber westlicher
Musik hat er sich freilich nicht verwandeln lassen.

Eine starke Belastung des Verhältnisses zu Bulgarien stellten die von
Rumänien nach dem Balkankrieg aus der südlichen Dobrudscha ausge-
wiesenen Muslime dar. 12 000 Menschen kampierten elend auf bulga-
rischem Territorium. Auch auf die bulgarisch sprechenden muslimischen
Pomaken wurde Druck ausgeübt, zur Orthodoxie zurückzukehren. Von
Fethi wissen wir, dass Mustafa Kemal sich an Ort und Stelle über die
Lage der Flüchtlinge kundig machte und Protestnoten an die Regierung
in Sofia formulierte, die nicht ohne Wirkung blieben. Als Militärattaché
beobachtete er Manöver in Pleven und Nikepol und reiste in wichtige
Provinzstädte wie Varna und Vidin. Auch wenn es heißt, dass seine Vorfahren väterlicherseits aus der Stadt Vidin im Donauknie kamen, gibt
es keine Anzeichen für ein familiengeschichtliches Interesse bei diesen
Dienstreisen.

Seine Karlsbader Aufzeichnungen aus dem Jahr 1918 vermitteln einen
kleinen Einblick in die verdeckte Seite seiner Tätigkeit in Sofia. Darin
notierte er, dass die von Enver Paşa in Istanbul gegründete «Spezialorganisation» *(Teşkilat-ı Mahsusa)* ein Makedonien-Komitee ins Leben geru-

fen hatte, das mit einem schon bestehenden in Bulgarien zusammenarbeiten wollte. Das Ziel der «Spezialorganisation» war es, die osmanischen «nationalen Interessen» in den Ländern innerhalb (vor allem auf Kosten von Griechen und Armeniern) und außerhalb der Staatsgrenzen zu fördern, so in Makedonien, das seit 1912 großenteils als «Vardar-Serbien» Ausland war, im Kaukasus, in Ägypten, Afrika, Persien und Turkestan (das ist Russisch-Mittelasien). Der als «Stoßtrupp» (Erik Jan Zürcher) der Unionisten bezeichnete Geheimdienst entsandte einen Offizier und Vertrauten Envers, Süleyman Askeri, in kurzen Abständen als Bevollmächtigten nach Sofia. Nach Askeris Selbstmord bei Basra aus Verzweiflung über den Vormarsch der Engländer am 14. April 1915 kam, in Mustafa Kemals Worten, jeder nach Sofia, der in Istanbul dem Komitee für Makedonien beigetreten war und den Helden spielen wollte. Mustafa Kemal warnte jedoch vor der Untergrundarbeit in Makedonien, da die Arbeit der «Spezialorganisation» in Serbien und Griechenland die Situation der Muslime beziehungsweise Türken eher verschlechtert als verbessert habe.

Angesichts dieses Tagebucheintrags scheint es nicht verwunderlich, dass er sich in der Zeit nach den Balkankriegen den von Revanche gesättigten Strömungen («Ehre oder Tod!»), die eine Wiedergewinnung des verlorenen Rumelien lautstark forderten, nicht anschloss. Die türkische Publizistik der Jahre 1913/14 enthält aber auch eindringliche Stimmen aus dem nationalistischen Lager, die diese Gebiete als imperialen Ballast aufgeben wollten und auf Anatolien «als Herz und Seele unseres Vaterlands» verwiesen. Beispielsweise forderte der Ex-Hauptmann und Parlamentarier Abdurrahman Cami Bey (Bayku[r]t, 1877–1956) den Rückzug auf die anatolische «Muttererde», um dort die «Grundlagen einer Zivilisation der Zukunft» zu legen. Es wurde mit einiger Berechtigung gezeigt (M. Aksakal), dass diese Idee und verwandte Projekte nicht weit von den Vorstellungen des späteren Kemalismus entfernt waren.

Mustafa Kemal gehörte zwar nicht zu den Zeitgenossen, die bereit waren, alle außeranatolischen Provinzen zu opfern, und er sollte sich bis zum Waffenstillstand vom Oktober 1918 und zum Teil darüber hinaus für die Anbindung der arabischen Länder einsetzen, doch scheint bei ihm schon während der Sofioter Zeit die Einsicht gewachsen zu sein, dass die jungen Balkanstaaten sich ihre Beute nicht wieder entreißen lassen würden, zumal sie die großen Mächte hinter sich wussten.

Anders als Cami Bey konnte ein Militärattaché nicht öffentlich in die Anatolien-Debatte eingreifen, aber man darf vermuten, dass seine in einem Brief an Corinne, aus dem noch zitiert werden soll, nur angedeuteten ehrgeizigen Pläne mit der Schaffung einer neuen, einer türkischen Türkei auf anatolischem Boden zu tun hatten. Das Elend der endlosen Ströme muslimischer Flüchtlinge aus Rumelien und das zunehmend gespannte Verhältnis zur griechischen und armenischen Minderheit verminderte bei den Nationalisten die Neigung, auf ältere Bewohner des Hauses Anatolien, in dem sie ihr Türkentum einrichten wollten, Rücksicht zu nehmen. Damit war die Vision der Jungtürken von 1908 von einer «Einheit der verschiedenen Elemente» ad acta gelegt.

In der Zeit, in der Mustafa Kemal in Sofia seinen Dienst als Militärattaché versah, fielen am 28. Mai 1914 die Schüsse von Sarajevo, am 2. August schloss Istanbul einen geheimen Bündnisvertrag mit Deutschland. Die osmanische Regierung war sich der Schwäche der eigenen Truppen durchaus bewusst. Eine Ende August vom osmanischen Botschafter in Berlin vorgetragene Bitte beweist, dass es in der Türkei schon vor dem Kriegsausbruch am Notwendigsten fehlte. Die deutsche Regierung sollte «vereinbarungsgemäß» für folgende Lieferungen aufkommen: 100 000 Kilogramm Schuhsohlen, 200 000 tragbare Zelte, 150 000 Aluminiumflaschen, 500 000 Kilogramm Fleisch, 50 000 Kilogramm Gemüsekonserven und 100 000 Hufeisen verschiedener Größe mit Nägeln. Von deutscher Seite bestanden keine Bedenken, nur waren auch hier Schuhsohlen knapp.

Am 3. November erklärte Russland dem Osmanischen Reich den Krieg, nachdem Sewastopol von deutschen unter osmanischer Flagge laufenden Kriegsschiffen beschossen worden war, zwei Tage später folgten England und Frankreich. Sultan Mehmed V. Reşad, gewiss kein Anhänger der Enverschen Politik, sah sich am 11. November gezwungen, eine wortreiche Erklärung an sein Heer und seine Flotte zu richten, in der von dem Angriff des deutsch-türkischen Verbands keine Rede war. Nach der Beschwörung islamischer und osmanischer Werte stand am Ende ein weithin unbeachteter Satz über die «Wettmachung von Verlusten der Vergangenheit», den man nur als Aufforderung an die Armee verstehen konnte, territoriale Abtretungen in Afrika und auf dem Balkan rückgängig zu machen. Das Bündnis mit den Mittelmächten, dem Mustafa Kemal so skeptisch gegenüberstand, fand nur eine knappe Erwähnung:

Meine wackeren Soldaten:
Geht immer mit fester Entschlossenheit in diesen Krieg, den wir gegen die Feinde unseres Glaubens und unseres teuren Vaterlandes führen.

Meine Soldaten, meine Kinder!
Die Aufgabe, die uns heute zuteil wird, ist noch keinem Heere der Welt auferlegt worden. In der Erfüllung dieser Aufgabe zeigt stets, dass ihr die wahren Nachfolger unserer alten Helden seid, die einst die ganze Welt erzittern machten, damit in Zukunft unsere Feinde es nicht mehr wagen, unsere Ruhe zu stören und unseren heiligen Boden zu entweihen. Ihr müsst dem Feinde zeigen, dass es ein osmanisches Heer und eine Flotte gibt, die sich mit Todesverachtung aufzuopfern und mit den Waffen in der Hand ihren Glauben, ihr Vaterland und ihre Soldatenehre zu verteidigen wissen! Unzweifelhaft wird die göttliche Hilfe und der Beistand unseres Propheten uns stets die Vernichtung unserer Feinde erleichtern. Ich hege die volle Zuversicht, dass wir aus diesem heiligen Kriege siegreich hervorgehen, die Verluste der Vergangenheit wieder wettmachen und eine starke und ruhmvolle Regierung aufrichten werden. Vergesst auch nicht, dass ihr heute in diesem Kriege die Heere der beiden tapfersten und stärksten Großmächte der Welt zu Waffenbrüdern habt.

Enver Paşa, inzwischen der starke Mann der Kriegsregierung, schloss sich dem kaiserlichen Aufruf mit einer eigenen Proklamation an, in der es unter anderem hieß:

Kameraden!
Die Geschichte zeigt, dass es keinen hartnäckigeren und keinen hingebungsvolleren Soldaten gibt als den osmanischen. Wir dürfen nicht vergessen, dass der Geist unseres Propheten und unserer Heiligen über unseren Häuptern schwebt. Unsere ruhmreichen Väter beobachten unser Tun. Wenn wir würdige Söhne dieser großen Männer werden und uns vor den Verwünschungen unserer Nachfolger schützen wollen, müssen wir uns stark zeigen. Die 300 Millionen Anhänger des Propheten, die in Ketten schmachten, beten für unseren Sieg. Glücklich, wer vorwärts marschiert, glücklich auch, wer den Märtyrertod erleidet.

Die von Enver geführte Armee musste im Januar 1915 im Südkaukasus bei Sarıkamış die erste vernichtende Niederlage hinnehmen. Mustafa Kemal hielt es jetzt nicht länger in Sofia. Bei Salih (Bozok) hatte er sich beklagt: «Ich schrieb an den Kriegsminister mit der Bitte, mir ein Kommando zu übergeben. Um hier nur ein paar Informationen zu sammeln, möchte ich nicht Militärattaché bleiben.» Er sei bereit, zu einem Zeitpunkt, zu dem sich seine Nation und sein Land auf einen großen Kampf vorbereiteten, eine ganz beliebige Einheit zu führen.

Nach eineinhalb Jahren in Sofia war er es leid, Berichte an den Generalstab zu schreiben, die Auskünfte über die Zahl der bulgarischen Flugzeuge («ich hörte, sie hätten vier davon») oder Feldküchen («154») lieferten. Seine Auffassung, die Türkei sollte sich auf eine bewaffnete Neutralität zurückziehen, war eine Privatmeinung, die in der Umgebung Envers, der sich im Bündnis mit den Mittelmächten eine große Zukunft

des Osmanischen Reiches versprach, niemanden interessierte. Im Januar
1915 durfte er Sofia verlassen, um die sogenannte 19. Division zu befehligen, die in Wirklichkeit erst in der ostthrakischen Hafenstadt Tekirdağ
zusammengestellt werden musste. Sein Drängen nach einem Kommando
durfte man auf keinen Fall als Zustimmung zum übereilten Kriegseintritt der Istanbuler Regierung verstehen. Im Oktober 1914 beschrieb er
in einem Brief an Salih mit der Bitte, das Folgende ganz für sich zu behalten, seine Einschätzung der Gesamtlage:

> Wir haben die Generalmobilmachung angeordnet, ohne unsere (Kriegs-)Ziele festzulegen. Das ist äußerst gefährlich, denn es ist nicht bekannt, ob wir gegen eine
> oder mehrere Seiten kämpfen. (…) Was meine Einschätzung der Lage der Deutschen betrifft, so bin ich alles andere als überzeugt, dass sie in diesem Krieg obsiegen. In der Tat, sie marschieren blitzartig Richtung Paris, indem sie eiserne Forts
> überrennen. Aber die Russen drücken auf die Karpaten und bringen die mit den
> Deutschen verbündeten Österreicher in Bedrängnis. Infolgedessen werden die
> Deutschen gezwungen sein, einen Teil ihrer Kräfte abzuziehen, um den Österreichern beizustehen. Nun werden die Franzosen angesichts des Abzugs deutscher
> Kräfte ihrerseits zum Angriff übergehen.

Mustafa Kemal sah die Unmöglichkeit voraus, einen Mehrfrontenkrieg
gewinnen zu können. Es ist merkwürdig, aber vielleicht war er nur vorsichtig, als er über den Zustand der osmanischen Heere und die Zukunft
der osmanischen Länder in diesem Brief kein Wort verlor.

Man muss nicht lange erklären, dass Mustafa Kemal in seiner Sofioter
Zeit längst ins heiratsfähige Alter eingetreten war. Nach den Vorstellungen der hauptstädtischen Mittelschicht dieser Jahre sollte ein Mann mit
28, eine Frau nicht vor ihrem 18. Lebensjahr heiraten. Das tatsächliche
Heiratsalter Istanbuler Männer war im frühen 20. Jahrhundert nicht
weit von dieser Norm entfernt. Die historische Demographie hat Werte
ermittelt, die nur wenig zwischen 29 und dreißig Jahren schwanken. Das
richtige Heiratsalter war eine notwendige, freilich nicht hinreichende
Voraussetzung für die Eheschließung. 1913 fasste die feministische Zeitschrift «Welt der Frau» *(Kadınlar Dünyası)* in fünf Punkten zusammen,
was eine osmanische Dame (und man muss hinzufügen: ihre Familie)
von einem Bewerber erwarten durfte:

> Um zu heiraten, braucht ein Mann die notwendigen finanziellen Mittel, zweitens
> sollte er mindestens dreißig Jahre alt sein, drittens kultiviert und von guten Umgangsformen, viertens sollte er weder trinken noch anderen Lastern verfallen sein
> und schließlich eine gute Erziehung genossen haben.

Von der Erfüllung dieser Normen war der Oberstleutnant noch eine Kleinigkeit entfernt. Er hatte kein Vermögen und musste sehen, dass er mit seinem Sold wenigstens die Monatsmitte erreichte. Trinken und Glücksspiele waren Bestandteil des Offizierslebens, auch wenn er bei letzterem weniger anfällig war. Seine starke Seite waren bei aller, oft bestätigter Schüchternheit korrekte Umgangsformen. Als Soldat und als Zivilist war er stets untadelig gekleidet, sprach und schrieb ein differenziertes Osmanisch, war im Französischen nicht unbeholfen, wenn auch sein traditionelles Bildungsgepäck (Koranlektüre, Kalligraphie, Persischkenntnisse, klassische orientalische Musik) eher leicht war. Eine Heirat «nach unten» kam aber für den ehrgeizigen Offizier, der noch viel mit sich vorhatte, ohnehin nicht in Frage.

Als Militärattaché in Sofia stand Mustafa Kemal gewiss unter der diskreten Beobachtung bulgarischer «Dienste». Schon deshalb kann man nicht allzu viel mit den Berichten über eine Romanze mit der attraktiven Dimitrina Kovačeva anfangen, die in der Sofioter Gesellschaft nur «Miti» genannt wurde. Er mag der jungen Frau durchaus den Hof gemacht haben, einen Heiratsantrag jedoch gewiss nicht. Dazu müsste er von allen Sinnen verlassen gewesen sein, schließlich war Mitis Papa, General Kovačev, niemand anderes als der Kriegsminister eines Landes, dem der türkische Oberstleutnant nicht ganz zu Unrecht Revanchegelüste nach dem verlorenen Zweiten Balkankrieg unterstellte, auch wenn (oder gerade weil) Kovačevs Soldaten vor den Griechen davongelaufen waren.

An Madame Corinne Lütfü: Große Ambitionen

Gesichert ist hingegen ein Kontakt mit einer Frau, die Mustafa Kemal schon 1909 in Istanbul kennen gelernt hatte und mit der er von Sofia und später von seinen Fronteinsätzen aus bis 1917 in Briefverbindung stand. Madame Corinne Lütfü war die Witwe eines Kameraden, der im Ersten Balkankrieg gefallen war, und die Tochter einer levantinischen, aus Genua stammenden Familie von Dragomanen und Medizinern. Ihr Vater Ferdinand Pascha hatte ihr ein Klavier- und Gesangstudium in Paris ermöglicht. Ein Atelierfoto zeigt eine hübsche Schwarzhaarige in einem weißen, knöchellangen plissierten Kleid. Hauptmann Lütfü hatte die Christin nur gegen den Widerstand seiner Eltern heiraten können. Corinnes Eltern führten ein gastliches Haus nicht weit von der *École Militaire* entfernt, wie man in den verwestlichten Kreisen die *Har-*

biye nannte. Hier fanden an Samstagen musikalisch-literarische Soireen statt, in die Lütfü seine Kameraden Mustafa Kemal und Nuri (Conker) einführte. Die Witwe setzte später mit ihrer Mutter und Schwester Edith die Tradition dieser Salons fort.

Teile der passiven Corinne-Korrespondenz mit Briefen, Postkarten und Telegrammen von Mustafa Kemal haben sich erhalten. Sie liefern eher Indizien für ihren Wunsch, mit ihm in eine engere Beziehung einzutreten, als für seine diesbezüglichen Absichten. Im Gegenteil, er machte der Brieffreundin sehr deutlich, dass er sie in Sofia nicht gut gebrauchen konnte, nachdem ihn Corinne zweimal nahezu angefleht hatte, ihn in der bulgarischen Hauptstadt besuchen zu dürfen.

Mustafa Kemal an Corinne am 3. Mai 1914, aus dem Hotel *Splendide*, Sofia:

Sie erwähnen in Ihren zwei letzten Briefen Ihren Wunsch, nach Sofia zu reisen. Sie schrieben, dass Sie gekränkt seien, weil ich zu diesem Thema nichts erwiderte. Ich weiß nur zu gut, dass diese Reise aus verschiedenen Gründen für Sie nicht angenehm wäre. Wie dem auch sei, ich bin davon überzeugt, dass Sie die Gründe, welche ich hier nicht aufzählen möchte, ebenfalls kennen. Trotzdem hoffe ich auf ein Wiedersehen, da ich die Absicht habe, eine Reise nach Istanbul zu unternehmen. Seit der Frühling in Sofia eingezogen ist, hat sich die Stadt komplett verändert. Die

*Die vertraute Brieffreundin
Corinne Lütfü (1886–1946) war die
Witwe eines im Ersten Balkankrieg
(1912) gefallenen Offiziers.*

Bälle und Abendgesellschaften sind beendet. Der größte Teil des diplomatischen Korps ist urlaubsbedingt abgereist.

Im selben Schreiben bat er um «Photographien», allerdings nicht an erster Stelle von der geschätzten Freundin, sondern aus Derne, vielleicht Bilder, die ihn mit seinen Kameraden in der Kyrenaika zeigen? Dennoch:

> Wenn Sie diesen Bildern auch eine Photographie von Ihnen hinzufügen würden, würde ich große Zufriedenheit empfinden. In der Hoffnung, Sie sehr bald wieder zu sehen, bitte ich Sie, gnädige Frau, an die Aufrichtigkeit meiner Gefühle zu glauben.

Beim Lesen dieser Briefe, abgefasst in einem schlichten, nicht ganz fehlerfreien Schulfranzösisch, bleibt der Eindruck, dass er Corinne durchaus als anspruchsvolle Korrespondenzpartnerin schätzte, bei der er sich in der Fremdsprache üben, eigene frische Lesefrüchte abladen und sich mit Neuigkeiten aus der Hauptstadt versorgen konnte. Die Anrede wechselte dabei wiederholt zwischen «Sie» und «Du» (sein erster Brief aus Sofia hatte ja mit «Du» begonnen!). Es ging ihm jedoch nicht nur um Klatsch und Tratsch, er scheint Corinnes allgemeine Urteilsfähigkeit hoch eingeschätzt zu haben. Auf dem Höhepunkt der Kämpfe von Gelibolu forderte er sie auf: «Bitte sagen Sie mir, Corinne, ganz offen, wie Sie die allgemeine politische und militärische Situation beurteilen!» Corinne ist es auch, die eingeweiht wird in seine weit über Tagesprobleme hinausgehenden Vorhaben, allerdings ohne Andeutungen über ihren Inhalt.

> Sofia, 12. Januar 1914
>
> Ich habe Ambitionen, sogar sehr große. Allerdings bestehen sie nicht aus materiellen Befriedigungen wie dem Einnehmen hoher Positionen oder dem Erwerb großer Geldsummen. Ich suche die Verwirklichung dieser Ambitionen im Erfolg einer großen Idee *(une grande idée)*, die mir die lebendige Befriedigung verleiht, meine Pflicht würdig erfüllt zu haben, indem ich meinem Vaterland nützte. Das ist immer der Grundsatz meines ganzen Lebens gewesen, ich habe ihn schon als ganz junger Mensch erworben und ich werde nicht aufhören, ihn bis zu meinem letzten Atemzug zu bewahren.

Ob Corinne je mehr vom Inhalt der «großen Idee» erfahren hat, über die hier bereits spekuliert werden durfte? Mustafa Kemal geht schon im nächsten Satz zu dem harten Winter in Sofia über und den angeblich wenigen kleinen Unterhaltungen, an denen er teilnimmt («das Leben hier amüsiert mich nicht sehr, wird mir auch nie angenehm werden»). Er schließt mit dem *ennui* des Mannes, der des Aufenthalts in der Möchtegern-Metropole Sofia überdrüssig ist: «Ich hoffe, dass Du in Konstantinopel, wo es keinen Mangel an Soireen gibt, ein viel angenehmeres Leben hast.»

Mustafa Kemal hatte in diesen Jahren eine feste eheliche Verbindung für sich ganz einfach ausgeschlossen. In einem Brief aus Sofia vom 31. Oktober 1914 an Salih (Bozok), der ihm von der Hochzeit Fuad (Bulca) Beys, ihres engen gemeinsamen Freundes, berichtet hatte, beschreibt er sich mit folgenden Worten:

Mein lieber Salih mit den schönen Augen und dem gezwirbelten Schnurrbart! Das Herz eines frisch verheirateten Menschen ist erfüllt von Leben, Liebe und Glück. Das ist die wertvollste aller Zeiten. (...) All das weißt Du selbst. Ich habe dergleichen nicht erfahren. Aber da ich das Leben und die Menschen ein wenig durchschaut habe, bin ich zu folgendem Ergebnis gelangt: Leute, die die verschiedenen Seiten des Lebens gesehen haben, entdecken, nachdem sie geheiratet haben, seine bisher unbekannten Seiten. Diese Erkenntnis kann ebenso süß wie bitter ausfallen. Wir wollen dafür beten, dass Fuad sein Eheleben mit schönen und glücklichen Aussichten krönt.

Er schließt mit der Aufforderung an Salih, ein kleines Gedicht, das er unbewusst einem türkischen Reimschema anpasst und auch nicht ganz zutreffend einem französischen Autor zuschreibt, auswendig zu lernen: «Mach Dir die Zeilen, die zu Deinem Verständnis vom Leben passen, zu eigen.» Die damals viel zitierten Verse stammen von einem vergessenen belgischen Autor, Léon de Montenaeken (geboren 1859).

> La vie est brève [*bei Montenaeken:* vaine]
> Un peu de rêve [d'amour]
> Un peu d'amour [de haine ...]
> Et puis, bonjour !
>
> La vie est vaine [brève]
> Un peu de haine [d'espoir]
> Un peu d'espoir [de rêve ...]
> Et puis bonsoir !

Dieses einfache Gedicht, das vom französischen Elementarwortschatz getragen wird, hat ihn wie zahlreiche französischsprachige Studenten der Epoche in ihrer Verlaine'schen Tristesse bestärkt.

Im Gegensatz zur großen Mehrheit seiner Kameraden, die sich in dieser Hinsicht von den weltpolitischen Gewittern und der Unsicherheit innerhalb der Grenzen des osmanischen Staates nicht beeindrucken ließen, kann man sich den Glücksucher Mustafa Kemal in dieser Zeit nur schwer als Gründer einer kleinen Familie vorstellen. Selbst wenn er ernsthaft auf Brautschau gegangen wäre, und hier liegt sein eigener Einspruch vor, hätte er schlechte Karten gehabt. (Salih konnte zu diesem Zeitpunkt noch nicht ahnen, dass er fast zehn Jahre später als Adjutant seines Freundes in dessen komplizierte Eheschließungsangelegenheiten eingreifen musste.)

Das «fesche» Äußere der jungen Stabsoffiziere konnte den Unterschied zu ihren gleichaltrigen Kameraden in den Armeen Russlands, Deutschlands oder Österreich-Ungarns nicht verwischen. Die osmanischen Garnisonsstädte kannten keine Bälle, auf denen Leutnants mit der Mädchenblüte des landsässigen Adels Walzer tanzten. Auch in Offizierskreisen arrangierten meist die Familien die Ehen, auch hier waren Verbindungen zwischen Cousin und Cousine häufig.

Um das Thema Frauen vorläufig mit einer schlecht belegten Geschichte, die die Atatürk-Biographen beschäftigt, abzuschließen: Als Mustafa Kemal 1918 dem Sultan als Adjutant diente, soll ihm Sabiha (1894–1969), eine der drei Töchter von Mehmed VI. Vahideddin, zur Heirat vorgeschlagen worden sein. Nach einer Version habe der so glücklich Ausgezeichnete nach einer Beratung mit seinen engsten Freunden dieses Angebot abgelehnt. Die Geschichte ist plausibel, was noch lange nicht bedeutet, dass sie wahr sein muss. Das Beispiel Envers zeigt, dass es Bestrebungen gab, führende Komitee-Mitglieder mit dem Hause Osman zu verschwägern. Sie spiegelt auch die Wünsche einer nachgeborenen, politisch wachen, aber unentschlossenen Schicht wider, die zwischen der Loyalität zur ehemaligen Dynastie und dem republikanischen Führer schwankte und sich vielleicht nicht so sehr bewusst war, dass diese Strategie an die zahllosen Verbindungen erinnerte, die osmanische Großwesire mit Sultanstöchtern eingingen.

Überaus hart war der Wechsel vom Sofioter Posten an die nahe Front.

Gallipoli: Die Verteidigung der Halbinsel (1915)

Die Halbinsel von Gallipoli (türk. Gelibolu) stellt sich aus der Luft als eine nach Südwesten gerichtete Fortsetzung Thrakiens zwischen den Dardanellen und den Golf von Saros dar. Ihre Umrisse ähneln entfernt einem Delphin von etwa 80 Kilometer Länge, dessen Breite zwischen 20 Kilometer an der weitesten und 6 Kilometer an der schmalsten Stelle wechselt. Das Land ist hügelig, der höchste Punkt liegt über 300 Meter, und vom Süden der Halbinsel kann man bis zur Ebene von

Troia hinübersehen, wie der amerikanische Botschafter Morgenthau bei einem Frontbesuch Anfang 1915 ergriffen notierte. Die zahlreichen, zum Teil steil zur Küste abfallenden Einschnitte der Halbinsel leiten bei Regen Sturzbäche ab. Die einzige bedeutende städtische Siedlung ist Gelibolu, welches seit frühosmanischen Tagen ein großes Arsenal barg, den ältesten Heimathafen der osmanischen Flotte.

Türkische Namengeberin der Dardanellen ist die auf dem asiatischen Ufer gelegene Festungsstadt Çanakkale: «Meerenge von Çanakkale» (Çanakkale Boğazı). An ihrem südlichen Eingang steht ein mächtiges, tempelartiges Denkmal, das an die osmanischen Gefallenen der Schlachten von 1915 erinnert. Erst seit 2006 finden Gedenktage unter höchster staatlicher Beteiligung statt. Bis dahin fürchtete man eine Abwertung des Atatürk-Mausoleums in Ankara als *der* zentralen Kultstätte der Republik.

Für das kollektive Gedächtnis der Türken bildete die Halbinsel bereits vor den Kämpfen von 1915 eine mit geschichtlichen Erinnerungen aufgeladene Landschaft. Schon in der Frühzeit der osmanischen Geschichte hatten die Kämpfer Orhan Gazis um 1350 auf Flößen die Meerenge überquert, und jene Flotte, die 1480 mit Otranto eine italienische Hafenstadt in Besitz nahm, segelte von Gelibolu ab. In Bolayır, an der engsten Stelle der Halbinsel, ist das Grabmal des von Mustafa Kemal seit seinen Jugendtagen verehrten Namık Kemal. Für türkische Schulkinder sind Topographie und Toponomastik der Halbinsel Pflichtstoff: Arıburnu, Anafartalar, Kemal Yeri … Ihre Geschichtsbücher enthalten Detailkärtchen, auf denen blaue und rote Pfeile zeigen, wo und wie «Atatürk» den Angriff der Alliierten zurückschlug.

Der Eingang zu den Dardanellen wurde seit Mehmed II. (reg. 1451–1481) durch zwei gegenüberliegende Festungen geschützt, deren Ausbau man auch in den folgenden Jahrhunderten nicht vernachlässigte. So wurden zum Beispiel die Riesenkanonen aus dem 16. Jahrhundert allmählich ersetzt. Die letzten Modernisierungen bestanden aus Krupp-Geschützen, die man Ende des 19. Jahrhunderts aufbaute. Am nördlichen Ausgang des Bosporus gab es ähnliche Verteidigungsanlagen. Durch eine Anzahl von Festungen konnten beide Ufer des Isthmus kontrolliert werden. Darüber hinaus sorgte eine wirkungsvolle Verminung der Wasserstraßen für den Schutz Istanbuls.

Die Einnahme der Dardanellen als Voraussetzung für die Besetzung Istanbuls war, das begriffen auch militärische Laien, kein Spaziergang, sondern nur mittels einer massiven Invasion vorstellbar. England hatte

in den ersten Januartagen des Jahres 1915 auf russische Bitten hin mit
französischer Unterstützung die Halbinsel ins Visier genommen. Das Pe-
tersburger Kriegsziel von einem orthodoxen Zarigrad wurde von England akzeptiert, das sich zum Ausgleich nur eine kleine Freihandelszone
erbat.

Russland erhoffte sich Entlastung an der kaukasischen Front, wo es
den Türken inzwischen gelungen war, die 1878 verlorengegangene
Stadt Artvin wiederzugewinnen. Ende Dezember 1914 war der Winter-
feldzug Enver Paşas zwar bereits ins Stocken geraten, die Katastrophe
von Sarıkamış aber noch nicht absehbar. England mit seinen Commonwealth-Truppen engagierte sich nach der Belagerung und Einnahme
von Basra, die fast zeitgleich mit der Kriegserklärung erfolgt war, und
der erfolgreichen Verteidigung des Suez-Kanals (den Anfang Februar
600 Türken überschritten hatten, nur um sofort in Gefangenschaft zu
geraten) nun an einer dritten Front im östlichen Mittelmeer.

Im Januar 1915 erhielt Mustafa Kemal durch den stellvertretenden Kriegsminister Talat Paşa (1874–1921) den Befehl, im Raum Tekirdağ, vier, fünf Marschtage von Gelibolu entfernt, das Kommando der
schon erwähnten 19. Division zu übernehmen. Den Oberbefehl für die
Verteidigung der Dardanellen hatte inzwischen der deutsche General
und türkische Marschall Otto Liman von Sanders (Liman Paşa, 1855–
1929) als Chef der neu gebildeten 5. Armee erhalten. Mustafa Kemals
unmittelbarer Vorgesetzter war allerdings Esad Paşa (Bülkat), dem er
schon zehn Jahre zuvor als Direktor der Kriegsschule begegnet war. Aber
die Einhaltung des militärischen Dienstwegs gehörte nicht zu Mustafa
Kemals Stärken, so wurde im Verkehr mit Liman von Sanders Esad Paşa
schon einmal übergangen, wie er auch Liman übersprang, um sich direkt
an den Vizegeneralissimus (der Sultan galt als Oberbefehlshaber) Enver
zu wenden.

Zunächst gelang es den Türken, mit dem 1912 in Deutschland ge-
bauten Minenleger *Nusret* die Dardanellenmündung zu sperren. So
scheiterte die englisch-französische Flotte am 18. März 1915, als sie die
Fahrt durch die Meerenge zu erzwingen versuchte. Drei ihrer Schlacht-
schiffe sanken, weitere wurden beschädigt. Eine Nachbildung der *Nusret* kann heute im Kriegsmuseum von Çanakkale besichtigt werden.
Çobanlı Cevad Paşa (1871–1938), der Kommandant der Dardanellen-
Festungen, wurde zum «Helden des 18. März» erklärt.

Mustafa Kemal hatte schon wenige Wochen später Gelegenheit, eine
ähnlich herausragende Rolle zu übernehmen: Am 25. April landete die

Auf der Halbinsel von Gallipoli 1915: Mustafa Kemal in der Mitte einer Gruppe türkischer und deutscher Offiziere nach den erfolgreichen Abwehrkämpfen von Anafartalar.

Australisch-Neuseeländische Brigade *(Australian and New Zealand Army Corps/«ANZAC»)* bei Arıburnu, einem steilen Küstenstück im Westen. Der 25. April 1915 ist ein Datum, das jeder Australier und Neuseeländer kennt, die Halbinsel ein Ort, den viele junge Leute aus diesen Staaten bei ihrer Welterkundung aufsuchen.

Es ist umstritten, ob dieser problematische Abschnitt, an dem sich nur ein Teil des Expeditionskorps halten konnte, von der englischen Armeeführung bewusst gewählt wurde oder ob ungünstige Strömungsverhältnisse sie dazu zwangen. Mustafa Kemal verlegte jedenfalls rechtzeitig mit Zustimmung Limans sein 57. Regiment und Teile eines weiteren an die Landungsfront und konnte den Angriff zurückschlagen. Bei den Kämpfen wurde das 57. Regiment jedoch fast vollständig aufgerieben. Die Verluste der ANZAC lagen bei 2000 Mann. Mustafa Kemals Befehl hatte, nach einem Papier, das man in der Kleidung eines gefallenen Soldaten fand, die folgenden Worte enthalten:

Ich nehme nicht an, dass sich unter uns jemand befindet, der nicht eher sterben wollte, als die schmähliche Geschichte des Balkankriegs zu wiederholen. Sollten wir aber solche Männer unter uns haben, werden wir sie sofort festhalten und für die Exekution aufstellen.

Wer die Berichte von Soldaten der anderen Seite liest, nach denen Offiziere ihre Männer mit vorgehaltener Pistole an die Front trieben, wird sich über diesen Ton nicht wundern. Angst war auch dem viel gerühmten türkischen Gefreiten aus Kastamonu oder Tekirdağ nicht fremd. Die Archive wissen von zahlreichen osmanischen Deserteuren, die während des Weltkriegs ihre Einheiten verließen oder einfach nicht aus dem gewährten Urlaub zurückkehrten.

Die Schwächen der deutschen Armeeführer und die Versprechungen des Paradieses

Der 29. April gehörte zu den wenigen guten Tagen des osmanischen Einsatzes im Weltkrieg. Der Sultan nahm den Gazi-Titel an, und für den Verteidiger von Arıburnu lag ein hoher Orden bereit. Aber schon wenige Tage später richtete Mustafa Kemal einen inhaltsschweren Brief an Enver, der Zweifel an Limans Eignung für die Führung der 5. Armee zur Sprache brachte:

Schon früher hatte ich Ihnen die besondere Wichtigkeit dieses Abschnitts im Vergleich zu den übrigen dargelegt. Die von mir als Befehlshaber des Raums Maydos ergriffenen Maßnahmen hätten wohl ausgereicht, um den Feind an einer Landung zu hindern. Aber Liman von Sanders kannte weder unsere Armee noch unser Land und fand nicht die Zeit, die Lage angemessen einzuschätzen. Dementsprechend haben seine Anordnungen die Landungszonen völlig ungeschützt gelassen und die Landung des Feindes erleichtert. Als der Feind vier Brigaden um Arıburnu absetzte, wurde ich von dem Abschnittskommandeur Oberst Sami in Kenntnis gesetzt, griff die linke Flanke des Feindes an und warf sie alle zurück ins Meer. Aber der Feind landete die gleich hohe Anzahl von Truppen an derselben Stelle und ging zum Gegenangriff über. Ich griff erneut an, dabei hatte ich keine andere Wahl, als überlegene feindliche Kräfte mit den mir zur Verfügung stehenden Verstärkungen anzugreifen. Erneut wurden die Kräfte des Feindes aufgerieben (…) Aber das Gelände und die Unfähigkeit der Kommandeure, die mich umgeben, machen es mir unmöglich, ein endgültiges Ergebnis zu erzielen (…) Ich bedränge Sie, nicht zu stark auf die geistigen Fähigkeiten der von Sanders angeführten Deutschen zu vertrauen. Ihre Herzen und Seelen sind bei der Verteidigung des Landes nicht in dem Ausmaß beteiligt wie die unseren. Ich denke, Sie sollten persönlich hierher kommen und sich ein Bild von der Lage machen und selbst das Kommando übernehmen, wenn die Situation es erfordert.

Seine Kritik an den Entscheidungen Liman von Sanders, der ursprünglich die Truppen sehr gleichmäßig entlang der buchtenreichen und steilen, überall schwierigen Küste verteilt hatte, geht über diese nach der Landung der ANZAC sehr schnell korrigierte Entscheidung hinaus. Man erhält aus dem Brief fast den Eindruck, der deutsche General habe die

Alliierten geradezu eingeladen, diese ungeschützte Bucht anzusteuern. Wahrscheinlich wusste auch Enver, dass niemand ohne hellseherische Fähigkeiten die Stelle und den Umfang der feindlichen Landung vorhersehen konnte. Bemerkenswerter ist, dass Mustafa Kemal schon zu diesem Zeitpunkt deutsche Offiziere in osmanischer Uniform für ein Risiko hielt, nicht nur weil ihnen zunächst Landeskenntnisse und Vertrautheit mit der Armee fehlten, sondern auch, weil sie nicht mit «Herz und Seele» an der Verteidigung des Landes beteiligt seien.

Er hätte wohl im Zweifelsfall nicht auf die deutschen Land- und Seetruppen, die auf der gesamten Halbinsel an den Kämpfen beteiligt waren, verzichtet, insbesondere nicht auf Maschinengewehrschützen und Artilleristen. Überflüssig fand er Deutsche in hohen und mittleren Kommandostellen, auf unteren Posten kamen sie allerdings schon aus sprachlichen Gründen kaum in Frage. Türkische Kommandeure verkehrten sehr oft in schriftlicher Form, um Missverständnisse gering zu halten. In den deutschen Armeen war diese Praxis seltener. Schon daraus ergaben sich Risiken, vor allem wenn von Türken und Deutschen kommandierte Abschnitte unmittelbar aneinander grenzten.

In einer Kampfpause schrieb Mustafa Kemal am 20. Juli 1915 über den Einsatz seiner türkischen Regimenter an Madame Corinne, die inzwischen ihre elegante Garderobe mit der Uniform einer Schwester des Roten Halbmonds vertauscht hatte:

Unser Leben ist die Hölle. Meine Soldaten sind zum Glück sehr tapfer und härter als der Feind. Was noch mehr zählt, ihr persönlicher Glaube macht es leichter, Befehle auszuführen, die sie in den Tod schicken. Sie sehen nur zwei übernatürliche (wörtlich: «himmlische») Folgen: den Sieg für den Glauben (wörtlich: «ein siegreicher Gazi zu werden») oder das Martyrium. Wissen Sie, was das letzte bedeutet? Es führt direkt ins Paradies, wo die Huris, die schönsten Frauen Gottes *(les plus jolies femmes de Dieu)* sie empfangen und ihnen in aller Ewigkeit ihre Wünsche erfüllen werden. Was für ein großes Glück. Sie sehen, Madame, dass meine Männer niemals stupide sind, wenn sie versuchen, ein *Chéhid* (şehid, «Glaubenszeuge») zu werden.

Der Brief endete nicht bei diesen Betrachtungen, auch wenn die türkischen Herausgeber der Korrespondenz mit Corinne auf eine Übersetzung der folgenden Zeilen verzichtet haben und sich der Leser mit dem Faksimile der französischen Handschrift Mustafa Kemals begnügen muss. Hier steht:

Wie weise aber war der Prophet. Wie kannte er die wahren Ambitionen der Menschen. Ich bedaure es persönlich, dass ich nicht mit den Eigenschaften der Gläubigen ausgestattet bin, gleichwohl versage ich es mir nicht, sie (darin) zu bekräftigen. Es ist recht merkwürdig *(bizarre)*, dass Muhammad, der den Männern viele Huris und andere hübsche Vergnügungen verspricht, sich überhaupt nicht für die Frauen einsetzt. Folglich, während die Männer sich nach dem Tod des Besitzes der Paradiesesfrauen erfreuen, finden sich die Frauen in einem unerträglichen Zustand. Nicht wahr? Sehen Sie, Madame, nachdem man sich an ein unruhiges und blutiges Leben gewöhnt hat, kann man sehr gut ausreichend Zeit finden, um vom Paradies und von der Hölle zu sprechen und sogar den Lieben Gott kritisieren.

Madame, wenn Sie die Güte haben wollen, mich daran zu hindern, Sünden zu begehen, indem ich unseren Lieben Gott kritisiere, geben Sie mir einen Rat, womit ich mich sonst in den freien Stunden zwischen den Kämpfen beschäftigen soll. In Erwartung Ihrer logischen Ratschläge entschließe ich mich, Romane zu studieren.

Es ist etwas befremdlich, wenn Mustafa Kemal glaubte, das schlichte Konzept des islamischen Märtyrertums der Witwe eines osmanischen Kriegers erläutern zu müssen, auch wenn diese Dame Christin war. Dank dieses Briefes wissen wir aber, wie weit er persönlich von diesen Vorstellungen entfernt war, was ihn nicht im Geringsten daran hinderte, die derart konditionierten jungen Männer ins Feuer zu schicken. Der «Liebe Gott» *(Bon Dieu)* ist für Mustafa Kemal, wenn überhaupt vorstellbar, dann doch eine sehr ungerechte Instanz – zumindest bei der Behandlung von Frauen.

Paradiesesfreuden als Belohnung für tödlichen Einsatz im Kampf waren vielleicht nicht von Anfang an in allen Köpfen der Söhne von anatolischen Bauern und Schäfern verankert. Sie wurden ihnen aber spätestens in den Schützengräben von den Regiments-Imamen versprochen. Wer lesen konnte, fand genügend staatliches Broschürenmaterial, das sich diesem Thema widmete. Es gibt einige Photographien, die diese Imame, vollbärtig und mit braunen Kaftanen, neben den Soldaten zeigen. Auch die Engländer wussten nach Befragungen türkischer Gefangener, dass die Religion einen zentralen Aspekt bei der Kampfstärke der Osmanen bildete. Mustafa Kemals distanzierte Haltung in dem Brief an Corinne ist sicher nicht erst das Ergebnis der Erfahrungen von 1915. Man weiß, dass er im April 1913 ein Angebot von Ahmed İzzet Paşa (Furgaç, 1864–1937), Envers Vorgänger als Kriegsminister, zurückgewiesen hatte, Feldprediger zur Hebung der Truppenmoral abzuordnen.

Von seinen türkischen Soldaten hielt Mustafa Kemal sehr viel, von arabischen Rekruten weniger. Man muss der Gerechtigkeit halber sagen, dass Araber in osmanischer Uniform an vielen Stellen die Hauptlast des

Weltkriegs und seiner Vorläufer, vor allem im Jemen, trugen. Eine Anekdote aus diesen Jahren fasst die Skepsis der Araber gegenüber dem osmanischen Kriegsabenteuer zusammen: Ein syrischer Soldat kam zu einer Ordensverleihung nach Istanbul und sah den greisen Sultan Mehmed V. neben seinem jungenhaften Vizegeneralissimus Enver. Sein Kommentar: «Was soll aus dem Reich werden, regiert von einem senilen Alten und einem Kind?»

Zwischen den ersten blutigen Kampfhandlungen und dem zweiten Akt der Gelibolu-Kampagne entwickelte sich ein Stellungskrieg, der in mancher Hinsicht an die europäische Westfront erinnerte – abgesehen davon, dass den türkischen Soldaten zusätzlich die Granaten der alliierten Kriegsschiffe um die Ohren flogen. Die Eintönigkeit der Kampfpausen wurde durch die Lektüre der hauptstädtischen Zeitungen gelindert, die mit zwei- oder dreitägiger Verspätung an die Front kamen. Die einfachen Soldaten ließen sich die Blätter vorlesen und benötigten auch Hilfe beim Verfassen von Briefen an ihre Familien. Ein neues Element der Kriegführung bildete der propagandistische Einsatz von Künstlern. Am 11. Juli 1915 besuchten auf Einladung des Oberkommandos Dichter, Maler und ein Komponist die Front. Hikmet (Onat, 1882–1977) malte Szenen aus dem Schützengraben und ein Panorama-Bild, das die schwer getroffene alliierte Flotte zum Thema hatte. Ende Oktober traf eine Gruppe arabischer Literaten aus Syrien ein, die im Hauptquartier Lobgedichte auf Mustafa Kemal rezitierten und für die Soldaten religiöse Ermahnungen verlasen. Der protokollarisch am höchsten stehende Gast an der Front war der designierte Thronfolger Yusuf İzzeddin Efendi (der seinem Leben am 1. Februar 1916 selbst ein Ende setzen sollte). Im Gespräch mit seiner Delegation muss der Vorschlag gefallen sein, Mustafa Kemal erneut nach Nordafrika zu schicken, um als Brigadier und faktischer Armeeoberbefehlshaber zu dienen.

Arıburnu und Anafartalar

Ein zweiter Vorstoß der Alliierten erfolgte am 6. und 7. August 1915. Nach ihrer Landung in der Suvla-Bucht nördlich von Arıburnu bemühten sie sich, zu den von ihren Bewohnern längst verlassenen Dörfern Anafartalar vorzudringen. Mustafa Kemal gelang es, die ANZAC-Kräfte auch in den folgenden drei oder vier Tagen aufzuhalten. Die Türken behielten die Kontrolle über die höher gelegenen Geländeabschnitte und schlugen auch einen erneuten Angriff am 21. August zurück. Wie der erste endete er in einem erfolglosen Grabenkrieg.

Mustafa Kemal und Liman von Sanders, wohl am Tag der Verleihung des Eisernen Kreuzes an den Divisionskommandanten.

Angesichts riesiger Verluste (Gefallene, Verwundete und Kranke) wuchs in London die Bereitschaft, die Kampagne abzubrechen. Für die Türken und ihre Verbündeten hatte sich das Blatt nach dem Eintritt Bulgariens in das Bündnis der Mittelmächte zu ihren Gunsten gewendet. Die Versorgung der Türkei mit Waffen und Munition aus Deutschland war nun über das im Oktober von den Mittelmächten besetzte Serbien eine leichtere Aufgabe.

Wegen seiner von der deutschen Armeeführung nicht ausreichend gewürdigten Rolle bei der Abwehrschlacht gegen die ANZAC verschlechterte sich Mustafa Kemals Verhältnis zu Liman von Sanders. In die türkischen Geschichtsbücher ist die Episode von der Taschenuhr eingegangen, die Mustafa Kemal davor bewahrte, von einem Schrapnellsplitter getötet zu werden. Später überreichte er die Uhr Liman von Sanders, der sich seinerseits mit einer wappengeschmückten Taschenuhr bedankte. Solche Freundlichkeiten konnten jedoch die Beziehung nicht heilen. Liman hat im Übrigen in seinen gedruckten Türkei-Erinnerungen nur kurz, aber sehr anerkennend von Mustafa Kemal gesprochen. Das private Tagebuch von Mustafa Kemals Stabschef İzzeddin (Çalışlar) verzeichnet dagegen ausführlich und nüchtern ein Auf und Ab in der Beziehung der beiden Kommandanten, die nach dem Abzug der Alliierten in einen Eklat mündete.

Ende September erkundigte sich Liman als fürsorglicher Vorgesetzter bei Mustafa Kemal nach dessen etwas angeschlagener Gesundheit und schickte ihm seinen Leibarzt. Mitte Oktober erfolgten gegenseitige Besuche, so dass İzzeddin ausdrücklich hervorhob: «Die Beziehungen sind ganz prächtig.» Hier handelte es sich aber um ein kurzes Zwischenhoch.

*In Diyarbekir (1917?) mit einem deutschen Verbindungsoffizier
und seinem Adoptivsohn Abdurrahim (Tuncak, 1908?–1999).*

Mustafa Kemal verlangte von Liman, keine weiteren deutschen Offiziere
abzustellen, und als der Marschall Ende November forderte, durch eine
Art Testangriff herauszubekommen, ob sich die alliierten Truppen vollständig von der Halbinsel entfernt hatten, kam es erneut zu Spannungen.

Am 30. November entschloss sich Mustafa Kemal, um seine Entlassung von der Dardanellen-Front zu bitten. Kurz danach muss eine kritische Bemerkung Limans das Fass zum Überlaufen gebracht haben: Bei
einem Besuch des Hauptquartiers der Anafartalar-Gruppe beklagte sich
der Armeeführer über den schlechten Zustand der Verbindungswege und
gebrauchte die Worte: «Kemal Bey hätte an Stelle einer Villa besser Straßen gebaut.» Bei der «Villa» handelte es sich um einen in die Erde gegra-
benen Unterstand, der mit Holzbalken und Steinen verstärkt war. Ob es
sich dabei um einen unnötigen Luxus handelte, ist eher fraglich, spricht
doch İzzeddins Tagebuch von 190 Toten, die damals an einem einzigen
Tag dem eiskalten Wind zum Opfer fielen. Am 5. Dezember genehmigte
Liman Mustafa Kemal einen «gesundheitlich bedingten» Urlaub, am
12. Dezember traf dieser in Istanbul ein.

Inzwischen war Lord Kitchener in Mudros auf Limnos angekommen,
um die wenigen Quadratmeilen, die die Soldaten des Empire auf der
Halbinsel besetzt hielten, zu inspizieren. Am 15. November empfahl er
dem Kriegskabinett in London, den größeren Abschnitt zwischen den
Buchten von Suvla und Anzac zu evakuieren. Nur die Südspitze der

Halbinsel, von den Engländern Cape Helles genannt, mit der alten osmanischen Festung Seddülbahir («Sperrmauer des Meeres») sollte aus politischen Gründen besetzt bleiben. Kurz vor Weihnachten 1915 zog sich das Empire von einem der blutigsten Schauplätze des Weltkriegs zurück. Ohne weitere Verluste konnte die Evakuierung von 80043 Männern, 186 Geschützen, 4695 Pferden und Maultieren und 2000 Fahrzeugen in zwei Nächten abgeschlossen werden. Am selben Tag, an dem das englische Kriegskabinett Kitcheners Pläne zur Aufgabe der Halbinsel billigte, schloss die türkische Armee im Irak rund 20000 Soldaten der Commonwealth-Truppen in Kut al-Amara ein. Der Kriegshistoriker Field Marshal Lord Carver konstatierte: «Der Krieg des britischen Empire gegen die Osmanen lief nicht gut («was not going well»)». Am 8. Januar 1916 wurde auch Cape Helles aufgegeben.

Mustafa Kemal übernahm nun wieder das Kommando über das XVI. Korps, das vorübergehend Oberst Hans Kannengießer befehligt hatte, nachdem die Anafartalar-Gruppe aufgelöst worden war. Am 17. Januar wurde er in Istanbul mit der «Goldenen Verdienstmedaille mit Schwertern» für seine Leistung bei Anafartalar dekoriert. Kurz danach entstand aus der Hand des österreichischen Kriegsmalers Wilhelm Victor Krausz (1878–1959) ein erstes bekanntes künstlerisches Porträt, das den «Commandant de Groupes des Anafarta» unter dem leichten Tuchhelm, den man damals nach dem Kriegsminister *Enveriye* nannte, zeigt. Er hat auf dem Bild ein klares, etwas straffes Gesicht. Seine bemerkenswert blauen Augen und die rötliche Haarfarbe von Brauen und Schnurrbart gehörten zu seinen auffälligsten persönlichen Merkmalen.

Der österreichische Kriegsmaler Wilhelm Krausz schuf Anfang 1916 das älteste Ölbild des Siegers von Anafartalar für ein Album.

Genugtuung in Edirne

Während Mustafa Kemal, dessen Name außerhalb militärischer Kreise damals kaum bekannt war, zu den offiziellen Siegesfeiern in Istanbul nicht eingeladen wurde (Liman von Sanders ging es übrigens auch nicht besser), fand er wenigstens in der einstigen zweiten Reichshauptstadt Edirne am 28. Januar eine sehr freundliche Aufnahme mit Ehrenkompanie, Militärmusik und Empfang beim Gouverneur. Am nächsten Tag besuchten alle Offiziere das Freitagsgebet in der riesigen Moschee Sultan Selims. Man war bei schönem Wetter zu Pferd von der Kaserne zur Moschee hinauf geritten, nach dem Gebet bestiegen die hohen Militärs und Würdenträger Automobile und fuhren durch die Stadt, deren Straßen von vielen Menschen gesäumt wurden. Die Schüler hatten Aufstellung genommen, ganz Edirne war im Fahnenschmuck. Siegesbögen waren errichtet und zwei große Schrifttafeln aufgehängt worden: «Die Helden von Arıburnu und Anafartalar sollen leben» und «Es lebe der Held von Arıburnu und Anafartalar Mustafa Kemal Bey.» Außerhalb der Stadt leitete der Müftü am «Gebetsplatz der Pilger» eine religiöse Feier. Die ganze Veranstaltung ging mit einer großen Militärparade zu Ende.

In Edirne begegnete Mustafa Kemal einem jungen Pädagogen, den er schon aus Saloniki kannte. Rıdvan Nafiz (Edgüer, 1891–1948) hatte es zum stellvertretenden Leiter des Lehrerbildungsseminars gebracht, vor dessen Zöglingen er während des Besuchs von Mustafa Kemal eine patriotische Rede hielt, in der er vor der russisch-slawischen Gefahr warnte. Dafür erteilte ihm der Oberst ein großes Lob, das sich, inhaltlich betrachtet, aber fast ins Gegenteil verkehrte:

Ihre Ansprache war sehr interessant. Man muss das russisch-slawische Vordringen unter allen Umständen aufhalten (…) Sie haben es ja sehr schön ausgedrückt, dass das türkisch-germanische Bündnis dagegen einen Wall aufrichten kann. Das ist aber keine zwingende Notwendigkeit. Wir können diesem Vordringen auch auf andere Weise Einhalt gebieten.

Daraufhin erläuterte er die wirklichen Ziele, die die Deutschen mit der Türkei verbanden. Es ging , kurz gesagt, um Ausbeutung sowohl in materieller als auch intellektueller Hinsicht. Man wird Aufzeichnungen, die Jahrzehnte nach dieser Begegnung gemacht wurden, cum grano salis verwerten. Trotzdem wird Rıdvan Nafiz die Substanz von Oberst Mustafa Kemals Entgegnung wohl zutreffend im Gedächtnis behalten haben: Er wollte Illusionen über die Uneigennützigkeit der wirtschaftlichen

Ziele der Deutschen beseitigen, darüber hinaus warnte er vermutlich vor einer Übernahme des türkischen Bildungswesens durch deutsche Oberlehrer.

Während der Dardanellenschlacht waren ja nicht allein deutsche Offiziere in türkische Kommandostellen eingerückt; an der 1900 gegründeten Istanbuler Universität wurden 1915 auch mehr als ein Dutzend Lehrstühle im Rahmen einer vom jungtürkischen Bildungsminister Ahmed Şükrü Bey (1875–1926) gewollten «Professorenmission» mit Deutschen besetzt. Wichtige am geistigen Aufbau der neuen Türkei beteiligte Figuren wie Ziya Gökalp und İbrahim Necmi (Dilmen, 1889–1945), der zu einem der einflußreichsten Sprachreformer der kemalistischen Türkei werden sollte, konnten deren Arbeit aus nächster Nähe verfolgen. Zahlreiche ehemals französisch oder italienisch geleitete Missionsschulen wurden nun auf deutsche Leitung und Lehrpläne umgestellt.

Welche Alternativen aber sah Mustafa Kemal damals zu einer «germanisch-türkischen» Allianz? Wollte er dem russischen Vordringen mit anderen Mitteln begegnen? Wenn ja, mit welchen? Der Text verrät nicht, ob er, wie viele osmanische Zeitgenossen, an eine Mobilisierung der Russlandtürken dachte.

5. ZWISCHEN KURDISTAN UND KARLSBAD (1915–1918)

Der neue alte Feind Russland

Allein im vorangegangenen Jahrhundert hatte der osmanische Sultan dreimal gegen die Heere des Zaren gekämpft. Nur einmal gelang es ihm, als Trittbrettfahrer des anglo-französischen Bündnisses im Krimkrieg (1853–1855) auf der Seite der Sieger zu sein. 1914 nannte der Sultan Russland in der schon zitierten Proklamation an seine Soldaten als Hauptverantwortlichen für die osmanische Misere.

Drei Jahrhunderte lang hat Russland dem osmanischen Reiche viele Gebietsverluste zugefügt, es hat stets auf unsere Vernichtung hingearbeitet, durch Kriege wie durch allerlei andere Ausflüchte, sooft die Regierung an die Entwicklung des Reiches schreiten wollte. Die Regierungen von Russland, England und Frankreich, die Millionen von Muslimen unter einer tyrannischen Herrschaft halten, haben niemals aufgehört, gegen unser ruhmreiches Kalifat, dem die Muslime durch ihr Gefühl und ihren Glauben anhängen, übelwollende Gesinnungen zu hegen. Darum wird der heilige Krieg («der allergrößte *Cihâd*»), in den wir eingetreten sind, mit der Hilfe des Allmächtigen den Angriffen auf unsere Hoheitsrechte und die Würde des Kalifats ein Ende bereiten. Die ersten Schläge, die unsere wackeren Soldaten, mit Gottes Hilfe, an den Dardanellen, bei Akaba und im Kaukasus gegen den Feind geführt haben, haben uns neuerdings in der Überzeugung von unserem vollen Erfolg und endgültigen Sieg bestärkt.

Nach der Niederlage der osmanischen Armee in der Schlacht von Sarıkamış Anfang des Jahres 1915, die das Blatt der ersten Kriegstage völlig gewendet hatte, marschierten russische Einheiten, ohne auf stärkeren Widerstand zu stoßen, zunächst nach Süden. Die westlichen Verbündeten Russlands waren an den Plänen des Zaren im «Hochland von Armenien» nicht sonderlich interessiert. Es steht aber fest, dass in den politischen Zirkeln von Petersburg an eine Öffnung des osmanischen Ostens für russische Siedler gedacht wurde, so wie man schon nach 1878 die damals eroberten türkischen Provinzen Batumi, Kars und Ardahan zu russifizieren begonnen hatte.

Vermutlich im März des Jahres 1915, als Mustafa Kemal gerade sein Kommando auf der Halbinsel von Gelibolu übernommen hatte und sich auf die Abwehr der alliierten Landungen vorbereitete, wurde von der osmanischen Regierung der Beschluss gefasst, die gesamte armenische Bevölkerung aus den kriegsnahen Gebieten Anatoliens zu deportieren. Noch am 25. Februar 1915 hatte Enver dem armenischen Patriarchen für die «Aufopferung und das Heldentum der armenischen Soldaten in der osmanischen Armee» gedankt. Am selben Tag aber erließ die Regierung einen Befehl zur Entwaffnung der armenischen Soldaten in osmanischer Uniform. Angehörige christlicher Minderheiten dienten fortan in Arbeitsbataillonen bei der Anlage von Straßen und Eisenbahntrassen. Damit war das Konstrukt eines religionsübergreifenden Osmanismus wenige Jahre nach seiner Propagierung in der jungtürkischen «Revolution» ad absurdum geführt. Die armenische Zivilbevölkerung des Ostens galt den Jungtürken wenn nicht als faktischer, so doch als potenzieller Verbündeter der russischen Heere.

Die wichtigsten Etappen dieser beispiellosen Verfolgungen müssen hier genannt werden, weil es zeitliche, räumliche und persönliche Zusammenhänge mit der Biographie Mustafa Kemals gibt. Zeitgleich mit der Landung der ANZAC auf der Halbinsel von Gallipoli im April 1915 kam es zur Verhaftung von 235 armenischen Führern in Istanbul, von denen nur wenige ihre Deportation nach Anatolien überlebten. Im Mai 1915 erreichten die Russen die Stadt Van, die nach einem blutigen Aufstand der etwa dreißigtausend Menschen umfassenden armenischen Bevölkerung von der osmanischen Armee belagert worden war. Vor Ankunft der Russen evakuierten die Türken ihr Militär und die muslimische Zivilbevölkerung. Daraufhin stieß die russische Kaukasusarmee, unterstützt von armenischen Freiwilligenbataillons, der sogenannten Ararat-Legion, weiter nach Bitlis, Muş und Sasun vor, alles Orte mit einem hohen armenischen Bevölkerungsanteil, scheiterte aber an türkischen Gegenangriffen. Es waren vermutlich gerade die russischen Erfolge, die die Massaker an den Armeniern in Bitlis und Muş im Juni und Juli 1915 auslösten.

Einer der Hauptverantwortlichen war der damalige Gouverneur von Bitlis, Mustafa Abdülhalik (Renda), ein wohl albanischstämmiger Epirote und naher Vertrauter Talat Paşas, der ihn 1915 und erneut 1918 als Gouverneur nach Aleppo schickte, wo er nach Zeugnis des deutschen Konsuls Rössler «unermüdlich» an der Vernichtung der Armenier arbeitete. Bei den «Jungtürkenprozessen» des Jahres 1919 wurde er von dem schon mehrfach erwähnten Vehib Paşa beschuldigt, an Massenmorden in Muş beteiligt gewesen zu sein. Nach seiner Rückkehr aus Malta, wohin er von den Engländern deportiert worden war, im November 1921 stellte sich Abdülhalik der Nationalregierung zur Verfügung. Mit «Billigung» Mustafa Kemals wurde er 1923 ins Parlament gewählt, dem er fast dreißig Jahre angehören sollte. Abdülhalik Renda übte in der Republik eine Fülle einflussreicher Staatsämter aus. Er war ein typischer Vertreter jener Komitee- und Sonderorganisationsmitglieder, für die, wie es Taner Akçam ausgedrückt hat, «die Beteiligung am nationalen Befreiungskrieg überlebensnotwendig» war, weil sie sonst eine Verurteilung zu Zwangsarbeit oder zum Tod fürchten mussten.

Die Russen gaben Van im August 1915 auf und zogen sich unter Mitführung der Zivilbevölkerung (geschätzten 200 000 Personen) an die bisherige Grenze zurück. In dieser Phase erteilte der russische Generalstabschef Januškevič seinerseits Befehl, «die Grenzgebiete zu verheeren, ihre Bevölkerung zu verschleppen und feindliche ethnische Gruppen aus ihnen zu vertreiben» (J. Baberowski). Ab 1. Juni 1915 wurde die bisher als Geheimsache betriebene Verfolgung der Armenier offizielle Politik des osmanischen Staates: Grundlage war ein «Provisorisches Gesetz über die vom Militär zu befolgenden Maßnahmen gegen Personen, die in Kriegszeiten den Maßnahmen der Regierung zuwiderhandeln». Tatsächlich betrieben alle lokalen Zivil- und Militärbehörden die Ausweisung der armenischen Bevölkerung in die nordsyrischen Steppenorte wie zum Beispiel Deirezzor ohne Rücksicht auf Alter, Geschlecht und Gesundheitszustand. Unter den landschaftlichen und klimatischen Bedingungen, die im Osten des Landes herrschten, kam eine Deportation einer Inkaufnahme des Todes der meisten Menschen gleich. Die Schaffung eines «türkischen Blocks, der rein von fremden Elementen ist», war ein von Talat Paşa im Ministerrat verkündetes Kriegsziel, dem sich nur wenige Politiker wie der Präsident der Kammer Ahmed Rıza (der im jungtürkischen Exil eine entscheidende Rolle gespielt hatte) entgegenstellten. Jedenfalls wurden auch Armenier weit entfernt von der Front im Südkaukasus in Listen erfasst, die, so meldete Rössler am 23. Februar 1916 aus Aleppo an die deutsche Botschaft, «wahrscheinlich» für eine «Verschickung» vorgesehen waren. Frauen und Kinder wurden in vielen Fällen ausgenommen und – als bittere Alternative – wie im Falle von Ankara auf muslimische Dörfer «verteilt». Weniger bekannt wurde, dass auch andere christliche Gemeinschaften, insbesondere die Assyro-Chaldäer im Südosten, Opfer der Verschickungen wurden. Die einzigen Ausnahmen bildeten die großen armenischen Gruppen in Istanbul und İzmir sowie Christen, die sich zur römisch-katholischen oder einer protestantischen Kirche bekannten.

Am 18. Februar 1916 hatten die Russen, wie schon 1829, mit Erzurum die wichtigste türkische Stadt im Südkaukasus eingenommen. Am 3. März erreichten sie Bitlis, Tage später Muş. Damit war ein großes Dreieck der kurdisch-armenischen Kernländer von der russischen Armee okkupiert. Zu diesem Zeitpunkt betrat Mustafa Kemal die militärische Bühne im Osten als Kommandeur des XVI. Armeekorps. Sein eigentlicher Wunsch, die Mesopotamien-Armee zu übernehmen, war an den Ambitionen des greisen Colmar Freiherr von der Goltz gescheitert. Am 19. April 1916 starb der von vielen osmanischen Militärs aufrichtig verehrte General und Pascha in Bagdad an Typhus. So blieb ihm die Erkenntnis erspart, dass man mit den osmanischen Heeren das britische Empire in Indien nicht herausfordern konnte und auch ein Mustafa Kemal den unrühmlichen Abzug der Türken aus den irakischen Städten nicht hätte verhindern können.

Enver hatte ab Frühjahr versucht, mit Hilfe einer «Zangenoperation» durch die 2. und 3. Armee die Russen von Westen und Süden zu bedrängen. Ahmed İzzet Paşa erhielt den Oberbefehl über beide Armeen, wobei die 3. Armee von Vehib Paşa angeführt wurde. Eine wesentliche Erschwerung dieser Kampagne bildete das Fehlen einer Eisenbahnlinie nach Osten. Die russischen Militärs erinnerten sich wohl dankbar ihrer Außenpolitiker, die in den vorangegangenen Jahrzehnten erfolgreich osmanische Bahnbauten östlich von Ankara blockiert hatten.

Mustafa Kemal in Diyarbekir

Das Hauptquartier des XVI. Armeekorps sollte zunächst in Diyarbekir eingerichtet werden. Die einfachste «Verbindung» aus dem Westen führte mit der Bagdad-Bahn bis Aleppo und Resülayn entlang der heutigen Grenze zwischen der Türkei und Syrien. Von dort fuhr man mit einem Automobil noch einige Tage über Mardin nach Nordosten. Diesen Weg wählten Mustafa Kemal und sein Stabschef İzzeddin (Çalışlar). Nach zwölftägiger Reise kamen sie am 27. Februar in Diyarbekir an, um dort ihr aus zwei Divisionen bestehendes Korps zusammenzustellen. Mustafa Kemal Bey wurde in diesen Tagen vom *Miralay* («Oberst») zum *Mirliva* («Brigadier») befördert. In seinem 35. Lebensjahr stehend, hatte er den ersten Generalsrang erreicht und musste mit *Paşa* tituliert werden. Endgültig bezog er sein Hauptquartier in Silvan, dem alten Martyropolis, einem Ort, der damals drei oder vier Autostunden von Diyarbekir entfernt war. Von der bis zum Mongolensturm (1258) bedeutenden Residenzstadt, die Mayafarkin hieß, waren im Ersten Weltkrieg nur die

*General Erich von Falkenhayn, mit seinem Stabsoffizier Major
Franz von Papen (links hinten) und Mustafa Kemal (rechts) beim
Verlassen Istanbuls am asiatischen Bahnhof von Haydarpaşa
(16. Juli 1917?).*

Hauptmoschee und eine eher kleine Siedlung übriggeblieben, die sich im Nordosten des Mauergevierts drängte.

Der vollständige Transfer der 2. Armee aus Thrakien hatte Monate gedauert. Mitte April gelang die Rückeroberung beziehungsweise Besetzung einiger kleinerer, aber strategisch wichtiger Orte gegen eine stark überlegene russisch-armenische Armee. Anfang August konnte Mustafa Kemal nach fünftägigen Kämpfen Muş und Bitlis einnehmen. Am 2. August telegraphierte er an die Armeeführung: «Der geschlagene Feind wird verfolgt.» Ahmed İzzet Paşa, der Befehlshaber der 2. Armee, dankte am 8. August für «geniale Fähigkeit und Wagemut». Muş fiel freilich am 25. August erneut in russische Hände. Als sich die russische Armee im Sommer 1917 auf den Rückmarsch machte, übernahmen schwächere armenische Einheiten den Kampf gegen die Osmanen, so dass es Mustafa Kemal als Kommandeur der 2. Armee gelang, die Stadt am 30. April 1917 erneut zu besetzen.

Im Herbst 1916 blieben größere Kampfhandlungen aus, vereinzelt kam es zu verlustarmen Rückzügen, über deren militärische Bedeutung der General später noch gerne referierte. Jetzt erreichte Mustafa Kemal als Vertreter des zum Erholungsurlaub in Istanbul weilenden Ahmed İzzet seine bisher höchste Funktion als Kommandeur der 2. Armee. Die Heeresleitung belohnte ihn mit einer Gehaltszulage für ein Jahr als Auszeichnung für die Erfolge in Bitlis und Muş.

Mustafa Kemal führte im Hauptquartier von Silvan ein privates Tagebuch, das er seinem damaligen Adjutanten Şükrü (Tezer) trotz des teilweise sehr persönlichen Charakters zum Geschenk machte. Aus den veröffentlichten Teilen geht an keiner Stelle hervor, dass der erst seit 1941 amtlich «Südostanatolien» (Güneydoğu Anadolu) genannte Raum 1915/16 Schauplatz eines riesigen Massakers war, ausgelöst durch den Deportationsbefehl der Regierung. Unzählige Armenier fanden den Tod durch Hunger, Entkräftung, Krankheit, andere wurden Opfer räuberischer Attacken, bei denen sich Mitglieder sunnitischer Kurdenstämme besonders hervortaten. Geplündert und zerstört wurden zahlreiche Kirchen und Klöster wie zum Beispiel das berühmte Surp Karabet in Muş. In seinem Tagebuch ist nur an einer Stelle von «elenden Flüchtlingen» die Rede, aller Wahrscheinlichkeit nach aber von Muslimen, die Opfer der russischen Besatzung beziehungsweise armenischer Gewalttaten waren. İzzeddins Tagebuch bildet auch hier, wie schon bei den Dardanellenkämpfen gezeigt werden konnte, eine wichtige Ergänzung zu Mustafa Kemals Aufzeichnungen.

Sein veröffentlichtes Tagebuch beginnt am 7. November 1916, mehr als zwei Monate nach der eiskalten Zusammenfassung der Deportationspolitik, die der Innenminister Mehmed Talat Paşa am 31. August dem deutschen Botschaftsvertreter Hohenlohe-Langenburg gab: «La question armenienne n'existe plus». Im Dezember berichtete Talat dem Scherifen von Mekka Ali Haydar Paşa nach einer Reise, die ihn von Konya über Ankara bis Sivas und Harput (bei Elazığ) geführt hatte:

Ich war bei meiner Reise stolz darauf, Zeuge der Opferbereitschaft zu sein, die von der muslimischen Bevölkerung erbracht wurde. Von hier aus zeigt sich, dass das bei der Verschickung der Armenier beabsichtigte Ziel voll erreicht wurde. Die Bevölkerung aus den (von den Russen) besetzten Gebieten hat sich vollständig niedergelassen. Sie hat die von den Armeniern zurückgelassenen Geschäfte und Waren in Besitz genommen und begonnen, sich mit Handwerk und Handel zu befassen, und das obwohl man (bei ihnen) zuvor keinerlei Handwerk betrieben hatte.

Das Telegramm des Innenministers zeigt, ohne das Wort zu benutzen, große Befriedigung über das Ende der «ethnischen Arbeitsteilung», bei der die Armenier eine herausragende, aber durchaus nicht monopolartige Stellung in vielen Gewerben eingenommen hatten.

Ab Dezember arbeitete Mustafa Kemal an seinen Aufzeichnungen über die Abwehrschlachten von Arıburnu vom Vorjahr. Auffällig ist, wie früh er sich an das Schreiben seiner Tatengeschichte machte, wenngleich es sich nur um einen Rapport für das Militärarchiv handelte. Auch in Zukunft sollte sich seine schriftstellerische Tätigkeit, wenn man einmal von Übersetzungen militärischer Fachbücher absieht, vor allem auf zwei Textsorten verteilen: die intimen Tagebücher, in denen es viel um Selbstfindung geht, und die militärisch-politischen Annalen. Höhepunkt wird 1927 die Sechs-Tage-Rede *Nutuk* sein, mit der er die Auslegung *seiner* Geschichte *vor* der Geschichte zu kontrollieren versuchen wird.

Religionsphilosophische Lektüren im Hauptquartier von Silvan

Das abflauende militärische Tagesgeschäft erlaubte ihm intensive Lektüre. Seine bevorzugte Literatur wählte er aus drei Themenkreisen: 1) Romane jüngerer Schriftsteller, 2) historische Überblickswerke und 3) aktuelle osmanische Dichtung und Essayistik. Die ersten beiden Genres waren fast vollständig von französischen Autoren besetzt. Er las Alphonse Daudets leicht gestrickte *Sapho – Mœurs Parisiennes* («Pariser Sitten») im französischen Original. Das Buch war in der alten Türkei wohl vielfach als Original im Umlauf, bevor 1919 eine Übersetzung dieses «Sittenbilds» erschien. İzzeddin war gleichzeitig in Stendhals *Le Rouge et le Noir* vertieft.

Geschichtsbücher «fielen ihm nicht aus der Hand», wie man auf Türkisch sagt. Madame Corinne wurde in einem Brief aus Siirt vom 6. Mai mit einem langen Zitat über den Zusammenhang von militärischen Erfolgen und moralischer Unterstützung durch die Öffentlichkeit aus dem Werk des Revolutionshistorikers Auguste Mignet (1824) bombardiert:

Die mechanischen Bewegungen der Armee, die noch anhielten, gingen zu Ende, denn die Soldaten werden weniger, wenn das leidenschaftliche Streben der Öffentlichkeit *(ardeur publique)* erlahmt. Es wachsen keine Generäle mehr heran, wenn man an den Punkt der Erschöpfung des Geistes kommt. Und die Siege gehen mit den Soldaten, den Generälen und mit dem Geld zu Ende.

Dass man unter den kurdischen Stämmen auf beiden Seiten der russisch-türkischen Front nur wenig «ardeur publique» entfachen konnte, war dem Verfasser sicher längst klar. Grübelte er über eine *levée en masse*, um die osmanischen Armeen zu letzten Höchstleistungen anzustacheln? Aber wo, an welchen Fronten?

Zur dritten Lektürekategorie gehörte ein Buch, das er sich in Istanbul besorgt hatte und in Silvan erst nach drei Tagen intensiver Beschäftigung aus

der Hand legte. Später reichte er es an İzzeddin weiter, der seinem Tagebuch anvertraute: «Ein bisschen schwierig zu lesen.» Der umständliche
Titel des in der Tat sperrigen Buchs lautete: «Ist es möglich, Gott zu leugnen? Oder auch: Die gottesleugnerischen Schulen im Angesicht der Wissenschaften. Gespräche über metaphysische Philosophie». Sein Autor Fili-
beli («aus Filibe/Plovdiv») Ahmed Hilmi war bis zu seinem Tod im Jahr
1914 einer der produktivsten Intellektuellen der Istanbuler Szene. Die
Opposition zu Abdülhamid II. hatte ihm 1901 die siebenjährige Verbannung in die gefürchtete Wüstenprovinz Fezzan eingebracht. Aus Afrika
kehrte er als Jünger einer mystischen Bruderschaft zurück. Diese Bindung
hinderte ihn aber nicht daran, ein aktiver Unterstützer des jungtürkischen
Reformkurses zu werden. Ahmed Hilmi polemisierte gegen das von den
Ulema beanspruchte Auslegungsmonopol, da er sie, was die Erkenntnisse
der zeitgenössischen Wissenschaften anging, für ahnungslos hielt. Dass
diese radikalen Auffassungen, die bis zur Forderung nach einer Entmachtung des islamischen Establishments gingen, bei Mustafa Kemal auf
fruchtbaren Boden fielen, darf man sicher annehmen. Auch der militante
türkische Patriotismus, der gleichwohl eine Führungsrolle in der arabisch-
islamischen Welt beanspruchte, dürfte bei diesem Leser keinen Protest
ausgelöst haben.

Viele von Hilmis Schriften wandten sich allerdings gegen den materia-
listischen Zeitgeist, der bei den sich aufgeklärt dünkenden Jungtürken
vorherrschte. Einen Höhepunkt erreichte die Auseinandersetzung, als
1911 eine Übersetzung von Ludwig Büchners *Kraft und Stoff* erschien,
die Baha Tevfik, der Hauptvertreter des biologischen Materialismus in der
Türkei, angefertigt hatte. Dabei war das Besondere an Ahmed Hilmis
politisch-religiöser Mission, dass er sich im Unterschied zu anderen islamischen Verfassern von Streitschriften gegen den Materialismus seine
Waffen auch aus dem Arsenal christlicher Kritiker holte. Mustafa Kemal
konnte aber, das belegt diese Tagebuchnotiz, Ahmed Hilmi bei seinem
Versuch nicht folgen, die Aussagen der großen Geister aus Ost und West
mit modernen Erkenntnissen zu versöhnen:

Sämtliche Philosophen, Naturwissenschaftler, Psychologen, Materialisten, Denker
und Mystiker der verschiedenen Religionen beschäftigen sich mit Existenz und
Nichtexistenz der Seele, damit, ob Seele und Körper eins sind oder getrennt voneinander bestehen und ob die Seele fortlebt oder nicht. Diese Untersuchung befürwor-
tet die sich auf Wissenschaft und Naturwissenschaft stützenden (Autoren). Die
Darlegungen der muslimischen Lehrmeister wie İmam Gazalî (al-Gazzali), İbn-i
Sina (Avicenna) und İbn-i Rüşd (Averroes) unterscheiden sich vollständig vom

volkstümlichen Verständnis (der Religion?), aber allein ihre Darstellung enthält viele (rätselhafte) Chiffren. Diese gläubigen Denker haben sich angestrengt, um ihre Prämissen, Wissenschaften, Naturlehren und Philosophien an die Aussagen des kanonischen Rechts (der Scheria) anzupassen.

Der Leser Mustafa Kemal scheint am Ende so klug zu sein wie zuvor. Eine weitere Lektüre der stillen Tage von Silvan ist das Buch «Elemente der Philosophie». Es handelt sich um einen Auszug aus einem viel umfänglicheren Werk des katholischen französischen Philosophen George L. Fonsegrive (1872–1917), der als Kritiker des modischen Szientismus bei islamischen Autoren der Zeit bekannt war. Mustafa Kemal las den Abschnitt über «Die Lehre von der Seele», der 1915 in der türkischen Übersetzung von Ahmed Naim erschienen war.

Anfang Dezember, so sein Tagebuch, hatte er sich eine «starke Erkältung» eingefangen. Er fand deshalb Gelegenheit, die Lektüre der gesammelten «Politischen und literarischen Aufsätze» Namık Kemals abzuschließen. Dieser hatte sie 1872/73 im Londoner Exil verfasst, für Leser wie Mustafa Kemal behielten sie jedoch den Charakter einer politischen Grundlagenschrift. Manche Sätze des Artikels «Vaterland» *(vatan)* waren für ihn, zumal an der russischen Front, von eindrucksvoller Aktualität. Namık Kemal schrieb von der Liebe zum Vaterland, die allen Völkern gemeinsam sei, aber auch von der andauernden Konkurrenz der europäischen Mächte, ihren inneren Schwierigkeiten («Noch stöhnen die Italiener unter den Ketten der jahrhundertelangen Sklaverei der Priester») und von den «zahlreichen Völkern, die sich der Übermacht des russischen Schwerts beugen mussten». Was die Osmanen anlange, laufe man Gefahr, angesichts der Streitigkeiten der verschiedenen Stämme und Religionsgruppen zu zerfallen. Allein Werke des Fortschritts könnten separatistische Tendenzen verhindern, so dass es nicht mehr zu einem verräterischen Aufruhr wie in Kurdistan und zu einer Krise um Kreta kommen könne. Was die Araber anginge, bestünde kein Anlass zur Furcht, sie seien durch die Religion fest an das islamische Kalifat gebunden. Am selben Tag, so das Tagebuch, las Mustafa Kemal zum wiederholten Mal auch in Namık Kemals «Osmanischer Geschichte». Das Vorwort des 1887 auf Rhodos verfassten Werks lässt sich mit ungewohntem theoretischen Anspruch über den Wert der Geschichtsschreibung an sich aus, die ja mehr sei als eine bloße Erzählung. «Wenn man die Geschichte einer Nation nicht kennt, wie soll man dann die für ihr Fortleben und ihr Fortschreiten *(terakki)* notwendigen Ursachen und

Nichtursachen wahrnehmen?» Namık Kemal erkannte als kritischer Leser der osmanischen Chronistik: «In meinen unmaßgeblichen Untersuchungen hat sich herausgestellt, dass einige der wichtigsten Ereignisse des osmanischen Staates im Widerspruch zu den wohlbekannten Überlieferungen stehen.» Die Geschichte sei nicht nur Stoff für Staatsmänner, sondern für alle Mitglieder der Nation. An derselben Stelle erwähnt er im Zusammenhang von Theorie und praktischer Umsetzung der Geschichte unter anderem John Locke und Rousseau.

Zwei verehrte osmanische Dichter

Geschichte als Lehrmeisterin, mehr noch als Handlungsanweisung beschäftigte Mustafa Kemal zunehmend. Dabei faszinierten ihn Fehler der osmanischen Sultane und Wesire nicht weniger als Napoleons Scheitern. Noch vor dem Abendessen an diesem ungewöhnlich bildungsgesättigten Tag, so lässt uns sein Tagebuch wissen, veranstaltete er ein kleines literaturwissenschaftliches Seminar mit sich selbst: Er nahm sich thematisch verwandte Beispiele in Mehmed Emins (Yurdakul) «Türkischen Gedichte» und in Tevfik Fikrets Sammlung «Zerbrochene Leier» vor. Mehmed Emin, den er ja schon als Militärschüler in Manastir gelesen hatte, führte in diesen Tagen als erster und einziger den stolzen Titel eines Nationaldichters («Türke bin ich: stark mein Glaube und mein Land»). Tevfik Fikret, von dem ebenfalls schon gesprochen wurde, ist hingegen ein Poet, der die hochosmanische Sprache mit ihrem die Silben quantitierenden arabisch-persischen Metrum *(aruz)* virtuos nutzt. Fikret hielt eine «Reinigung» des Osmanischen einerseits für wünschenswert, andererseits bezweifelte er aber, dass man auf das Arabische und Persische als «Grundlage unserer Sprache» verzichten könne. Im Vergleich der beiden Dichter kam der lesende General zu dem Schluss:

Beide sind, jeder auf seine Weise, schön. Allein, der eine ist es in seinem Türkisch, bei dem anderen sind es im selben Ausmaß arabische und persische Wörter. Ein (weiterer) Unterschied ist: Bei dem einen haben wir ein silbenzählendes Versmaß, beim anderen nicht.

Die hier aufgeschriebenen Unterschiede zur Wortwahl und zum Versmaß sind von schlichter Allgemeinheit. Es verdient aber festgehalten zu werden, dass er einen seit der Wende zum 20. Jahrhundert von vielen Autoren heiß diskutierten Komplex berührt. Ömer Naci, Mustafa Kemals einflussreicher Freund aus den Tagen von Manastir, hatte sich noch 1905 in einer in Saloniki erscheinenden Zeitschrift (die den etwas irritierenden Namen *Çocuk Bahçesi*, das heißt «Kindergarten», trug) ganz entschieden auf die Seite der Klassizisten geschlagen und die «Harmonie» des *aruz*-Versmaßes verteidigt. Zwölf Jahre vor der politischen Erzwingung der Schriftreform (1928) schien Mustafa Kemal mit den beiden weit auseinanderliegenden Varianten der Sprache noch gut leben zu können. Offensichtlich standen ihm die Verse des volkstümlichen Mehmed Emin nicht näher als die feingeschliffenen, zeitkritischen Gedichte Tevfik Fikrets. Ein fortschrittliches Bewusstsein war noch nicht – wie in den republikanischen Jahren – an die Vorstellung von *einer* volksnahen Sprache gekoppelt.

Schon an den Dardanellen hatte sich Mustafa Kemal in einem Brief an Corinne gleichsam über sich selbst gewundert, als er über seine Fähigkeit schrieb, mitten im Schlachtgetümmel über «Letzte Dinge» nachzudenken. Von der russischen Front schrieb er an dieselbe Dame am 8. Mai, wenige Tage nach sehr verlustreichen Kämpfen seiner Soldaten bei Kulp (heute etwa zwei Fahrstunden nördlich von Diyarbakır), er könne seinen Aufenthaltsort nicht genau bestimmen, weil es von dieser Gegend keine Landkarten gebe. Stattdessen entwarf er ein stark aufgeforstetes Porträt der Landschaft an der Südseite der Gebirgsgruppen, die das innere Ostanatolien auszeichnen:

Sie müssen sich endlich eine durchschnittlich 2000 Meter hohe Gebirgskette vorstellen, die mit prächtigen Eichen bedeckt ist und von stark fließenden Bächen bewässert wird. Wir haben Tausende von Nachtigallen in unseren Wäldern, und einige Teile der Berge sind immer noch mit sauberen, weißen Laken bedeckt. Die Luft ist völlig klar und das Wasser ebenfalls. Die Russen sind nicht weit von hier, aber es ist nicht so wie an den Dardanellen.

Unvermittelt ging der Briefschreiber dann auf einen Skandal über, durch den eine militärische Exzellenz, deren Name durchgestrichen ist, ins Gerede gekommen war. Spätestens an dieser Stelle, an der über einen schmutzigen alten Mann und eine arme kleine Kurdin gespottet wird, muss man sich von der Vorstellung trennen, die Corinne-Korrespondenz bestünde aus Liebesbriefen:

Wir haben uns mit Exzellenz xxx an einem Ort, drei Tagereisen südlich von hier, getroffen und sind zusammmen hierher gekommen. Danach ist er in sein Quartier zurückgekehrt. Wie Sie wissen, will Exzellenz nicht ohne Frau sein. An dem Tag, an dem wir uns trafen, hat er befohlen, dass man ein kurdisches Fräulein *(une démoiselle kürd)* beschafft. Stellen Sie sich eine junge kurdische Frau vor, halb weiß, mit ihren in kurdischer Art geschnittenen Haaren, wie sie in einem sehr verschmutzen Kleid und ebensolchen Füßen ins Zimmer kommt.

Wieder war es İzzeddin, der seinem Tagebuch einiges über die in diesem Raum dominanten ethnischen Gruppen, Kurden, Araber und Armenier, anvertraute. Ohne erstere beim Namen zu nennen, fasste er seine Beobachtungen im Mai 1916 zusammen:

> In den Dörfern gibt es eine ganze Zahl von kräftigen Leuten, die eine Waffe tragen. Die meisten aber eilen nicht zur Verteidigung, obwohl der Feind ihre Heimat in nächster Nähe bedrängt. Sie wollen mit dem Militärdienst überhaupt nichts zu tun haben. Türkisch können sie nicht. Ihnen konnte nicht verdeutlicht werden, was eine Regierung ist. Kurz, es handelt sich um Gebiete, die noch nicht (von uns) erobert wurden. Allerdings könnte man von diesen Leuten sehr profitieren. Sie gehorchen Stammesführern und Scheichs. Der Einfluss der Scheichs ist in dieser Gegend sehr groß.

Kurdische Hilfswillige

Mustafa Kemal hatte zu Beginn seines kurdischen Kommandos deutlich gemacht, dass er auch die Befehlsgewalt über die Stämme beanspruchte. Bei einem Treffen mit den Notabeln von Diyarbekir am 10. April erklärte er in sehr barscher Rede, dass er nicht dienstverpflichtete, sondern disziplinierte Männer begrüße, solche aber, die der Militärpflicht unterlägen, erst auf den Exerzierplatz schicken werde. Die Notabeln zeigten sich über diese Tatsache und die heftige Sprache des Paschas «sehr betrübt». Die Konsequenzen für fahnenflüchtige Stammesangehörige waren hart. So wurden am 17. Mai elf Männer der Millî-Föderation exekutiert. Die Bereitschaft der Kurden, zu dienen, wurde gewiss auch durch den Umstand gebremst, dass selbst Mustafa Kemal seine regulären Soldaten nicht jeden Tag mit Brot versorgen konnte.

Stabschef İzzeddin verriet der Nachwelt auch mehr aus dem Alltag seines Paschas hinter der Front: Ein lapidarer Eintrag zum Ende des Fastenmonats Ramadan am 31. Juli scheint den späteren Verweigerer islamischer Traditionen vorwegzunehmen: «Im Hauptquartier wurde kein Bayram-Zeremoniell veranstaltet. Am Abend tranken wir ein wenig zusammen mit dem Pascha.» In Kenntnis der zunehmenden Alkoholabhängigkeit des Paschas könnte man über einen Satz schmunzeln, den er am 11. November notierte: «Für die Erhaltung der Gesundheit, insbesondere für die Leistungsfähigkeit des Gehirns darf man keinen Alkohol trinken.» Hatte ihm die Mutter, von der er kurz zuvor Post bekommen hatte, ins Gewissen geredet? Bemerkenswert ist auch ein Eintrag vom 22. November, in dem er seine Auffassung zur Frauenfrage zusammenfasste: Die Entschleierung der Frauen würde zu einer Verbesserung des Gemeinschaftslebens führen und eine gute Wirkung auf die Moral, die Gedanken und Gefühle der Männer haben.

Am Opferfest (8. September) zeigte sich der *Kumandan Paşa* im Einklang mit den Erwartungen einer islamischen Umgebung, ritt er doch mit den höheren Offizieren zur Großen Moschee von Silvan, wo sie von Soldaten und einer Militärkapelle empfangen wurden. Da sich die sunnitischen Muslime der Garnison und des Dorfes auf Angehörige der hanafitischen und der schafiitischen Denomination verteilten, musste man hintereinander beten. Das Ritual in zwei Schichten war deshalb erforderlich, weil Schafiiten (vor allem Kurden und Araber) eine geringfügig abweichende Reihenfolge der Rezitationen und Positionen beachten. Danach ging man in das Regierungsgebäude und überbrachte Mustafa Kemal Paşa als dem ranghöchsten Amtsträger die *Bayram*-Grüße. Insgesamt aber bleibt der Eindruck, dass er in seiner Dienstzeit in der Welt der kurdischen Agas und Scheichs seine Vorstellung von einem mittelalterlich-scholastischen Islam eher verfestigte als korrigierte.

Auch seine politische Weltsicht mag sich nicht sonderlich geändert haben. Er kämpfte nun nach Italien, England und Frankreich gegen die vierte imperialistische Großmacht, nämlich Russland. Von dem am 16. Mai zwischen England und Frankreich geschlossenen Sykes-Picot-Abkommen über die Aufteilung des Nahen Ostens konnte er nichts wissen. Erst 1918 erfuhr die Welt von den geplanten Annexionsgebieten, die im Übrigen auch Russland bedachten.

Am Vorabend des Unabhängigkeitskampfes war Mustafa Kemal gezwungen, kurdische Stammesführer und Ordensscheichs mit schmeichelhaften und umfänglichen Briefen zu umwerben. Von Erzurum aus sandte er, um nur einen Fall zu nennen, am 10. August 1918 ein solches Schreiben an einen Hacı Musa in Mutki bei Bitlis und erinnerte ihn dankbar an die «wertvolle Hilfe, die Sie einst bei der Rückgewinnung von Bitlis der Armee gewährt haben». Die durchaus nicht gleichlautenden Schreiben schworen ihre Empfänger aber ausnahmslos darauf ein, sich der «völligen Vernichtung von Kalifat und Sultanat» entgegenzustellen und nicht zu dulden, dass «unser heiliges Vaterland unter den Füßen der Armenier zertreten wird». Aus der Sicht des Jahres 1919 waren die drei Jahre zuvor in Kurdistan gesammelten Erfahrungen und

Kontakte ein wertvolles Kapital bei der Einbeziehung der kurdischen
Führer in das naheliegende Projekt einer türkisch-kurdischen Nation.

Der Rückzug Russlands aus dem Raum Van–Bitlis–Muş und der Vormarsch der Engländer, die inzwischen den Suez-Kanal überschritten hatten, zwangen die osmanische Führung zu einer neuen Aufstellung ihrer
Truppen. Mustafa Kemal traf am 26. Februar 1917 mit Enver und Cemal in Damaskus zu einer Besprechung zusammen, bei der laut İzzeddins
(Çalışlar) Aufzeichnungen ein freundliches Einvernehmen zwischen Enver und Mustafa Kemal herrschte. Endlich wurde er zum Befehlshaber
der 2. Armee ernannt, nachdem er diese Position schon seit längerem *de
facto* innehatte.

Nach dem Fall von Bagdad (11. März 1917) wurde der durch den ver-
geblichen und verlustreichen Sturm auf Verdun bekannt gewordene General Erich Georg von Falkenhayn (1861–1922) mit der Aufgabe betraut, die irakische Hauptstadt von den Engländern wiederzugewinnen.
Enver war wenige Tage nach dem Verlust Bagdads ins Große Hauptquartier nach Kreuznach gereist (das Mustafa Kemal Ende 1917 ebenfalls kennenlernen sollte), um Hindenburg und Ludendorff um Hilfe zu
bitten. Enver selbst schlug Falkenhayn vor, weil dieser zuletzt in Rumänien Erfolge vorzuweisen hatte. Beide teilten einen angesichts der Lage
im Irak unhaltbaren Optimismus. Am 5. Juli wurde Mustafa Kemal zum
Kommandanten der 7. Armee ernannt, während Fevzi (Çakmak) die frei
werdende Stelle an der Spitze der 2. Armee übernahm.

Die Heeresgruppe F und Ärger mit Falkenhayn

Zur Unterstützung der 4., 7. und 8. türkischen Armee wurden
drei deutsche Bataillone unter dem Namen «Asien-Korps» gebildet. Die
ganze «Heeresgruppe F» unter Falkenhayn als Stabschef nannte sich
Jildirim/Yıldırım («Blitz»). Der englische Vormarsch in Palästina zwang
die Verbündeten nach monatelangem, alles andere als blitzartigem Zögern, ihre Kräfte im Raum von Gaza und Birseba (Bersheva) zu konzentrieren. In Falkenhayns Stab dienten neben 64 deutschen nur 11 türkische
Offiziere. Der deutsche Befehlshaber war überzeugt, seine mangelnde
Nahosterfahrung durch seine Jahre als Militärinstrukteur in China ausgleichen zu können.

Die militärische Allianz war im dritten Kriegsjahr großen Belastungen ausgesetzt. Nicht nur Mustafa Kemal war längst aufgefallen, dass
Deutschland eigennützige Pläne für die Zeit nach dem Krieg hegte. Am

7. April fand in Berlin eine interministerielle Besprechung statt, deren Tagesordnung «wegen wirtschaftlicher *Ausnutzung* der Türkei im Frieden» wie ein hohnvolles Echo auf seine in Edirne ausgesprochene Warnung vor der «Ausbeutung» durch Deutschland klingt: In der deutschen Hauptstadt empfahl man zu einem Zeitpunkt, zu dem Bagdad bereits verloren war, «Ansprüche der Bagdadbahn auf die Erdölvorkommen in Obermesopotamien und Mosul». Joseph Pomiankowski, der scharfsinnige Militärattaché Österreich-Ungarns, resümierte, «dass viele Deutsche geneigt waren, die Türkei als ihr ausschließliches Expansionsgebiet und Exploitationsobjekt zu betrachten und der Monarchie jedes Recht zur freien Konkurrenz abzusprechen. Diese Ansicht wurde jedoch von den Türken absolut nicht geteilt.»

Freilich fehlte es nicht an Bekundungen der deutsch-türkischen Zusammenarbeit. Am 27. April 1917, dem neunten Jahrestag der Thronbesteigung von Sultan Mehmed V. Reşad, wurde in Istanbul der Grundstein für ein «Haus der deutsch-türkischen Freundschaft» *(Dostluk Yurdu)* gelegt, in dessen großzügigen Räumlichkeiten das Waffenbündnis durch kulturelle Programme ergänzt werden sollte. Das ambitionierte Projekt kam jedoch nie über die Grundsteinlegung hinaus.

In dieser Situation entstand ein schwerer und bis Kriegsende nicht gelöster Konflikt um die Aufgabenteilung der einzelnen Kommandos der

Der Kurgast in Karlsbad (1918).
Bei allem zivilen Habitus legte er zum
Abendessen gerne auch einmal die
Generaluniform an.

Heeresgruppe Falkenhayn, der hier nur in Bezug auf die Rolle Mustafa Kemals skizziert werden kann. Falkenhayn hatte sich seit seinem Eintreffen in der Türkei im Frühsommer nur Feinde gemacht. Pomiankowski schrieb von einer «Antipathie, welche die alle Gefühle der Türken verletzende Art der Kommandoführung des General Falkenhayn und seines Stabes ausmachte.» Er fügte hinzu, dass sich selbst Vehib Paşa (der schon genannte Bruder Envers) geweigert hatte, die Stelle bei der 7. Armee anzunehmen, und dass der danach ernannte General Mustafa Kemal Paşa zwar zustimmte, «jedoch fortwährend Schwierigkeiten» machte.

Interessanterweise hinterließ Mustafa Kemal beim Operationschef von Falkenhayns Stab, dem später als Reichskanzler bekannten Franz von Papen (1879–1969), nach einem Treffen in Aleppo einen günstigen Eindruck. In seinen freilich Jahrzehnte später verfassten Memoiren heißt es:

In seiner nüchternen militärischen Art und seinem Selbstbewusstsein machte er auf mich einen starken Eindruck. Die Unterhaltung wurde in französischer Sprache geführt. Konnte man vielleicht auch das Gefühl haben, dass seine Sympathien der französischen Kultur mehr zuneigten als der unseren, so gab es trotzdem niemals einen Schatten von Illoyalität gegenüber dem deutschen Verbündeten.

Mustafa Kemal ließ seiner Abneigung gegen Falkenhayn und die Deutschen an anderen Stellen freien Lauf. Ahmed Cemal Paşa, der ungekrönte Vizekönig Syriens, berichtete über den Konflikt Falkenhayn–Mustafa Kemal:

Mustafa Kemal Paşa wollte seine Vollmacht als Armeebefehlshaber uneingeschränkt behalten, während von Falkenhayn sich anmaßte, in die Angelegenheiten der 7. Armee in einer Weise einzugreifen, die man nicht einmal gegenüber Kommandierenden von Armeekorps versuchen würde.

Selbst in dem Mustafa Kemal zugewiesenen Abschnitt habe Falkenhayn sich direkt in «arabische Angelegenheiten» eingemischt. Falkenhayn habe gegen Mustafa Kemals Willen eine Anzahl von Unterredungen gehabt und Aktionen durchgeführt, die sich mit der «seelischen Verfassung der Araber» nicht vereinbaren ließen. Cemal Paşa führte im Oktober 1917 in Aleppo längere Gespräche mit Mustafa Kemal, in denen beide zu dem Schluss kamen, dass, «der General Falkenhayn von Gott als letzte Heimsuchung für dieses Land geschaffen worden sei».

Bei all diesen persönlichen Animositäten darf nicht vergessen werden, dass die osmanischen Armeen am Ende ihrer Leistungsfähigkeit waren.

Von 12 000 Soldaten, die von Europa nach Syrien verlegt wurden, verließen im Laufe der Fahrt von Istanbul nach Aleppo 8000 den Zug, um sich in ihre anatolischen Dörfer zu retten.

Die Warnung vor den kolonialen Ambitionen der Deutschen war ein Grund, warum sich Mustafa Kemal schon auf der Halbinsel von Gallipoli gegen ihren allzu großen Einfluss gewehrt hatte, der zweite war ihre geringe Vertrautheit mit den Verhältnissen der osmanischen Länder. Ein Konflikt, der die Vorwürfe Cemals an Falkenhayn in klarerem Licht sehen lässt, verdient noch Erwähnung, weil er Mustafa Kemal als vorsichtigen Militär mit politischem Instinkt für gegenwärtige und zukünftige Belange zeigt.

«Tribal management» eines bayerischen Offiziers

Oberbefehlshaber der deutsch-türkischen Sinai-Truppen war Friedrich Freiherr Kreß von Kressenstein (1870–1948), ein fähiger, auch im Umgang mit Türken und Arabern sensibler bayrisch-fränkischer Offizier, der allerdings nach seiner Niederlage gegen die Truppen des englischen Generals Edmund Allenby (1861–1936) bei Birseba einen starken Prestigeverlust erlitten hatte. Als Mustafa Kemal erfuhr, dass Kreß auf eigene Faust im August mit einem arabischen Scheich in Gaza eine Art «Vertrag» *(kunturato)* abgeschlossen hatte, wandte er sich, seine Empörung mühsam zügelnd, in einem chiffrierten Telegramm an Falkenhayn, der sich in Istanbul aufhielt, und in Abschrift an den stellvertretenden (nach wie vor galt der Sultan als oberster Kommandeur!) Oberbefehlshaber Enver:

Ich habe festgestellt, dass General Kreß mit dem Scheich des Gaza-Stammes Fattan, Hacim, ein Abkommen getroffen hat. Dieses Abkommen ist in Bezug auf seine Absicht und die Innenpolitik weit entfernt davon, richtig zu sein. Es ist (zwar) selbstverständlich notwendig, dass man als Kommandant einer Armee, die in diesem Raum Operationen durchführen wird, um die gegenwärtige und zukünftige Politik ins Auge zu fassen, mit den Stammeschefs Beziehungen aufnimmt. Allerdings ist es für die zukünftigen Operationen dieser Armee außerordentlich gefährlich, sich nur mit einem (der Scheichs) zu verständigen und die übrigen als unbedeutend erscheinen zu lassen.

Ausdrücklich wies er in dieser Lektion in *tribal management* auf die Bedeutung einer Verständigung mit den Arabern für die Zeit *nach* dem Krieg hin.

Die mit ihnen (den Arabern) zu definierenden Beziehungen müssen auf jeden Fall, solange der Krieg fortdauert, praktische und nützliche Ergebnisse erzielen. Und nach dem Krieg werden sie helfen, eine nützliche Grundlage für eine denkbare Politik der Regierung zu schaffen. Man muss in die Tiefe der Seele der ganzen gewaltigen Volksgruppe der Araber ein Gefühl des Vertrauens und Gehorsams hineintragen.

Es wird sehr deutlich, dass der Autor dieser eindringlichen Zeilen zu diesem späten Zeitpunkt das Fortbestehen eines osmanischen Staates mit einem hohen arabischen Bevölkerungsanteil nicht in Frage stellte. «Vertrauen und Gehorsam» klingt wie «Zuckerbrot und Peitsche» und war wohl auch so gemeint. Mustafa Kemal war wie die Mehrheit der jungtürkischen Politiker und Kommandeure davon überzeugt, dass die osmanischen Türken unter allen Umständen die Führung im Mehrvölkerstaat beanspruchen müssten. Nur wenige Offiziere in seiner Umgebung sahen die Rolle der Osmanen in der arabischen Welt schon während des Krieges als beendet an. Falih Rıfkı (Atay, 1894–1971), der unter Cemal Paşa in Syrien diente, beschrieb in seinem Erinnerungsbuch «Ölberg» *(Zeytindağ)* das befremdliche Gefühl beim Besuch der Heiligen Stätten des Hedschas. Selbst in Jerusalem habe er sich mit seinen Kameraden «als Touristen» gefühlt.

Eine Skizze der Rolle der Araber im Laufe des Krieges würde den Rahmen dieser Biographie sprengen. Es sei nur so viel gesagt, dass die Mehrheit der Sunniten unter ihnen, aber auch der widerspenstige Imam des Jemen und die Stämme Tripolitaniens sich bis über das Kriegsende hinaus Istanbul gegenüber loyal verhielten. Daran ändert auch die Überzeugung vieler heutiger Türken nichts, die Araber hätten sich exakt so verhalten, wie sie es in David Leans Film *Lawrence of Arabia* (1962) vom Titelhelden gelernt hatten: nämlich den Osmanen tückisch mit dem Dolch in den Rücken zu stoßen.

Nachdem sich Mustafa Kemal schon am 24. September bei Enver über unklare Kompetenzen beklagt und darauf hingewiesen hatte, dass an der Sinai-Front kein Platz für zwei Armeeführer sei, bot er bei Nichterfüllung seiner Forderung, zwei Armeen zu führen, seinen Rücktritt an. Enver antwortete hinhaltend. Am Ende steigerte sich der Konflikt mit Falkenhayn in einem Ausmaß, das ihn veranlasste, am 4. Oktober um seine Entlassung zu bitten.

Wir sehen Mustafa Kemal Anfang Oktober nach Istanbul zurückkehren, wo er zunächst keine feste Wohnung hatte und wie ein wohlhabender Reisender im besten Hotel abstieg:

Ich nahm eine Suite im Pera-Palast. Ich war niedergeschlagen wie jemand, für den alles zusammengebrochen war. Allerdings tröstete ich mich wie jemand, der glaubt, dass alles Verlorengegangene wieder gerettet werden könne.

Ob eine Diensreise nach Deutschland den notwendigen Trost vermitteln konnte?

Mit dem Thronfolger in Deutschland

Jerusalem wurde am 8. Dezember 1917 kampflos an Allenby übergeben. Der Zivilgouverneur İzzet erklärte, er sei aus Besorgnis, Granaten könnten die Heiligen Stätten treffen, gezwungen, die Stadt durch den Bürgermeister Husain al-Husaini auszuliefern. Er hege jedoch die Hoffnung, die Sieger würden Jerusalem so unter ihren Schutz nehmen, wie die Osmanen es länger als fünfhundert Jahre getan hätten. Die Besetzung Jerusalems durch die Alliierten war ein deutliches Signal an die Deutschen. Wie lange würde der türkische Waffenbruder an der Palästina-Front noch Widerstand leisten können?

Unter diesen Vorzeichen war der Besuch einer osmanischen Delegation in Deutschland für die Propagandisten beider Seiten eine Gelegenheit, die anhaltende Bedeutung des Bündnisses zu bekräftigen. Die deutsche Seite wusste vom schlechten Gesundheitszustand des Sultans, sprach aber eine Einladung an den greisen Mehmed V. aus, mit der in Wirklichkeit sein zur Thronfolge bestimmter Bruder Mehmed Vahideddin gemeint war.

Eine ausführliche Schilderung dieses Staatsbesuchs stammt von dem Reiseteilnehmer Mustafa Kemal, der 1926 seinem Hausblatt *Hakimiyet-i Milliye* («Nationale Souveränität») in Ankara im Rahmen seines hier schon mehrfach herangezogenen autobiographischen Zeugnisses einen Reisebericht lieferte, bei dem er sich auf Tagebuchaufzeichnungen vom Winter 1917 stützte:

Enver Paşa wandte sich zunächst indirekt, dann persönlich an mich: «Der deutsche Kaiser hat unseren Sultan in sein Hauptquartier eingeladen. Wir denken, dass unser Herrscher nicht in der Lage ist, eine solche Reise zu unternehmen und haben uns gesagt, dass an Stelle Seiner Majestät Seine Hoheit, der Thronfolger, diese Reise machen sollte. Würden Sie an seiner Seite sein wollen?»

Mustafa Kemal erinnerte sich: «Ich fand, dass eine Reise mit einer solchen Persönlichkeit für mich nützlich sei, und antwortete sofort mit Ja.»

Enver Paşa soll sich in letzter Sekunde entschlossen haben, ihn als Reise-
begleiter Vahideddins vorzuschlagen, weil es ihm darum ging, einen Rivalen, zumindest für eine befristete Zeit, aus der Hauptstadt zu entfer-
nen. Diese Begründung gab jedenfalls der Großwesir Mehmed Talat
Paşa dem zukünftigen Kammerherrn Vahideddins Lütfi Simavi Bey
(1862–1949), der mit von der Partie war. Ein weiterer militärischer Teilnehmer war der 1875 geborene und in Deutschland ausgebildete Oberst
Abdüllatif Naci Paşa (Eldeniz, 1875–1948), der auf der Kriegsschule
Mustafa Kemals Lehrer in Befestigungswesen gewesen war und im Befreiungskrieg noch eine Rolle spielen sollte. Offensichtlich übernahm er
bei verschiedenen Gelegenheiten die Rolle des Dolmetschers. Vor der
Abfahrt wurden der General und der Oberst dem 56-jährigen Thronfolger vorgestellt. Mustafa Kemal beschrieb die erste Begegnung mit Mehmed Vahideddin samt ihrer grotesken Begleiterscheinungen:

Wir wurden im Serail in einen mit arabischen Schilfmatten bedeckten Salon geführt. Das Zimmer war voller Leute in Gehröcken *(redingot)*, sein Mobiliar bestand aus einem Kanapee und zwei Sesseln. Unter den ziemlich gleichgültig wirken-
den Gehröcken erschien plötzlich ein weiterer Mann, ebenfalls im Gehrock. Weder
ich noch mein Kamerad verstanden, wer der Neuankömmling war, um was es ging
oder was zu tun war. Er betrat den Raum, wandte sich mit einer leichten Verbeu-
gung in unsere Richtung und nahm auf der rechten Seite des Kanapees Platz. Er
schloss seine Augen und versank in eine tiefe Abwesenheit. Aus welchem Grund
auch immer öffnete er seine Augen aufs Neue und sagte sehr gnädig: «Ich fühle
mich durch Sie geehrt, ich freue mich», worauf er erneut die Augen schloss. Während ich mir überlegte, wie ich diese freundlichen Worte erwidern sollte, hatte ich
das Gefühl, mich in der Gegenwart einer Person zu befinden, welche die Kontrolle
über sich verloren hatte. Ich zweifelte, ob ich antworten sollte oder nicht. Ich blickte Naci Bey an, auch er war völlig erstarrt. Ich begriff, dass er nicht die Kraft auf-
brachte, noch einmal das Wort zu ergreifen. Etwas später öffnete er die Augen und
sagte: «Wir werden reisen, nicht wahr?» – «Ja», sagte ich, «wir werden reisen». Und
ich muss gestehen, dass ich sogleich das Gefühl hatte, einem Wahnsinnigen gegenü-
berzustehen, zwang mich aber, in ein logisches Gespräch einzutreten. Ich erhob mich
und sagte: «Hoheit, wir werden zusammen reisen. Die Reise soll in zwei Tagen beginnen. Sie wollen sich am Bahnhof einfinden, von dort aus fahren wir ab.» Wir ver-
abschiedeten uns und gingen hinaus, wo wir eine pompöse Hofkutsche bestiegen.
Zwischen Naci und mir entwickelte sich in etwa das folgende Gespräch: [Mustafa
Kemal sagte:]«Der Ärmste, Unglückselige; er ist bedauernswert. Was sollen wir mit
ihm anstellen?» – «So ist es.» – «Der Ärmste wird morgen Herrscher, was kann man
von ihm erwarten?» – «Nichts.» – «Was können wir, die wir über Verstand und Logik gebieten, die wir das Schicksal des Landes heute und morgen begriffen haben,
was können wir tun?» – Naci Bey antwortete: «Das wird schwer sein!»

Heute fällt es nicht leicht, sich der wohl gar nicht beabsichtigten Komik zu entziehen, die an die gallebitteren Szenen in Karl Kraus' *Die Letzten Tage der Menschheit* erinnert. Man erlebt Mustafa Kemal jedenfalls als guten Erzähler, der nie vergisst, sich mit seiner Gabe des hellsichtigen, verantwortungsvollen Patrioten in den Mittelpunkt zu rücken und die übrigen Figuren zu Nebenpersonen zu machen. Vahideddin hatte tatsächlich die Eigenschaft, bei wichtigen Gesprächsthemen die Augen zu schließen, was seine Gegner gerne hervorhoben.

Am 15. Dezember 1917 verließ der Zug nach einer ziemlich verunglückten Abschiedsparade des militärisch ungeübten Vahideddin mit seiner Delegation den Istanbuler Bahnhof Sirkeci. Bei einem kurzen Aufenthalt in Sofia konnte Mustafa Kemal seinen Freund Fethi sprechen, der dort immer noch als Botschafter diente: «Sultan (Mehmed V.) Reşad ist krank (...) Diese Person (Vahideddin) wird sehr bald den Thron besteigen. Ich bemühe mich, jede Gelegenheit nutzend, ihr die Wahrheit beizubringen», vertraute er ihm an, kurz bevor die Dampflokomotive zur Weiterfahrt über Belgrad nach Wien pfiff. Dort traf man am 17. planmäßig ein. Unplanmäßig war, dass sich am Bahnsteig niemand zur Begrüßung einfand. Man hatte in Istanbul ein falsches Datum an die Botschaft weitergegeben. So verbrachte die Reisegruppe die Nacht im Waggon. Am folgenden Tag wurde der Salonwagen an den Zug nach München angehängt. Vermutlich las man dort mit Hilfe Naci Beys den türkischen Heeresbericht vom Vortag in deutscher Fassung:

Konstantinopel, 17. Dezember. Palästinafront: Im Küstenabschnitt mittelstarkes Artilleriefeuer. Weiter östlich wurde ein Versuch des Gegners, gegen unsere Stellungen in der Linie El Kudha–Ibsi vorzugehen, abgewiesen. Ebenso scheiterten die feindlichen Angriffe gegen die El Tire-Stellung. Hierbei hatte der Feind durch flankierendes Artilleriefeuer schwere Verluste. Östlich von Jerusalem hatte ein von uns ausgeführtes Truppenunternehmen gute Erfolge.

Mustafa Kemal hat sich sicher seinen eigenen Reim auf diese Zeilen gemacht. Von München reiste die Delegation nach einer kurzen Stadtrundfahrt weiter ins deutsche Hauptquartier in Kreuznach, das damals noch nicht Bad hieß, aber seit einigen Jahren ein elegantes Kurhotel hatte. Wilhelm II., Generalfeldmarschall Hindenburg und sein rastloser Erster Generalquartiermeister Ludendorff lenkten von hier aus seit 1916 die Bewegungen der deutschen Heere. Hier gab es keine protokollarischen Pannen.

Mustafa Kemal wurde auch dem Kaiser vorgestellt, der gut vorbereitet ausrief: «Ja, Dardanellen, Anafarta, 19. Division.» Besuche von Politikern, Wirtschaftsführern, Gelehrten, aber auch von Hoheiten im Kreuznacher Hauptquartier des Generalstabschefs des Feldheeres waren keine Seltenheit. Aber für Hindenburg mag Mustafa Kemal doch ein interessanter Gesprächspartner gewesen sein. Bei allem trennenden Äußeren verbanden sie zwei Dinge: Beide hatten zu Beginn des Kriegs eine wichtige Abwehrschlacht geschlagen, und beide bereiteten sich gegen sein Ende auf eine politische Laufbahn vor. Über die Risiken eines neuen deutsch-türkischen Vorstoßes in Syrien schwieg sich Hindenburg aus.

Die *Norddeutsche Zeitung* berichtete unter dem Titel «Der türkische Thronfolger im Hauptquartier»:

Wir begrüßen Seine Kaiserliche Hoheit bei diesem ersten Besuche in Deutschland als den erlauchten Freund Seiner Majestät des Kaisers und als den Thronfolger des edlen Osmanischen Reiches, mit dem wir in unerschütterlicher Treue verbunden und in allen Fragen des Kriegs und Friedens eines Sinnes sind.

Das Blatt nannte namentlich den begleitenden osmanischen Botschafter Hakkı Paşa, den Obersten Kammerherrn Lütfi Simavi und den «im Kriege auf Gallipoli wie im Kaukasus ruhmreich ausgezeichneten Heerführer Generalmajor Mustafa Kemal Pascha» sowie den Generalinspekteur der Depottruppen Oberst Naci Bey.

Eine unpassende Frage des Reichsstatthalters

Die nächste Etappe war ein Besuch in Straßburg, wo der Reichsstatthalter Nikolaus von Dallwitz, der zuletzt preußischer Innenminister war, residierte. Mustafa Kemal wurde von Dallwitz (den er fälschlich als Militärgouverneur bezeichnete) in eine Unterhaltung über die armenische Frage einbezogen, nachdem sich der Thronfolger auf dieses Thema nicht hatte einlassen wollen. 1926 fasste er es mit diesen Worten zusammen:

Der deutsche Gouverneur sprach davon, dass die Armenier sehr gutwillige Leute seien und die Türken sich gegenüber den Armeniern ziemlich schlimme Übergriffe erlaubt hätten. Ich wunderte mich, dass ein hochgestellter Gouverneur der deutschen Nation, bei der wir zu Gast und mit der wir verbündet waren, allen Ernstes mit dem zukünftigen türkischen Herrscher über dieses Thema sprach. (...) Ich sagte: «(...) Zunächst möchte ich von Ihnen das Folgende erfahren: Wie kommen Sie auf den Gedanken, zu Gunsten der Armenier zu sprechen, die behaupten, zu einem, ich weiß nicht welchem Zeitpunkt und in welcher Epoche (als Nation) existiert zu haben, und die, um diese Existenz aufs Neue zu beweisen, die Welt betrügen zum Schaden einer Türkei, die Ihr Verbündeter ist und die ihre ganze materielle und geistige Existenz für dieses Bündnis aufs Spiel setzt?» Ich verstand, dass er sehr wenig von uns wusste. Ich konnte mich im Gespräch mit diesem Gouverneur nicht zurückhalten, der trotz aller unserer Opfer daran glaubte, dass auf dem Gebiet der Türkei eine armenische Nation existieren sollte, einen spöttischen Ton anzuschlagen. Dallwitz sagte dann, all das, was er gesagt habe, seien Dinge, die er letztlich nur gehört habe, und dass er weit entfernt davon sei, irgend etwas zu behaupten. So bemühte er sich, mich zu besänftigen. Um das Gespräch zu beenden, sagte ich zu ihm: «Wir sind nicht hierhergekommen, um die armenische Frage zu besprechen, sondern um den wahren Zustand des deutschen Heers, das unser Verbündeter ist und auf das wir uns stützen, kennenzulernen. Wenn wir dies verstanden haben, werden wir in unser Land zurückkehren.»

Mustafa Kemal hatte im Jahr 1926 die Möglichkeit, seine eigenen Worte zur armenischen Frage zu zensieren. Für ein türkisches Publikum mochten die Auskünfte, dass er schon ein Jahr nach Abschluss der Deportationen und Massaker die unwissenden Deutschen in die Schranken gewiesen hatte, ausreichend gewesen sein. Er nahm aber in Kauf, dass *Hakimiyet-i Milliye* auch in den ausländischen Botschaften gelesen wurde. Jedenfalls erschien der französische Text sehr bald in der Fachzeitschrift *Revue du Monde Musulman*.

Der Standpunkt Mustafa Kemals war von erschütternder Einfachheit: Die Armenier hätten gleichsam durch jahrhundertelange Untätigkeit beim Geschäft des Nationenbaus auf Dauer auch als Volk ein Existenzrecht auf türkischem Boden verwirkt. Über den Deportationsbefehl von 1915 und seine Auswirkungen schwieg er hier wie an anderer Stelle. Man kann sich schwer vorstellen, dass er es im Dezember 1917 versäumte, auf die offizielle Begründung der Maßnahmen, die Armenier seien wegen ihrer engen Kollaboration mit Russland aus der Frontlinie genommen worden, zu verzichten. Diese Art von Rechtfertigung war nach der Flucht der jungtürkischen Führer und den Armenierprozessen der Nachkriegszeit nicht mehr vermittelbar. Der Einwand, dass die Armenier, soweit sie überlebten, nach dem Rückzug der Russen, ohne ein Sicherheitsrisiko darzustellen, wieder ihre alten Häuser hätten beziehen können, ist ja schwer zu widerlegen.

Mustafa Kemal muss sich offensichtlich schon um 1917 die These von der «Geschichtslosigkeit» der Armenier zu Eigen gemacht haben, die ihnen eine eigene Staatlichkeit verwehrte. Sein Argument gegen die Existenz einer «armenischen Nation» lautet im Klartext: Auch wenn die Armenier in einer schwer zu fassenden Vergangenheit als Staat existiert haben mochten, bestehe doch kein Zusammenhang mit der Gegenwart, weswegen sie den Anspruch auf Wiederbelebung dieser angeblichen oder ursprünglichen Staatlichkeit verwirkt hätten. Bei der Analyse dieses Straßburger Tischgesprächs wird deutlich, dass der späte osmanische und moderne türkische Nationalismus sich selbst eine ursprüngliche, alte und konsolidierte Staatlichkeit zugesteht, sie aber Völkern wie Armeniern und, nach Beginn ihrer nationalen Agitation, auch den Kurden abspricht. Das romantische Konzept einer vorstaatlichen «werdenden Nation» hat hier keinen Platz.

Zur weiteren Verdeutlichung dieser Sichtweise soll schon hier aus der Erklärung der «Gesellschaft zur Verteidigung der Rechte der Ostprovinzen», die im März 1919 veröffentlicht wurde, zitiert werden:

> Wer die wirklichen Eigentümer dieses Bodens sind, bringen die Zwillingsminarette und Mausoleen, die man überall im Lande antrifft, in einer höchst beredten Sprache zum Ausdruck für Schiedsrichter, welche in der Zukunft zu urteilen haben. Was aber die Ansprüche der Armenier betrifft, so gründen sie auf ein armenisches Großgrundbesitzertum, welches keinerlei Werke der Kultur und Zivilisation hinterließ und (selbst) in den noch recht dunklen Perioden der Geschichte nicht das Niveau einer Nation erreichte und deswegen nichtig sind.

Mustafa Kemal hat diese Auffassung gewiss geteilt, auch wenn er wusste, dass die Armenier nicht wenige Denkmäler hinterlassen haben. Ihre Zerstörung war in diesen Jahren Voraussetzung dafür, dass der uneingeschränkte türkische Besitztitel auf die östlichen Provinzen umso klarer hervortreten konnte. Die letzten Worte seines Berichts aus dem Statthalterpalast in Straßburg leiteten dann schon wieder zu einem seiner Lieblingsthemen «Schwächen der deutschen Armee und ihrer Führer» über.

Der General überblickt die Lage an der Vogesenfront

Ein weiterer Tag galt dem Besuch eines bayerischen Regiments an der Front, das die Besucher aus dem Morgenland mit einem dreifachen «Hurra» begrüßte. In den Vogesen wurden der osmanische Thronfolger und seine Offiziere bis an die vordersten Linien geführt, wobei der Kommandeur des Abschnitts die Situation erläuterte. Der türkische General bat, wenig beeindruckt von dem routinierten militärischen Vortrag, die Lage vor Ort in Augenschein nehmen zu dürfen, worauf zunächst eine gewisse Irritation aufgetreten sein soll:

Vahideddin ging in die Richtung, die auf der vorbereiteten Kartenskizze eingetragen war. Da in mir eine soldatische Starrsinnigkeit erwachte, folgte ich ihm nicht, sondern ging mit Hilfe einer Karte, die ich mir verschafft hatte, zu einem Punkt an der Feuerlinie bis zu einem Baum hinter derselben. Dort benutzte ein junger deutscher Offizier diesen Baum als Aussichtsposten. Bei mir waren weitere deutsche Offiziere. Der Offizier, der die Beobachtungen gemacht hatte, stieg herunter und berichtete, was er gesehen hatte. «Erlauben Sie, dass ich auch auf diesen Baum steige?», fragte ich. «Natürlich», antworteten sie. Ich kletterte hinauf und sah, was mir der Offizier schon gesagt hatte. Aber das eigentlich Wichtige war die eigene Lage angesichts dessen, was man sehen konnte. Deshalb fragte ich: «Diese Feindlage vor Augen, wie steht es um Ihre Kräfte, Ausrüstung, Reserven? Können Sie mir das sagen?» Die aufrechten Offiziere und Kommandeure enthielten dem Kommandeur des türkischen Verbündeten die Wahrheit nicht vor. Und die lautete: «Unsere Fußtruppen sind beinahe unzureichend.» Sie sprachen davon, dass sie gezwungen waren, Kavallerie als Fußtruppen einzusetzen. Auch diese seien nicht mehr als Reserve anzusprechen. Nachdem ich diese Auskünfte erhalten hatte, konnte ich mich nicht enthalten, ihnen zu sagen: «Damit sind Sie in einer ziemlich gefährlichen Lage.» – «So ist es», sagten sie.

Mustafa Kemal hatte zutreffend ermittelt, dass die Vogesenfront im Weltkrieg stark ausgedünnt war. Dass das für die Truppenstärke und Bewaffnung auf der französischen Seite genauso galt, erwähnte er nicht, vielleicht auf Grund seiner Skepsis allem Deutschen gegenüber. Ob diese punktuelle Beobachtung die Schlussfolgerung erlaubt, er habe zu diesem Zeitpunkt den deutschen Verbündeten als einen Koloss auf tönernen Beinen im Geiste bereits aufgegeben? Als Folge wäre nur ein Ausscheiden aus dem Bündnis und der rechtzeitige Abschluss eines Sonderfriedens denkbar gewesen. War das sein Projekt?

Indessen meldete der türkische Heeresbericht am 21. Dezember neben Unerfreulichem aus Palästina (englische Flieger über Jericho) nur mit einer Zeile die hochwichtige Veränderung an der Kaukasusfront: «Der Waffenstillstand zwischen unseren und den russischen Truppen wurde abgeschlossen.»

Am 22. Dezember standen die unvermeidlichen Kruppwerke in Essen auf dem Reiseprogramm, bevor man einen Tag vor Heiligabend in Berlin eintraf. Hier konnten sich die Türken zehn Tage lang dem vom Krieg fast unberührten Luxus des Hotels Adlon hingeben. Die Zeitungen berichteten noch von einem Besuch des Thronfolgers in der Königlichen Oper, ohne Mustafa Kemals Namen zu erwähnen.

Nach der Rückkehr aus Deutschland war er ein Kommandeur ohne Kommando, der sich im Krankenstand befand. Am 10. Februar 1918

starb der im Uferschloss von Beylerbeyi internierte Ex-Sultan Abdülhamid II., den man bei Ausbruch des Balkankriegs von Saloniki nach Istanbul gebracht hatte. Mit dem Sonderfrieden der Mittelmächte mit Russland von Brest-Litowsk (3. März 1918) fiel der verlorene Nordosten
wieder an die Türkei. Kâzim Karabekir Paşa marschierte in Erzurum ein,
einer Stadt, die zweieinhalb Jahre lang russisch besetzt gewesen war. Damit waren noch vor dem Zusammenbruch der alten Türkei zwei wichtige Voraussetzungen für den Aufbau der neuen Nation geschaffen: die
Niederkämpfung der Armenier im Nordosten und förderliche Beziehungen mit Sowjetrussland.

Monate später, am 5. Juli, erreichte Mustafa Kemal beim Frühstück
im Karlsbader Hotel *Imperial* die Nachricht vom Tod Mehmeds V. Der
entsprechende Tagebucheintrag fasste seine Reaktion über den Thron-
antritt seines Reisebegleiters Vahideddin zusammen: «Ich habe den
Thronfolger aus Anlass der Deutschlandreise sehr gut kennengelernt.
Zwischen uns entstand bis zu einem bestimmten Grad eine persönliche
und vertraute Atmosphäre.» Er trauerte weder um den alten Sultan noch
war es ihm wichtig, ob der neue ein langes oder kurzes Leben haben
würde. Er bedauerte allein, dass er sich nicht in Istanbul befand. Eine
Audienz bei Vahideddin hätte sich für seine politischen Ziele günstig
ausgewirkt.

Das Sanatorium des Dr. Zuckerkandl in Wien

Im Frühjahr 1918 bekam Mustafa Kemal nach all den Jahren an drei Fronten endlich den Urlaub gewährt, der ihm die medizi-
nischen Untersuchungen bei einem Wiener Spezialisten und eine anschließende Kur ermöglichte. Vermutlich litt er an einer bakteriellen Ent-
zündung des Nierenbeckens. Der beste Arzt war gerade gut genug, und
so fand er sich Ende Mai 1918 im *Cottage-Sanatorium* genannten Spital
ein, das von dem weithin berühmten Urologen Dr. Otto Zuckerkandl
(1861–1921) geleitet wurde (Den Betrieb des *Cottage* hatte Karl Kraus
mit Hohn und Spott überzogen und als ein Hotel bezeichnet, «in dem
der Gast sich wie zuhause fühlt, und wo man einmal dem Stubenmäd-
chen läutet, zweimal dem Arzt und erst beim dritten Mal der Universi-
tätsprofessor erscheint, um nachzusehen, um wie viel Kilo, Prozente
oder Kapital der Herr von Nr. 213 abgenommen hat»). Bei der Ankunft
in Wien gab es auch diesmal eine unangenehme Überraschung: Das Gepäck war vollständig verlorengegangen. In einem Brief an Freund Rasim

Ferid (Talay, 1888–1968), datiert vom 5. Juni, klagte er, er sei «splitter-nackt» in Wien eingetroffen. Zu einem späteren Zeitpunkt müssen die Koffer aber wieder aufgetaucht sein, denn er trug bei bestimmten Anlässen Uniform und Orden.

Nach Beseitigung der Symptome wurde der Patient nach Karlsbad geschickt, von dessen Heilquellen man sich bei Erkrankungen der Nieren Hilfe versprach. Während des Krieges war die Côte d'Azur für Angehörige der osmanischen Elite, denen die Ärzte zu «Luftwechsel» geraten hatten, unerreichbar geworden. Die böhmischen Bäder galten in den Augen der verwöhnten Klasse sicher als zweite Wahl, notgedrungen aber fanden sich an den Tischen der Karlsbader Kurhotels prominente und weniger prominente osmanische Kurgäste ein.

Aus der Türkei kamen beunruhigende Depeschen. Über Istanbul luden im Juli und August 1918 englische Flieger mehrfach Bomben ab, und in Palästina gab es stärkere Auseinandersetzungen mit Engländern und aufständischen Arabern als die «Geplänkel», von denen der türkische Heeresbericht beruhigend sprach. Zudem waren in Makedonien bulgarische Truppen im Raum Manastir in schwere Kämpfe mit französischen Truppen verwickelt.

Die Wochen zwischen seiner Ankunft in Karlsbad und seiner Rückreise in die Türkei sind sehr gut dokumentiert, weil Mustafa Kemal ein Tagebuch führte, das im Gegensatz zu seinen Wiener Aufzeichnungen, die noch in der kriegsgeschichtlichen Abteilung des Generalstabs ruhen, veröffentlicht wurde. Seine Notizen finden sich in für 10 Heller erworbenen Schulheften, die er ordentlich mit dem Titel «Meine in Karlsbad verbrachten Tage» versah. Sie dokumentieren nicht nur den Kurbetrieb und seine Begegnungen mit Einheimischen und osmanischen Landsleuten, sondern enthalten auch viele Szenen, in denen er seiner Situation durchaus komische Seiten abgewann.

Ein gewissenhafter Kurgast in Karlsbad

Das erste Treffen mit seinem Kurarzt, einem Dr. Werner, zeigte den General von seiner schroffen Seite. Die schlichten Pensionszimmer passten nicht zu einem «Armeeführer» (so seine deutsche Visitenkarte), der mit einem Burschen reiste und einen zweiten Wagen benutzte, um sein Gepäck vom Bahnhof ins Hotel zu bringen. Dr. Werner beschwichtigte, er müsse sich auf seine Rehabilitation konzentrieren, die großen Häuser würden zu viel der gesundheitsschädlichen Ablenkung bieten.

Einen weiteren Konfliktpunkt stellte die Brotversorgung dar; nur wer genügend Mehl mitbringe, werde auch mit Brot versorgt, ausgenommen seien davon nur die Ortsansässigen.

«Wenn dem so ist, Doktor, dann ist es ausgeschlossen, dass ich hier weiter wohne. Ich werde sofort morgen in mein Land zurückfahren. In meinem Land erhalten die Ausländer mehr Lebensmittelkarten als die Einheimischen. Ich werde meiner Regierung vorschlagen, dass sie an die Ausländer kein Brot mehr ausgibt.» Am Ende verpflichtete sich der Doktor, persönlich Brot aufzutreiben.

Im Übrigen erwies sich der General als disziplinierter Kurgast, der sich morgens um sieben Uhr zum ersten Glas kalten Wassers am Marktbrunnen einfand. Das zwang ihn, gegen halb sechs Uhr aufzustehen, seine wie immer sorgfältige Toilette erforderte Zeit, und nicht immer fiel die Rasur durch den Burschen Şevki unblutig aus. Im Moorbad musste er einmal länger bei sinkenden Temperaturen verharren, weil der Diener das Klingeln überhörte. Im Großen und Ganzen hielt er aber das volle Programm tapfer durch.

Ruhepausen nutzte er auf der Chaiselongue seines Pensionszimmers zur Lektüre, seine Koffer enthielten wohl ein Dutzend französischer Werke, wieder in der bevorzugten Mischung von Romanen und Büchern zur französischen Revolutionsgeschichte. Er stellte fest, dass sein Schuldeutsch nicht ausreichte, um in Karlsbad mit der Bevölkerung Gespräche zu führen. Man fand eine junge Dame, Paula Klemm, die ihm einige Zeit als Deutschlehrerin diente:

«Mademoiselle», sagte ich, «ich habe viele Jahre in der Schule Grammatik studiert, Lektüre *(lektür)* getrieben und Gedichte auswendig gelernt, aber dabei nicht Deutsch gelernt. Ich möchte jetzt Deutsch lernen.»

Paulas Schüler machte indes nur mäßige Fortschritte, ab 12. Juli stellte er statt ihrer eine Welschschweizerin, Madame Heinrich, ein, um seine französische Aussprache für ein Honorar von 100 Kronen pro Woche zu verbessern. Man las Balzacs *La Peau de Chagrin*, fand aber noch Zeit, um Konversation zu betreiben.

«Wenn ich mich nicht täusche, mein Herr, sind Sie noch nicht verheiratet? Würden Sie denn eine europäische Frau oder eine Frau aus ihrer Nation eher heiraten wollen?»
«Es macht keinen Unterschied», gab ich zur Antwort.
In Wirklichkeit aber dachte ich, wenn ich heirate, dann werde ich eine türkische Frau bevorzugen. Aber, um nicht in eine lange Debatte, die zu Missverständnissen

hätte führen können, verwickelt zu werden, zog ich es vor, das Gespräch zum Thema Heiraten abzubrechen.

Trotz des Krieges hatten in Karlsbad alle großen Häuser, insbesondere das *Grand Hotel Pupp* mit seinem beliebten Café, geöffnet. Der General frequentierte es ebenso häufig wie das *Café Imperial*. Sehr bald traf er auf andere türkische Kurgäste wie seinen alten Förderer Cemal Paşa, den einflussreichen Unionisten und Journalisten Hüseyin Cahid (Yalçın) und sogar einen Schulfreund aus den Tagen auf der *Rüşdiye* von Saloniki. An einem Abend versammelten sich an einem Tisch im Hotel *Pupp* nicht weniger als elf lebhaft politische und militärische Themen diskutierende türkische Gäste.

«Ich möchte nicht wie die einfachen Leute werden, sondern sie sollen werden wie ich»

In einem seitenlangen Tagebucheintrag hielt Mustafa Kemal fest, was er an einem dieser Karlsbader Tage nach einem Diner seinen Landsleuten verkündet hatte. Auslöser war das Betrachten der «äußerst feinen, schönen jungen Frauen», die im benachbarten Tanzsalon mit Männern im Smoking den *Fourstep* tanzten.

Ich sagte, und das sage ich ja immer, und auch hier möchte ich es aus diesem Anlass darlegen: Wenn mir eine große Verantwortung und Macht zufällt, glaube ich, dass ich in unserem Gesellschaftsleben die erwünschten Umwälzungen in einem Augenblick mit einem ‹Coup› umsetzen werde. Denn ich akzeptiere nicht, wie einige, dass dies dadurch in Gang kommt, dass man ganz allmählich die öffentliche Meinung und die Meinung der Gelehrten (...) plant und gedanklich vorbereitet. Gegen ein solches Vorgehen rebelliert meine Seele. Der Grund: Nachdem ich so viele Jahre höhere Studien betrieben und das zivilisierte und soziale Leben untersucht habe, um die Freiheit ein wenig kennenzulernen, und darauf ein Leben und meine Zeit verwendet habe, soll ich auf die Stufe der einfachen Leute herabsteigen? (Nein), ich werde sie auf meine Stufe heraufholen, ich möchte nicht wie sie werden, sie sollen werden wie ich. Allerdings gibt es dabei einige untersuchenswerte Punkte. Es wäre ein Fehler, sich ans Werk zu machen, bevor man über diese gründlich entschieden hat.

Es folgten umfangreiche Darlegungen zum Thema Bedeckung der Frauen, Erziehung, Polygamie und die damit verbundene fehlende Ebenbürtigkeit zwischen den Geschlechtern.

Zum Beispiel sind bei uns (sexuelle) Sittsamkeit und Keuschheit großen und strengen Regelungen unterworfen. Ein Europäer kennt diese Regeln nicht (...) Sie sind in unseren Augen völlig unmoralisch, in ihren Augen sind wir völlig barbarisch (...) Kurz: In der Frauenfrage müssen wir kühn vorgehen, hören wir nicht auf Einflüsterungen (...) Sie sollen ihre Gehirne frei machen und sich mit ernsthafter Wissenschaft befassen. Lasst uns Sittsamkeit mit wissenschaftlichen, hygienischen Gründen erläutern.

Die Karlsbader Aufzeichnungen wurden, gewiss auch, weil sie sorglos ediert und nicht in modernem Türkisch vorliegen, zu wenig beachtet. Der auch im Original etwas unübersichtliche Absatz enthält das revolutionäre Konzept seines Verfassers. Mustafa Kemal verband – wie andere Freigeister der Epoche – das Thema Fortschritt (ohne das Wort zu verwenden) mit der Gleichstellung von Mann und Frau, setzte jedoch nicht auf Überzeugungsarbeit in der Bevölkerung. Er ließ allein den allerdings sorgfältig vorbereiteten Staatsstreich *(coup)* als Instrument für die gesellschaftlichen «Umwälzungen» gelten. Seine Forderung «ich möchte nicht wie die einfachen Leute werden, sondern sie sollen wie ich werden» antizipiert die sich im kommenden Jahrzehnt immer stärker entwickelnde Gleichsetzung seiner Person mit der Erfüllung des «nationalen Willens».

Zurück in Istanbul: Audienzen

Vollständig genesen kehrte er am 2. August nach Istanbul zurück. Durch Vermittlung von Naci (Eldeniz), der inzwischen sein erster Adjutant war, bat er den Sultan um eine Audienz, in der er sich selbst als Chef des Generalstabs ins Gespräch brachte. Bei einem dritten, letzten Gespräch mit Vahideddin im Rahmen des freitäglichen *selamlik* an der Dolmabahçe-Moschee wurde ihm aber beschieden, dass man ihn in Syrien viel dringender benötige.

Kurz bevor er den Zug nach Aleppo bestieg, um in das nach Nablus verlegte Hauptquartier zu reisen, konnte man in Istanbul Zeuge seiner literarischen Interessen werden. Im Wohnhaus des großen Humanisten und Dichters Tevfik Fikret fand am 19. August eine Gedenkveranstaltung anlässlich seines dritten Todestags statt. Mustafa Kemal, der Fikret seit den Tagen von Manastir verehrte, fuhr hinaus nach Rumeli Hisarı und trug sich ins Besucherbuch ein.

Der militärische Druck der Engländer von Land und See nahm im September heftig zu: ein *déjà-vu* für Mustafa Kemal und Liman von Sanders, der an Stelle Falkenhayns im März 1918 das Kommando an der

Palästina-Front übernommen hatte. Anfang Oktober zogen sich die deutschen Bataillone mit ihren türkischen Verbündeten weiter nach Norden über Damaskus hinaus zurück. Am 5. Oktober hatte auch Mustafa Kemal Aleppo erreicht, wo er ein letztes Mal im vertrauten Hotel *Baron* abstieg. Dieser Aufenthalt endete jedoch, als nach heftigen Straßenkämpfen Engländer und Araber ab 23. Oktober in die Stadt eindrangen. Wenig später sollte (der richtige) «Lawrence of Arabia» Zimmer 202 des *Baron* beziehen.

Der von einer Deutschlandreise demoralisiert zurückgekehrte Talat Paşa («Wir haben Scheiße gefressen») erklärte am 9. Oktober seinen Rücktritt als Großwesir. Am selben Tag wurde ironischerweise die Taurusstrecke der Bagdadbahn eröffnet, die bis dahin nur aus einem Schmalspurbähnchen bestanden hatte. Ein früherer Durchbruch hätte die Versorgung des arabischen Ostens mit Soldaten und Kriegsmaterial stark erleichtert. Mustafa Kemal befand sich in den späten Oktobertagen nördlich von Aleppo. Sein letztes Quartier hatte er in Qatma bezogen, einer Station an der Bagdadbahn, etwas südlich der modernen Grenze zur Türkei.

Waffenstillstand oder Kapitulation?

Die neue Istanbuler Regierung folgte einer Auforderung der Alliierten und stellte unter Ahmed İzzet Paşa eine Delegation für die Waffenstillstandsverhandlungen in Mudros ab. Der Haupthafen der Insel Limnos war allen Teilnehmern der Dardanellen-Kampagne bekannt, lag hier doch das Kommando der Landungstruppen. Als Ort der Waffenstillstandsvereinbarung mit den Alliierten wurde «Mudros» zum Synonym für die Niederlage des Osmanischen Reichs. Die Gespräche fanden an Bord von *His Majesty's Ship Agamemnon* statt, das den Namen eines Schiffes führte, das einst Nelson kommandierte. Verhandlungsführer der Engländer war der Kommandeur der Mittelmeerflotte Admiral Somerset Gough-Calthorpe, der bis 1919 als Britischer «Commissioner» für das Osmanische Reich noch eine wichtige Rolle spielen sollte.

Eine kleine osmanische Militärabordnung unter Fregattenkapitän Hüseyin Rauf Bey (Orbay, 1881–1964), der erst Wochen zuvor als Nachfolger des geflüchteten Cemal Paşa zum Marineminister ernannt worden war, führte die Verhandlungen auf türkischer Seite. Rauf, im selben Alter wie Mustafa Kemal, war schon vor Ausbruch des Weltkriegs ein bekannter Mann, weil er im Balkankrieg als Kapitän des Kreuzers *Hamidiye* ein in die türkische Seegeschichte eingegangenes Katz-und-Maus-Spiel mit der überlegenen griechischen Flotte veranstaltet hatte. Noch im gleichen Jahr sollte er mit Mustafa Kemal in Amasya zusammentreffen und am Kongress von Sivas teilnehmen. Nach dem Frieden von Lausanne wurde er zu einem seiner wichtigsten Gegenspieler.

Rauf bemühte sich zwar, in seinen Memoiren einige den Engländern in dreitägigen «Verhandlungen» abgerungene Punkte hervorzuheben, diese waren aber unbedeutend angesichts der totalen Niederlage. So kann man sich auch nur schwer modernen Auffassungen (A. Mango) anschließen, nach denen die osmanische Führung zwar einen Waffenstillstand gesucht habe, aber nicht kapitulierte. Tatsächlich wurde in Mudros eine Demarkationslinie festgelegt, hinter der die Türkei nur einen Rest von Souveränität behielt (K. Ziemke). Die Alliierten erhoben zunächst Anspruch auf die Kontrolle der von ihnen eroberten arabischen Gebiete (Irak, Syrien, Palästina). Istanbul blieb zwar unter alliierter Aufsicht, wurde aber nicht vollständig besetzt.

Auf der anderen Seite aber standen harte Forderungen: Die Öffnung der Meerengen und die Besetzung der Forts an den Dardanellen und am Bosporus durch die Entente bildeten den 1. Artikel des Dokuments. Des Weiteren musste die Armee bis auf die für die Bewachung der Grenzen und die Aufrechterhaltung der Ordnung erforderlichen Formationen sofort demobilisiert werden (Art. 5). Die Flotte war den Alliierten zu übergeben und sollte in einem türkischen Hafen interniert werden (Art. 6). Zwei äußerst allgemein formulierte Artikel des Vertrags, die sich über Jahre als scharf bleibende Zeitbomben erwiesen, erlaubten den Siegern, bei *besonderen Umständen* jeden Teil der Resttürkei militärisch zu besetzen.

Art. 7: Sollte eine Lage entstehen, welche die Sicherheit der Alliierten bedroht, so können diese jeden strategischen Punkt besetzen.

In einem weiteren Artikel wurde ein Interventionsrecht in den sogenannten «armenischen Provinzen» festgehalten, die nach den Massakern und Vertreibungen längst ethnisch «gesäubert» waren.

Art. 24: Im Falle von Unruhen in den sechs armenischen Provinzen behalten sich die Alliierten das Recht vor, beliebige Teile dieser Provinzen zu besetzen.

Nach der vorgeschriebenen Entwaffnung standen nur noch wenige Waffen den zahlenmäßig nicht genau bestimmten Truppen zur Verfügung, die die «innere Ordnung» zu gewährleisten hatten, das heißt vor allem, die Ansprüche von Griechen und Armeniern niederhalten sollten. Von 1181 schweren Geschützen verblieben nur 82 bei den türkischen Truppen, von 806 Feldgeschützen nur 200, von 791 174 Infanteriegewehren nur 123 191, und von 4488 schweren Maschinengewehren behielten die Truppen nur 1370.

Mustafa Kemal fand in einem Interview mit Ahmed Emin, dem Korrespondenten der Zeitung *Vakit*, am 18. November Gelegenheit, zum Waffenstillstand Stellung zu nehmen. Darin griff er die Regierung an, die die Verhandlungen vollständig Militärbefehlshabern überlassen habe (die kurze Mitgliedschaft Raufs im Kabinett war ohne Bedeutung). Der Gegenstand hätte jedoch den Einsatz von Diplomaten erfordert. Letztlich aber müsste in der Frage des Friedens die Nation entscheiden, wie sie durch ihre Repräsentanten im Parlament vertreten sei. Er appellierte an die Leser, dem konstitutionellen Regime zu vertrauen.

> Wie Sie wissen, kann die Nation nicht unmittelbar in die Staatsgeschäfte eingreifen. Sie wartet auf die von einer Regierung erzielten Ergebnisse, die das Vertrauen der Abgeordneten, die sie (die Nation) vertreten, besitzen.

Vielleicht fand Mustafa Kemal wenigstens in den Bestimmungen, die den Abzug aller deutschen Militär- und Zivilpersonen innerhalb eines Monats verlangten, eine späte Genugtuung. Außerdem wurde die Türkei gezwungen, alle Beziehungen mit den Mittelmächten abzubrechen. Erst 1924 sollte wieder ein deutscher Botschafter ein Beglaubigungsschreiben überreichen.

Am Tag von Mudros übernahm er an Stelle von Liman von Sanders das Kommando der Yıldırım-Gruppe und begab sich in dieser Eigenschaft nach Adana. Er erkundigte sich nach Einzelheiten des Abkommens von Mudros und war bereit, gegen Landungsversuche englischer Truppen bei İskenderun militärisch einzuschreiten. Ahmed İzzet Paşa sandte ihm die telegraphische Antwort: «Die unpassenden Bestimmungen des Waffenstillstandsabkommens wurden uns nicht aus Unachtsamkeit aufgezwungen, sondern sind das Ergebnis unserer Niederlage.»

Nach Auflösung seiner Einheit reiste Mustafa Kemal per Bahn nach Istanbul, das er am 13. November im asiatischen Bahnhof Haydar Paşa erreichte. Angesichts der alliierten Flotte im Bosporus soll er ausgerufen haben: «Sie (die feindlichen Schiffe) werden so gehen, wie sie gekommen sind *(Geldikleri gibi giderler).*» Dieser Satz wurde von seinem damaligen Adjutanten Cevad Abbas (Gürer, 1887–1943) überliefert und gehört zu den Äußerungen, auf Grund derer ihm seine Anhänger gleichsam prophetische Gaben zumessen.

Nachdem er sein Quartier zuerst im Pera-Palast aufgeschlagen hatte, bezog er das bekannte Haus in Şişli. Im November und Dezember 1918 fand man Mustafa Kemal als Mitherausgeber einer Tageszeitung. Das Blatt verdankte ihm sogar seinen Namen *Minber* («Das Rednerpult»). Im rechtlichen Sinn war er Teilhaber, Gründer der Zeitung war Fethi (Okyar), der von Talat Paşa als Nachfolger in der Parteiführung der «Gesellschaft für Einheit und Fortschritt» vorgeschlagen worden war, dies aber ablehnte. *Minber* präsentierte sich jetzt als das Organ einer von Fethi gegründeten «Erneuerungspartei» *(Teceddüd Fırkası)*, unter deren Dach sich im Lande gebliebene Unionisten trafen. Das Blatt stützte die Regierung Ahmed İzzet Paşa, in die Mustafa Kemal als Kriegsminister eintreten wollte. Er blieb der *Teceddüd Fırkası* über ihr Verbot am 5. Mai 1919 hinaus verbunden.

6. VOM STRATEGEN ZUM POLITIKER (1919)

Istanbul: Die Verantwortlichen ergreifen die Flucht

Am 1. November 1918 hatten sich die meisten Führer der Gesellschaft für Einheit und Fortschritt» mit Hilfe der ersten Friedensregierung von Ahmed İzzet Paşa ins Ausland gerettet, an erster Stelle die Paschas der jungtürkischen Troika Talat, Enver und Cemal. Auch Dr. Behaeddin Şakir (1877–1922), ein Hauptverantwortlicher der Deportationen, war unter den Geflüchteten. Mit Ausnahme von Enver, der 1922 in Mittelasien, im heutigen Tadschikistan, in einem Scharmützel mit der Roten Armee zu Tode kam, wurden alle übrigen von armenischen Attentätern erschossen. Die neue Regierung Tevfik Paşa (Okday, 1845–1936) setzte auf britischen Druck hin eine Untersuchungskommission ein mit der Aufgabe, die «Schandtaten» ihrer Vorgänger bei der Deportation der Armenier zu untersuchen. Ihr Beschluss vom 14. Dezember 1918, die Verantwortlichen vor ein Kriegsgericht zu stellen, kam allerdings zu spät, da die entsprechenden Spitzenpolitiker schon geflohen waren. Erst das Kabinett von Damad Ferid Paşa (1854–1928) konnte indes auf die Mitgliedschaft von ehemaligen Komitee-Ministern verzichten (24. Februar 1919).

Am 9. März wurden die letzten führenden Mitglieder des Komitees einschließlich des ehemaligen Großwesirs Said Halim Paşa (1877–1922) und Mustafa Kemals Freund Fethi (Okyar) festgenommen. Verbliebene Mitglieder hatten auf einem letzten Parteitag vom 14. November die Konkursmasse der Gesellschaft in die bereits erwähnte «Partei der Erneuerung» überzuführen versucht, die aber im Mai mit einer anderen unionistischen Nachfolgepartei verboten wurde. Mustafa Kemal, der am 13. November aus Syrien in Istanbul eingetroffen war, bestritt ausdrücklich, mit dieser Organisation in Verbindung getreten zu sein. Eine säuberliche Trennung zwischen den *İttihadcı*s («Unionisten») und den späteren Kemalisten war aber von Anfang an schwer durchzuführen. Mit der britischen Besetzung von Mosul am 3. November wurde deutlich, dass die in Mudros vereinbarte Waffenstillstandslinie schon jetzt nicht mehr galt. Ab 8. November flatterte der Union Jack in der wichtigsten Stadt des nördlichen Irak. Damit war noch vor Beginn der Friedensverhandlungen ein Konflktherd entstanden, der die türkische und internationale Politik noch lange beschäftigen sollte.

In Istanbul hatte Mustafa Kemal die schon erwähnten Gespräche mit dem Sultan geführt. Daraus und aus mehreren Fühlungsnahmen mit der Regierung ergibt sich, dass er mit den geschwächten Vertretern des Nachkriegsregimes zusammenarbeitete. Die Regierung hatte auf Grund von Artikel 5 des Waffenstillstands, der zwar die sofortige Demobilisierung der osmanischen Armee anordnete, aber die Bewachung der Grenzen und die Bereithaltung von «Formationen», die zur Aufrechterhaltung «der Ordnung» notwendig waren, erlaubte, einen gewissen Bewegungsspielraum, den Mustafa Kemal sehr bald zu nutzen verstand.

In diesen Wochen wurde eine größere Anzahl von Verantwortlichen der Kriegsperiode in das Militärgefängnis Bekir Ağa eingeliefert. Dort herrschten laxe Zustände, sympathisierte doch das gesamte Personal vom Wärter bis zum Direktor mit den Angeklagten. So konnte auch Mustafa Kemal mit dem inhaftierten Fethi in Besuchskontakt bleiben. Dieser befürchtete, als prominenter Unionist für die Armenier-Deportationen und -Massaker mitverantwortlich gemacht zu werden. Mustafa Kemal sprach ihm noch am 14. Mai 1919 beruhigend zu: «Du hast mit den Beschuldigungen nichts zu tun, du warst doch in diesen Jahren Gesandter in Sofia».

Die Griechen landen in İzmir

Am Tag danach berichteten die Zeitungen von dem folgenschwersten Ereignis der unmittelbaren Nachkriegszeit: Auf den Beschluss der Pariser Friedenskonferenz hin, Griechenland die Besetzung von İzmir zu gestatten, waren griechische Truppen in der ägäischen Hafenstadt gelandet.

Lloyd George, Clemenceau und der amerikanische Präsident Wilson hatten sich in Paris auf dieses Fait accompli geeinigt: als Antwort auf ein noch gar nicht eingetretenes Fait accompli, nämlich eine italienische Aktion bei Marmaris. Italien hatte schon am 29. April 1919 im Rahmen eines Abkommens mit den Verbündeten in Antalya Truppen an Land gebracht. Nun fürchteten der griechische Premier Eleftherios Venizelos und seine Freunde in der britischen Regierung, dass sich die Italiener auch an der ägäischen Küste gegenüber den schon 1912 besetzten Dodekanes mit Rhodos festsetzen würden. Gleichzeitig beschwichtigten die westlichen Staatsmänner sich und die Öffentlichkeit mit humanitären

Beweggründen. Man würde durch eine solche Aktion Massakern vor-
beugen, es gebe sonst niemanden, der die griechische Bevölkerung be-
schütze. Lloyd Georges Ermutigung im Gespräch mit dem französischen
Präsidenten lautete: «We should let the Greeks occupy Smyrna.» Dies
war der von Venizelos begrüßte, aber nicht eigentlich ausgelöste Start-
schuss für den Versuch, den kleinasiatischen Hellenismus mit dem europäischen Mutterland zu vereinigen. Die griechische Seite rechtfertigte
das Unternehmen nicht nur mit historisch-kulturellen Belegen, sondern
arbeitete zugleich mit den Mitteln der Bevölkerungsstatistik, wobei sie
die Bewohner der Ionischen Inseln in die Waagschale warf und alle nichtmuslimischen Bewohner dieses Raums zu ihrem «Kontingent» zählte.

Bei der Besetzung İzmirs kam es zu schweren Massakern an der muslimischen Zivilbevölkerung (etwa 1000 Opfer werden genannt). In
Istanbul und anderen Orten wurden erste anti-griechische Kundgebungen organisiert. Die Briten ließen einige ihrer politischen Gefange-
nen frei und schickten 68 prominente Unionisten vorsichtshalber nach
Malta, wobei die Bedingungen auf der Insel großzügig waren. Die prominenten Türken hatten Zugang zur internationalen Presse, die Ge-
schehnisse zu Hause verfolgten sie mit Hilfe der Päckchen des Roten
Halbmonds, deren Absender Istanbuler Zeitungen zum Einwickeln verwendeten.

Der Sultan und seine Regierung betrieben die Zusammenarbeit mit
der britischen Besatzungsmacht in der Hoffnung, größere Teile der osmanischen Länder vom Jemen bis Bulgarien zu sichern und das Fortbestehen der sechshundertjährigen Dynastie zu gewährleisten. Ein Memo-
randum vom März 1919, das sich freilich im osmanischen Original noch
nicht hat auffinden lassen, erlaubt eine Vorstellung von den alles andere
als wirklichkeitsnahen Ideen der Regierung Damad Ferid Paşas: Demzu-
folge sollten die Araber in eine weitreichende Autonomie entlassen werden, aber in Religionsfragen weiterhin dem osmanischen Kalifen gehor-
chen, dessen Name auf die Münzen geprägt und in der Freitagspredigt
genannt werden mußte. Der Hedschas durfte unter den bisherigen arabischen «Verwaltern» bleiben, in Medina aber sollte eine osmanische
Vertretung mit 100 Soldaten stationiert werden, um seine Außenbeziehungen zu kontrollieren. Noch wesentlicher war, dass sich Istanbul damals bereit erklärte, den Armeniern eine «unabhängige Republik» in
Abstimmung mit den Mächten zu gewähren. Ein tiefgreifendes Zuge-
ständnis war auch die Bereitschaft, über 15 Jahre lang britischen Konsuln in allen osmanischen Provinzen eine Rolle als «Berater» *(counsel-*

lor) der türkischen Gouverneure zu übertragen, die zudem die Korrektheit lokaler und nationaler Wahlen überwachen sollten.

Ob Mustafa Kemal damals noch am Erhalt des Herrscherhauses lag, darf bezweifelt werden. Mit Sicherheit hat er auch armenische Unabhängigkeitspläne nicht gutgeheißen. Schwerer ist die Frage zu beantworten, ob er im Frühjahr 1919 mit der Abtrennung aller arabischen Gebiete einverstanden war. Jedenfalls sollte es während des Unabhängigkeitskriegs noch zu einer engen Abstimmung zwischen türkischen und arabischen Widerstandsgruppen kommen. Mustafa Kemal, dem ja ein hohes politisches oder militärisches Amt vorgeschwebt hatte, erhielt am 30. April 1919 die Aufgabe, die Inspektion der 9. Armee zu übernehmen, die in Zukunft 3. Armee heißen sollte und aus einem Armeekorps in Sivas und einem weiteren in Erzurum bestand.

Der Versuch einer Entwaffnung anatolischer Truppen

Die Alliierten waren nicht in der Lage, die Demobilisierung der osmanischen Einheiten in Anatolien ausreichend zu überwachen, geschweige denn selbst zu organisieren. In ihren Augen war weniger die nominelle oder faktische Stärke der Truppen entscheidend als ihre Entwaffnung, insbesondere das Unschädlichmachen von Geschützverschlüssen und die Auflösung von Munitionsdepots. Die meisten Soldaten waren längst in eines der Zehntausende zählenden Dörfer Anatoliens zurückgekehrt, wo im Frühsommer 1919 jede Hand für das Einbringen der Ernte gebraucht wurde.

Auf dem Papier bestand Mustafa Kemals Mission in der Überwachung der Demobilisierung dieser Truppenteile und in dem Ausbau der örtlichen Gendarmerie, um ethnische Konflikte im Schwarzmeerraum zu verhindern beziehungsweise einzudämmen. Die Spitzen des osmanischen Reststaates hatten gewiss nicht auf eine Entfernung des Generals aus Istanbul gesetzt. Es wurde zutreffend darauf verwiesen, dass man sich dazu auch der britischen Amtshilfe hätte bedienen können, die wohl bereit gewesen wäre, den Pascha auf Malta zu internieren. Vielmehr versuchte Istanbul mit dieser Mission, offiziell den britischen Wünschen nach einer Demobilisierung entgegenzukommen, inoffiziell jedoch die muslimischen zivilen und halbmilitärischen Kräfte einschließlich der lokalen Gendarmerie zu stärken.

Wie bei früheren Abwesenheiten bat Mustafa Kemal seinen Vertrauten Dr. Rasim Ferid, seine persönlichen Angelegenheiten in Istanbul zu wahren. Der Großwesir unterbrach noch eine Kabinettssitzung, um ihn zu verabschieden. In einer späteren Erklärung behauptete Mustafa Kemal, auf die Frage von Damad Ferid Paşa, was sie als Minister unternehmen sollten, geantwortet zu haben: «Bleiben Sie standfest. Tun Sie, was Sie hier tun können, und machen Sie weiter, indem Sie sich mir anschließen.» Man kann hier nur Andrew Mangos skeptischer Anmerkung folgen, dass Mustafa Kemal noch gar nicht in der Lage war, sich als Führer eines türkischen nationalen Widerstands in Anatolien darzustellen.

Wie war die Situation in Anatolien insgesamt und im nördlichen Schwarzmeerraum im besonderen? Das osmanische Heer war auf ungefähr 35 000 Soldaten zusammengeschrumpft, verhältnismäßig gut aufgestellt war allein das XV. Armeekorps in Erzurum mit 680 Offizieren und 19 047 Soldaten unter Kâzım Karabekir. In weiten Teilen hatte die bewaffnete Auseinandersetzung um die zukünftige Kontrolle des Landes begonnen. Vor allem gegen griechische Ansprüche hatten sich an vielen Orten Thrakiens und Anatoliens von den irritierten Briten *councils* genannte muslimische Gesellschaften zur «Verteidigung der Rechte» gebildet, über deren Aktivitäten zwischen Sivas und Erzurum sich der Hochkommissar Admiral Calthorp im März beim Großwesir beklagte.

Eine in Vergessenheit geratene Initiative der Sultansregierung war die Entsendung sogenannter «Beratungsausschüsse» im April 1919, das heißt von Delegationen unter der Leitung osmanischer Prinzen, die sich bemühten, die Stimme von Serail und Regierung gegen die überall entstehenden «Gesellschaften zur Verteidigung der Rechte» hörbar zu machen. Die wichtigste wurde von Abdürrahim Efendi, einem Sohn Abdülhamids II., geleitet und versuchte, in Westanatolien auch Würdenträger christlicher Minderheiten einzubeziehen, um auf diese Weise die im Endstadium befindliche Pariser Friedenskonferenz zu beeinflussen.

Die Aktivitäten der Pontos-Griechen führten im Raum Samsun und Canik zu blutigen Auseinandersetzungen. Vermutlich wussten nur wenige Beteiligte, dass der griechische Politiker Venizelos in einem Papier mit dem Titel «Griechenland vor dem Friedenskongress» seine «Landsleute» im Schwarzmeerraum als Bürger eines erweiterten Armenien für die panhellenische Sache abgeschrieben hatte. Der Bezirk Giresun in der Provinz Trabzon, in dem die Griechen etwa ein Fünftel der Bevölkerung ausmachten, war ein weiterer Brennpunkt, an dem der griechische Widerstand von der Seeseite her mit Waffen versorgt wurde.

Samsun: Die historische Landung vom 19. Mai 1919

Am 19. Mai traf Mustafa Kemal mit seinem Stab und zwei Leib-
ärzten nach drei Tagen auf See in der pontischen Hafenstadt Samsun ein.
Die Türken begehen den 19. Mai bis heute als Feiertag der Jugend und
des Sports. Samsun war zu diesem Zeitpunkt neben Trabzon der wichtigste türkische Schwarzmeerhafen. Im gleichnamigen Gerichtsbezirk
hatten noch 1914 die Griechen eine klare Mehrheit vor den Muslimen
(etwa 55 000 zu 45 000 Einwohner). Unverzüglich nahm Mustafa Kemal
korrekten dienstlichen Kontakt mit dem britischen *relief officer* Captain
K. H. Hurst auf, der hier mit 200 britischen Soldaten stationiert war. Am
25. Mai fasste er die Lage in der Region seit dem Ausbruch des Weltkriegs
in einem Bericht für seine Vorgesetzten im Kriegsministerium zusammen:

> Seit der Mobilisierung hat sich in der Provinz eine Anzahl von Banden gebildet, die
> jeweils aus muslimischen, griechischen oder armenischen Elementen bestehen. Sie
> befassen sich mit gewöhnlicher Räuberei und dazwischen auch mit Mordtaten. Als
> die russische Invasion begann, (…) wurden sie von den Russen ermutigt und von
> der Seeseite her unterstützt. Diese Vorfälle und die Räubereien setzten sich von der
> russischen Niederlage bis zum Waffenstillstand fort.

Nachdem er die Tätigkeit des armenischen Widerstands, wenig überraschend, als vernachlässigenswert bezeichnet hatte, kam er auf die Absicht der Griechen zu sprechen, einen Pontus-Staat zu gründen.

Dann verließ die Abordnung in drei schrottreifen Mercedes-Wagen
Samsun Richtung Havza. Da die Automobile wiederholt zusammenbra-
chen und das des Paschas beim Dorf Karageçmiş endgültig streikte, zog
er mit seiner Begleitung zu Fuß weiter. Dabei stimmte er ein später als
«Jugendmarsch» weit verbreitetes Lied an:

> Der Berg ist von Nebel eingehüllt,
> Das silberne Bächlein strömt zu Tal,
> Die Sonne erhebt sich am Horizont,
> Lasst uns marschieren Freunde.

Der Refrain lautete:

> Erde, Himmel und Wasser sollen unsere Stimme vernehmen,
> Überall soll die Erde von unseren festen Schritten widerhallen.

Das Lied basiert auf einer in Schweden volkstümlich gewordenen Weise
des Komponisten Felix Körling, die vermutlich von Selim Sırrı Tarcan

(1874–1956) importiert wurde. Dieser Reformpädagoge und Schulinspektor hatte sich vor dem Krieg in Schweden mit den Volkshäusern befasst. 1916 hatte er auf eigene Initiative einen «Feiertag der Leibesübungen» ausgerufen. In der kemalistischen Türkei wurde er zu einer Art Turnvater Jahn.

Havza: Warmbäder und Politik

In Havza, einem durch seine Heilbäder bekannten Städtchen, wurde die Abordnung des Paschas von der dort dominierenden muslimischen Bevölkerung mit offenen Armen aufgenommen. Hier sollte er sich bis zum 13. Juni aufhalten. In diesen Wochen wurden wichtige Weichenstellungen für die Organisation des anatolischen Widerstands vorgenommen, der sich bis dahin auf friedliche «Protestmeetings» beschränkt hatte. Auch in Havza hatten schon vor dem Eintreffen Mustafa Kemals Kundgebungen gegen die griechische Okkupation stattgefunden. Als er 1924 in einem weithin befriedeten Anatolien Havza und andere Stätten seiner Aktivitäten von 1919 erneut aufsuchte, sollte er sich in Erinnerung an das dramatische Frühjahr mit diesen Worten an die Bewohner wenden:

Hätte es damals nicht diesen herzlichen und entschlossenen Empfang durch die Einwohner von Havza gegeben und hätten die heilkräftigen Badehäuser von Havza nicht auf meinen Gesundheitszustand einen so günstigen Einfluss ausgeübt, hätte ich, seid dessen versichert, nicht für die Revolution arbeiten können.

Bei dieser Gelegenheit vergaß er zu erwähnen, dass er 1919 auch die Waffenmagazine geöffnet hatte, um der türkischen Bevölkerung die Möglichkeit zur Verteidigung im «Bandenkrieg» zu geben. Anders als in Samsun, wo Captain Hurst die Dinge unter Kontrolle hatte, befand sich der Badegast Mustafa Kemal in Havza nicht unter unmittelbarer Beobachtung der Briten. Er nahm am Freitagsgebet teil und rief die örtlichen Notabeln auf, sich für die Wiedergewinnung von İzmir bereitzuhalten. Daraufhin wandte sich die alarmierte griechische Bevölkerung an ihren Metropoliten Germanos in Samsun, der Captain Hurst über diese Absichten in Kenntnis setzte.

In Havza fand sich auch Topal Osman ein, ein Veteran des Balkankriegs, aus dem er eine zerschossene Kniescheibe mitgebracht hatte, die ihm den Beinamen «Der Lahme» verschaffte. Osman, 1883 in Giresun geboren, hatte sich als bedenkenloser Bandenchef ausgezeichnet, der alle griechischen und armenischen Versuche bekämpfte, die pontische Küste abzutrennen. So hatte er auch bei der Deportation pontischer Griechen ins Landesinnere eine Rolle gespielt. Seine Privatarmee, bestehend aus in Volkstracht gekleideten Jungmännern aus den Dörfern um Giresun *(Giresun Uşağı)*, stand bald auf der schwarzen Liste, die das Kriegsgericht in Istanbul für Personen erstellt hatte, die an der Deportation von und den Massakern an Armeniern beteiligt waren. Am 10. November 1919 wurde seine Strafverfolgung «aufgeschoben», was einer Amnestierung nahe kam. Die Begründung lautete, «um die Ordnung in der genannten Region zu bewahren». Inzwischen waren in Ödemiş, im Südwesten Anatoliens, erste offene Kämpfe mit der griechischen Armee ausgebrochen, die gleichzeitig Truppen in Ayvalık gegenüber von Lesbos an Land setzte.

Captain Hurst fuhr am 2. Juni nach Havza, um einige Tage später seinem Vorgesetzten zu berichten, dass Mustafa Kemal eine Bewegung organisierte, «die mit hoher Wahrscheinlichkeit ein Ventil für ihre Energien in einem Massaker finden wird.» Nun forderte General Milne, der Kommandeur der britischen Schwarzmeer-Armee, über den osmanischen Kriegsminister Şevket Turgut Paşa (gestorben 1924) die sofortige Rückberufung Mustafa Kemals nach Istanbul. Die Einschätzung von dessen Aktivitäten durch den Hochkommissar Calthorpe in seinem Schreiben an das *Foreign Office* vom 4. Juni sprach hingegen von einer resignierten Weitsicht:

Ich habe aus sicherer Quelle erfahren, dass verschiedene Armeeoffiziere Konstantinopel verlassen haben, um den Widerstand gegen die Griechen zu organisieren. Diese Bewegung ist so natürlich und, ich empfinde das so, so universal, dass es mir als ein hoffnungsloses Bemühen vorkommt, ihr Einhalt zu gebieten.

Calthorpe hatte zu einem frühen Zeitpunkt erkannt, dass sich das muslimische Anatolien nicht mit einer Hand voll *relief officers*, dem Abschrauben von Geschützverschlüssen und regelmäßigen Ermahnungen an die Regierung in Istanbul kontrollieren ließ. Die intensive telegraphische Tätigkeit Mustafa Kemals war für Hurst ein besonderer Grund zur Beunruhigung, verstand er doch, dass dieser im Begriff war, ein weit gespanntes Netzwerk aus militärischen und zivilen Stellen in Anatolien zu spinnen. Hursts Misstrauen veranlasste Mustafa Kemal wahrscheinlich, seine Aktivitäten ins nahe Amasya zu verlegen, wo er am 13. Juni eintraf und in der Folge die Morsetasten nicht mehr ruhen ließ.

Amasya und der Telegraph

Bis in diese ersten Junitage 1919 waren seine Schritte mit der Regierung in Istanbul (Großwesirat, Kriegsministerium, Innenministerium) einigermaßen abgestimmt. Zwei Beispiele aus dem militärischen und zivilen Bereich sprechen jeweils für sich. Am 27. Mai befahl der Kriegsminister dem General, seinen Aufgabenbereich bis Kayseri und ins südostanatolische Maraş auszudehnen (Maraş wurde dann Ende Oktober von den Franzosen besetzt). Innenminister Ali Kemal, später sein erbitterter Feind, erlaubte noch am 29. Mai ausdrücklich «nationale Kundgebungen», solange sie sich im Rahmen der öffentlichen Ordnung bewegten. Die von der offiziellen kemalistischen Geschichtsschreibung betonten Motive der Entsendung Mustafa Kemals nach Anatolien haben sich nach Öffnung der Archive des Innenministeriums nicht halten können. Zunächst stand ihm nämlich der gesamte administrative Apparat des osmanischen Anatolien zur Verfügung. Zusammen mit den wichtigen Kommandeuren im Osten und Süden des Landes, Kâzım Karabekir und Ali Fuad (Cebesoy), mit denen er sich in Amasya getroffen hatte, bildete er auch aus Istanbuler Sicht eine Stärkung bei den Friedensverhandlungen, weil seine Aufgabe ja darin bestand, Zusammenstöße mit und unter den Volksgruppen zu verhindern.

Die alte Prinzenresidenz Amasya ist neben Bursa eine der am stärksten von der klassischen osmanischen Architektur geprägten Städte Anatoliens. Hier am Ufer des rasch fließenden Yeşilırmak richtete Mustafa Kemal ab dem 12. Juni 1919 für zwei Wochen sein Hauptquartier ein. Er versäumte es nicht, von Amasya aus eine Ansichtspostkarte an seine Mutter nach Istanbul zu schicken: «An meine Mutter, die gnädige Frau Zübeyde, ganz besondere Grüße und Verehrung, Mustafa Kemal». Der blutjunge Telegraphist Fethi (Turgut) und seine Kollegen waren bei der Einrichtung eines Nachrichtenbüros behilflich. Bald ergoss sich ein Regen von Telegrammen zwischen den Zentren wie Sivas, Çorum, Tokat, Samsun und Istanbul.

In der Hauptstadt versuchte Innenminister Ali Kemal mittlerweile (16. Juni), Telegramme, die Solidaritätsbekundungen mit den Widerstandsgruppen enthielten, zu verhindern. Diese konnten aber auch auf der Strecke durch regierungstreue Beamte gelesen beziehungsweise blockiert werden. Um so wichtiger waren Telegraphendirektoren, die Mustafa Kemals Sache unterstützten.

Amasya, später Erzurum und dann Ankara waren die Orte, in denen die Telegraphenleitungen, das «viktorianische Internet», noch einmal Geschichte machen sollten. Der jeweilige Mann an der Morsetaste, oft nur im flackernden Schein einer Gaslampe, wurde tagelang, nächtelang engster Mitarbeiter des Paschas. Für Erstellung und Auflösung chiffrierter Depeschen war meist ein zweiter Beamter erforderlich. Es ist schwer vorstellbar, wie der anatolische Unabhängigkeitskrieg ohne die Unterstützung der Telegraphisten hätte organisiert werden können. Tausende von Telegrammen Mustafa Kemals haben sich erhalten: neben eher politischen Rundschreiben («An sämtliche Telegraphenzentren sämtlicher Amtsträger in den Verwaltungsbezirken») auch unzählige Depeschen an einzelne Befehlshaber und Verantwortliche im zivilen Bereich.

Der Telegraphist Fethi Turgut erinnerte sich: «Immer dann, wenn ich das Freitagsgebet versäumt hatte, habe ich bei mir Trost gefunden, ich trug die Hoffnung, dass dies als eine Art Gebet im Dienste der Nation und der öffentlichen Meinung vom allmächtigen Gott angenommen würde.» Primitiv waren die technischen Bedingungen. Die Versorgung der Telegraphenleitungen wurde damals mit Ammoniumchlorid-Batterien gewährleistet, von denen zwanzig, dreißig, manchmal bis zu hundert oder hundertfünfzig, in Reihe geschaltet wurden, um die notwendige Spannung zu erreichen. Wenn während des Kriegs der Nachschub an Salmiak stockte, half man schon mal mit menschlichem Urin aus.

Das Amasya-Zirkular

In einer Nacht, als Mustafa Kemal von Amasya aus direkt Verbindung mit dem Dolmabahçe-Palast, das heißt Sultan Mehmed VI. Vahideddin, aufzunehmen versuchte, erhielt er als telegraphische Antwort zunächst eine Art Empfangsbestätigung: «Seine Exzellenz Mustafa Kemal Paşa hat den Wunsch, mit Seiner Majestät zu sprechen, unterbreitet und damit den Ersten Sekretär des Palastes beauftragt.» Ungewöhnlich wütend über diese hinhaltende Auskunft, befahl er Fethi: «Schreib, mein Junge!» Fethi tippte das Morsezeichen für c = *cevab* («Antwort») ein und fügte hinzu:

Sachverhalte, die mit außergewöhnlichen Umständen zusammenhängen, machen es notwendig, unmittelbar (mit dem Sultan) Verbindung aufzunehmen. Mustafa Kemal.

Erneut antwortete Istanbul, dass sich der Sekretär *makine başında* («am Apparat», sozusagen «online») befände. Zornig endete dieser letzte Versuch, mit Vahideddin in direkte Verbindung zu treten.

Ab 19. Juni beriet eine Gruppe von einflussreichen Militärs über die nächsten Schritte. Dieses Treffen zählt zu den folgenreichsten politischen Ereignissen des Jahres 1919. In Amasya anwesend waren unter anderem Ali Fuad Paşa (Cebesoy), der Chef des von Konya nach Ankara verlegten XX. Armeekorps und Mustafa Kemals altvertrauter Kamerad seit Kriegsschulzeiten, İbrahim Refet (Bele, 1881–1963), der Kommandeur des III. Armeekorps in Sivas, und Hüseyin Rauf (Orbay). Mit zwei weiteren aktiven Generälen wurde auf telegraphischem Weg Übereinstimmung erzielt: Kâzım Karabekir (1882–1948, XV. Armeekorps, Erzurum) und Mersinli Cemal Paşa (1873–1941, dem Inspekteur der zweiten Armee, Konya), der nach Jahren Älteste der Gruppe. Mit Ausnahme des zuletzt Genannten sollten alle damaligen Mitstreiter Mustafa Kemals 1924 als Oppositionspolitiker auftreten.

Sie einigten sich über eine Proklamation, die als «Amasya-Zirkular» in die türkische Geschichtsschreibung eingegangen ist und wegen ihrer außerordentlichen Bedeutung vollständig zitiert werden soll. Mustafa Kemal hatte den knappen, mit seinen Kameraden abgestimmten Text in der Nacht vom 21. zum 22. Juni 1919 seinem Adjutanten Cevad Abbas (Gürer) Bey diktiert und telegraphisch an zahlreiche Adressaten versandt.

Die Hauptpunkte dieser Beschlüsse von Amasya sahen in Mustafa Kemals Zusammenfassung von 1927 folgendermaßen aus:

1. Die Integrität des Landes, die Unabhängigkeit der Nation ist in Gefahr.

2. Die Zentralregierung ist den Aufgaben, für die sie die Verantwortung übernommen hat, nicht gewachsen, was zur Folge hat, dass man mit unserer Nation nicht rechnet.

3. Nur die Energie und der Wille der Nation werden die Unabhängigkeit der Nation retten.

4. Unbedingt nötig ist die Schaffung einer Nationalversammlung, die gegen jede Beeinflussung geschützt und von jeder Kontrolle frei ist, um die Lage der Nation zu prüfen und vor der Welt die Geltendmachung ihrer Rechte zu Gehör zu bringen.

5. Es ist beschlossen worden, in Sivas, das von jedem Gesichtspunkt aus der sicherste Ort Anatoliens ist, eilig einen nationalen Kongress einzuberufen.

6. Es muss daher jeder Bezirk aller Provinzen *(vilâyets)* sofort je drei Delegierte entsenden, die das Vertrauen der Nation besitzen, und diese müssen sich sofort auf den Weg machen, um sobald wie möglich einzutreffen.

7. Um allen Gefahren vorzubeugen, muss diese Tatsache als ein nationales Geheim-

nis gehütet werden und müssen die Delegierten die Gegenden, wo dies notwendig erscheint, inkognito passieren.

8. Am 10. Juli wird in Erzurum ein Kongress der östlichen Provinzen zusammentreten. Wenn die Delegierten der anderen Provinzen bis zu diesem Zeitpunkt in Sivas eintreffen können, werden auch die Teilnehmer des Kongresses von Erzurum nach Sivas abreisen, um an der allgemeinen Zusammenkunft mitzuwirken.

Die Beschlüsse enthielten ein klares, örtlich und zeitlich festgeschriebenes Arbeitsprogramm. Ihre Autoren wandten sich nicht ausdrücklich gegen die Sultansregierung, sondern beanspruchten, diese angesichts ihrer geringen Stabilität zu vertreten. Das Kabinett hatte seit Mudros fünfmal gewechselt und verfügte, gleichsam unter alliierter Aufsicht, nur über beschränkte Geschäftsfähigkeit.

Unter der «Nationalversammlung» verstanden die Verfasser ein mehr oder weniger demokratisch legitimiertes Gremium, das vorläufig an die Stelle des vom Sultan aufgelösten Parlaments treten sollte. An eine Vertretung von Nichtmuslimen dachte zu diesem Zeitpunkt niemand mehr ernstlich. Jedenfalls war damit das Tuch zwischen Istanbul und den in Anatolien kommandierenden Generälen so gut wie zerschnitten.

Şevket Turgut Paşa forderte Mustafa Kemal, der sich inzwischen auf den Weg nach Erzurum gemacht hatte, wieder unter englischem Druck auf, «sofort nach Istanbul zu kommen». Am 30. Juni erreichte ihn ein Telegramm des Inhalts, dass der Sultan einen «Luftwechsel» des Paschas in einer beliebigen Stadt wünsche. Unbeeindruckt setzten Mustafa Kemal und seine Begleitung die langwierige Fahrt in drei Automobilen nach Erzurum fort, wo sie vom Gastgeber des geplanten Kongresses, Kâzım Karabekir Paşa, nach orientalischer Sitte vor den Toren der Stadt empfangen wurden. Am 7. Juli erteilte Mustafa Kemal seinen letzten Befehl als Inspekteur der 3. Armee, am folgenden Tag entzog ihm der Ministerrat sein Kommando. Die Entfernung aus dem Amt des Inspekteurs war verbunden mit seiner Ausstoßung aus der Armee, dem Verlust seines Titels als Ehrenadjutant des Sultans und dem Befehl, alle Orden abzulegen.

Erzurum: Zivilkleidung für den Pascha

Die Stadt Erzurum genießt bei Türken, die weiter im Westen oder Süden leben, den Ruf eines Kältepols. Dabei findet man im Sommer durchaus angenehme Bedingungen vor. Bedeutend war und ist Erzurums Rolle als Garnisonsstadt, was dazu beitrug, dass man hier nicht vollkommen hinter dem (Halb-)Mond lebte. Schon 1866 wurde in der Stadt die Wochenzeitung *Envar-i Şarkiye* («Lichter des Orients») gedruckt, die osmanische und armenische Kolumnen hatte und so den größten Teil der Gebildeten erreichte. Die bedeutende armenische Bevölkerung der Stadt erhob sich 1890 zum ersten Mal gegen die osmanischen Oberherrn. 1895 wurde sie Opfer eines äußerst gewalttätigen Pogroms. Umgekehrt wurden viele Muslime beim Einmarsch der Russen im Februar 1916 getötet. Ihre Lage verbesserte sich erst, als diese beziehungsweise der armenische General Andranik nach über zweijähriger Besatzung abzogen und Kâzım Karabekir am 12. März 1918 in Erzurum einmarschierte.

Der im Rundschreiben von Amasya für den 10. Juli 1919 angekündigte Ost-Kongress wurde dann erst am 23. des Monats in einem Schulgebäude eröffnet, das der Armenier Sansarian einst für seine Gemeinde gestiftet hatte. Diese Versammlung war ursprünglich als Regionalkonferenz gedacht, in der sich hauptsächlich Delegierte der Ostprovinzen treffen sollten, im Rückblick wird ihr aber eine ausgesprochen nationale Bedeutung beigemessen.

Die Erzurumer Organisation übernahm die Pflichten des Gastgebers. Zur Verfügung hatte man 1500 Lira, von denen am Ende des zweiwöchigen Kongresses noch 80 in der Kasse waren. Mustafa Kemal und seine Begleiter machten sich nach dem Kongress mit 900 Lira, die aus den persönlichen Ersparnissen eines pensionierten Oberst bestanden, auf den Weg.

Ein seit Erzurum bekannter Vertreter der «Vereinigungen für die Verteidigung der Rechte» und enger Mitarbeiter Mustafa Kemals war Mazhar Müfid (Kansu), der deshalb kurz zuvor seine Stelle als Gouverneur von Bitlis verloren hatte. In seinem Erinnerungsbuch schilderte er die erste Begegnung mit dem Pascha:

Er war jung, kerzengerade, sein muskulöser Körper brachte bei jeder Bewegung seinen dynamischen, energischen Charakter zum Ausdruck und verlieh ihm Bedeutung. Er trug einen, wie man damals sagte, *Liva*-Anzug und als Ehrenadjutant des Sultans eine vergoldete, glänzende Fangschnur. Seine Brust zierte die goldene *imtiyaz*-Medaille.

Nach seiner Entlassung aus der Armee war es Mustafa Kemals Wunsch, in Zivilkleidung aufzutreten, die Mazhar Müfid beim amtierenden Gouverneur besorgte. Der konnte ihm zwar keinen reinlichen Anzug leihen, holte aber eine *jaquette à taille* aus dem Schrank, die er selbst nur ein- oder zweimal getragen hatte. Der Fes (bisher hatte er ja den militärischen *kalpak* getragen) wurde von Mazhar zur Verfügung gestellt, und auch Hemd, Kragen und Krawatte konnten aufgetrieben werden. Mustafa Kemal ließ sich zum Vorsitzenden eines «Vertreterausschusses» wählen, dessen übrige Mitglieder eher durch Inaktivität und Abwesenheit glänzten. So hatte er freie Hand, den nachfolgenden, in Amasya bereits geplanten Kongress von Sivas vorzubereiten.

Kâzım Karabekir musste als Kommandeur des XV. Armeekorps dem Kriegsministerium regelmäßig über die Vorgänge in Erzurum berichten. Ein Telegramm vom 1. August 1919 rechtfertigte seine Unterstützung Mustafa Kemal Paşas und Rauf Beys mit den Worten: «Die Genannten leben wie jeder Patriot, der sich um das Heil und die Wohlfahrt der Nation sorgt.» In seiner «Großen Ansprache» von 1927 behandelte Mustafa Kemal den Erzurum-Kongress in aller Ausführlichkeit, ohne auf Karabekirs Unterstützung mit einem Wort einzugehen. Es ging ihm vielmehr darum, zu zeigen, dass es *ihm* in Erzurum gelungen war, seine «Grundgedanken» in das von den Delegierten verabschiedete Manifest fast vollständig einzubringen:

1. Alle Teile des Landes innerhalb der nationalen Grenzen bilden ein unteilbares Ganzes.
2. Im Falle einer Auflösung des osmanischen Staates wird sich die Nation einmütig jeder fremden Besetzung und Einmischung entgegenstellen.
3. Falls die Zentralregierung unfähig sein sollte, die Unabhängigkeit der Nation und die Integrität des Vaterlandes zu erhalten, wird sich eine provisorische Regierung bilden, um die Ziele zu sichern.
4. Die Hauptsache ist, die nationalen Kräfte zum beherrschenden Thema zu machen und den nationalen Willen als souveräne Macht aufzurichten.
5. Den christlichen Elementen können keine Privilegien gewährt werden, die unsere politische Souveränität und unser soziales Gleichgewicht beeinträchtigen könnten.
6. Von der Annahme eines Mandats oder Protektorats kann nicht die Rede sein.
7. Man wird daran arbeiten, den sofortigen Zusammentritt einer Nationalversammlung zu sichern.

Da sich keine Protokolle des Erzurum-Kongresses erhalten haben, ist es fast unmöglich, die Diskussionen, die zur Abschlusserklärung führten, nachzuvollziehen. Die wichtigsten Beschlüsse lassen sich wie folgt zusammenfassen:

Die Ostprovinzen sind untrennbar mit den übrigen osmanischen Ländern verbunden.
Alle Muslime sind Brüder und innerhalb der Waffenstillstandsgrenzen eine unteilbare Nation. Jede Intervention oder Besetzung innerhalb der Waffenstillstands-

grenzen wird als Versuch, eine griechische oder armenische Autonomie zu erzielen, zurückgewiesen.

Die Rechte der Christen werden respektiert, doch werden ihnen keine neuen Konzessionen eingeräumt.

Man begrüßt Hilfe auf wissenschaftlichem, industriellem und wirtschaftlichem Gebiet.

Sollte die Istanbuler Regierung gezwungen werden, die Ostprovinzen zu vernachlässigen oder aufzugeben, wird eine provisorische Verwaltung eingerichtet.

Gleichzeitig forderten die Abgeordneten Neuwahlen und ein (baldiges) Zusammentreffen der Kammer.

Diese Leitlinien unterschieden sich erheblich von den Vorschlägen, die die Sultansregierung zuletzt im März 1919 den Briten gemacht hatte. In diesen Monaten wurde auch die Idee eines amerikanischen Mandats über die osmanischen Länder diskutiert. Seine Anhänger, die im Gegensatz zu den pro-britischen Kräften in der Umgebung des Sultans und der «Partei für Freiheit und Verständigung» (*Hürriyet ve İtilaf*-Partei) standen, erhofften sich eine für die muslimische Bevölkerung günstige Auslegung der Wilson'schen Selbstbestimmungsgrundsätze. Ein bekannter Brief der Schriftstellerin Halide Edib (Adıvar, 1884–1964) an Mustafa Kemal vom 10. Oktober stellte die Segnungen amerikanischer Schutzherrschaft am Beispiel der Philippinen dar, wo die Amerikaner aus einem «barbarischen Land» eine sich selbst verwaltende, moderne Maschine (!) gemacht hätten.

Ein nächtliches Gespräch über die Zukunft des Landes

Gegen Ende des Erzurum-Kongresses kam es zu einem denkwürdigen Gespräch Mustafa Kemals mit Mazhar Müfid (Kansu) und İbrahim Süreyya (Yiğit, 1880–1952). Man saß in der Nacht zum 8. August spät bei Kaffee und Zigaretten, und in der Stimmung des Pascha mischten sich Heiterkeit und Nachdenklichkeit. Nicht alle Beiträge der Kongressteilnehmer hatten bei ihm Begeisterung ausgelöst:

Das Wort «zeitgenössisch» hat den Fanatismus der Hodscha Efendis herausgefordert. Sie haben sich nur auf fragwürdige Exegese und Kommentare eingelassen. Wir haben gut daran getan, dieses Wort *(modern)* (aus dem Protokoll) wegzulassen.

Wenig später bat er Mazhar Müfid, sein Notizbuch zu bringen, und nach einigen tiefen Zügen an der Zigarette ermahnte er ihn:

«Du zeigst aber niemand diese Seite des Hefts. Sie muss bis zum Ende geheim bleiben. Meine Bedingung ist, dass nur ich, Süreyya und Du davon wissen.»
Danach diktierte er: «Nach dem Sieg wird die Regierungsform die Republik sein. Das habe ich euch schon früher auf eine eurer Fragen hin gesagt. Das ist Punkt eins. Zweitens: Der Sultan und die Dynastie werden zur gegebenen Zeit so behandelt, wie es erforderlich ist. Drittens: Der Schleier wird aufgehoben. Viertens: Der Fes wird (ebenfalls) abgeschafft. Man wird wie zivilisierte Nationen einen Hut tragen.»
An dieser Stelle fiel mir unwillkürlich die Feder aus der Hand. Ich sah ihm ins Gesicht, und auch er blickte mich an (...) Ich habe mich nicht gescheut, zwischendurch mit dem Pascha auf Du zu verkehren. Als er sagte: «Warum hältst du ein?», antwortete ich: «Pascha, nimm es nicht übel, aber Sie neigen manchmal zu Fantasien.»
Da lachte er: «Das wird die Zeit erweisen. Schreib du», sagte er, und ich fuhr fort zu schreiben: «Fünftens: Die lateinischen Buchstaben werden übernommen.»
«Pascha», sagte ich, «es reicht jetzt, es reicht», und mit dem Ausdruck von jemandem, der es leid ist, sich mit Fantasiegebilden zu befassen, sagte ich: «Wollen wir nicht erst einmal die Gründung der Republik erreichen, der oberste Satz genügt.» Ich schloss das Notizbuch und klemmte es unter meinen Arm. «Pascha, der Tag graut, es ist Morgen.»

Süreyya, der etwa dasselbe Alter wie Mustafa Kemal hatte, war ein ehemaliger Unionist, der mit ihm 1911 als Freiwilliger in der Kyrenaika gedient hatte. 1919 zum Gouverneur der Provinz İzmit aufgestiegen, schloss er sich den Nationalisten in Amasya beziehungsweise Erzurum an. Mustafa Kemals Eröffnungen richteten sich also an Menschen, zu denen er vollständiges Vertrauen hatte. Jahre später, berichtete Mazhar Müfid, habe dieser ihn bei einer seiner Abendeinladungen in Çankaya lächelnd an seine trotzige Verweigerung jener «fantastischen» Konzepte erinnert. Das «Notizbuch» wurde nie veröffentlicht, aber es gibt wenig Anlass zu zweifeln, dass Mustafa Kemals «Ambitionen» und «große Ideen» längst reif waren.

Sivas: Zielstrebig in Richtung Republik

Der in Sivas zusammengetretene Kongress der «Gesellschaft für die Verteidigung der Nationalen Rechte Anatoliens und Rumeliens» dauerte vom 4. bis zum 11. September, begann also deutlich später als vorgesehen. Auch hier war ein Schulgebäude Tagungsort. Die berühmten seldschukischen Doppelminarette, die in diesen Jahren geradezu zum Beweismittel für das alte und ausschließliche Besitzrecht der türkischen Muslime auf Anatolien wurden, waren nur wenige Gehminuten davon entfernt.

Auf dem Landgut von Bekir Sami (Kunduh) bei Tokat (1919)
Von links nach rechts: Muzaffer Kılıç (Adjutant), Rauf (Orbay),
Bekir Sami, der Journalist Ruşen Eşref (Ünaydın), Cemal Cahid
(Toydemir) sowie Adjutant Cevad Abbas (Gürer).

Die Zahl der eingetroffenen «Delegierten» lag mit 31 noch unter den 56–70 für den Regionalkongress in Erzurum ermittelten Personen. Im Idealfall hätte jede der 61 Provinzen mit drei Abgesandten vertreten sein sollen. Sivas war jedoch ungeachtet seiner verhältnismäßig zentralen Lage nur auf schlechten Straßen erreichbar. Nach Ankara benötigte ein Pferdewagen zehn Tage. Erst 1930 bekam die Stadt Anschluss an das anatolische Eisenbahnnetz.

Zu Recht wurde auf die unterschiedlichen politischen Ziele der ost- und westanatolischen Verteidigungsgruppen hingewiesen. Der Westen war insgesamt moderater gegenüber alliierten Interventionen, er wurde auch nicht in dem Ausmaß von Militärs dominiert wie die östliche Vertretung. Trotz seiner schwachen Legitimationsbasis gelang die Darstellung des Kongresses als nationale Willenskundgebung, die die Beschlüsse von Erzurum landesweit gültig machte.

Am 11. September 1919 endete der Kongress mit einer Anzahl von Beschlüssen und der Wahl eines neuen «Vertreterausschusses», der jetzt um sechs Sitze erweitert wurde. Seine prominentesten Mitglieder waren neben Mustafa Kemal Paşa Rauf (Orbay) und der ehemalige Kommandeur des III. Armeekorps Refet (Bele). Nichtmilitärische Mitglieder waren unter anderem der neue Vertraute Mazhar Müfid (Kansu) und ein Nakşbendi-Scheich aus Erzincan namens Hacı Fevzi Efendi. Nachdem

Mustafa Kemal aus der Gesellschaft seine Volkspartei geformt hatte, galt «Sivas» als erster Kongress der Partei. Auf diese Weise sollte die Kontinuität zwischen dem anatolischen Widerstand und der republikanischen Ordnung demonstriert werden. In Istanbul wuchs bei der Regierung die Nervosität. Der britische General Milne berichtete nach London: «Die Regierung und die Alliierten sind machtlos. Die Bewegung Mustafa Kemals in Anatolien geht zielstrebig auf eine unabhängige Republik zu *(steadily moving in direction of an independent Republic)*.»

Zwei Tage nachdem Mustafa Kemal am 16. Oktober mit Rauf und Bekir Sami Sivas in Richtung Amasya verlassen hatte, um mit einem Vertreter der Istanbuler Regierung zu verhandeln, zeigte sich, dass sein Rückhalt am Konferenzort selbst alles andere als befriedigend war. Receb, ein Scheich der Halveti-Bruderschaft, hatte sich nach einer handstreichartigen Besetzung des Telegraphenamtes an die Regierung gewandt. Er beschuldigte Mustafa Kemal, nur für eine kleine Partei zu sprechen, die allerlei Schandtaten zu verbergen habe und behaupte, den Willen der Nation zu repräsentieren. Er, Receb, habe die Unterschriften von 200 Sivaser Notabeln gesammelt, ein Protestpapier trage 160 Siegel.

In Amasya trafen die drei Männer mit dem Istanbuler Marineminister Salih Hulusi Paşa (Kezrak, 1864–1939) zusammen, der versuchte, den Gesprächsfaden zwischen der Regierung Tevfik Paşa und den Nationalisten wieder aufzunehmen. Man einigte sich nach dreitägigen Verhandlungen – stets in Abstimmung mit den Armeeführern – auf eine Interpretation der Beschlüsse von Sivas, insbesondere wo sie Grenz- und Minderheitenfragen berührten. Das Parlament sollte seinen Sitz in Istanbul behalten, wenn es die bestehenden Bedingungen erlaubten. Freilich zeichnete sich in Mustafa Kemals Hinterkopf schon eine andere Lösung ab, wie er 1927 erklärte:

So wie es die Franzosen 1870/71 in Bordeaux und die Deutschen neuerdings in Weimar gemacht hatten, hielt man es für eher angezeigt, (…) die Nationalversammlung an einem sicheren, von der Sultansregierung zu bezeichnenden Ort Anatoliens tagen zu lassen.

Zurück in Sivas (28. Oktober) lud Mustafa Kemal die Befehlshaber von vier Armeekorps zu Besprechungen ein, die am 16. November begannen. Zum ersten Mal traf sich der Vertreterausschuss mit Armeeführern, um die immer bedrohlichere Lage, vor allem im Südosten des Landes, zu diskutieren. Dort waren inzwischen die Städte Urfa, Antep und Maraş von der französischen Armee, zum Teil auch mit armenischen Hilfstruppen besetzt worden. Am 3. November setzte General Milne eine Demarkationslinie zwischen Griechen und Türken fest.

In Sivas stellte sich eine Anzahl wichtiger ausländischer Besucher ein, von denen der amerikanische General Harbord (22. September) und der Franzose Picot (7.–8. Dezember) hervorgehoben werden müssen. Am 18. Dezember reisten die Mitglieder des Vertreterausschusses Rauf (Orbay), Mazhar Müfid (Kansu), Hakkı Behiç (Bayiç, 1882–1943) und Ahmed (Alfred) Rüstem (Blinsky, 1862–1935) nach Ankara, um sich auf die Wahlen zum osmanischen Parlament vorzubereiten. Das ursprünglich ins Auge gefasste Eskişehir kam wegen der Unterbrechung der Bahnverbindungen nicht mehr in Frage.

Auf dem Weg wurde das «Mutterkloster» aller Aleviten und Bektaşis in Hacıbektaş aufgesucht. Mustafa Kemal führte mit den dortigen Würdenträgern Gespräche, auf die in einem späteren Kapitel zurückzukommen sein wird. Einen Tag später, am 24. Dezember 1919, traf die Reisegesellschaft, wie stets mit Benzinmangel und Reifenpannen kämpfend, in Kırşehir ein. Hier waren die Schüler der Grund-, Mittel- und Mädchenschule angetreten. Der Schuldirektor begrüßte Mustafa Kemal mit einer Ansprache. Im Jugendclub hielt er die erste öffentliche Rede seiner politischen Laufbahn. Der Redner beklagte die mangelnde Initiative der Massen und endete mit einem Appell an die Gebildeten, für die Einheit des Vaterlandes zu kämpfen:

Der Gedanke der Organisation hat im Bewusstsein unserer Nation noch nicht Fuß gefasst. Die meisten überlassen sie der Regierung. Es ist ein ethischer Grundsatz, den unsere Nation seit eh und je befolgt. Die Großen zu ehren ist eine gute Sitte. Allerdings erweisen Zeit, Ereignisse und Erfahrungen, dass die Nation selbstbewusst und nachdenklich werden muss.

Der Gast wurde in einem *Konak* untergebracht, der als der schönste der Stadt galt. Schüler und Bevölkerung veranstalteten abends einen Fackelzug vor seiner Wohnung. Der 1944/45 in Kırşehir «konfinierte» deutsche Indologe Walter Ruben (1899–1982) hat das recht bescheiden wirkende Gebäude gezeichnet.

Nach Überwindung schneebedeckter Pisten wurde die Gruppe am 27. Dezember in Ankara von der Bevölkerung herzlich begrüßt.

7. DIE ZEIT DER GROSSEN NATIONALVERSAMMLUNG (1920–1923)

Abgeordnete auf Schulbänken: Die Meclis tritt zusammen

Im Frühjahr 1920 begann der Trennungsprozess Ankaras von Istanbul, der in der Folge von beiden Seiten dramatisch beschleunigt wurde. Das letzte osmanische Parlament war am 12. Januar eröffnet worden, am 28. des Monats unterschrieben seine Abgeordneten den «Nationalpakt» und machten sich damit die Forderung Mustafa Kemals und seiner Mitstreiter weitgehend zu Eigen.

Im März rief Mustafa Kemal zu einer «mit außerordentlichen Vollmachten versehenen Versammlung» auf. Auf die Selbstauflösung des osmanischen Parlaments am 11. April folgte dann der Weggang von 92 Abgeordneten nach Anatolien, die sich dem nationalen Widerstand anschlossen. Weitere 232 gingen aus den Reihen der lokalen «Gesellschaften für die Verteidigung der Rechte» hervor. Alle waren nach dem zweistufigen Wahlverfahren der «Ersten Konstitution» von 1876 bestimmt worden.

Im bescheidenen Klubgebäude der Unionisten unterhalb des Burgbergs mit der Altstadt wurde am 23. April 1920 die «Große Nationalversammlung der Türkei» (*Türkiye Büyük Millet Meclisi/*«TBMM») nach einem Gebet in der ehrwürdigen Haci-Bayram-Moschee und dem unvermeidlichen Opfern eines Hammels eröffnet. Am folgenden Tag hielt der zum Präsidenten der Versammlung gewählte Mustafa Kemal seine erste Rede in Ankara. Er bedankte sich bei den ehrenwerten Efendis für das ihm erwiesene Vertrauen in schwerer Stunde:

Ich habe in allen meinen Kämpfen, die sämtliche Phasen meines Lebens als Soldat wie Politiker bestimmten, stets als Handlungsgesetz in Anlehnung an den Volkswillen die Ziele verfolgt, welcher Nation und Vaterland bedurften.

Er wisse um die Schwere der Verantwortung, die ihm die geeinte Nation aufgebürdet habe. Sein Schlusswort wurde von heftigen Beifallsbekundungen begleitet:

Das bescheidene Gebäude der ersten Meclis markierte den zukünftigen Mittelpunkt Ankaras beim Ulus-Platz. Im Hintergrund die Straße zum Bahnhof.

Ich flehe um die göttlichen Gnadenbeweise, dass Seine Majestät, unser Herr der Sultan, *inşallah* bei guter Gesundheit und frei von allen ausländischen Einschränkungen auf immer auf seinem großherrlichen Thron bleibt.

Die Deputierten rückten auf viel zu kleinen Bänken zusammen, die man aus einer nahen Schule herbeigeschafft hatte. Da sich ihre Ernährung nicht vom schlichten Küchenzettel der Armee unterschied, bestand allerdings keine Gefahr, dass die Sitzmöbel unter dem Gewicht einbrachen.

Türkiya und Türkiye

Somit trat die Türkei nach den konstitutionellen Zwischenakten von 1876 und 1908–1918 in ihr drittes parlamentarisches Regime ein, und zwar mit einem entfernten und wenig geliebten, aber in seiner Funktion noch unumstrittenen Monarchen. Die «Türkei»? Tatsächlich gab sich zum ersten Mal eine Versammlung an Stelle des Namens der Herrscherfamilie den des Landes und der Mehrheit seiner Bewohner, so wie er seit Jahrhunderten von Ausländern gebraucht wurde, aber auf keiner Münze, in keiner Urkunde offiziell festgeschrieben war. Erst etwa zwei Jahre später wurde aus der *Türkiya* in Analogie zu den «Osmanischen Ländern» (Memalik-i Osman*iye*) der Staatsname «Türk*iye*».

Das neue Gremium sollte nach den Vorstellungen Mustafa Kemals den Namen «Gründerversammlung» erhalten. Dabei dachte er sicher weitblickend an eine «Constituante», wie grundlegende verfassunggebende Versammlungen seit der Französischen Revolution heißen. Dieser Vorschlag wurde ebenso wenig angenommen wie der von Fevzi Paşa (Çakmak), der an das unverbindlichere Wort *şûra* dachte. Dieser Begriff für «Ratsversammlung» ist nicht unbedingt an einen koranischen Sprachgebrauch angelehnt (obwohl das Heilige Buch die Gläubigen ermahnt, «sich zu beraten»), denn alle möglichen informellen politischen Treffen hießen und heißen in der Türkei *şûra*.

Meclis (wörtlich «Sitzungsort») war und ist der bis heutige gültige, eher neutrale Name, den das Parlament schon in osmanischer Zeit geführt hatte. Diese *convention* war zwar nicht aus einer Revolution hervorgegangen wie im Frankreich des Jahres 1793 (beziehungsweise seinem namengebenden amerikanischen Vorbild). Als *Türkiye Büyük Millet Meclisi*/«TBMM») sollte sie allerdings wie diese die vollziehende und gesetzgebende (und zusätzlich die richterliche!) Gewalt in sich vereinigen und die Revolution sukzessive, aber gründlich nachholen. Die Regierung von Ankara bestand aus einem «Rat der Vollzugsbeauftragten», der nach Mustafa Kemal keine *über* der *Meclis* stehende Gewalt ausüben sollte. Mit diesem vorsichtigen Kalkül wollte er Empfindlichkeiten seiner Gegner, die in ihm den Anwärter auf die höchsten Ämter sahen, dämpfen. Für viele Abgeordnete war die TBMM nichts anderes als ein ausgelagertes osmanisches Parlament, das keine eigentliche Exekutive bilden und sich damit auch nicht über den Sultan stellen durfte.

Mahmud (Soydan, 1883–1936), der Gründer und Herausgeber der Istanbuler *Milliyet*, erinnerte sich an Mustafa Kemals Reaktion auf diese Widerstände:

Alle diese Proteste sind meines Erachtens unwichtig. Es wird auf jeden Fall eine Regierung gebildet. (...) Denn eine solche Bildung ist notwendig. In dieser Situation müssen wir einen Weg finden, eine vollständige Regierung zu bilden, ohne das Wort «Regierung» auszusprechen. (...) «Rat der Vollzugsbeauftragten» passt zu diesem Zweck. Wir haben keine Zeit, um uns allzu lange bei dem Namen aufzuhalten. ... Wir werden ein Regime gründen, das nichts anderes als eine Republik ist. Aber wir werden uns – Gott bewahre – sehr davor hüten, das Wort Republik in den Mund zu nehmen.

Mahmud schilderte auch das spannungsreiche Innenleben der ersten Versammlung:

In jedem Parlament auf der Welt gibt es große Unterschiede zwischen seinen Mitgliedern. Aber diese Unterschiede waren nirgendwo so stark wie im Parlament von Ankara. Die Unterschiede in der Mentalität waren ganze Gebirge, Entfernungen, Ozeane. (...) Eine der Fronten in der Nationalversammlung war der religiöse Fanatismus. Jeder Deputierte war entweder selbst fanatisch oder das Produkt des Fanatismus. Denn man fürchtete sich davor, aus der Glaubensgemeinschaft (des Islam) ausgestoßen zu werden. Hier war von Gewissensfreiheit keine Rede. (...) Unter den Deputierten gab es derart viele Hodschas, Müftüs und Medreselehrer, dass die freier Denkenden zum Schweigen verurteilt waren. Sie hatten stets einen Stempel zur Verurteilung in der Hand (auf dem zu lesen stand): Ungläubiger!

In Wirklichkeit war der Gegensatz zwischen «progressiven» Anhängern Mustafa Kemals und seinen «reaktionären» Kontrahenten nicht ganz so zugespitzt. Wenige Wochen nach Eröffnung der TBMM erklärte der Abgeordnete Hacı Süleyman aus İzmir zum Beispiel, dass Schulen in den Dörfern ein wohltätigeres Werk darstellten als große Moscheen in den Städten. Gleichzeitig forderte er die Einrichtung von Mädchenschulen.

Schon am Tag nach der Eröffnung wurden wichtige Beschlüsse gefasst: Die Nationalversammlung erklärte alle nach der endgültigen britischen Besetzung Istanbuls am 16. März 1920 getroffenen Entscheidungen der dortigen Regierung für null und nichtig. Am selben Tag wurden die Abgaben auf Schafe und Ziegen um das Vierfache erhöht. Die Einnahmen aus der Besteuerung dieser Nutztiere mit «kleinen Köpfen» gehörte seit jeher zu den wichtigsten Positionen im Haushalt des Landes und sollte auch für Ankara und seine rund neun Millionen «Staatsbürger» (etwa drei Millionen weitere wurden von den Besatzungsmächten kontrolliert) eine der wenigen regulären Finanzierungsquellen bleiben. Von stärkerer Symbolkraft für das wirtschaftlich ausgeblutete Land hätte dieser als erstes Gesetz der neuen Türkei geltende Beschluss nicht ausfallen können.

Das Fetwa-Duell der Müftüs

Die Sultansregierung unternahm mit und ohne britische Hilfe alles in ihrer Macht Stehende, um die Entfaltung des Regimes von Ankara zu behindern. So organisierte sie zum Beispiel Revolten, zunächst im Raum Bolu und Düzce, und begründete eigene «Ordnungsstreitkräfte» *(Kuva-ı İnzibatiye)*. Der Scheichülislam Dürri-Zâde Abdullah Beyefendi (1869–1923) hatte als höchste islamrechtliche Autorität am Sitz des Kalifats bereits am 10. April 1920 alle am nationalen Widerstand beteiligten Kräfte zu Ungläubigen erklärt, deren Tötung notwendig sei. Der Text des Fetwas wurde in ganz Anatolien, angeblich auch durch britische Flieger, verbreitet. Ankara reagierte am 16. Mai mit einem Gegen-Fetwa, dem der Mustafa Kemal noch lange verbunden bleibende Müftü Mehmed Rifat Efendi (Börekçi, 1860–1941) seinen Namen gab, das aber von einer ganzen Anzahl weiterer ranghoher Religionsmänner (fünf Müftüs, neun «Gelehrten» und sechs weiteren Personen) unterzeichnet wurde. Am 11. Mai hatte das oberste Kriegsgericht in Istanbul Mustafa Kemal mit Rifat Efendi, Ali Fuad (Cebesoy), Adnan (Adıvar) und Halide Edib zum Tode verurteilt. Der Sultan bestätigte das Urteil nach einigem Zögern am 24. Mai.

Nichts ist weniger überraschend als dass Widersacher, die sich gegenseitig mit religiös und kriegsrechtlich begründeten Todesurteilen bombardierten und gegeneinander Armeen aufstellten, am Ende auch die amtlichen Beziehungen einstellten. Nach dem 6. Mai waren nur noch private Briefverbindungen zwischen den von Ankara kontrollierten Gebieten und Istanbul erlaubt. Mustafa Kemals Forderung einer Bestrafung aller für den «Feind» tätigen Personen wurde nach langen Debatten am 29. April in ein Gesetz über Hochverrat gegen die Legitimität der TBMM überführt. Diese Legitimität wurde im ersten Artikel des Gesetzes mit dem Ziel begründet, Kalifat und Sultanat aus den Händen der Ausländer zu befreien. Der «Verräter am Vaterland» wurde als eine Person definiert, die sich in Worten, Taten oder in schriftlicher Form gegen die TBMM empört.

Im Programm des ersten Ministerrats, dessen Vorsitz Mustafa Kemal innehatte und der sich, wie schon gesagt, als «Ausschuss der Vollzugsbevollmächtigten» verstand, wurde noch ausdrücklicher als Ziel das Wohl des Vaterlands, die Unabhängigkeit und Unverletzlichkeit von Kalifat und Sultanat sowie die Erlösung der Hauptstadt aus der Gefangenschaft genannt. Sehr beachtlich waren ausführliche Festlegungen zum Schulwesen mit Bekenntnissen zu «wissenschaftlichen und modernen *(asrî)* Grundsätzen». Hier erscheint zum ersten Mal das in den kommenden Jahrzehnten Modernität und Verwestlichung beschwörende Wort *asrî*. Bald sollte man selbst Friedhöfe, die in Parzellen aufgeteilt und mit ordentlichen Wegen versehen waren, im Gegensatz zu den orientalischen Gräberfeldern mit dem Attribut *asrî* auszeichnen. Das Wort verschwand erst, als das ganze Land einen weitgehend westlichen Habitus angenommen hatte.

Wirklich unerwartet für das Programm einer Regierung, die noch jahrelang gezwungen war, aus Papiermangel Briefumschläge mehrfach zu verwenden, waren die Punkte «Schaffung eines Wörterbuchs unserer Sprache durch Sammlung des Wortschatzes breiter Bevölkerungsschichten» sowie «Übersetzung westlicher und östlicher wissenschaftlicher und technischer Werke». Wir können schwer sagen, welchen Anteil Mustafa Kemal an der Formulierung dieser Programmteile hatte, es spricht jedoch nichts gegen seine Federführung, war ihm doch die Durchsetzung eines «türkischen Türkisch» ein wichtiger Baustein seines großen, für die Zeitgenossen noch nicht sichtbaren Projekts. Ob er im Jahr 1920 noch auf die Wirkungsmacht *«östlicher* wissenschaftlicher und technischer Werke»* setzte, muss man dagegen bezweifeln. Hier liegt wohl die konservative Aufforderung vor, über dem Okzident und seinen Errungenschaften nicht den Orient mit seinem Vermächtnis aus den Auge zu verlieren.

«Aufflammende Feuer der Unruhen erfassten das ganze Land»

Mustafa Kemal hatte während des ganzen Jahres mit der Bekämpfung lokaler Unruhen zu tun, die in ihrem örtlichen und zeitlichen Umfang zwar eher gering, aber angesichts der minimalen Ressourcen der Regierung der TBMM doch gefährlich waren. Jahre später beschwor er in einem von metaphorischem Pathos erfüllten Absatz seiner Marathonrede von 1927 die Bedrohung durch die ab 1919 ganz Anatolien erschütternden Aufstände:

Die aufflammenden Feuer der Unruhen erfassten das ganze Land. Die Nebel des Verrats, des Unwissens, des Hasses und des Fanatismus verhüllten den Himmel des Vaterlands mit ihrer dichten Schwärze. Die Wellen des Aufstandes schlugen bis an die Mauern unseres Hauptquartiers in Ankara.

Er zählte nicht weniger als 34 Unruhezentren auf, unter denen sich jedoch mit Ausnahme von Konya keine einzige größere städtische Siedlung befand. Besonders betonte er die Nähe von Aufstandsbewegungen in Orten wie Nallıhan und Beypazarı zu Ankara, die tatsächlich nur wenige Kilometer entfernt liegen. Eine typische lokale Revolte wurde im Raum Yozgat von dem dort altansässigen «feudalen» Beg Celal Çapanoğlu ausgelöst, der sich mit 300 Berittenen Richtung Ankara aufmachte, unterwegs zwölf Gendarmen als Geiseln nahm und erst Wochen später von den Leuten eines aus der regulären Armee hervorgegangenen Warlords, Çerkes Edhem, aufgehalten werden konnte. Der Tscherkesse Edhem (1885–1948) hatte mit seinen Brüdern eine wichtige Rolle im

Kampf gegen Griechen und anti-kemalistische Revolten gespielt, bevor
er sich 1921 mit Mustafa Kemal überwerfen sollte.

Andere Fronten, an denen es brannte, waren die nordwestlichen Orte
Biga und Gönen, mit denen sich der Name eines weiteren anatolischen
Tscherkessen, des aufständischen «Anzavur» Ahmed (gestorben 1921),
eines ehemaligen Gendarmerie-Kommandeurs, verbindet. Revolten gegen Ankara gab es aber auch in Adapazarı, Düzce und Bolu. Im Hinterland von Konya ging die Erhebung eines gewissen Delibaşı in die Annalen der kemalistischen Geschichtsschreibung ein.

Diese anatolischen Rebellionen stützten sich in der Mitte und im Osten des Landes häufig auf tribale Gruppen. Als bedrohlich erwiesen sich
kurdische Rebellen im Raum Mardin. Erst im April 1921 sollte der Widerstand der alevitischen Koçgiri gebrochen werden. Hier bewährten
sich Mustafa Kemals Fähigkeiten im Umgang mit tribalen «Unruhestif-
tern». Für die Kurden war das Kalifat die einzige Institution, die sie an
den Osmanenstaat band. Solange zumindest die sunnitischen Kurden in
dem Pascha den Verteidiger des Kalifats anerkannten, gab es keinen
Grund zum dauernden Abfall. In einem kritischen Moment im Juni 1920
ging Mustafa Kemal sogar so weit, den Kommandeur der el-Cezire-
Front (an der Grenze zum französischen Mandatsgebiet Syrien), Nihad
Paşa (Anılmış, 1879–1954) zu instruieren, «den Gebieten, die von Kurden bewohnt sind, stufenweise eine lokale Regierung im Interesse unser
Innen- und Außenpolitik zu gewähren.»

Die griechische Armee auf dem Vormarsch

Noch vor Annahme des Friedensvertrags von Sèvres hatte der
griechische Ministerpräsident Venizelos am 21. Juni in Paris «grünes
Licht» für die Überschreitung der sogenannten Milne-Linie erhalten,
von der schon die Rede war. Die Truppen Athens marschierten darauf
Richtung Eskişehir und Bursa, zwei der wichtigsten Städte Anatoliens.
Zu diesem Zeitpunkt waren die nationalistischen Truppen noch mit der
Kalifatsarmee beschäftigt, die am 25. Juni bei Geyve durch Ali Fuad (Cebesoy) eine Niederlage erlitt. Ein Kommandeur der Armee des Sultans
war Subhi Paşa, ein in Deutschland ausgebildeter General der Kavallerie
und ehemaliger Vorgesetzter Mustafa Kemals, mit dem er seit Saloniki
kameradschaftlich verbunden war. Als er nach Gründung der Republik
in Ankara zufällig am Bahnhof mit dem Präsidenten zusammentraf,
stellte dieser ihm die Frage: «Mein Pascha, warum hast Du das Kom-

mando der Kalifatsarmee übernommen?» Subhi antwortete ohne Zögern orientalisch geschmeidig: «Um von Ihnen besiegt zu werden!»

Die ehrwürdige erste osmanische Hauptstadt Bursa fiel am 8. Juli in griechische Hände; seit diesem Tag wurde in der Versammlung von Ankara der Stuhl des Präsidenten mit einem schwarzen Tuch verhängt. Der zeitliche Zusammenhang hat in der kemalistischen Geschichtsschreibung (Sina Akşin) zu der bitteren Auffassung geführt, dass die Griechen ihre Siege dem Sultan-Kalifen verdankten. Es liegt zwar nahe, dass Vahideddin in erster, sein mehrmaliger Großwesir Damad Ferid Paşa in zweiter Linie die Bekämpfung der Gegenregierung betrieb. Bei aller persönlichen Schwäche war der Sultan aber nicht unbedingt bereit, wie man vereinfachend unterstellte, die Souveränität des Landes dem Erhalt der Dynastie zu opfern.

Knappe Ressourcen der Nationalisten

Die Ressourcen der nationalistischen Kräfte waren freilich mehr als beschränkt. Auf türkischem Boden standen am Tag der Eröffnung der *Meclis* 38 000 Engländer, 59 000 Franzosen, 17 000 Italiener und 90 000 Griechen. Im Osten und Norden hatten sich Armenier und Griechen bewaffnet, um eigene Staaten aus der Konkursmasse herauszuschneiden. Die Istanbuler Regierung gebot nach dem Abfall großer Teile Anatoliens nur über wenige zehntausend Mann.

Als Mustafa Kemal in Samsun an Land ging, gab es in Anatolien nur noch 35 000 türkische Soldaten. Allein das XV. Armeekorps von Kâzım Karabekir in Erzurum mit 680 Offizieren und 19 047 Soldaten konnte als einigermaßen intakte Einheit gelten. Obwohl den Alliierten die Durchsetzung der Bestimmungen von Mudros nicht vollständig gelang, war, wie schon mit Zahlen demonstriert wurde, nur eine unbedeutende Menge von Waffen in Händen der türkischen Kräfte geblieben.

Es gab nur einen Staat, der in der Lage war, zu helfen, und mit Ankaras Feinden nichts gemein hatte: die Sowjetunion. Dort war man in diesen Monaten dazu übergegangen, die reguläre Armee in eine «Arbeitsarmee» umzubauen. Auch in der Türkei musste sich herumgesprochen haben, dass nach dem Sieg der Bolschewiken Regimenter müßig gingen und nur auf eine Transportmöglichkeit ins heimische Dorf warteten. Am 26. April wandte sich Mustafa Kemal an Lenin mit der Bitte um Waffen, Munition, Material und Geld. Außenminister Georgij Čičerin (1872– 1936) zeigte sich im Gespräch mit dem Abgesandten der Nationalversammlung Bekir Sami (Kunduh) unter bestimmten Bedingungen zur Militärhilfe bereit. Es war von territorialen Zugeständnissen an den sowjetischen Satellitenstaat Armenien die Rede, was freilich türkischerseits auf taube Ohren stieß. Immerhin konnten Ankaras Gesandte noch im selben Jahr zweimal mit je einer Million Goldrubel aus Moskau zurückkehren.

Sèvres: Der Vertrag ohne die Unterschrift Ankaras

Der Name des Pariser Vororts Sèvres ist auch Türken geläufig, die nur vage Geschichtskenntnisse haben. Er verbindet sich mit jenem Friedensvertrag, der zwar am 10. August 1920 unterzeichnet, aber von keinem türkischen Parlament ratifiziert wurde. Trotzdem ist ein Blick auf seine wichtigsten Artikel notwendig, weil nur so deutlich wird, vor welchem Unheil der anatolische Widerstand die Türken bewahrte. Die Vereinbarung ging nach den Worten eines zeitnahen deutschen diplomatischen Beobachters weit über die anderen Friedensverträge hinaus. Der Türkei wäre nur ein «kümmerlicher Rest der Staatshoheit» belassen worden, eine Annahme hätte den völligen und unwiderruflichen Verlust der Unabhängigkeit bedeutet.

Auf dem Papier von Sèvres stand vor allem ein unabhängiges Armenien als Sieger (Art. 89). Die schon früher entstandene Teilrepublik der

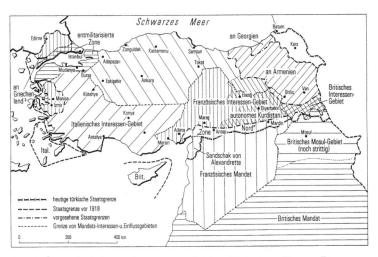

Der 1920 von der Sultansregierung unterschriebene Vertrag von Sèvres sollte bei der Türkei nur einen Teil Anatoliens mit uneingeschränkter Souveränität belassen.

Sowjetunion sollte nach dem Schiedsspruch des amerikanischen Präsidenten Wilson ganz oder teilweise um die türkischen Provinzen Erzurum, Trabzon, Van und Bitlis erweitert werden. Für die Kurden, deren Ansprüche sich ja vielfach mit den armenischen überschnitten, war zunächst nur lokale Autonomie vorgesehen. Die Türkei musste aber schon jetzt ihre Zustimmung zu einer späteren kurdischen Unabhängigkeit, nach einer Abstimmung im Laufe eines Jahres, geben. England stimmte über die Köpfe der irakischen Araber hinweg einer Angliederung von kurdisch bewohnten Gebieten der Provinz Mosul zu. London war der eigentliche Gewinner des Konferenzpokers, Paris ging vergleichsweise leer aus. Die Resttürkei wäre nach dem Willen der Sieger weitgehend auf das nördliche und westliche Inneranatolien reduziert worden.

Ein berühmtes Diktum des französischen Präsidenten Raymond Poincaré zum Vertrag von Sèvres lautete: «Der türkische Vertrag wurde in der nationalen Manufaktur inmitten von Biskuits und Lilien unterzeichnet. Er ist selbst ein zerbrechliches Gut, womöglich eine schon zersprungene Vase. Rühren Sie sie nicht an!» Eine Mahnung, die auf den Hochebenen Anatoliens verhallte.

Nach der Niederschlagung der meisten inneren Aufstände richtete sich jetzt die Aufmerksamkeit ganz nach Westen.

Mit Ochsenkarren in den Krieg

Als die Türken im September 1922 in İzmir einmarschierten, stellte die regierungsnahe Londoner Zeitung *Evening Standard* erstaunt die Frage, wie die kemalistische Armee, die in einem Land ohne jede Industrie aus anatolischen Bauern rekrutiert wurde, wohl zu dem schlagkräftigen und schnellen Instrument geworden war, als das man sie inzwischen kennen gelernt hatte. Und sogleich wurde der Verdacht hinzugefügt, dahinter ständen wie in Warschau, Prag und Bukarest französische Instrukteure; schließlich hätten die Franzosen ja einen Vertrag mit Ankara (gemeint war das Franklin-Bouillon-Abkommen vom 8. Juni 1920) abgeschlossen, woher sonst erklärten sich sonst der «große Stil, die rasche Ausführung und die Klarheit der Planung» ihres Angriffs.

Tatsächlich war die türkische Waffenindustrie primitiv. In Ankara gab es eine «Fabrik» für Scheibenräderwagen *(kağnı)*, welche, mit Wasserbüffeln bespannt und von Frauen geführt, Munition an die Front transportierten. Ihre Tagesleistung betrug höchstens 20 Kilometer. *Hightech* bestand darin, aus den Flugzeugen notgelandeter Griechen mit Hilfe von

Kraftfahrzeugmotoren, Blech aus Petroleumkanistern sowie mit Oliven-
öl getränkter Leinwand für die Tragflächen wieder flugfähige Apparate
zu basteln. Die vom Militär betriebene Eisenbahn hatte nur noch
15 Dampf- und 5 Dieselloks, die 717 Waggons ziehen konnten, und die
wichtigste Linie war die Verbindung von Ankara nach Eskişehir mit
268 Kilometern Länge. Nach den Schlachten in diesem Raum fehlte
Kohle, man musste die Loks mit Holz beheizen, und als das ausging, mit
dem Material der Waggons selbst. Die Verwaltung übte äußerste Spar-
samkeit. 1920 wurde Mustafa Kemals Unterschrift für alle Ausgaben
über 250 Lira notwendig.

Der Nachschub zur See war fast ganz auf Russland beschränkt. Die
Hilfe der Bolschewiki – Gold und Kriegsmaterial – war bedeutend, wenn
auch nicht kriegsentscheidend. Insgesamt flossen aus Moskau, zum Teil
auf dem Umweg über Buchara, in den Jahren 1920 bis 1922 umgerech-
net 11 018 012 Lira nach Ankara. Das Verteidigungsbudget umfasste
dabei für 1920 und 1921 zusammen über 81 Millionen Lira. Viele Offiziere, wie auch der Eisenbahnpionier Hauptmann Hans Tröbst (1891–
1939), der wohl der einzige deutsche Söldner im Dienst der Kemalisten
war, erhielten ihren Sold in russischer Währung ausgezahlt, «und zwar
in blitzblanken goldenen russischen Fünf Rubelstücken mit dem Bilde
des seligen Nikolaus».

Zunächst aber soll ein Blick auf die griechisch-türkischen Beziehungen
das Verständnis dieser letzten historischen Auseinandersetzung «des zivilisierten Westens» mit dem «barbarischen Osten» erleichtern – denn so
wurde sie von vielen Griechen und philhellenisch gestimmten Zeitgenossen gesehen. Mit Ausrufung der griechischen Unabhängigkeit im Jahr
1821 war neben dem auf große Gebiete des Osmanischen Reichs verteilten Hellenentum ein zweites Griechenland entstanden: Es war kleiner
und ärmer und drängte sich unter einem wenig geliebten bayerischen
Monarchen um den Fuß der Akropolis. Von nun an musste man, um
Verwechslungen zwischen den Griechen von Attika und des Peloponnes
und osmanischen Untertanen griechischer «Nation» *(millet)* zu vermeiden, zwei verschiedene Bezeichnungen wählen. Die osmanischen Griechen hießen bei den Türken weiterhin *Rumlu* oder *Rum*, die des Könik-
reichs *Yunani* oder *Yunan*. Die meisten Griechen aber lebten – vor allem
in Konstantinopel, in Thrakien, auf den Inseln, an der Küste und im
nahen Hinterland – oft als osmanische Untertanen, die sich nicht nur
dem Patriarchen von Konstantinopel gegenüber loyal verhielten, sondern auch noch lange den *Sultan-Basileos* Abdülhamid II. hochleben lie-

ßen. Selbst in Zentralanatolien gab es große orthodoxe Gemeinden. Diese *Karamanlis* hatten das Türkische nicht nur als Haussprache, sondern gebrauchten es auch in Schule und Kultus.

Auf eine weitere sprachliche Unterscheidung muss hingewiesen werden: Die Türken nannten ihre europäischen Provinzen zusammenfassend «Rumeli» («Land der Römer»), obwohl die geographische Bezeichnung «Rum» seit Jahrhunderten auch für das islamische Anatolien, den Erben Ost-Roms, in Gebrauch war. «Kleinasien» war nur für die Griechen ein geläufiger Ausdruck; beide Seiten aber nannten ihren letzten großen Zankapfel «Anatolien» und meinten damit die eigentliche Halbinsel, nicht wie später die gesamte asiatische Türkei. Ein deutliches Signal für die Zukunft des türkisch-griechischen Verhältnisses bildete die Tatsache, dass sich König Georg I. 1864 den Titel «König der Hellenen» statt wie bisher «König von Hellas» zulegte. Damit war ein Anspruch auf die Annexion von Teilen Kleinasiens verbunden.

Mustafa Kemal war unter *Rum* aufgewachsen, die aber nur in Teilen seiner makedonischen Heimat die Bevölkerungsmehrheit bildeten. Als junger Kadett in Manastir wusste er von den kretischen Aufständen und dem Dreißig-Tage-Krieg an der thessalischen Front (1897), aus dem der Sultan als Sieger hervorgegangen war. Mit Sicherheit wurde auch der Abzug der türkischen Truppen aus Kreta (1898) in seinem Milieu lebhaft diskutiert. Das Königreich Griechenland konnte zwischen 1907 und 1919 durch die Einverleibung Makedoniens, des Epirus, zahlreicher Inseln sowie Westthrakiens sowohl sein Staatsgebiet als auch seine Bevölkerungszahl etwa verdoppeln. Das gegenwärtige Griechenland ist, abgesehen von den Ionischen Inseln mit Korfu, vollständig auf osmanischem Boden entstanden. Auch wenn Türken und Griechen von heute das gemeinsame Erbe gerne ausschlagen, Mustafa Kemal hat sich sein Leben lang zur Musik Rumeliens und seiner deftigen Küche bekannt. Dass er den westrumelischen Dialekt seiner Heimat immer behielt, ist gut belegt.

Ende 1915 waren französische und britische Truppen in Saloniki gelandet, obwohl sich Griechenland als neutraler Staat gegen diesen Völkerrechtsbruch hätte wehren müssen. Nach 1918 konnte sich Athen große Hoffnungen auf eine weitere Verdoppelung des Königreichs machen als Belohnung für den von seinem Ministerpräsidenten Venizelos betriebenen Eintritt in den Krieg an der Seite der Alliierten (Juni 1917). Diese genehmigten im Einvernehmen mit dem amerikanischen Präsidenten Wilson im März 1919 griechische Landungspläne in Kleinasien. Die orthodoxe Gemeinde Istanbuls unter dem Metropoliten von Bursa

Dorotheos als Vertreter des Patriarchen fühlte sich jetzt sicher genug, um die Beziehungen zur Sultansregierung wie zu einem ausländischen Staat abzubrechen. Auch die im pontischen Raum lebenden Griechen nahmen, in den Worten Mustafa Kemals «von dem hellenischen Ideal (der ‹Großen Idee›) getrieben, fast überall eine anmaßende und herausfordernde Haltung» an.

Der Pascha befand sich in diesen März-April-Wochen noch in der alten Hauptstadt, bereitete sich aber, wie dargelegt, darauf vor, als Inspekteur der 9. Armee nach Anatolien zu gehen. Der 15. Mai 1919 wurde zum schwärzesten Tag für das Land nach dem Waffenstillstand von Mudros. Ohne auf nennenswerten Widerstand zu stoßen, landeten griechische Truppen an diesem Tag in İzmir. Die türkische Reaktion beschränkte sich zunächst auf Protestversammlungen in der besetzten Stadt und anderen Orten Kleinasiens. In seiner Generalabrechnung *Nutuk* im Jahr 1927 geißelte Mustafa Kemal Nadir Paşa, den Chef eines Armeekorps, dessen Stabsquartier in İzmir war, der sich aber weigerte, die Stadt zu verteidigen. Seine Soldaten seien daraufhin manchen Demütigungen durch die Besatzer ausgesetzt worden. Eine ruhmreiche Rolle habe allein der Oberstleutnant Ali Bey (Çetinkaya, 1878–1949) gespielt, indem er sich über die Befehle aus Istanbul hinwegsetzte und bei Ayvalık die ersten Schüsse abfeuerte. Auch wenn die griechische Seite ihre Ansprüche auf das westliche Kleinasien nicht nur mit historischen Argumenten untermauerte, sondern auch mit zum Teil eher zweifelhaften statistischen Zahlen spielte, muss gesagt werden, dass Ayvalık, gegenüber von Lesbos gelegen, eine hundertprozentig griechische Stadt war. Ali Bey war mit Mustafa Kemal schon seit Jahren verbunden und sollte nach einer Exilierung auf Malta in Ankara noch sehr wichtige Positionen einnehmen. Er wird uns hier noch als Chef des Unabhängigkeitsgerichtshofs begegnen.

Die Griechen standen nun im altosmanischen Kernland. In einer Erklärung, die Mustafa Kemal über die Anatolische Agentur verbreitete, wurden die Invasoren zahlreicher Massaker, Plünderungen, Vergewaltigungen und der Zerstörung von Dörfern, Städten und Landgütern beschuldigt. Auf das Mausoleum von Ertoğrul, dem Vater von Osman Gazi, in Söğüt sei ein Anschlag mit Dynamit verübt worden. Dieses wichtige Baudenkmal verkörperte den Besitztitel der Osmanen auf den Marmararaum. Mustafa Kemal war jedoch falsch unterrichtet. Das Mausoleum hatte kaum Schaden davongetragen, aber das Vorgehen des griechischen Heers war an vielen Stellen in einem Ausmaß «barbarisch»,

dass selbst König Konstantin I. (1868–1923) später betroffen eingestand, dass seine Soldaten türkische Gefangene erschossen hatten. Neben den Muslimen wurde von den Invasoren auch die jüdische Bevölkerung, die bisher mit den einheimischen Griechen weitgehend in gutem
Einvernehmen lebte, schikaniert. Jedenfalls hatte Athen noch vor der
Unterzeichnung des Friedensvertrags von Sèvres am 10. August 1920
starke Pflöcke in den Boden Anatoliens eingeschlagen.

Wie reagierte Ankara auf diese dramatischen Vorgänge? Mustafa Kemal verteidigte sich 1927 beredt gegen den Vorwurf, die nationale Armee hätte damals versagt, und schob den Schwarzen Peter der Sultansregierung zu:

Die Aufbietung von Fronttruppen für die Unterdrückung der inneren Unruhen war
wichtiger und dringender, als diese den griechischen Truppen entgegenzustellen,
wie nützlich dies auch gewesen wäre.

Dann rechnete er vor, welche Division und welche Milizen, die die regulären Truppen unterstützten, von welchen Aufstandsgebieten hätten
abgezogen werden müssen, um den griechischen Vormarsch «möglicherweise» aufzuhalten.

Aber solange die Ruhe im Lande nicht gesichert und die Einheit und Geschlossen-
heit der Nation in ihrem Wunsche nach Befreiung nicht hergestellt ist, ist es nicht
möglich, daran zu arbeiten, den Einfall eines äußeren Feindes aufzuhalten, und
man kann im Übrigen von einem solchen Bemühen auch keinen wesentlichen Vorteil erwarten. Wenn aber das Land und die Nation die Haltung einnimmt, die ich
empfehle, hätte ein Erfolg, den der Feind zu irgendeiner Zeit davontrüge und der
die Besetzung eines sehr großen Gebiets zur Folge hätte, immer nur provisorischen
Charakter.

Unfähigkeit und Unwillen der Verantwortlichen in Istanbul sowie die
Notwendigkeit, Revolten im Inneren zu unterdrücken, waren also in seinen Augen für den raschen Erfolg der Griechen verantwortlich.

İnönü: Vorläufiger Stopp des griechischen Vormarsches

Die beiden Schlachten von İnönü (6.–11. Januar und März
1921), bei denen Oberst İsmet, der Kommandeur der Westfront und
Chef des Generalstabs, den Oberbefehl hatte, gingen für die türkischen
Kräfte trotz zahlenmäßiger Unterlegenheit glücklich aus. Auf Grund dieser so wichtigen Siege, die den Vormarsch der Griechen auf den bedeu-

tenden Eisenbahnknotenpunkt Eskişehir vorerst stoppten, nahm İsmet 1934 «İnönü» als Familienname an. Der griechische Oberbefehlshaber General Anastasios Papoulas (1859–1935) musste sich in seine früheren Stellungen zurückziehen.

Eine Konferenz in London, zu der die Nationalversammlung Bekir Sami (Kunduh, 1867–1933), einen weltläufigen Pascha-Sohn und Zivilbeamten, entsandte, gestand im Februar 1921 den Türken zumindest ihre Hauptstadt Istanbul zu. İzmir aber wollte man den Griechen lassen, wenn auch unter nomineller osmanischer Souveränität, die letztlich jedoch nur aus der Erlaubnis bestand, die türkische Flagge auf einem Außenfort zu hissen.

Nach monatelangen Demütigungen waren die Siege bei İnönü Balsam für die Seele der Türken. Ihre gestärkte Moral veranlasste die Siegermächte, die harten Bedingungen von Sèvres zu überdenken, und verfehlte auch den Eindruck auf Moskau nicht, mit dem man in fortlaufenden Verhandlungen stand. Mustafa Kemal richtete am 1. April eine Glückwunschadresse an İsmet, die stilistische Künstlichkeit mit optimistischem Patriotismus verband:

> Indem ich Sie zu Ihrem großen Triumph und zu diesem Sieg beglückwünsche, der Ihren Namen in das Ehrenbuch der Geschichte einträgt und die ganze Nation mit ewiger Dankbarkeit erfüllt, will ich Ihnen hier sagen, dass die Spitze des Hügels, auf dem Sie sich befinden, nicht nur ein ruhmvolles, von Tausenden feindlicher Leichen bedecktes Feld der Ehre beherrscht, sondern auch das Auge von seinem Gipfel den Horizont einer ruhmstrahlenden Zukunft für unser Volk und Sie selbst entdeckt. Der Präsident der Großen Nationalversammlung der Türkei, Mustafa Kemal.

Im Juli 1921 unternahm die griechische Armee einen dritten massiven Vorstoß, besetzte am 17. des Monats Kütahya und kurz danach sogar Eskişehir, das vom türkischen Heer völlig geräumt werden musste. In Ankara griff Panik um sich, als die Griechen nur noch einige wenige Tagesmärsche vor der Stadt standen. Die Archive der Nationalversammlung wurden nach Kayseri verfrachtet.

Sakarya: Die Abwehrschlacht

Endlich wurde Mustafa Kemal als Oberbefehlshaber von der Nationalversammlung mit weitgehenden Vollmachten ausgestattet. In der Schlacht am Sakarya-Fluss konnte er seine Qualitäten als Heerführer zeigen. Am 4. August 1921 schrieb er an die Versammlung:

Um einmal mehr der Nation gegenüber zu bestätigen, dass ich mein ganzes Leben hindurch der treueste Diener des Gedankens der nationalen Souveränität bin, bitte ich zugleich darum, dass diese Vollmachten auf eine kurze Frist von etwa drei Monaten beschränkt werden.

Der Oberkommandierende erließ im Folgenden eine Reihe von Befehlen, welche die Beschlagnahmung kriegswichtiger Güter umfassten. Alle denkbaren Arten von Bekleidung, Sattelzeug, Nahrungsmitteln und Chemikalien waren in den Listen aufgeführt. Die Zivilbevölkerung wurde gezwungen, militärische Transporte auszuführen, und man sandte «Unabhängigkeitsgerichte» in die Provinzen, «um die Durchführung meiner Befehle und Mitteilungen zu sichern».

Mustafa Kemal nahm – im Rahmen des Möglichen – an der Schlacht selbst teil, obwohl ihn ein Rippenbruch am vollen Einsatz hinderte. In seinem Rechenschaftsbericht wies er auch darauf hin, dass er ohne militärischen Rang die Truppe kommandiert hatte, was die Nationalversammlung später durch die Verleihung des Marschall-Rangs und Gazi-Titels ausgleichen sollte.

Am Sakarya verteilten sich ab dem 23. August 1921 die Heere auf eine fast 20 Kilometer tiefe Front von etwa 100 Kilometer Länge. Am 8. September meldete die *Frankfurter Zeitung*, von den Agenturen falsch unterrichtet, den Fall von Ankara, machte ihre Leser aber darauf auf-

Eine Aufnahme mit Kamelzüchtern gehört zu den zahlreichen Bildern, mit denen die Volksnähe des Gazi demonstriert werden sollte.

merksam, dass sich Kemal Pascha in den Bergen Ostanatoliens noch für lange Zeit verschanzen könnte. Auf der türkischen Seite kämpften 91 527 Mann, etwa drei Viertel der Soldaten, die an der Westfront zur Verfügung standen; für die griechische Seite werden Zahlen zwischen 183 500 und 200 000 für die gesamte Besatzungsmacht genannt. Am für die Türken siegreichen Ende der 22-tägigen Schlacht zählten beide Seiten annähernd gleich viele Tote und Verletzte (unter 4000 beziehungsweise 19 000). Am 14. September erreichten die erschöpften Verfolger das ehemalige griechische Hauptquartier in Sivrihisar.

An der Westfront stellte sich nach Sakarya eine längere Phase der Stagnation ein, die Mustafa Kemal nutzte, um eine größere Streitmacht aufzubauen. Das führte im zehnten Kriegsjahr zum Teil zu brutalen Maßnahmen. Die muslimische Bevölkerung zählte damals maximal 13 Millionen Menschen, von denen nur neun Millionen außerhalb des Besatzungsgebiets lebten. Die vorausgehenden Kriege, aber auch Krankheiten und Seuchen hatten große Lücken in die kampffähige männliche Bevölkerung zwischen 18 und 35 Jahren gerissen. Der Söldner Hans Tröbst erinnerte sich:

Täglich trafen in Angora (Ankara) große Trupps Bauern, bewacht und begleitet von bis an die Zähne bewaffneten Gendarmen, aus den fernsten Teilen des Reiches ein, um sofort eingekleidet und an die Front geworfen zu werden.

Solche Bilder erklären, warum sich Mustafa Kemal erst am 13. September zur Verkündung der Generalmobilmachung an sämtliche Kommandeure entschloss, «um den geschlagen Feind in Anatolien bis zum letzten Mann zu vernichten». Er hatte erst nach Sakarya das Prestige, um zu Zwangsaushebungen und massiven Requisitionen zu greifen.

An der Wende zum Jahr 1922 geriet seine Position ins Wanken, als man seine Doppelfunktion als Präsident der Versammlung und Oberkommandierender in Frage stellte. Am 5. Mai verweigerte die Versammlung zunächst die Verlängerung seines Mandats als Oberbefehlshaber. Darauf zog er sich, Krankheit vielleicht nur vorschützend, in sein Haus auf dem Hügel von Çankaya zurück. Die sich immer deutlicher artikulierende Opposition in der Versammlung forderte eine neue Offensive. Er aber mahnte, ein Angriff könne erst «nach Vollendung aller unserer Vorbereitungen» erfolgen. In diesen Tagen konnte er vor seinem Publikum, seinen Mitstreitern und heimlichen Opponenten eine seiner Lieblingsrollen als in der Kriegstheorie beschlagener Stratege und in der Kriegsgeschichte bewanderter Lehrer spielen. Vor der Versammlung stellte er die rhetorische Frage nach dem Grundfehler der osmanischen Militärstrategie:

Die Osmanen, die Türken unter dem Regime früherer Zeiten, haben sich gezwungen gesehen, den Rückzug anzutreten, nachdem sie (1683) bis vor die Tore von Wien gekommen waren, weil sie es nicht verstanden, in dem Maße, wie es die Ausdehnung ihrer Unternehmungen erforderte, Klugheit und Vorsicht zu zeigen, sondern sich vielmehr von ihren Gefühlen und ihrem Ehrgeiz beherrschen ließen. Danach konnten sie sich auch in Budapest nicht halten. Sie wichen weiter zurück, sie wurden bei Belgrad besiegt und gezwungen, auch von dort zurückzugehen. Sie gaben den Balkan preis. Sie wurden aus Rumelien vertrieben. Sie ließen uns als Erbe dieses von den Feinden überfallene Vaterland.

Woraus nur ein Schluss zu ziehen sei:

Lassen wir unsere Gefühle und Leidenschaften beiseite, zeigen wir uns vorsichtig, wenigstens in der Verteidigung dessen, was uns von dem Gebiete des Vaterlandes zu retten bleibt. Um unsere Rettung, unsere Unabhängigkeit sicherzustellen, gibt es an erster wie an letzter Stelle nur ein einziges Mittel, einen einzigen Entschluss, und kann es nichts anderes geben: Das ist, uns mit dem Feind zu schlagen, indem wir dem alle Kräfte unserer Seele weihen, und ihn zu besiegen. (…) Die Denkweise, die sich unter dem System der Regierung und unter der Politik des osmanischen Regimes entwickelt hat, ist verächtlich.

Großoffensive im Westen

Die Vorbereitung für den Angriff begann im Juni unter größter Geheimhaltung, nur wenige Personen waren eingeweiht. Um eine Intervention westlicher Staaten auszuschließen, beauftragte er seinen Außenminister Yusuf Kemal (Tengirşek, 1878–1969) und Fethi, den er zum Innenminister gemacht hatte, in Paris beziehungsweise Rom und London Gespräche über Friedensbedingungen zu führen, die sich mindestens bis Mitte September hinziehen sollten. Lord Curzon (1859–1925), in England *Foreign Secretary* der Jahre 1919 bis 1924, ein Orientkenner, der die Türken hasste, ohne die Griechen zu lieben, verweigerte ein Gespräch mit Fethi. Darauf wurde er von Mustafa Kemal instruiert, vom Londoner *Savoy*-Hotel aus weiterhin Kontakte zur englischen Presse zu halten. Public Relations, um die europäische Öffentlichkeit für die Sache der Nationalisten einzunehmen, waren ihm stets so wichtig wie diplomatische Fortschritte.

Die schon erwähnten *kağnı*-Transporte bewegten sich unterdessen in den Raum nördlich von Afyonkarahisar, und zwar bei Nacht, da die

*Mustafa Kemal und İsmet
bei der Abnahme von Einheiten
der 1. Armee in der Nähe der
Westfront.*

Griechen über Luftaufklärung verfügten. Am 26. August 1922 wurde
zum «Großen Angriff» geblasen, der von Anfang an als Vernichtungs-
schlacht geplant war. Nach fünftägigen Kämpfen wurden am 30. August
fünf von acht Divisionen der griechischen Armee, die jeden Kontakt mit
ihrem Hauptquartier verloren hatten, in Dumlupınar unweit von Afyonkarahisar gleichsam aufgerieben. Der Rest flüchtete in Richtung İzmir.
Nur im Norden konnten sich, abgesehen von Ostthrakien, einige Einheiten bis zum 19. September halten. Der 30. August wird seither von
der Armee als «Siegesfest» anlässlich der «Feldschlacht des Oberkommandierenden» mit Paraden und Kranzniederlegungen gefeiert.

In seinem ausführlichen Bericht vor der *Meclis* am 4. Oktober 1922
erinnerte Mustafa Kemal Paşa dann an das Versprechen vom Vorjahr,
man werde die griechische Armee in «unserem Allerheiligsten erwür-
gen». Die letzte Phase der Schlacht spielte sich in seinen Worten so ab:

Zweieinhalb Stunden lang stießen wir mit unseren Bajonetten in die Brust des
Feindes. Alsdann trat die Nacht ein, und ihre Schwärze beeilte sich gleichsam, diesen furchtbaren Anblick vor den Blicken der Welt zu verbergen.

Das Protokoll verzeichnete an dieser Stelle «Lachen und Beifall», nicht
nur auf Grund der mitleidlosen Härte der Abgeordneten, sondern weil
der Oberkommandierende ironisch zu bekannten Bildern aus der Divan-
Literatur gegriffen hatte. Er fuhr, nun wieder völlig ernst, fort:

In der Tat, Freunde, als ich am nächsten Morgen die Front dieses Krieges abschritt, konnte ich mich nicht der Trauer und des Schmerzes enthalten. Für einen Soldaten, und das gilt für jeden Soldaten, ist eine solche Lage Ursache von Trauer und Schmerz. Aber da Gott es ihnen (den griechischen Soldaten) vorherbestimmt hat, sind diejenigen, die hier in diese Lage geraten sind, keine Soldaten. Sie sind auf alle Fälle Verbrecher und Mörder (Hochrufe, Beifall). Nachdem fünf Divisionen des Feindes größte Verluste erlitten hatten, begannen die übrig Gebliebenen, sich zu ergeben. Die Übergabeprozedur dauerte einige Tage.

Trikoupis übergibt sein Schwert

Generalmajor Nikolaos Trikoupis (1869–1956) übergab dem Sieger sein Schwert. Diese Szene wurde 1926 als Relief an Pietro Canonicas (1869–1959) Reiterdenkmal des Gazis in Ankara frei nach Velazquez wiedergegeben. Mustafa Kemal übte sich in der unter Feldherrn der Zeit noch üblichen Grandezza, das Schwert dem Unterlegenen zurückzugeben. Madame Trikoupis in Athen erhielt die telegraphische Mitteilung, dass sich ihr Gatte als Gast des Paschas bei guter Gesundheit befände.

Das Tagebuch des in İzmir lebenden armenischen Arztes Karabet Chatscherian (1856–1952) berichtete ohne Parteinahme von den letzten Tagen des ionischen Griechenland:

Donnerstag, 31. August: Es ist nunmehr eine unwiderlegbare Tatsache, dass die Armee von Mustafa Kemal die griechische Front durchbrochen hat und auf allen Seiten vordringt. (…) Nach amtlicher griechischer Darstellung habe sich die griechische Armee in völliger Ordnung zurückgezogen. Jedoch bestätigen verwundete Soldaten und Flüchtlinge das Gegenteil: Die griechische Armee habe vor ihrem Rückzug Uşak in Brand gesetzt und an den Türken eine Reihe von Grausamkeiten begangen.

Während die Athener Führung noch am 5. September eine frische Division in İzmir an Land setzte, beschleunigte sich der Vormarsch der Türken. Als erste marschierten am 9. September die Reiter Fahreddin Paschas (Fahrettin Altay, 1880–1974), der das letzte große Kavalleriekorps des Jahrhunderts befehligte, in die Stadt. Mustafa Kemal folgte erst am nächsten Tag. Von der Veranda seines Hauses am Kai beobachtete Chatscherian den Durchzug der kemalistischen Kavallerie:

Einheimische Türken winken mit türkischen Fahnen und schreien: «Es lebe Kemal Paşa!» Die Reiter (...) sind furchterregend. Die am Kai versammelten Christen beobachten mit Schrecken den Einmarsch der türkischen Soldaten; sie packen ihre Kinder und Bündel und ergreifen die Flucht. Die Türken versuchen sie zu beruhigen, indem sie ihnen sagen: «Fürchtet euch nicht! Wir haben bis jetzt mit Christen brüderlich zusammengelebt. Auch in Zukunft wird es nicht anders sein» usw.

İzmir brennt

İzmir hatte vor dem Weltkrieg etwa 50 000 Einwohner, von denen Muslime mit 49 Prozent knapp die Hälfte bildeten; fast gleich stark war die Gruppe der Griechen (40 Prozent), hinzu kamen Levantiner (6 Prozent) und Armenier (4 Prozent). Während der Besatzungszeit hatten sich diese Zahlen in unbekannter Höhe zugunsten der Griechen verändert. Diese konzentrierten sich im Norden, während die Muslime im Süden lebten; in ihrer Nachbarschaft wohnten die Juden, und das armenische Viertel lag zwischen dem griechischen und den jüdischen.

Im Verlauf des Einmarsches und danach kam es zu Ausschreitungen von Anhörigen der Armee und der Milizen. Der inzwischen zum General aufgestiegene İzzeddin (Çalışlar) notierte leidenschaftslos in seinem Tagebuch am 11. September: «Es gab jede Menge Plünderungen, aber nicht allzu viele Massaker.» – Eine Beobachtung, die auch von Chatscherian am 10. September bestätigt wird: «Wir sind froh, dass die türkische Besetzung ohne Blutvergießen verlaufen ist.»

Zum Militärstatthalter wurde der brutale Sakallı («Bärtige») Nureddin Paşa (1873–1932) ernannt, der Anfang 1919 kurze Zeit Gouverneur von İzmir (beziehungsweise der Provinz Aydın) gewesen war und einige Rechnungen begleichen wollte. Falih Rıfkı kennzeichnete ihn als «hochmütig, engstirnig, grausam und arrogant». Die anwesenden Vertreter Englands teilten Nureddin mit, dass London den Kriegszustand mit der Türkei für beendet betrachtete. Darauf befahl er die Festnahme aller männlichen Griechen, soweit sich diese nicht auf die Schiffe der Alliierten in der Bucht von İzmir gerettet hatten. Einige Tage nach der Besetzung lud er den Metropoliten Chrysostomos Klafitis (1867–1922) vor. Nach einer anderen Version hatte Mustafa Kemal diesen nicht als Fürsprecher der Griechen anhören wollen und ihn Nureddin mit den Worten überstellt: «Da ist dein spezieller Freund.» Nureddin jedenfalls lieferte den Metropoliten dem Henker aus. Auf dem Weg zum Richtplatz wurde er den Gendarmen von der türkischen Menge entrissen und umgebracht. Heute wird Chrysostomos als Märtyrerheiliger der Orthodoxie verehrt. Mustafa Kemals Reaktion auf den Lynchmord war angeblich: «Das hätte nicht geschehen dürfen.» In den folgenden Jahren sollte sich Nureddin Paşa noch als prominenter Widersacher Mustafa Kemals in der Versammlung hervortun.

Der Sieger richtete sich zunächst im *Kraemers Palace* (Baedeker: «mit elektrischem Licht und Aufzug») direkt am Kai ein. Am 13. entwickelte sich, vom zentralen armenischen Stadtteil ausgehend, eine Feuersbrunst. İzzeddin schrieb: «Der Brand weitete sich aus und vernichtete das komplette Wohnviertel der Ungläubigen *(gavur)*. Alle Christen liefen auf die Straße.» Falih Rıfkı, der in Begleitung seines Kollegen, des Autors Yakub Kadri (Karaosmanoğlu, 1889–1974), in journalistischer Mission einen Tag nach der Wiederbesetzung in İzmir eingetroffen war, erinnerte sich:

Ich blickte auf eine beispiellose Tragödie, die mein Herz erzittern ließ. Ich sah in Mustafa Kemals feste und unerschütterliche Ruhe. In diesen Stunden war selbst der Sieg geringer als er. (…) Als das Feuer näher kam, gerieten seine Adjutanten und Freunde in Aufregung. Da Mustafa Kemal alle scharf zurechtgewiesen hatte, die ihm vorgeschlagen hatten, das Haus zu verlassen, wandten sie sich an uns. «Sie sind eben erst aus Istanbul gekommen. Vielleicht schilt er Sie nicht aus. Wollen Sie ein Wort sagen?», sprachen sie uns an. Sie wussten, dass sich unter den Leuten, die sich auf dem gesamten Cordon (der Uferstraße) bis auf den letzten Platz drängten, griechische Soldaten und Offiziere befanden, die ihre Kleidung gewechselt hatten (und damit nicht mehr erkennbar waren). Wir verstanden jetzt auch die Größe der Gefahr. Aber waren wir nach İzmir gekommen, um Mustafa Kemal Vernunft beizubringen? Schließlich begann die schreckliche rote Flammenzunge an den Dächern der Häusern unmittelbar vor uns zu lecken. Man musste heraus, aber wie?

Er schilderte dann, wie ein Militärlastwagen und einige Automobile versuchten, den ihnen kaltblütig zu Fuß folgenden Mustafa Kemal einen Weg zu bahnen, während die von Panik ergriffene Menge von Griechen und Armeniern Richtung Wasser flüchtete, wo die alliierte Flotte ankerte. Nicht alle Griechen konnten oder wollten sich auf die überfüllten Schiffe zu den Inseln retten. Wer blieb, dem drohte die Eingliederung in ein Arbeitsbataillon.

Die Frage nach der Ursache des Feuers wurde von Falih Rıfkı umständlich, aber dann doch wieder eindeutig beantwortet. Seine Notizen sind wichtig, schon weil Mustafa Kemal selbst dieses Thema, wie so viele andere heikle, nie öffentlich berührte.

Warum haben wir İzmir verbrannt? Fürchteten wir uns etwa davor, uns vor den Minoritäten nicht schützen zu können, solange die Konaks, die Hotels und Casinos am Cordon standen? Als während des Ersten Weltkriegs die Armenier deportiert wurden, haben wir aus derselben Furcht heraus alle ihre Quartiere in den anatolischen Städten, die irgendwie bewohnbar waren, verbrannt. Das hat nicht einfach mit reiner Zerstörungswut zu tun. Daran hat auch ein Minderwertigkeitsgefühl Anteil.

Ich glaube nicht, dass ohne Nureddin Paşa, den ich als heftigen Fanatiker und wütenden Demagogen kennen gelernt hatte, diese Katastrophe bis zum Schluss ihren Fortgang genommen hätte. Nureddin Paşa, der seit Afyon die von den Griechen in Schutt und Asche verwandelten Gebäude der türkischen Städte und die weinenden und zitternden Menschen gesehen hat, bezog ganz gewiss aus dem unverzeihlichen Hass und der Rachsucht der Offiziere und Mannschaften Kraft (für diese Aktion).

Für viele türkische Beobachter war der Brand von İzmir nur der Schlusspunkt einer Serie von Feuern, die die Griechen zuvor beim Abzug ihrer Armee, wie in zahlreichen Berichten zu lesen ist, gelegt hatten. In der Stadt Aydın blieben zum Beispiel nur drei von 8000 Häusern unversehrt. Bei vielen westanatolischen Städten, die dasselbe Schicksal erlitten hatten, wie beispielsweise Uşak und Manisa, führte dies zu einem irritierend modernen Stadtbild auch im Zentrum.

Mustafa Kemal betrachtete die Verhältnisse gelassener, er hatte 1916 Bitlis nach dem Abzug der Russen gesehen und sich dabei an Pompei oder Ninive erinnert gefühlt. Dem Brand war nicht nur das elegante Hotel *Kraemer* zum Opfer gefallen, auch der *Sporting Club* und das *Theatre de Smyrne* sowie andere Schaufenster westlichen Lebensstils lagen in Asche. Nun konnte man in der *Meclis* das schwarze Tuch durch ein grünes (in der Farbe der Heiligen Standarte) ersetzen.

8. VATER EINER JUNGEN NATION (1922–1930)

Mudanya

Die am Ende überraschend schnelle und vollständige Vertreibung des griechischen Heeres aus Kleinasien ermöglichte Ankara erstmalig, auf gleicher Augenhöhe mit den Siegermächten des Weltkriegs zu verhandeln. Noch im April 1922 hatte der Sultan Geheimgespräche mit dem britischen Hochkommissar Sir Horace Rumbold (1869–1941) geführt und ihm ohne Bedenken angeboten, einen für das Empire akzeptablen Frieden ohne Zustimmung Ankaras zu schließen. Nach dem Einmarsch Mustafa Kemals in İzmir mussten die Karten jedoch neu gemischt werden. Italiener und Franzosen zogen sich auf die europäische Seite der Dardanellen zurück, eine Truppenverschiebung, die symbolisch die Absetzbewegung der Regierungen in Rom und Paris von den Londoner Hardlinern in den kommenden Jahren vorwegnahm.

Am 23. September 1922 schlugen die drei Alliierten in einer Note an Ankara einen Waffenstillstand und eine neue Friedenskonferenz vor. Einen Tag später näherten sich die türkischen Truppen der englischen Demarkationslinie am Eingang der Dardanellen. Anfang Oktober begannen in Mudanya, einem Hafenstädtchen unweit von Bursa am Marmara-Meer, die Waffenstillstandsverhandlungen mit drei alliierten Generälen. Mustafa Kemal hatte sich inzwischen von İzmir nach Ankara begeben und überließ dem Kommandanten der Westfront İsmet (İnönü) die Verhandlungsführung. Sir Charles Harington (1872–1940) sicherte zu, dass der Waffenstillstand auch dann Gültigkeit habe, wenn sich Griechenland verweigerte. Diese Reihenfolge ist ein deutliches Zeichen dafür, dass sich die Türkei nicht nur in einem Krieg mit Griechenland befand, sondern 1922 zumindest noch Großbritannien zum Gegner hatte. Angesichts dieser Tatsachen war der Rücktritt des britischen Premiers Lloyd George im Zuge der in London sogenannten «Chanak Crisis» unvermeidlich. Ihm muss ein großer Teil der Verantwortung für die «Kleinasiatische Katastrophe» zugeschrieben werden.

Am 11. Oktober wurde eine knappe *Convention Militaire* unterzeichnet, die zunächst den Waffenstillstand von Mudros ersetzte und vor allem die Räumung Ostthrakiens von griechischen Truppen erzwang.

Die Bedeutung dieses knappen 13-Artikel-Schriftstücks ist groß: Die Türkei begegnete nicht nur zum ersten Mal wieder den Westmächten unter vergleichbaren Bedingungen, sie hatte auch erneut einen Fuß in Europa. Mit dem Waffenstillstand von Mudanya, der ab Mitternacht des 14. Oktober Gültigkeit hatte, ging eine elfjährige Epoche internationaler Kriege zu Ende, in der Mustafa Kemal – mit Ausnahme seiner Zeit als Militärattaché in Sofia – fast durchweg an der Front gestanden hatte.

Nachdem die Alliierten sich nach einigem Hin und Her auf Lausanne als Konferenzort geeinigt hatten, luden sie am 27. Oktober die Vertreter der Großen Nationalversammlung der Türkei zusammen mit der Sultansregierung für den 13. November 1922 zu einer Konferenz über die «Angelegenheiten des Nahen Orients» *(Conférence de Lausanne sur les affaires du Proche-Orient)* ein. Ankara antwortete unmissverständlich, dass die Sultansregierung keine Legitimität mehr besäße.

Mustafa Kemal kümmerte es nicht, dass sein Regime nur über eine provisorische Verfassung verfügte und keiner der in Europa gängigen Staatsformen entsprach. Am 29. Oktober 1922 ersuchte er die Versammlung, einen Beschluss über die Aufhebung des Osmanischen Staats zu fassen, an dessen Stelle ein neuer türkischer Staat getreten sei. Seit Erzurum war er ja entschlossen, eine Republik auszurufen. In den Kommissionsberatungen erinnerte er daran, dass die türkische *Meclis* eine revolutionäre Versammlung sei, die türkische Nation nunmehr ihre Souveränität selbst in die Hand genommen habe und es jetzt darum gehe, diese Realität durch ein Gesetz auszudrücken. Ob die Versammlung dies billige oder nicht, ändere nichts an der Lage. Drohend sagte er dann, die Hand zum Hals führend: «Wahrscheinlich werden einige Köpfe fallen.» Die Beschlussvorlage für die rückwirkende Abschaffung des Sultanats wurde am 2. November angenommen (trug aber die Datierung 1.11.). Nur ein Abgeordneter, Ziya Hurşid (1890–1926), von dem noch die Rede sein wird, erhob die Hand zu einer Gegenstimme. Der Gesetzesentwurf lautete:

Das Osmanische Reich ist untergegangen, und die Große Nationalversammlung der Türkei hat sich konstituiert; die neue Regierung der Türkei ist an Stelle des Osmanischen Reichs getreten und innerhalb seiner nationalen Grenzen sein neuer Erbe geworden; da durch das Verfassungsgesetz (von 1921) der Nation selbst das Herrschaftsrecht gegeben worden ist, ist das Sultanat nicht mehr vorhanden und gehört der Geschichte an; in Istanbul befindet sich keine legitime Regierung; Istanbul und seine Umgebung gehören der Großen Nationalversammlung; deshalb werden die dortigen Verwaltungsgeschäfte den Beamten der Großen Nationalversammlung anvertraut; das Amt des Kalifen, das zu den legitimen Rechten der türkischen Regierung gehört, wird aus den Händen der Ausländer, in deren Macht es sich befindet, befreit werden.

An diesem Text fällt auf, dass er die Beseitigung des Sultanats als vollendete Tatsache nimmt, ohne einen Satz wie «Das Sultanat wurde abgeschafft» zu verwenden. Der Gebrauch des Wortes *Sultanat* wurde den Behörden dann ab dem 20. November von Ankara aus verboten.

Über «Nationale Grenzen» konnte man im Falle der Türkei wie bei anderen Ländern Nachkriegseuropas (Deutschland, Polen, Ungarn) lange streiten. Vor allem auf dem Balkan hatte die osmanische Kultur viele Städte durchdrungen, während die bulgarische oder griechische Landbevölkerung davon weniger beeinflusst war. An einer komplizierten Grenzfindung wie in Osteuropa hatten die Alliierten jedoch kein Interesse.

Die große Orientkonferenz von Lausanne

Der Name der Schweizer Universitätsstadt Lausanne ist in der Türkei seit dem 24. Juli 1923 ein Synonym für die Wiedererlangung der Unabhängigkeit geworden. Nach *Lozan* heißen Straßen und Plätze, an den Jahrestagen werden noch heute Reden gehalten und Kränze niedergelegt, allen Schülern werden die Ergebnisse der Konferenz, selbstverständlich in der Auslegung von Mustafa Kemals «Ansprache» von 1927, über die noch einiges zu sagen sein wird, eingehämmert. Die langwierigen, beinahe zum Scheitern verurteilten und von schlecht gelaunten Delegierten geleiteten Gespräche zogen sich acht Monate von November 1922 bis zum Sommer 1923 hin und wurden nur von einer Verhandlungspause von zweieinhalb Monaten unterbrochen. In diesem Zeitraum war die Nachkriegstürkei atemberaubenden Veränderungen unterworfen. Bald nach der Abschaffung des Sultanats floh der Sultan aus Istanbul, und die Versammlung wählte Abdülmecid (1868–1944) zum Kalifen, womit die letzten Hindernisse für eine alleinige Repräsentation der Ankara-Regierung in Lausanne beseitigt waren. Diese Ereignisse standen in engem Zusammenhang mit der internationalen Konferenz am Ufer des Genfer Sees, sollen aber der Übersichtlichkeit halber erst weiter unten gesondert behandelt werden. Mustafa Kemal hat sich in die Entscheidungsprozesse an wichtigen Stellen eingeschaltet und letztlich das Ergebnis erzwungen.

Der Gazi hatte sich für den stets loyalen İsmet als Delegationsleiter für die Orient-Konferenz entschieden, der, obwohl Militär, in Mudanya sein Gesellenstück als Diplomat abgeliefert hatte. Sehr hemdsärmelig ernannte er ihn kurzerhand an Stelle des «unpässlichen» Yusuf Kemal zum Außenminister, nachdem er diesen aufgefordert hatte, İsmet selbst als seinen Nachfolger vorzuschlagen. Diese Entscheidung sorgte für erhebliche Verärgerung bei Rauf (Orbay), dem Ministerpräsidenten. Rauf hatte sich selbst als Verhandlungsführer gesehen und konnte sich İsmet allenfalls als Berater in militärischen Fragen vorstellen. Die beiden waren nun in den folgenden langen Verhandlungsmonaten zum Zusammenspiel gezwungen, wobei Rauf stets mit Blick auf die im Ministerrat vereinbarten Instruktionen den Verhandlungsspielraum İsmets einzuengen versuchte. Auf Grund der knappen Instruktionen (14 Punkte in 25–30 Zeilen) war es Mustafa Kemal möglich, sich an vielen Stellen direkt telegraphisch in die Verhandlungtaktik einzuschalten. Am Ende von «Lausanne» herrschte zwar Frieden im Nahen Osten, aber zwischen Mustafa Kemal und İsmet auf der einen und Rauf auf der anderen Seite waren alle Brücken abgebrochen.

Ein Blick auf die Instruktionen für die türkische Delegation gibt trotz ihrer Kürze einen Begriff von der Problemfülle, mit der man am Genfer See zu kämpfen hatte. Türkischerseits ging es um die Wiederherstellung der im Laufe des 19. Jahrhunderts schrittweise verlorengegangenen Souveränität, für die Kriegsgegner, an erster Stelle England, kam bestenfalls eine abgeschwächte Version von Sèvres als Ergebnis in Frage.

Besonderes Gewicht hatten die ersten drei Punkte der Instruktionen. Über einen Armenierstaat beziehungsweise eine Abtretung türkischen Bodens an das bestehende Sowjetarmenien durfte nicht verhandelt werden. İsmet wurde ermächtigt, die Gespräche bei einer solchen Forderung ohne Konsultationen mit Ankara abzubrechen. Die nordirakischen Provinzen Mosul, Kirkuk und Sulaimaniya standen, soweit sie innerhalb der Grenzen des Nationalpakts lagen, nicht zur Disposition. Eine Beschränkung des Heeres oder der Marine kam für die türkische Regierung keinesfalls in Frage. In Westthrakien sollte eine Volksabstimmung über die Zukunft der Region befinden. Andere große Themen waren der Status der Meerengen, ein Austausch der entsprechenden christlichen und muslimischen Minderheiten und die osmanischen Staatsschulden. Besondere Sprengkraft beinhaltete das türkische Verhandlungsziel, ausländische Einrichtungen «an unsere Gesetze» anzupassen und damit die «Kapitulationen» genannten rechtlichen und wirtschaftlichen Privilegien der Ausländer abzuschaffen.

Der Tagungsort Lausanne war vom englischen Außenminister deshalb vorgeschlagen worden, weil er eine exzellente Hotellerie hatte, mit dem Orientexpress über eine direkte Bahnverbindung nach Istanbul verfügte und dort auch im Winter ein mildes Klima vorherrschte. England hatte darüber hinaus einen wichtigen verhandlungstechnischen Vorteil, konnte sein Geheimdienst doch auf die telegraphischen Verbindungen zwischen Ankara und Lausanne zugreifen. Die englischen Diplomaten lasen die Depeschen allerdings auch erst, nachdem sie den Umweg über das britische Kriegs- und Außenministerium genommen hatten. Es dauerte also, bevor Lord Curzon die dechiffrierte Korrespondenz zum Frühstück vorgelegt bekam.

Die behagliche Universitätsstadt hatte für viele Männer in der Umgebung Mustafa Kemals einen vertrauten Klang, einige hatten hier oder im nahen Genf studiert. Nach 1920 war zwar nur eine Hand voll geblieben, doch bildeten die 1911 in der Schweiz gegründeten nationalistischen Studentenvereinigungen *(Foyers Turcs)* einen Treffpunkt für die Eliten der neuen Türkei. Ihre Sitzungsprotokolle offenbaren mit ihrem quasi religiösen Nationalismus, der Forderung nach einer Gesellschaftsreform nach europäischem Muster und der Verdrängung des Islam aus dem öffentlichen Leben eine frappante «Ähnlichkeit mit dem zukünftigen Kemalismus» (Hans-Lukas Kieser). Mahmud Esad (Bozkurt, 1892–1943), der Justizminister der Jahre 1924–1930, hatte in Fribourg über die Konsulatsgerichtsbarkeit in der osmanischen Türkei promoviert. Während des Weltkrieges und danach war er sieben Monate lang Vorsitzender des *Foyer Turc* in Lausanne. Mahmud Esad wurde zum Vater des Zivilgesetzbuchs nach Schweizer Vorlage. Auch Şükrü (Saraçoğlu, 1887–1953), der das Genfer *Foyer* geleitet hatte, sollte bis zum Tode Atatürks an der Spitze wichtiger Ministerien stehen. Ein Protokoll des *Foyers* vom 10. Mai 1919 enthielt revolutionäre Forderungen, die zum Teil deutlich über die spätere kemalistische Religionsverwaltung hinausgingen:

Die Regierung muss ihre Beziehungen mit der Religion und dem Amt des Scheichülislam kappen. Dieses darf sich nicht vom Patriarchat unterscheiden. Das Türkentum darf nicht der Religion dienen, sondern die Religion muss dem Türkentum dienen.

Unmittelbar an den Verhandlungen beteiligt waren mit İsmets Stellvertreter Dr. Rıza Nur (1879–1942) und dem Generalsekretär Reşid Safvet (Atabinen, 1884–1965) zwei Personen, die durch ihren maßlosen Hass auf alles Nichttürkische auffielen. Rıza Nur war ursprünglich der «Gesellschaft für Einheit und Fortschritt» verbunden, aber nach 1913 ins Exil gegangen. In der Regierung der Nationalversammlung bekleidete er das Amt des Ministers für Gesundheit und Sozialwesen. 1925 überwarf er sich mit Mustafa Kemal und ging nach Frankreich, wo er seine Memoiren verfasste, die eine blindwütige, im Wortsinn unter die Gürtellinie gehende Abrechnung mit dem Führer der neuen Türkei enthalten. Aus der 36-köpfigen türkischen Delegation ist zudem Celal (Bayar, 1883–1986) zu nennen, der Mustafa Kemal noch zweimal als Wirtschaftsminister und letzter Ministerpräsident dienen sollte. Celal Bey war übrigens der einzige Politiker im Führungszirkel mit einem dörflichen Hintergrund, aber auch er verfügte über Französischkenntnisse. Die Beteiligung des Istanbuler Oberrabbiners Naum an der zweiten Verhandlungsrunde lieferte den Gegnern der Kemalisten Stoff für groteske Verschwörungstheorien: Lord Curzon habe territoriale Zugeständnisse gemacht, weil ihm der von Naum beratene İsmet dafür den Abbau der islamischen Institutionen versprochen habe!

Da Lord Curzon vor Beginn der Verhandlungen noch Abstimmungsbedarf mit seinen französischen und italienischen Kollegen sah, begann die Konferenz mit einer Woche Verspätung. Die türkischen Teilnehmer davon zu unterrichten, hatte niemand für nötig gehalten. İsmet protestierte heftig und fand auch in den folgenden Wochen reichlich Gelegenheit, seine Stimme gegen tatsächliche und vermutete Ungleichbehandlung zu erheben. Dazu gehörte die unrealistische Forderung, Türkisch neben Französisch, Englisch und Italienisch als Verhandlungssprache zu akzeptieren. Andere Konfliktpunkte betrafen die Besetzung der Ausschüsse und Unterausschüsse. İsmets schroffer Verhandlungsstil war für den ebenfalls hart argumentierenden Curzon, der dabei jedoch stets äußerst höflich blieb, eine Zumutung. In der britischen Presse las man vom Verhandlungsstil «eines asiatischen Volkes, das die Regeln der westlichen Diplomatie nicht verstehe und jede Konzession als Schwächezeichen interpretiere statt als Bestandteil eines fairen Gebens und Nehmens».

Bei der feierlichen Eröffnung der Konferenz am 20. November 1922 im *Casino de Montbenon* waren Frankreich und Italien durch ihre Regierungschefs Poincaré und Mussolini vertreten. Der Schweizer Bundespräsident Robert Haab erinnerte in einer Ansprache an das bevorstehende Weihnachtsfest und schloss mit den Worten «Paix sur la terre à tous les hommes de bonne volonté». Diese Friedenswünsche verfehlten ihre Wirkung für dieses Jahr nicht nur bei den Verhandlungspartnern, sondern auch auf türkischer Seite im Umgang miteinander.

Durch die Entscheidung Mustafa Kemals, Rauf als Ministerpräsidenten in Ankara festzunageln, war der Konflikt zwischen İsmet und Rauf vorhersehbar. Rauf überschätzte den türkischen Verhandlungsspielraum und sah nicht, dass Armenier und Griechen durch Maximalforderungen letztlich alle Mitgestaltungsmöglichkeiten nach Sèvres verloren hatten. İsmet aber verglich die von ihm als unerträglich empfundene kurze Leine, an der er von Rauf geführt wurde, mit der unglücklichen Kriegführung von 1877/78, als «der Palast» (Abdülhamid II.) an Stelle kompetenter Militärs die Kriegführung gegen Russland allein in die Hand nehmen wollte. Dieser verletzende Vergleich zwang sogar Mustafa Kemal, Rauf vor İsmet in Schutz zu nehmen.

Keine armenische «Heimstatt»

Die Türken lehnten nicht nur eine armenische «Heimstatt» ab, sie zeigten sich auch völlig unbeweglich bei der Forderung des britischen Chefdelegierten Sir Horace Rumbolds, den vertriebenen Armeniern eine Zusage über «freie und ungestörte Rückkehr» zu machen. Schon aus Gründen der «Staatssicherheit» käme eine «rentrée en masse» nicht in Frage. Als die Alliierten versuchten, in den Unterausschüssen für Minderheiten über einen «Armenierstaat», einen «Assyrerstaat» und einen «Keldanistaat» (für die unierten Chaldäer im Südosten) zu sprechen, verließ die türkische Delegation die Versammlung.

Die Konferenz von Lausanne hatte eine beschleunigende Wirkung auf die Europäisierung des türkischen Gerichtswesens. So mussten sich die türkischen Vertreter im Unterausschuss für Rechtsfragen nachdrückliche Fragen gefallen lassen, ob sie Ausländer der Scheriatsgerichtsbarkeit unterwerfen wollten. Immerhin sollte noch das Grundgesetz von 1924 vorsehen, dass die «Inkraftsetzung von Scheriatsvorschriften» der Großen Nationalversammlung zustand. Die Forderung der Alliierten nach mit Ausländern besetzten Richtergremien bei ausländischen Prozessbeteiligten lehnte İsmet ab. Schließlich fand man eine Kompromisslösung, indem man mit Zustimmung des Ministerrats für einen Zeitraum von fünf Jahren ausländische juristische Berater zuließ. Damit stand der Zeitplan für die Einführung europäischer Rechtsvorschriften fest. Die aufgezwungenen Berater aber wollte man so rasch wie möglich wieder nach Hause schicken.

Griechenland erklärte sich außerstande, eine Entschädigung für die im Krieg hinterlassenen Ruinen von Städten und Dörfern zu leisten, und bot ersatzweise die Rückgabe von Karaağaç («Ulme») an, wie der strategisch wichtige Bahnhof von Adrianopel/Edirne im heutigen Grenzdreieck der Türkei mit Bulgarien und Griechenland heißt. İsmet bat in dieser Frage dringend um Instruktionen der Regierung von Rauf Bey. Als diese nicht eintrafen, einigte er sich «auf dem kurzen Dienstweg» mit Mustafa Kemal auf den Verzicht von Reparationen im Austausch mit Karaağaç (wo heute ein riesiges Lausanne-Denkmal steht). Auch in diesem Punkt war man vom Wortlaut der Instruktionen abgewichen, um die Verhandlungen zu einem Ende zu bringen. Der ferne Präsident konnte sich am Ende als ein – so von İsmet gefeierter – Retter in der Not präsentieren. Wörtlich schrieb İsmet am 20. Juli aus Lausanne an Mustafa Kemal:

Du greifst als Hızır (ein islamischer Deus ex Machina) jedes Mal ein, wenn ich in einer schwierigen Lage bin. Stelle Dir die moralischen Leiden vor, die ich seit vier oder fünf Tagen durchgemacht habe. Du bist ein Mann, der große Dinge hat vollbringen lassen. Meine Zuneigung zu Dir hat sich dadurch verdoppelt. Ich umarme Dich, mein vielgeliebter Bruder und Führer. İsmet

Nach Unterzeichnung des Friedensvertrags im *Palais de Rumine* der Universität Lausanne resümierte der Präsident vor der Versammlung in Ankara den Fortschritt, den dieses Abkommen gegenüber der Vereinbarung von Sèvres gebracht habe. Natürlich musste er zugeben, dass die Frage der Grenzen zum Irak und der Meerengenstatus offen geblieben waren. Auch war der Sandschak von Alexandrette/İskenderun (heute die Provinz Hatay) noch außerhalb der Grenzen der neuen Türkei geblieben. Andere Punkte redete er schön, wenn er behauptete, der Schutz der Minderheiten sei nun wie «in allen internationalen» Verträgen geregelt. In Lausanne wurden auch Vereinbarungen über den Austausch der jeweiligen christlichen und muslimischen Minoritäten getroffen, von dem etwa 1,35 Millionen Griechen und 434 000 Muslime betroffen waren.

Die türkische Regierung hatte jedoch eine ganze Anzahl von wichtigen Punkten durchsetzen können. Wie beabsichtigt, wurde über die armenische Frage kein Beschluss gefasst, die kriegsmüden Alliierten akzeptierten eine Definition von Minderheiten, die sich auf die Unterscheidung zwischen Muslimen und Nichtmuslimen beschränkte. Aus ethnischen und sprachlichen Unterscheidungsmerkmalen konnten keine Rechte abgeleitet werden. Damit stand auch eine kurdische Teil- oder gar Vollautonomie nicht mehr zur Diskussion. Größtes Gewicht hatte die Auf-

gabe der juristischen und wirtschaftlichen Privilegien der Ausländer, die
man zusammenfassend als «Kapitulationen» bezeichnete. Die Türkei verpflichtete sich, als Gegenleistung, das Rechts- und Gerichtswesen zu re-
organisieren. Auch in der Schulpolitik hatten die Nationalisten einen
großen Sieg errungen. In Zukunft konnten Ausländer nicht mehr nach
Belieben Lehrer an Schulen für Minderheiten einstellen.

Bekir Sami (Kunduh), der erste Außenminister des Regimes von Ankara, rühmte das Ergebnis mit den Worten: Er lebe lieber «unabhängig
und frei in einer ärmlichen und jeder Bequemlichkeit baren Hütte als in
einem prächtigen Palast, in dem er fremde Kontrolle und fremde Mitbewohner dulden muss». Die Nationalisten in Ankara schienen dem Ziel
einer homogenen Gesellschaftsordnung sehr nahe gekommen zu sein,
auch wenn 1923 offen blieb, ob man die «fremden Mitbewohner» iso-
lieren oder integrieren sollte. In einer Epoche, in der weltweit der Nationalstaat als den untergegangenen Vielvölkerreichen überlegen galt, war
daran nichts verwunderlich.

İsmet schrieb später im Rückblick auf die Meinungsverschiedenheiten
zwischen ihm und Lord Curzon: «Ich habe, als die Reihe an mich als
Delegationsleiter kam, gesagt, dass ich vom Waffenstillstand von Mudanya hierher (nach Lausanne) gekommen bin, während sich Lord Curzon
bemühte, mich an den Waffenstillstand von Mudros zu erinnern.» In
einer Welt, in der es auf asiatischem Boden, wenn man von den Puffer-
staaten Afghanistan und Thailand einmal absieht, nur wenige bedeutende unabhängige Länder wie Japan oder China gab, ist das türkische
Ergebnis aus der Sicht des Nationalstaats in seiner Epoche ein beacht-
licher Erfolg. Mustafa Kemal konnte nun an die Inneneinrichtung der
neuen Türkei gehen, die in seinen Augen Vorrang vor den territorialen
Zankäpfeln im kurdisch-arabischen «Irak» hatte. Immerhin erfuhr er
noch zu Lebzeiten die Genugtuung eines noch heute gültigen Meeren-
genabkommens (Montreux 1936) und des friedlichen Anschlusses des
«Sandschak» (1938).

Am Tag nach dem Vertragsabschluss sandte Ministerpräsident Rauf
ein Glückwunschtelegramm an die drei Leiter der türkischen Delegation, in dem er einen stark irritierenden Vergleich mit seiner eigenen
Rolle beim Waffenstillstand von Mudros 1918 zog. Am nächsten Tag
lud ihn Mustafa Kemal zusammen mit Ali Fuad Paşa (Cebesoy), dem
stellvertretenden Präsidenten der Versammlung, nach Çankaya ein. Latife, die Gattin des Präsidenten, nahm an der Abendmahlzeit teil. Natürlich sprach man über das Friedensabkommen, und Rauf benutzte die

Gelegenheit, seiner Frustration über İsmet freien Lauf zu lassen und zu erklären, dass er sich nicht zu dessen Begrüßung am Bahnhof einfinden werde. Mustafa Kemal wunderte sich: «Du wirst ihn also nicht begrüßen?» Rauf antwortete: «Entschuldigen Sie mich, nach derartigen, unbegründeten Beleidigungen kann ich İsmet Paşa nicht mehr gegenübertreten.» Rauf trat zurück und wurde bis zu seinem Tod ein entschiedener Gegner Mustafa Kemals.

Mustafa Kemal und Anatolien

Nach Unterzeichnung des Friedensvertrags von Lausanne musste sich die politische Welt mit der Geographie eines erweiterten Anatolien befassen. Seit Ende 1919 war Ankara Mittelpunkt des politischen, militärischen und kulturellen Wirkens Mustafa Kemals und seiner Gefährten und Gegner, von denen sehr viele seine Herkunft aus Südosteuropa teilten. Vor seiner Landung in Samsun hatte er die Kernlandschaft der zukünftigen neuen Türkei nicht wirklich kennengelernt, wenn man den Blick aus den Fenstern der Anatolischen Bahn ausnimmt, die ihn mehrmals von Istanbul an die kurdische beziehungsweise syrische Front und zurück beförderte. In seinem Soldatenleben war er durch die Schluchten des Balkan gezogen, hatte in der Selimiye-Moschee von Edirne gebetet, in den Kaffeehäusern der großen Städte Syriens gesessen, am Fuße der Pyramiden gestanden, in der Wüste der Kyrenaika gekämpft, kannte die Boulevards von Paris und das Opernhaus von Sofia, er war in den ersten Häusern Berlins und Wiens abgestiegen und hatte das Elend von Bitlis nach der russischen Besatzung erlebt. In den Istanbuler Jahren und Tagen war er gewiss öfter hinüber aufs asiatische Ufer gefahren, von dem aus die osmanische Hauptstadt im Abendlicht am schönsten glänzt, aber Anatolien gehörte nicht zu seiner Wahrnehmungssphäre. Mustafa Kemals militärische Laufbahn glich eher der eines Grenzkriegers, der das Zentrum an entfernten Fronten verteidigt. Anatolien begann dort, wo hinter İzmit die letzte anständige Straße in Karawanenwege überging. Glücklich konnten sich Reisende schätzen, die ein zweiachsiges «tatarisches» *araba* benutzen konnten, einen leicht lenkbaren Wagen mit Speichenrädern, den Umsiedler aus Russland zum Erstaunen der Anatolier mitbrachten, die ihren Scheibenräderkarren *(kağnı)* seit viertausend Jahren treu geblieben waren. Schlechter traf es Frauen und Kinder, die sich in die Tragkörbe *(mahve)* zwängen mussten, welche zu beiden Seiten eines Kamelrückens hingen.

.

Nach den Balkankriegen stellten sich immer mehr türkische Muslime den neuen Realitäten. Die balkanischen Provinzen waren für alle Zeiten verloren. Allenfalls das westliche Thrakien – jenseits des Flusses mit den drei Namen (Evros – Maritza – Meriç) – mochte noch in Friedensverhandlungen als Spielstein eingesetzt werden. Während des Weltkriegs waren die asiatischen Teile des Reiches als Kernland der osmanischen Länder immer mehr ins Bewusstsein getreten. Man akzeptierte, ohne ausdrückliche Verzichterklärung auf Rumelien, die unvermeidlichen Folgen der vorausgegangenen Kriege. Die Vorstellung von einer Art türkisch-arabischer Doppelmonarchie, die durch den Sultan und Kalifen zusammengehalten wurde, beherrschte manche Köpfe. Die osmanische Präsenz auf dem Balkan, die stellenweise länger und intensiver war als in Teilen Anatoliens, wurde zum Stoff für nostalgisch gestimmte Literaten.

Erst drei Jahre nach Atatürks Tod beschloss der erste Geographie-Kongress in Ankara (1941) die Regionalbezeichnungen «Nordanatolien», «Südostanatolien» und «Inneranatolien». Nur die letzte Region gehörte, und auch das nur teilweise, zur gleichnamigen osmanischen Großprovinz mit dem *sancak* von Ankara. Die allgemeine Unsicherheit über die Abgrenzung des Gebietes macht ein deutscher Kommentator des Vertrags von Sèvres deutlich, der schrieb, dass die Siegermächte die Türkei auf das «eigentliche Anatolien», ohne Armenien und Kurdistan, reduzieren wollten.

In Mustafa Kemals jungen Jahren war Anatolien trotz aller verkehrstechnischer Hindernisse keine Terra incognita. Einige Provinzhauptorte hatten moderne Verwaltungsgebäude, Gerichte, Telegraphenämter, Gendarmeriebaracken, Gefängnisse und Filialen der Landwirtschaftsbank. Die lesekundigen Städter versammelten sich in Zeitungscafés und erfuhren aus lokalen und hauptstädtischen Blättern, was in der Welt und um sie herum geschah. Trotzdem war der Entwicklungsrückstand in vielen Bereichen enorm, besonders spürbar bei Höheren Schulen, Krankenhäusern und Apotheken. Die Bevölkerung war unterernährt, die Kindersterblichkeit dramatisch hoch.

Die Regierung von Ankara beauftragte fast unmittelbar nach ihrer Bildung im Jahr 1920 den Minister für Öffentliche Gesundheit und Sozialwesen mit einer Übersicht über die Lage in den Provinzen. Der Kampf gegen Malaria und Syphilis schien aussichtslos. Millionen von Flüchtlingen lebten in primitiven Unterkünften. Die eng verwandten Themen Syphilis und Prostitution wurden in den öffentlichen Sitzungen der Großen Nationalversammlung lebhaft und ausführlich diskutiert.

Diese Fragen verdienen Erwähnung, weil aus der Forschungsliteratur der Eindruck überwiegt, man habe sich nur über die Themen Sultanat und Kalifat gestritten.

Die neue Hauptstadt Ankara

Die Entscheidung Mustafa Kemals, die Regierung der Nationalversammlung in Ankara zu etablieren, bedeutete zunächst noch keine Absage an Istanbul als Hauptstadt einer unabhängigen Türkei. Bis zur Ausrufung Ankaras als «Zentrum» vergingen noch mehr als drei Jahre. Im Verfassungsgesetz vom 20. Januar 1921 wurde das Thema Hauptstadt nicht berührt, in der republikanischen Verfassung vom 20. April 1924 fand Ankara mit dem wenig gebräuchlichen Wort *makarr* für «Entscheidungszentrum» Erwähnung, vermutlich weil kein Ausdruck zur Verfügung stand, der nicht an die Residenz eines Monarchen erinnerte. Erst in der Version des Verfassungstextes von 1945 erschien der heute gut eingeführte Neologismus «Hauptstadt» *(başkent)*.

Das Ankara der vorrepublikanischen Zeit war zwar kein Dorf, aber als Stadt nicht sehr einladend. Immerhin verkürzte die Eisenbahn seit 1892 den Weg nach Istanbul um mehr als eine Woche. Colmar Freiherr von der Goltz hatte sich für einen «Spazierritt nach Angora» im Jahr 1889 noch zwölf Tage Zeit genommen. Im Jahr 1917 suchte der Erzähler und Journalist Refik Halid (Karay, 1888–1965) die Stadt auf und wurde Zeuge des großen Brandes, der in zwei Nächten drei Viertel der Wohn- und Geschäftsviertel vernichtete. Nach einer amtlichen Schätzung fielen den Flammen etwa 1900 Häuser zum Opfer. Verschont blieben jüngere Schul- und Verwaltungsbauten, die sich außerhalb der alten seldschukisch-osmanischen Stadt verteilten. Schon vor dem Brand hatte der Ort einen trostlosen Eindruck auf den Reisenden gemacht:

Ankara war von allen Provinzstädten, die ich kennengelernt hatte, die trockenste, die schwärzeste, die engste und die unbeweglichste. (...) Sie wirkte mehr ruiniert als erbaut, mehr zerstreut als geordnet, mehr zum Abbrennen bestimmt als zum Bewohnen.

Die hygienischen Verhältnisse waren schlechter als an vergleichbaren Plätzen. Obwohl es im Stadtgebiet keine Reisfelder gab wie in anderen Orten der Provinz, war die Malaria ein Hauptübel, das weder Arm noch Reich verschonte und auch viele Kämpfer der Epoche immer wieder außer Gefecht setzte. Vor der Anwendung von DDT bildete das Austrocknen der Sümpfe die einzige Gegenmaßnahme. Typhus und Pocken waren ebenfalls verbreitet.

Mustafa Kemal und seine Mitkämpfer ließen sich nach den Kongressen von Erzurum und Sivas bei ihrer Entscheidung für Ankara als Sitz der nationalen Regierung dadurch nicht beeinflussen. Strategische Überlegungen haben sicher den Ausschlag gegeben, war doch die Auswahl an Städten, die über brauchbare Eisenbahn- und Telegraphenlinien verfügten und weder zu nahe an Istanbul (Eskişehir) noch zu weit davon entfernt (Sivas, Kayseri) lagen, beschränkt. Ankara schien für die Nationalisten ein besonders sicherer Ort, nachdem Ali Fuad (Cebesoy), der Befehlshaber des XX. Armeekorps, mit seinen Einheiten hier Quartier bezogen hatte.

In der Literatur werden darüber hinaus «weiche» Faktoren aufgezählt, die für Ankara sprachen. Die örtlichen Notabeln seien der nationalen Sache wohlgesinnt gewesen, der lokale Müftü Rıfat Efendi habe sich im Laufe der Revolutionsgeschichte als unentbehrlicher «aufgeklärter» Ulema erwiesen. In einem längeren Gespräch mit dem *Cumhuriyet*-Herausgeber Yunus Nadi (Abalıoğlu, 1880–1945) am 7. April 1924 äußerte sich Mustafa Kemal selbst zum ersten Mal über Ankara im Vergleich zu Istanbul. Er erinnerte zunächst an die günstige strategische Lage der Stadt, aber auch an die ermutigende Haltung ihrer Bewohner im Befreiungskrieg:

An dem Tag (27. Dezember 1919), an dem ich in Ankara empfangen wurde, war ich ein schlichter Bürger, ein Individuum aus der Nation. Ich hatte keine besondere Eigenschaft, keine Vollmachten und keinen Titel. Trotzdem füllten die Kinder Ankaras und seiner Umgebung, die Frauen und die Alten die ganze Ebene von der Stadt bis zum Hügel von Dikmen und begrüßten mich. Beide Seiten der Straße, die vom Bahnhof bis zum Regierungsgebäude führt, waren voller junger Leute in alttürkischer Tracht, Messer und Revolver in Händen, die riefen: «Wir sind bereit zu sterben, um Heimat und Nation vom Feind zu erretten. Wir erwarten Ihre Befehle». Zu diesem Zeitpunkt war der Bahnhof Ankaras von ausländischen [französischen] Soldaten besetzt. Diese Ausländer, die bis dahin geglaubt hatten, dass die Leute von Ankara tot seien und Ankara nicht mehr als eine Ruine sei, konnten angesichts dieser erhabenen Demonstration ihre Besorgnis nicht verbergen.

Für viele historisch nicht sehr beschlagene Zeitungleser überraschend, fügte er hinzu, dass es nach dem Zerfall der Seldschukenherrschaft unter den verschiedenen anatolischen Kleinfürstentümern auch eine «Republik Ankara» gegeben habe. Dabei bezog er sich auf eine Art Selbstverwaltung von Kaufmanns- und Handwerksgilden, die als sogenannte

Ahis die Geschicke der Stadt im frühen 14. Jahrhundert bestimmten. Das letzte Argument war sicher nicht entscheidend gewesen, lenkte aber den Blick auf die in der frühen türkischen Republik geförderte positive Auseinandersetzung mit dem vorosmanischen Anatolien.

Ankara zählte in den Nachkriegsjahren zunächst nicht mehr als 20 000 Einwohner. Die Nichtmuslime, vor allem Armenier, hatten die Stadt nach 1915 nicht etwa «nach und nach» verlassen, wie man in einer türkischen Quelle liest. Vielmehr war die Deportation von 21 236 Armeniern aus der gesamten Provinz nach Aleppo und Deirezzor im September 1915 bereits abgeschlossen. Viele armenische Häuser wechselten damals den Besitzer. Ein Beobachter, der Historiker Ahmed Refik (Altınay, 1880–1937), schrieb, dass man den Armeniern zwar eine Kaufsumme aushändigte, sie aber nach Vertragsunterzeichnung wieder erpresserisch zurückforderte. Auf diese Weise seien die neuen Eigentümer kostenlos zu wertvollen Immobilien gelangt.

In der ersten Hälfte der zwanziger Jahre waren nur wenige öffentliche Bauten in Ankara entstanden, zu denen das Finanzministerium und die nach dem Gazi beziehungsweise Latife benannten Schulen zählten. Der *Ankara Palas*, Hotel und Ballhaus, ein Hauptwerk Vedads, wurde erst 1928 fertig gestellt.

Ab 1925 setzte ein energischer Ausbau der Stadt ein. 1928 gewann Hermann Jansen, dessen Plan für die Neugestaltung Berlins den ersten Preis erhalten hatte, auch den internationalen Städtebauwettbewerb für

Der Ankara-Palas (1924) gegenüber der Meclis war das einzige moderne Hotel der Hauptstadt. Er hatte Klubcharakter und eignete sich für offizielle Empfänge und Bälle. Abgebildet ist der erste Entwurf von Vedad Tek.

Ankara. Sein Entwurf wurde – allerdings nur teilweise – ab 1934 umgesetzt. Falih Rıfkı klagte, dass Atatürk «zwar eine Administration schuf, die stark genug war, die Hut- und die Schriftreform durchzusetzen, nicht aber die Anwendung eines Stadtplans». Bei alldem bleibt zu bedenken, dass Jansen ein Wachstum Ankaras auf 300 000 Einwohner bis zum Jahr 1978 erwartet hatte, tatsächlich aber die Stadt diese Größe schon in den fünfziger Jahren erreichte.

Unter den Baumeistern Ankaras spielten bis 1926 Türken, vor allem Kemaleddin Bey (1869–1927), Vedad (Tek, 1873–1942) und Arif Hikmet (Koyunoğlu, 1889–1982), eine Rolle, später verstärkt Ausländer, von denen der erfolgreichste der Österreicher Clemens Holzmeister (1886–1983) war, der die Regierungsstadt so gestalten durfte wie Le Corbusier Chandigarh in Indien oder Niemeyer Brasilia. 1927 erhielt er den Auftrag für das Kriegsministerium und das Generalstabsgebäude, zahlreiche weitere Bauwerke wie das neue Präsidentenpalais folgten.

Mit einem Neubau des Präsidentenpalais 1930/31 wollte Mustafa Kemal «eine neue Lebenskultur» vorbildlich machen. Bernd Nicolai, der das Wirken deutscher und österreichischer Architekten in der kemalistischen Türkei untersucht hat, spricht vom Auftreten einer «unerwarteten Moderne».

Das Projekt entstand sehr schnell 1930/1931. Holzmeister bekam am 20. Mai 1930 das Programm für das Haus überreicht, fertigte innerhalb von fünf Tagen erste Pläne, diese wurden von Atatürk kritisch gewürdigt, und am 27. Mai, kurz vor seiner Abreise, überreichte er die korrigierten Entwürfe seinem Auftraggeber. In den folgenden drei Monaten entstanden die definitiven Pläne sowie ein Modell. (...) Das Modell stellte Holzmeister am 27. Juli dem Gazi im Badeort Yalova vor.

In seinem Tagebuch notierte Holzmeister:

1 h Audienz bei Kemal Pascha (...) – anwesend Falih Rifki (Atay), Safet (Saffet Arıkan), Tefik (Tevfik Rüşdü Aras), Tochter des Gazi (sehr wahrscheinlich Afet), zunächst im Arbeitszimmer, Fragen über Jalova (...) – dann im großen Saal, dort aufgestelltes Modell 1 : 100, Grundrisse, Interieurs – Konferenz 3–4 Stunden – Erläuterung über notwendige Erweiterung im Parterre, Küche, Zentralheizung, Anlage des Arkadenhofs, Weglassen des 2. Stockwerks aus Kostengründen – Gazi mit allem einverstanden, äußert Wünsche (...).

Nicolai ergänzt: «Trotz einiger Änderungswünsche überließ Kemal Paşa *restlos alle Entscheidungen* Holzmeister (...). Die Interieurs wurden teilweise an der Akademie der bildenden Künste in Wien entworfen. Der hoch über Ankara gelegene Bau versucht die Synthese zwischen türkischer Hausform und westlichem Wohnkomfort.»

Mustafa Kemal verhielt sich gegenüber seinem Architekten nicht viel anders als gegenüber den mit Reformbaustellen befassten Ministern: Er stellte wenige Rückfragen, ließ den Bauleitern weitgehend freie Hand und drängte – bei allem Kostenbewusstsein – nur auf rasche Ausführung. Der bis heute vom Präsidenten der Republik bewohnte Palast wurde als *Gazi Evi* («Haus des Gazi») bekannt. Er ist so konsequent modern, dass man sich etwas schwer tut, die oben genannte «Synthese» festzumachen, wenn sie denn von Holzmeister beabsichtigt war; denn der Pascha war zu diesem Zeitpunkt – anders als etwa Vedad oder der ursprünglich mit dem *Gazi Evi* beauftragte, in Mailand geborene und ausgebildete Giulio Mongeri – an einer Auseinandersetzung mit dem baulichen Erbe Anatoliens wenig interessiert.

Von Anfang an wurde die Residenzpflicht in Ankara von Beamten wie Abgeordneten als gleich hart empfunden. Der Poet Yahya Kemal (Beyatlı, 1884–1958), der einen großen Teil seines Opus der Stadt Istanbul und der osmanischen Glanzzeit widmete, aber als Abgeordneter einige Jahre in Ankara lebte, rief den Störchen zu: «Oh ihr heiligen Vögel! Wir sind auf Anordnung der Nation hier. Und ihr, was habt ihr denn angestellt, dass ihr in dieser Wüste gelandet seid, statt an anderen wunderschönen Orten dieser Welt?»

Als der Pascha im Dezember 1919 in Ankara eintraf, war die beste Unterkunft, welche die Stadt zu bieten hatte, bereits okkupiert. Ein französischer Besatzungsoffizier hatte sich die Dienstwohnung der Bahnverwaltung gesichert. Das solide Steinhaus am Bahngleis nach Istanbul war als die «Direktorenvilla» *(Direktör Konağı)* bekannt, stammte aus der Zeit, als Ankara an die Anatolische Bahn angeschlossen wurde (1892) und war vermutlich das einzige Gebäude in der Stadt, in dem es ein modernes Badezimmer gab.

Bis die Franzosen das Haus räumten, diente dem Pascha eine Zeit lang die seit zwei Jahren unbenutzte Landbauschule *(Ziraat Mektebi)* in Keçiören, eine halbe Stunde vom Bahnhof entfernt, als Wohnung und Büro. Im ebenfalls provisorischen *Meclis*-Gebäude hatte er außerdem sein vielbeanspruchtes Präsidentenbüro. Die Regierung der Großen Nationalversammlung nutzte einige Räume im Haus der Provinzialverwaltung, sie bestand ja nur aus einer Handvoll Sektionschefs, Sekretären und Bürodienern.

Das Obergeschoss der Direktorenvilla wurde nach der Wahl Mustafa

Kemals zum Präsidenten der Nationalversammlung seine Wohnung. Die unteren Räume bildeten zwischen 1920 und 1922 das Hauptquartier, in dem die Operationen des Unabhängigkeitskriegs geplant wurden. Im Garten hatte man unter einem Zelt eine Telegraphenstation eingerichtet. Fikriye, eine Nichte von Mustafa Kemals Stiefvater Ragıb aus Saloniki, teilte mit ihm das Leben in der Villa als «Hausdame und Gefährtin». Ihr Versuch, eine Liebesbeziehung zu ihm aufzubauen, sollte 1924 durch ihren Selbstmord tragisch enden. Nach dem Auszug Mustafa Kemals wurden İsmet Paşa und nach ihm Rauf Bey Mieter der Dienstwohnung. Ein letztes Mal soll Mustafa Kemal die Wohnung betreten haben, als er seiner Ehefrau Latife die Trennung verkündete und ihr erlaubte, noch eine Nacht in Ankara im Gartenhaus von Çankaya zu verbringen.

In dieser Wohnung fiel auch der Beschluss, die Große Türkische Nationalversammlung zum 23. April 1920 einzuberufen. Ein für die türkische Außenpolitik äußerst wichtiger Tag war der 21. Oktober 1921, als Yusuf Kemal (Tengirşek) und der «in privater Mission» reisende französische Senator Henri Franklin-Bouillon den im *Direktör Konağı* ausgehandelten «*Accord* von Ankara» unterzeichneten. In diesem Papier wurde zum ersten Mal das Regime von Ankara de jure von einer westlichen Nation anerkannt und seine südliche Grenze gesichert, womit die Nationalisten mehr Bewegungsfreiheit an der Westfront erhielten.

Çankaya, die Wohnung des Präsidenten

Mustafa Kemal beendete im Frühjahr 1921 dieses und andere Provisorien und nahm als «Geschenk der Bevölkerung von Ankara» (die Stadtverwaltung trug die Kosten) ein Gartenhaus hoch auf dem Çankaya («Glockenfelsen») an. Der letzte Eigentümer war ein gewisser Bulgurluzade Mehmed Efendi, der das Haus «vor kurzem» erworben hatte. Die weiteren Vorbesitzer des «Gartenhauses» sind nicht näher bekannt, dazu gehörte «vermutlich» der armenische Kaufmann Kasapiyan.

Çankaya ist mit annähernd 1000 Meter eine der höchsten Erhebungen im Süden der Stadt. Inmitten seiner Weinberge gab es eine große Anzahl von Gartenhäusern, in denen ihre Besitzer gerne die Sommermonate verbrachten. Nach der Deportation der Armenier und dem Brand großer Teile der Innenstadt (1917) waren diese «Gartenhäuser» nach Falih Rıfkıs Bericht die einzigen sichtbaren Spuren der christlichen Bevölkerung geblieben. Außer dem Präsidenten hatten sich auch einige Abge-

Çankaya 1921: Die mehrfach aus- und umgebaute Residenz Mustafa Kemals war bis zu einer größeren Modernisierung im Jahr 1926 ein schlichtes Sommerhaus in den Weinbergen bei Ankara.

ordnete in den Weinbergen angesiedelt, auch die sowjetische Botschaft, die aber bald daran ging, eine feste Vertretung am zukünftigen Atatürk-Boulevard einzurichten.

Das kleine Haus blieb letztlich ein Provisorium, obwohl es solide aus groben Hau- und Natursteinen gebaut und mit Ziegeln gedeckt war. Geheizt werden konnte nur mit Holzkohlebecken *(mangal)*. Auch nachdem 1926 ein Ingenieur der Firma Holzmann eine Zentralheizung installiert hatte, wärmte sie schlecht, weil die Kamine nicht zogen. Anfangs wurde das Haus ebenso wie andere Gebäude Ankaras mit Hilfe einer transportablen Dampfmaschine *(lokomobil)* mit Strom versorgt.

Immerhin bot ein überdachter Balkon eine Aussicht hinüber auf die Altstadt und den Burgberg. Im Frühjahr und Sommer hatte das Wohnen auf dem Çankaya jedenfalls große Vorzüge: Die Hügel überzogen sich mit frischem Grün, die Obstbäume blühten auf, und Hirten trieben Schafe und Ziegen hinaus in die Steppe. Ab 1924 wurde der Garten großzügiger angelegt, man verbrachte die langen Sommerabende gerne unter den Bäumen. Das Leben war hier jedenfalls gesünder als in der Nähe der malariaverseuchten Senke, die Çankaya von der Altstadt trennte. Aber auch der Winter hatte gewisse Vorteile, machte er doch die Straßen und Wege, wenn sie gefroren waren, passierbarer.

Der Unterbau des Hauses war ursprünglich ein typisches Steingeschoss *(taşlık)* mit Wohnraum, Küche und Zisterne. Ein Trog zum Vergären der Trauben machte es zum *chateau*, auch wenn man seinen neuen Bewohner nicht zu den Weinkennern rechnen durfte. Im Obergeschoss entsprach dem *taşlık* ein im alttürkischen Wohnhaus *sofa* genannter Mittelraum. Hier gab es nur zwei Zimmer.

Falih Rıfkı beschrieb seinen ersten Besuch ohne Überschwang:

Gazi Mustafa Kemal wohnte in einer kleinen Villa *(köşk)*, die auch ein Wasserbecken hatte. Angeblich war es zuvor das Haus eines englischen Wollhändlers. Die Verkehrsmittel bestanden nur aus Pferdekutschen, entsprechend lang dauerte es von der Stadt bis dorthin. Man konnte von keiner Straße sprechen. Vom Hang des Hügels, auf dem sich das frühere Volksbildungshaus *(Halkevi)* befand, bis auf die Höhen von Çankaya hinauf bahnten wir uns, hin und her geschüttelt, einen Weg durch die aufgegebenen Weinberge zwischen herabhängenden Reben und wilden Rosenstöcken. Von Çankaya aus konnte man vor einem leeren Horizont ein Stück Steppe sehen. Es war allein eine entmutigende Angelegenheit, diesem Haufen von Asche und Staub [er meint die Brandflächen der Altstadt] ins Angesicht zu sehen, geschweige denn innerhalb desselben die Hauptstadt eines neuen Staats zu gründen.

Mit dem Automobil konnte man später in 20 Minuten vom Bahnhof nach Çankaya fahren. Die Wahl sowie die erste Renovierung und Ausgestaltung des Hauses hatte angeblich Fikriye übernommen. Niemand konnte zu diesem Zeitpunkt voraussagen, dass auf dem Çankaya alle weiteren Staatsoberhäupter der Türkei ihre Residenz und ihren Amtssitz haben würden. Anders als die *Meclis*, die im Laufe der Republik drei verschiedene Ortslagen zugewiesen bekam, blieb der Präsidentensitz stabil, wenn man Um- und Anbauten nicht rechnet. Çankaya beziehungsweise sein Beiname *Köşk* (pers., ein kleines Palais, von dem das deutsche Wort Kiosk abgeleitet ist) wurde so zum Synonym für das republikanische System mit einem starken Präsidenten an der Spitze.

Für die Wahl Çankayas können auch Sicherheitserwägungen eine Rolle gespielt haben. Mustafa Kemal war sich stets bewusst, dass sein Leben durch Attentäter bedroht war. Ruşen Eşref (Ünaydın, 1892–1959) schrieb, er habe «Tag und Nacht» zwei Revolver in der Gesäßtasche mit sich geführt, selbst bei abendlichen Gelagen bis zu später Stunde. Nur wenn er sich unter vertrauten Gesichtern befand, reichte er die Waffen schon einmal einem Diener, der sie nach oben in die Privaträume trug. Seit Mitte der zwanziger Jahre hatte er sich mit einer Leibwache umgeben, die aus entschlossenen Jungmännern vom Schwarzmeergebiet bestand. In ihrer schwarzen Landestracht, mit den typischen Kopfbändern und glänzenden Patronengürteln bildeten sie ein auffälliges und spätes

Beispiel einer ethnischen Prätorianergarde, wie sie der Orient seit eh und je kannte.

Zu einer regelrechten Belagerung von Çankaya kam es am 1. April 1923, als der 1919 amnestierte Bandenchef Topal Osman Ağa, den Andrew Mango einen «sadistischen ethnischen Säuberer» nannte, sich ein Gefecht mit der Leibwache Mustafa Kemals lieferte. Der «Lahme Osman», der möglicherweise in die Ermordung des oppositionellen Abgeordneten Ali Şükrü (1884–1923) verwickelt war, wurde seinerseits nach dem erfolglosen Angriff auf Çankaya ermordet aufgefunden. Im Köşk hielten sich zu diesem Zeitpunkt neben Mustafa Kemal und Latife auch deren Schwester Vecihe auf. Nach einer auf diese zurückgehenden Überlieferung konnte der Gazi gerettet werden, weil Latife seinen *Kalpak* überstülpte und – wie ein Schattenspieler – hinter erleuchtetem Fenster seine Anwesenheit vortäuschte, als er von seiner Leibwache schon in Sicherheit gebracht worden war.

Unterhalb des Gartenhauses lagen drei weitere Gebäude, von denen eines den Adjutanten und der Fahrbereitschaft des Präsidenten diente. Hier war auch ein Pferdestall. Die Stute *Sakarya* stand Mustafa Kemal für Ausritte in die nähere Umgebung zur Verfügung. Während der Ehejahre zählte noch Latifes Hündchen, das nach ihrem Weggang durch einen Mischling namens Fox ersetzt wurde, zu den ständigen Bewohnern von Çankaya. Dieser hatte das Privileg, zu Füßen seines Herrn zu schlafen.

Der erste größere Umbau erfolgte nach der Eheschließung mit Latife im Januar 1923. Das Ergebnis war weit entfernt von der pompösen Villa, in der die junge Ehefrau in Göztepe aufgewachsen war, obwohl der Pascha sich nach Kräften um etwas Komfort bemühte. Der vielbeschäftigte Architekt Vedad (Tek), der gleichzeitig mit der Ausführung eines Parteigebäudes, in das später die *Meclis* einziehen sollte, betraut war, bestellte Ende Dezember 1923 aus Istanbul 1500 weiße Wandfliesen für die Auskleidung der Bäder. Im Sommer oder spätestens Herbst 1924 war der Umbau abgeschlossen. Trotz reichlich vorhandener erzählender und archivalischer Quellen wissen wir nicht, wie sich das prominente Paar 1923/24 auf der Baustelle eingerichtet hatte. Vermutlich waren sie immer wieder ins alte Bahnhofsgebäude oder in das Adjutanten-Haus ausgewichen.

Nach dem Umbau befand sich im Erdgeschoss eine Eingangshalle mit dem unvermeidlichen Piano aller westlich orientierten Familien. Neben dem Eingang zum Grünen Salon, der sich rechts öffnete, war ein Spieltisch, den der Hausherr für gelegentliche Pokerrunden benutzte. Solange

Latife das Gartenhaus mitbewohnte, wurde der Grüne Salon für Damentees an ihrem Jour Fixe benutzt.

Mustafa Kemals offizielles Arbeitszimmer lag links von der Halle. Sein Schreibtisch mit Perlmutteinlagen und arabischer Inschrift in geschnitzten Buchstaben war ein Geschenk des ägyptischen Vizekönigs, ein Eisbärenfell hatte ein Gesandter aus Russland mitgebracht. Den größten Raum bildete der neugebaute Speisesaal, an dessen Esstisch zehn Personen Platz fanden. Vedad hatte durch den Anbau eines Turms mit einem aparten sechseckigen Zeltdach im Untergeschoss eine Erweiterung des Speisesaals für ein «Radio- und Zigarettenzimmer» geschaffen, in dem man das Programm der im November 1927 auf Sendung gegangenen Rundfunkstation von Ankara verfolgen konnte. Alle Serviceräume waren jetzt in einen Anbau ausgelagert. Die Mahlzeiten wurden mit Hilfe eines Speiseaufzugs von der Küche nach unten transportiert. Der Speisesaal mit einem osmanischen Cheminée, türkisfarbenen Wandfliesen und Oberlichtern mit bunten Scheiben in Gipsrahmen sollte an den Aufenthaltsraum eines alttürkischen Wohnhauses erinnern, auch wenn der Esstisch mit hohen Stühlen nicht dazu passte. Kilims und Teppiche schmückten als Vorhänge die Wände und Fußböden und verstärkten die einheimische Note in dem insgesamt zeittypisch hybriden Dekor. Amerikanischen Journalisten, die 1923 zum Tee beim Präsidenten geladen waren, fielen die Säbel und Dolche ins Auge, die auf die Wände verteilt waren. Später muss man sie jedoch abgenommen haben.

Im Obergeschoss war der größte Raum das Schlafzimmer mit zwei Toilettentischen. Vor der jüngsten Restaurierung sah man über dem Bett einen großen Gobelin mit einer Szene aus der griechischen Mythologie: Poseidon verfolgt Amphitrite, die sich zu Atlas flüchtet. Das Stück war nicht etwa Bestandteil der Aussteuer Latifes, sondern das Gastgeschenk eines sowjetischen Botschafters. Das Bett wurde später mit einer aus Siirt stammenden Ziegenhaardecke versehen, in die man in ungelenken lateinischen Buchstaben «Andenken an Siirt» und ein Bild des Gazi eingewebt hatte. Mustafa Kemal hatte das entlegene Städtchen 1916 weidlich kennengelernt. Im Turmzimmer war sein privater Arbeitsraum, verbunden mit der mehr als dreitausend Bände umfassenden Bibliothek, die sich auf zwei Zimmer verteilte. Sie wird heute im Museum bei seiner Grabanlage aufbewahrt, ihr Bestand ist über das Internet zugänglich.

Nach der Scheidung von Latife, die ziemlich genau 1000 Tage, unterbrochen von längeren Reisen, in der anatolischen Steppe mit Mustafa Kemal verbracht hatte, verschwanden auch die Bestandteile ihrer sprichwörtlich «sieben Kamelladungen» umfassenden Mitgift, mit der sie ihr Vater ausgestattet hatte. Jedenfalls finden sich weder Möbel noch Silberwaren, goldene Kerzenleuchter, Porzellan, Handarbeiten oder Teppiche. Ob Latife das Haus wirklich nur mit einem Koffer verlassen hat, wie ihre Biographin İpek Çalışlar zu wissen meint? Nachdem Mustafa Kemal wieder, wie man in der Türkei sagt, im Sultanat des Junggesellentums angekommen war, füllte sich das Haus mit der wachsenden Zahl von Adoptivtöchtern des Gazi; für sie und Gäste wurde 1926 ein Anbau mit sechs Schlafräumen geschaffen. Als alleinstehender Hausherr nutzte Mustafa Kemal den Schlafraum meist bis in die späten Morgenstunden. Alle Zeitgenossen wussten, dass er im Schlafrock mit gekreuzten Beinen (es gibt im Türkischen logischerweise kein Wort für «Türkensitz») ein sehr spätes, meist nur aus Kaffee und Zigarette bestehendes Frühstück einnahm. Er studierte die Zeitungen und Depeschen, bevor er nach der Morgentoilette sein Arbeitszimmer aufsuchte.

Offizielle Besucher und die Tafelrunde

In der Stadt gab es für die Abgeordneten und hohen Beamten nur einen Ort, an dem man sich ohne Berührung mit dem niedrigen Fußvolk treffen konnte: das *Karpiç*, ein Restaurant mit Bar im Dreieck Parlament – Ankara Palas – Taşhan (am heutigen Ulus-Platz), das der Exil-Russe Yuri «George» Karpovič führte. Er war vor der Oktoberrevolution Anwalt in Moskau gewesen. Nach seiner Flucht aus Russland eröffnete er 1924 in Istanbul das heute noch bestehende «Rejans» *(Regence)*. Mustafa Kemal lud ihn ein, in Ankara ein Restaurant zu betreiben, was praktisch einem Befehl gleichkam. Karpovič wurde bald eine der bekanntesten Figuren der Ankaraner Gesellschaft. Noch bis kurz vor seinem Tod fiel Atatürk gelegentlich mit einer ganzen Truppe von Gästen bei «Baba Karpiç» ein, um zu trinken und zur Musik einer ungarischen Damenkapelle zu tanzen. Die Bedeutung des Köşk auf dem Çankaya war allerdings für das politische, gesellschaftliche und persönliche Leben des Gazi und damit der Türkei ungleich wichtiger als solche Eskapaden unten in der Stadt.

Mustafa Kemal hat Çankaya selbstverständlich nicht nur verlassen, um sich in das überschaubare Nachtleben am Fuße des Burgbergs zu stürzen oder einen Kinofilm zu sehen. Er suchte wichtige Amtsträger und Freunde an ihren Wohnsitzen auf. Am leichtesten war die nahe Residenz des Ministerpräsidenten zu erreichen.

Was seine Besucher angeht, muss man zwischen den offiziellen Gästen und den Teilnehmern an informellen Abendeinladungen unterscheiden. Über den lebhaften offiziellen Publikumsverkehr des Gazi wurde in Ankara vom Protokoll ein Gästebuch geführt, dessen Inhalt wir zumindest für die letzten sechseinhalb Lebensjahre kennen (1932–1938). Die statistische Auswertung von rund 15 000 Gästen (oder wenigstens Eingeladenen) durch den Historiker Walter Weiker lässt sich natürlich nicht ohne weiteres auf die Jahre zwischen 1923 und 1931 übertragen. Da Mustafa Kemal danach regelmäßig etwa vier Monate in Istanbuls Dolmabahçe residierte, erklären sich starke Schwankungen in der Besucherfrequenz. Erst nach Ausbruch seiner Krankheit Mitte März 1938 nahm die Zahl der Gäste deutlich ab.

Am Gründungstag der Republik, dem 29. Oktober, und anderen hohen Staatsfeiertagen gab es großen Andrang. Es bedarf fast keiner Erwähnung, dass religiöse Feste ignoriert wurden, man hat aber zumindest die türkische Tradition, nach der Kinder an diesen Tagen ältere Familienangehörige aufsuchen, in den republikanischen Rahmen eingefügt. Der 23. April, der Tag, an dem die Nationalversammlung eröffnet worden war, wurde von Mustafa Kemal zum «Fest der Nationalen Unabhängigkeit und des Kindes» deklariert. An diesem Tag versammelten sich die Schüler der Abschlussklassen am Ulus-Platz, um mit Bussen nach Çankaya gebracht zu werden, wo sie dem Gazi die Hand küssen durften.

Bei Betrachtung einzelner Personen im Gästebuch wird erneut deutlich, dass Mustafa Kemal einer großen Gruppe von Männern, angefangen von Schulfreunden aus Saloniki, Kadetten aus Istanbul und schließlich Kriegskameraden von allen Fronten, bis an sein Lebensende engstens verbunden blieb. Eine Sonderstellung nahm Dr. Rasim Ferid (Talay) ein, der Istanbuler Arzt, den er erst 1910 kennengelernt hatte und dem er bis kurz vor seinem Tod sehr nahe stand. Es ist weniger überraschend, dass Inhaber von Regierungsämtern, allen voran Ministerpräsident İsmet (İnönü), sehr häufig erschienen.

Kılıç Ali, über den noch einiges zu sagen sein wird, führte – nicht überraschend – die «Hitliste» der Besucher mit 613 Einträgen in sechseinhalb Jahren an. Dazu passt, dass er derjenige war, der von Mustafa Kemal am häufigsten in seiner eigenen Wohnung aufgesucht wurde. Er zählte nicht einmal zu seinen ältesten Vertrauten. Mustafa Kemal hatte den etwa zehn Jahre jüngeren Offizier erst 1919 beim Kongress von Sivas kennengelernt und sofort ins Herz geschlossen. Dabei hatte er ihm spontan und ohne um Erlaubnis zu fragen anstelle seines Geburtsnamens die Bezeichnung des Istanbuler Viertels Kılıç Ali verpasst, unter dem dieser an der Kriegsschule registriert war. «Es ist doch bekannt, dass der Erhabene Ali (Schwiegersohn des Propheten) Gottes scharfes Schwert *(kılıç)* war», sagte er zu dem erstaunten Mann, der somit in Sivas als Enddreißiger seinen Geburtsnamen Asaf verlor. Seine Gewohnheit, Gefährten mit neuen Namen zu bedenken und damit symbolisch an sich zu binden, setzte also bereits 15 Jahre vor der offiziellen Namensreform ein.

Es folgten in den Gästelisten zwei gleichaltrige Schulfreunde, die beide aus Saloniki stammten und sehr weitläufig mit ihm verwandt waren: Nuri (Conker) und Salih (Bozok). Nuri begegnete uns schon als untergebener Kampfgefährte in der Kyrenaika. Nicht ganz so häufig erscheint auf der Liste der amtlichen Besucher der Name Fuad (Bulca), der dritte unter den gleichaltrigen Schulkameraden. Fuad hatte an den Kämpfen im Osten zwischen 1916 und 1918 als Stabsoffizier teilgenommen. Der hier schon zitierte Brief, den Mustafa Kemal aus Sofia anlässlich der Verehelichung Fuads schrieb, ist ein Dokument der frühen Vertraulichkeit unter den beiden Männern. Auch Salih diente Mustafa Kemal in Syrien und Palästina als Adjutant (1917). Vielleicht stand ihm niemand näher als dieser Freund, mit dem er früh brieflich und mündlich alles teilte. Er gehörte zu den letzten Personen, die Atatürk, bevor er ins Koma fiel, am Krankenbett sahen. Als ihn die Todesnachricht erreichte, gab sich Salih die Kugel, überlebte aber zurückgezogen noch einige wenige Jahre. Etwas anders verlief die Karriere von Kel Ali (Çetinkaya), von dem im Zusammenhang mit der Verteidigung von Ayvalık schon die Rede war. Der Berufsoffizier war mit Mustafa Kemal seit der Vorkriegszeit befreundet. Kel («der Glatzköpfige») Ali leitete von 1925 bis 1926 das «Unabhängigkeitsgericht» in Ankara und war zweimal Minister.

Diese Gruppe von Männern fällt mit jenen «allbekannten Persönlichkeiten» *(zevat-i mutade)* zusammen, die als «Habitués» oder «Ständige» den Kern der abendlichen Tafelrunden bildeten. Zweifellos stellten sie eine Art Küchenkabinett dar, das für Außenstehende eine Quelle des Spotts, aber auch des Neides und ängstlicher Bedenken war. Sie wurden von Mustafa Kemal schon bald nach 1919 mit militärischen und politischen Ämtern in der Hauptstadt und in der Provinz versorgt. Viele ihm nahestehende Personen hatten über mehrere Legislaturperioden hinweg Parlamentssitze inne, was ihnen angesichts der eher bescheidenen Bezüge eines Abgeordneten und hoher Lebenshaltungskosten in Ankara nicht viel mehr als eine Grundversorgung sicherte. Nuri aber brachte es zu verschiedenen Ämtern, wurde Stadtkommandant von Ankara, Gouverneur von Adana und stellvertretender Präsident der Großen Nationalversammlung. Eine wichtige politische Figur, die nicht zur engen Tafelrunde gehörte, war auch Kâzım (Özalp), den Mustafa Kemal 1905 auf der Stabsschule kennengelernt hatte. Er war von 1924 bis 1935 Präsident der *Meclis*, bevor er Minister für Nationale Verteidigung wurde.

Angesichts der Herkunft und militärischen Sozialisation Mustafa Kemals ist es durchaus erklärbar, dass er sich an diese Gruppe klammerte, die ihm bis zum Lebensende Familienersatz bot. Seine Ehe ist sicher auch wegen der verfestigten Gewohnheiten der Tafelrunde zerbrochen. Beim Militär waren wie in der osmanischen Bürokratie Familienbeziehungen zur Absicherung der Laufbahn äußerst nützlich. Der vater- und bruderlose Mustafa Kemal (selbst ein einflussreicher Onkel fehlte!) hatte auch nicht wie der ebenfalls aus kleinen Verhältnissen stammende Enver eine Frau aus dem Herrscherhaus geehelicht, was natürlich ab 1922 eine große Belastung bedeutet hätte. Sein Beziehungskapital waren Kameraden, bei denen im Einzelnen schwer zu unterscheiden ist, ob die Faktoren Verwandtschaft, Schulbank oder Fronterlebnis schwerer wogen als ihre gemeinsam früh erworbenen nationalistischen und modernistischen Überzeugungen. Keiner von ihnen gelangte jedoch in so hohe Positionen wie der arbeitsame İsmet İnönü, den Mustafa Kemal schon 1908 kennengelernt hatte.

Wie nicht anders zu erwarten, gehörten auch in den dreißiger Jahren, in denen die großen Reformgesetze durchgepeitscht wurden, die wichtigsten Akteure wie der Wirtschafts- und Justizminister Mahmud Esad (Bozkurt) und der langjährige Innenminister Şükrü (Kaya, 1883–1959) zu den Besuchern von Çankaya. Mustafa Kemals unablässiges Interesse an sprachlichen, anthropologischen, historischen und archäologischen Themen öffnete den Präsidentenpalast auch für echte und sogenannte Experten verschiedener Herkunft.

Das System Atatürk

Der Bericht eines damals Mustafa Kemal noch sehr fern stehenden Gastes beleuchtet schlagartig nicht nur die vom Gastgeber gelieferte Begründung für die Privilegierung der «Ständigen», sondern vermittelt auch eine Vorstellung von der Postenverteilung nach «Gutsherrnart». Das «System Atatürk» ist in dem folgenden, erst vor wenigen Jahren publizierten Gespräch präzise erfasst:

Auf dem Heimweg von einem Abendessen, zu dem Mustafa Kemal 1923 auch einige Bürokraten hinzugezogen hatte, beklagte sich Cemal Hüsnü (Taray, 1893–1975), ein junger Beamter der Agrarbank, der mit Şükrü (Kaya), dem damaligen Landwirtschaftsminister, eingeladen war:

Freunde, wie schade, dass eine ganze Zahl von unseren Kollegen nicht an dieser opulenten geistigen Mahlzeit der Tafelrunde hat teilnehmen können, weil wegen der Habitués, die jeden Abend eingeladen werden, am Tisch kein Platz bleibt. Das sollte der Pascha wissen.

Şükrü gab diese Anregung an die höchste Stelle weiter, ohne den jungen Mann davon in Kenntnis zu setzen. Prompt wurde dieser ins Köşk zitiert, wo er Mustafa Kemal beim Kaffee antraf:

«Junge, weißt du, warum ich dich rufen ließ?»
«Nein, mein Pascha.»
«Hör mal Junge, man sagt, du wolltest mich entmündigen?»
«Gott behüte, wie soll ich mir das anmaßen?»
«Du willst also, dass ich an meine Tafel nur gebildete Leute ziehe? Hör mir jetzt einmal gut zu, ich will es dir erklären. Das sind Menschen, die, als ich in den Unabhängigkeitskrieg aufbrach, an mich glaubten, mit mir gegangen sind, für mich eingetreten sind, bereit waren, sich zu opfern, mir mit ihrem Leben Deckung boten, sich keinen Moment von mir trennten und damit alle Arten von Qualen auf sich nahmen. Alle sind sie mir mit Leib und Leben verbunden. Ich bin ihnen zu großer Treue verpflichtet. Ich werde keinen vergessen.
Aber an meiner Tafel ist stets auch Platz für gebildete junge Leute, und das wird auch immer so bleiben. Was habe ich für diese [er spricht wieder von den Habitués] getan und was habe ich ihnen gegeben? Ich habe sie im Parlament untergebracht, *damit sie dort meine Gedanken, an die sie glauben, einpflanzen* [kursiv durch den Übersetzer]. Dort sind sie mir hilfreich. Aber ich habe keinen von ihnen zum Minister gemacht. Auf Ministerposten habe ich nur junge Leute wie euch, die studiert haben, gesetzt. Junge, hast du jetzt die Lage richtig begriffen?»

Dieses Gespräch mit Cemal Hüsnü, der als in Lausanne diplomierter Wirtschaftswissenschaftler zur Gruppe des «völkisch-progressistischen» (Hans-Lukas Kieser) *Foyer Turc* gehört hatte, fand sehr wahrscheinlich 1923 statt. Cemal Hüsnü war wie Mahmud Esad, ein weiterer Teilnehmer des Abendessens, ein idealtypischer Vertreter dieser «jungen Gebildeten», die zwar den Weltkrieg nicht zu Pferd oder in Schützengräben, sondern in Bibliotheken und Kaffeehäusern am Genfer See verbracht hatten, aber, wie schon dargelegt, wesentliche Inhalte der kemalistischen Ideologie vorwegnahmen. Ironischerweise saß auch Cemal Hüsnü später mehrere Jahre für Gümüşhane und Bolu im Parlament. Umgekehrt

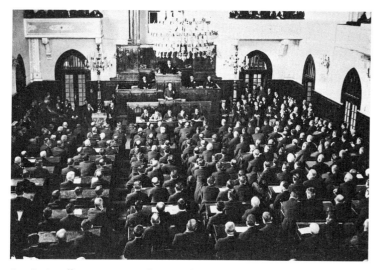

*Der Gazi eröffnete am 1. November 1929 das Sitzungsjahr im neuen Gebäude
der Großen Türkischen Nationalversammlung, das 1924 zunächst als Zentrale
der Volkspartei geplant wurde.*

wurde der durchaus nicht zu den Intellektuellen zählende Parteisoldat
Kel Ali (Çetinkaya), allerdings zu einem späteren Zeitpunkt (ab 1934),
zweimal Minister.

Mustafa Kemal gab für sein Patronagesystem zwei Begründungen an:
Einmal ging er auf die Verdienste der Kameraden im Unabhängigkeitskrieg ein, freilich ohne frühere *old boy connections* zu erwähnen, dann
aber auf ihre Rolle in der *Meclis*, wo sie *seine* Vorstellungen weiterzuge-
ben hatten. Für die nachdrängenden jungen intellektuellen Revolutionäre aber, Leute vom Typ Şükrü (Kaya) und Mahmud Esad (Bozkurt)
und eben Cemal Hüsnü, wollte er die Schaltstellen in der Exekutive frei-
halten.

Die Beispiele ließen sich um Dutzende wichtiger Namen erweitern,
hier sollten sie zeigen, wie lebhaft es auf dem Çankaya zuging, solange
Mustafa Kemal an der Spitze der Tafel saß. Zu den Tafelrunden wurden
auch Sänger und Instrumentalisten gerufen. Ein Adjutant Atatürks, Halil Nuri (Yurdakul), erzählte jedoch mit Genugtuung, dass die Musi-
kanten oft nach Hause geschickt wurden, ohne ihre Instrumente ausge-
packt zu haben, wenn Atatürk ein wichtiges Gesprächsthema zu Ende
führen wollte.

Nationale Musik

Das Verhältnis Atatürks zur Musik wurde von Falih Rıfkı in einem Satz zusammengefasst: «Die Musik, die er liebte, war *alaturka*, aber er glaubte an die westliche (Klassik)». Wie man an eine Musik «glauben» kann, ohne sie zu lieben, ist erklärungsbedürftig. Grammofon und Radio waren jedenfalls Errungenschaften, die er gerne nutzte, um *türkü*s und *şarkı*s zu hören, Gattungen, die man stark vereinfachend mit «türkisches Volkslied» und «orientalisierendes Kunstlied» wiederzugeben pflegt. Schallplatten begleiteten ihn auf seinen endlosen Zugfahrten durch Anatolien und auf den Schiffsreisen. Radio Istanbul blieb während seiner Krankheit eingeschaltet. Er bevorzugte die Lieder aus seiner rumelischen Heimat, deren Texte ganze Liebesdramen in wenigen deftigen Versen andeuteten. So lautete der Anfang eines seiner Favoriten: «Das Fenster geht auf, Bilal schießt mit der Pistole / Eilt herbei und sehet, wen Bilal erneut in seinem Blut hat liegen lassen».

Als Tänzer war er östlichen und westlichen Formen gleichermaßen zugetan. Er ließ sich gerne von dem kriegerischen *Zeybek* mit seinem komplizierten, asymmetrischen Rhythmus mitreißen und trug so zu seiner Popularisierung als inoffizieller Nationaltanz der Türkei bei. In Gesellschaft sah man ihn hingegen als eleganten Walzer-Tänzer, wie auf dem

Mustafa Kemal tanzt mit seiner Adoptivtochter Nebile am Abend ihrer Heirat mit dem türkischen Diplomaten Raşid im Ankara-Palas (17. Januar 1929).

bekannten Bild, das bei der Hochzeit seiner Adoptivtochter Nebile am 17. Januar 1929 im *Ankara Palas* aufgenommen wurde.

Während in den *kafeşantan* («Café chantant») Istanbuls schon längst für ein paar Kuruş Charleston-, Tango- und Walzer-Kurse angeboten wurden, beschränkte sich das westliche Musikleben Ankaras bis in die dreißiger Jahre weitgehend auf Gastspiele ausländischer Ensembles und einzelner Musiker. Als der deutsche Pianist Wilhelm Kempff (1895–1991) 1927 ein Konzert im *Halkevi* gab, wurde er anschließend nach Çankaya eingeladen. Nach einem späten Abendessen erläuterte der Präsident dem Gast aus Deutschland sein Reformprogramm. Kempff hat seiner Schülerin İdil Biret von dieser denkwürdigen Begegnung berichtet:

Weiterhin erläuterte er, dass die klassische Musik ein wesentlicher Bestandteil der westlichen Kultur sei und somit die Grundlage seiner Reformbewegung. Daher fühle er die Notwendigkeit einer ausgedehnten Einführung klassischer Musik in der Türkei als Teil des Vorstoßes zur Modernisierung in seinem Land. Kemal Pascha sagte, er befürchte, dass ohne gleichzeitige Reformen im Bereich der Musik in der Türkei seine Reformen in den anderen Bereichen unvollständig bleiben würden. Dann fragte er nach meinen Gedanken und Ansichten, wie dies wohl erreicht werden könne, wie die Schulen und Einrichtungen gegründet werden und beschaffen sein müssten. Ebenso bat er mich, ihm bedeutende Musiker und Musikwissenschaftler zu empfehlen, die in die Türkei eingeladen werden sollten, um den Grund-

Im Sommer 1936 präsentierte sich Atatürk den Istanbulern als Schwimmer, Ruderer und temperamentvoller Volkstänzer. Am Ende der Saison verfolgte er die Arbeiten des 3. Kongresses für türkische Sprache in Dolmabahçe.

stock für die klassische Musik zu legen. Ich erläuterte ihm meine Vorstellungen und riet ihm, sich ebenso an Wilhelm Furtwängler zu wenden und ihn gegebenenfalls in die Türkei einzuladen, um mittels eines Organisationsplanes dabei zu helfen, die klassische Musik systematisch in der Türkei einzuführen. Unser Gespräch dauerte bis 4 Uhr morgens an, als ich mich verabschiedete.

Furtwängler (1886–1954) hätte sich sicher über den persönlichen Musikgeschmack des großen Reformers gewundert, wenn er in jener Nacht im Gülhane-Park vom 9. auf den 10. August 1928 anwesend gewesen wäre, in der den Istanbulern nach der Ankündigung der Schriftreform ein großes Konzertprogramm geboten wurde.

Zunächst spielte ein «europäisches Orchester», es folgte eine ägyptische Sängerin, und den Abschluss bildete eine türkische «Kammermusikgruppe» *(incesaz)*, die aus Instrumentalisten und Chorsängern bestand. Mustafa Kemal erfreute sich an einer Arie aus *Tosca*, vielleicht schätzte er Puccinis Oper auch als Kenner der napoleonischen Epoche. Dann bat er die Ägypterin Munira al-Mahdiyya, ein Superstar der Epoche, um ein arabisches Lied, das ihm aus der Zeit seiner Stationierung in Syrien im Ohr geblieben war. Munira verabschiedete sich protokollsicher mit einer Ode *(kasida)* auf den türkischen Präsidenten. Vom Programmbeitrag der türkischen Gruppe war Atatürk wenig begeistert. Nach dem Bericht eines Augenzeugen soll er sich um zwei Uhr morgens verärgert über die amateurhafte Darbietung in seine Sommerresidenz zurückgezogen haben. Dieser unerfreuliche Abschluss eines großen Abends wird von türkischen Musikwissenschaftlern in Verbindung mit Mustafa Kemals Abwendung von einheimischen Klängen gebracht, die in einem Verbot von orientalischer Musik im Rundfunk zwischen 1934 und 1936 gipfelte.

Aus seiner Einstellung zur ornamentreichen Kunstmusik hat er in dem Gespräch mit Emil Ludwig im Herbst 1929, das im Zusammenhang mit seiner persönlichen Haltung zur Religion noch ausführlicher behandelt wird, kein Hehl gemacht. Der Pascha erläuterte, er habe bei Montesquieu gelesen, dass man ohne Rücksicht auf die Musikalität des Volkes keine Erneuerung unternehmen könne. Nun hält diese Berufung auf Montesquieu einer Überprüfung nicht stand. Der französische Staatsphilosoph hat in seinem «Geist der Gesetze» der Musik eine erhebliche Rolle bei der «Mäßigung» harter und wilder Kämpfer zugewiesen, wie sie die alten Griechen gewesen sein sollen, doch spricht er an keiner Stelle von der Musik als Reforminstrument. Als Ludwig die «Fremdheit der orientalischen Musik für unser Ohr» einbrachte, stieß er auf eine heftige

Reaktion: «Alles byzantinisches Zeug! Unsere echten Gesänge kann man nur noch in der Steppe bei den Hirten hören.»

Diese Auffassung von einer byzantinischen Überfremdung der türkischen Musik geht mit Sicherheit auf Mustafa Kemals Stichwortgeber Ziya Gökalp zurück, der 1923 seine Kritik an der osmanischen Kultur in den «Grundlagen des Türkentums» zusammengefasst hatte. Gökalp hatte erklärt, dass die orientalische Kunstmusik wie auch das «Esperanto» der osmanischen Literatursprache ebenso «krank» wie «unnational» seien. Nur die Volksmusik könne als Bestandteil der türkischen Kultur gelten. Eine eigentliche türkische Nationalmusik werde *eines Tages* aus der harmonischen Verbindung dieser Volksmusik mit der Musik des Westens hervorgehen. Indem er sich diese Auffassung zu Eigen machte, erklärte Mustafa Kemal die Musik zu einem Projekt, das erst in der Zukunft durch Angleichung an westliche Formen abgeschlossen werden könne. Es fehle, sagte er zu Ludwig, die Zeit, diese Musik zu entwickeln. Er ergänzte, man habe nicht vierhundert Jahre zur Verfügung wie das Abendland, «deshalb führen wir bei uns die Musik des Westens ein.»

Damit hatte er den neuralgischen Punkt der türkischen Musikdebatte berührt, nämlich «dass die vorderorientalische Tonkunst bedauerlicherweise der Mehrstimmigkeit entbehre, dass man darum der abendländischen Musik an Wert unterlegen sei und man bestrebt sein müsse, eine Synthese der beiden gegensätzlichen Stile zu schaffen» (Reinhard und Reinhard). Atatürk glaubte, dass die westliche Musik als eine Art Katalysator dienen könne, um die einheimische Musik auf die Höhen der Polyphonie zu tragen. Sein Projekt bestand nicht darin, die türkische Volksmusik durch Beethoven oder Schubert zu ersetzen. Das geht auch aus seiner Rede zur Parlamentseröffnung am 1. November 1934 hervor:

Ich weiß, wie stark der Wunsch der Jugend der Nation ist, in allen Kunstzweigen gefördert zu werden. Dem wird auch Rechnung getragen. Die türkische Musik ist es aber, die man hier am schnellsten und am ersten voranbringen muss (Beifall) (…) Mit der Musik, die sich heute anmaßt, gehört zu werden, lässt sich keine Ehre einlegen. Man muss nationale, feine Gefühle und Gedanken vermittelnde, erhabene Worte sammeln, sie so schnell wie möglich nach den allgemeinen Regeln der letzten (zeitgenössischen?) Musik bearbeiten. *Die türkische nationale Musik kann nur unter dieser Bedingung* aufsteigen und ihren Platz in der universalen Musik einnehmen.

Das Ministerium verstand die etwas verschlüsselte Botschaft und beschloss die Einrichtung eines Staatlichen Musik-Konservatoriums. Als die Planungen nur langsam vorankamen, meldete sich Atatürk am 1. November des folgenden Jahres ungeduldig: «Die Arbeiten, unsere nationale Musik mit Hilfe der modernen Technik voranzubringen, werden in diesem Jahr mit noch größerer Anstrengung durchgeführt.» Inzwischen war aber schon Paul Hindemith (1895–1963) aus Deutschland eingetroffen. Während seiner vier mehrmonatigen Türkei-Aufenthalte verfasste der unter Hitler verfemte Komponist als geschickter Organisator und begeisterter Musikerzieher zahlreiche Gutachten und Berichte zum derzeitigen und zukünftigen Musikleben der Türkei. Auch die von Atatürk geforderte Sammlung «echter» Volksmusik erhielt jetzt bedeutende Anstöße. Aus einer musikethnologischen Forschungsreise des ungarischen Komponisten Béla Bartók (1881–1945) im Jahr 1936 ging ein großes Archiv für musikalische Folklore hervor. Atatürks Wort von der «modernen Technik» bezog sich wohl auf die phonographischen Aufnahmen der Musikethnologen.

Das aus der ehemaligen Serail-Kapelle hervorgegangene Orchester wurde unter dem Namen «Symphonie-Orchester des Präsidenten der Republik» (zunächst als *Reiscumhur Flârmoni Orkestrası*) nach Ankara geholt. Ernst Praetorius, der ehemalige Generalmusikdirektor in Weimar, wurde von Hindemith in die Türkei gerufen und durfte unmittelbar nach seiner Ankunft im Oktober 1935 das Orchester anlässlich der 12-Jahresfeier der Republik dirigieren. Das Thema Musik eignet sich jedenfalls, um zu zeigen, dass sich das «Tempo der Reformen», wie häufig gesagt wird, nicht auf allen Gebieten gegen Atatürks Lebensende verlangsamte. Etwas anders lagen die Dinge bei den bildenden Künsten.

Kunst und Kunstpolitik

In Mustafa Kemals persönlichem Dasein spielte die bildende Kunst keine sehr große Rolle. Das fällt nicht nur auf, weil aus dem kunstfreundlichen Milieu der Infanterie- und Marineschulen im 19. Jahrhundert zahlreiche türkische Maler hervorgegangen sind, sondern vor allem, weil er sich in seinem politischen Leben als ihr großer Förderer erwies.

Wir wissen nicht, ob und welche Galerien Mustafa Kemal auf seinen Europareisen in Paris, Berlin oder Wien besuchte. Angeblich stand er 1918 in Berlin bewundernd vor den Gemälden des Historien- und Genremalers Arthur Kampf (1864–1950), der damals Leiter des Meisterateliers für Geschichtsmalerei an der Berliner Kunsthochschule war. Seine Propagandabilder aus dem Weltkrieg waren auch in der Türkei bekannt.

Mustafa Kemal beim Verlassen der Meclis am 1. November 1933 zusammen mit dem Präsidenten der Versammlung Kâzım Özalp (links) und dem iranischen Außenminister Furughi Khan (rechts).

1926 hatte sich der Unterrichtsminister Mustafa Necati über die türkische Botschaft in Berlin an die Akademie der Künste mit der Bitte gewandt, deutsche Maler zu empfehlen und «die befähigsten Herren mit Adressenangabe zu nennen». Nachdem Max Liebermann (1847–1935), der Präsident der Akademie, aus Altersgründen die Einladung, den Pascha zu porträtieren, abgelehnt hatte, wurde Kampf Ende 1927 nach Ankara gerufen, um mehrere repräsentative Bilder des Staatschefs in Marschallsuniform und Frack zu malen. Dieser Auftrag wurde auf dem Höhepunkt des Personenkults erteilt, der sich vor allem in Denkmälern, für die man ebenfalls ausländische Künstler engagierte, auslebte. Es war dem Ministerium aber vor allem darum zu tun, qualitätvolle Vorlagen für Reproduktionen von Bildern und Büsten in Schulen und Amtsgebäuden zu bekommen.

Zu Malern und Bildhauern hatte Mustafa Kemal offensichtlich keine nähere persönliche Verbindung. Jedenfalls fehlen unter den häufigeren Gästen seiner Tafel bildende Künstler vollständig. An den Wänden des alten Çankaya-Köşks hing aber zumindest ein Gemälde des recht bekannten Istanbuler Malers Avni Lifij (1886–1927), das 1922 signiert wurde. Seine strahlende Farbigkeit hat wenig mit dem Sujet einer weinenden Soldatenwitwe neben Wiege und Säbel gemeinsam.

Mustafa Kemals *kunstpolitische* Seite war ein ganz anderes Kapitel. Zu Recht wird die sogenannte «Bursa-Rede» vom 22. Januar 1923 als Auftakt der kemalistischen Kunstförderung gewertet. Bei seinem zweiten Besuch in der alten osmanischen Hauptstadt hielt er eine Ansprache im «Orient-Kinotheater» *(Şark Sineması)*, die am Ende, nach ermutigenden Worten zu Industrie und Gewerbefleiß der Stadt, in ein lockeres Gespräch überging, in dessen Rahmen mehr als zwanzig Zuhörer «aus allen Volksschichten» Fragen an den Pascha richten durften. Eine bezog sich in unklarer Form auf *abidat*, worunter man alle möglichen Formen von «Monumenten» verstehen konnte. Was immer der Fragesteller gemeint haben mochte, Mustafa Kemal ergriff die Gelegenheit, um sich über Kunst im Allgemeinen und über Denkmäler im Besonderen auszulassen. Sein Ausgangspunkt war das ursprüngliche Bilderverbot in der Entstehungszeit des Islam, das er ganz ähnlich wie einige ägyptische und türkische Reformtheologen der Zeit auslegte.

Es sei eine Herabwürdigung des Islam, anzunehmen, dass 1300 Jahre nach dem Auftreten des Propheten ein Muslim auf den Gedanken käme, einen Stein zu verehren:

Unsere aufgeklärte und fromme Nation wird die Bildhauerkunst, die eine der Ursachen des Fortschritts ist, bis zum Höchsten voranbringen und überall in unserem Land der Welt das Andenken an unsere Vorfahren und an unsere Nachkommen, die später heranreifen werden, mit schönen Statuen verkünden.

Ohne sich weiter bei dem problematischen Wortpaar «aufgeklärt» und «fromm» aufzuhalten, erinnerte er daran, dass «Reisende» (womit er auch sich einschließen konnte) wüssten, dass man in Ägypten auf die Statuen der großen Männer treffe (gemeint waren Reiterstandbilder aus dem späten 19. Jahrhundert in Alexandria und Kairo). Niemand dürfe sich unterstehen, die Ägypter deshalb nicht als Muslime zu bezeichnen. «Ist der Islam auf das Volk der Türkei und Anatoliens beschränkt?» Er beendete diese Lektion mit einigen Sätzen, die die kurze Nennung von zwei großen Vorzügen «unserer Nation», nämlich «Religion und Sprache» *(din ve dil)*, mit dem Hinweis auf eine schmerzliche kulturelle Lücke verbinden:

Zur Vervollkommnung der Menschen bedarf man einiger Dinge. Ich muss gestehen, dass eine Nation, die keine Bilder macht, eine Nation, die keine Statuen macht, die Dinge, welche die Wissenschaft gebietet, nicht macht, keinen Platz auf dem Wege des Fortschritts hat.

Zur Förderung der Malerei in der Republik gehörte die Ausschreibung
von mehreren Stipendien *(Avrupa konkuru)* für Studienplätze in München, Berlin und vor allem Paris ab 1925. Nach ihrer Rückkehr lieferten
die jungen Künstler beachtliche Beiträge zur zeitgenössischen Kunst, die
weit entfernt von der staatsrepräsentativen Kunst der europäischen Diktaturen waren.

Planstellen an staatlichen Lyzeen und Ankäufe von Ministerien unterstützten die jungen Leute. Als sich die Republik nach zehn Jahren 1933,
wie man sagte, das Reifezeugnis ausstellte, wurde im «Volkshaus» *(Halkevi)* von Ankara eine «Ausstellung von Revolutionsbildern» gezeigt,
die teilweise den Heroismus des Volkes, oft aber auch den Gazi Paşa in
verschiedenen Rollen zum Thema hatten.

Die Volkshäuser gehörten zu den wichtigsten Instrumenten der kemalistischen Kulturrevolution. Die ersten 34 wurden 1932 eingerichtet und
unterstanden den Ortsgruppen der Republikanischen Volkspartei. Sie
boten auch Ausstellungsmöglichkeiten in einem Land, das kaum Galerien kannte. Selbst in Istanbul mussten Künstler ihre Werke oft noch in
Wohnungen oder Foyers von Kinos zeigen. Ab 1937 förderte der Staat
die Künstlerreisen in Anatolien und Thrakien. Im selben Jahr wurde auf
Anweisung Atatürks im Dolmabahçe, in den ehemaligen Appartments
des Thronfolgers das «Museum für Gemälde und Skulpturen» *(Resim ve
Heykel Müzesi)* eröffnet.

Mustafa Kemals Porträt drang sehr bald in alle Lebensbereiche vor,
von den Briefmarken über die Banknoten bis in die Schulbücher. Stets
versuchte der Staat, die Kontrolle über das moderne Bild des Republikgründers zu behalten. Im Oktober 1935 wurde angeordnet, angeblich
«konstruierte» Photographien zu konfiszieren, die Atatürk in orientalischer Tracht *(maşlah)* zeigten und wahrscheinlich aus dem Krieg gegen
Italien oder von seiner ersten Begegnung mit dem Sanusi-Großmeister
im Jahr 1920 stammten.

Im Gegensatz zu der Ankündigung von Bursa wurden zu Lebzeiten
des Republikgründers nur Atatürk-Standbilder errichtet. Lediglich einige wenige Denkmäler haben Begleitfiguren neben dem Gazi wie zum
Beispiel die Getreuen Fevzi (Çakmak) und İsmet (İnönü). Dass sich Mustafa Kemal selbst seinen Kult gerne gefallen ließ und aktiv förderte,
könnte man vielfach belegen. Nach der Enthüllung seiner Statue im Gülhane-Park bedankte er sich am 6. Oktober 1926 beim Istanbuler Bürgermeister für die «erstmalige» Errichtung seines Standbilds. Jedenfalls
wurde für jedermann deutlich, dass von den «Ersten Fünf» *(İlk Beşler)*

– Kâzım Karabekir, Ali Fuad (Cebesoy), Refet (Bele), Rauf (Orbay) und Mustafa Kemal – nur noch einer tonangebend war. Die wenigen, die wagten, gegen den ausufernden Personenkult, der unter dem Schleier der Kunstförderung betrieben wurde, anzuschreiben, wurden rasch in ihre Schranken gewiesen.

Die Republikanische Volkspartei und ihre Prinzipien

Mustafa Kemal war seit 24. April 1920 Präsident der Großen Türkischen Nationalversammlung. Nach Ausrufung der Republik am 29. Oktober 1923 ging das Amt des Parlamentspräsidenten der Reihe nach an Fethi Okyar (1923–1924), Kâzım Özalp (1924–1935) und Abdülhalik Renda (1935–1938) über.

Nach Mustafa Kemals Wahl, deren äußere Umstände bereits beschrieben wurden, machte er auf die dringende Notwendigkeit einer Grundordnung aufmerksam, betonte aber zugleich, dass man unter keinen Umständen einen Regierungschef oder auch einen Stellvertreter des Sultans schaffen dürfe. «Unter diesen Umständen sind wir gezwungen, eine Regierung ohne Oberhaupt zu begründen.» Seine Vollmachten beruhten nach der Grundordnung von 1921 auf seiner Eigenschaft als Präsident der Versammlung, er war der «natürliche Vorsitzende des Ministerrats».

Für Mustafa Kemal war von vornherein klar, dass es darum ging, die Vorherrschaft in der Versammlung zu erringen, in der seine Anhänger bislang schematisch als «Erste Gruppe», die Opposition als «Zweite Gruppe» bezeichnet wurde. Am 6. Dezember 1922 kündigte er in zwei Tageszeitungen die Gründung einer «Volkspartei» an, in der sich die Mitglieder der «Gesellschaft für die Verteidigung der Rechte» organisieren sollten. Einige Tage zuvor war in die Versammlung ein brisanter Vorschlag über die Änderung des Wahlrechts eingebracht worden, der vorsah, dass Kandidaten innerhalb der Grenzen der heutigen Türkei geboren sein oder in ihrem Wahlkreis ansässig sein mussten. Eingewanderte Türken und Kurden sollten erst fünf Jahre nach ihrer Niederlassung gewählt werden können.

Mustafa Kemal deutete diesen Antrag von drei Abgeordneten als Versuch, ihn seines Mandats zu berauben:

Leider ist mein Geburtsort außerhalb der gegenwärtigen Grenzen geblieben (...) Wenn die Feinde ihre Ziele vollständig erreicht hätten, dann wäre auch die Heimat der hier (den Antrag) unterzeichnenden Efendis außerhalb der Grenzen geblieben.

Die große Mehrheit der Versammlung trug diesen Antrag nicht mit, der nach den entschuldigenden Worten eines Abgeordneten nicht gegen den Pascha, sondern gegen die Beteiligung von Albanern und Arabern gerichtet gewesen sei. So wurde jedenfalls deutlich, dass zumindest für einige Abgeordnete die neue Türkei eine exklusiv türkisch-kurdische Allianz darstellen sollte.

Am 8. April 1923 verkündete Mustafa Kemal die «Neun Prinzipien» der von ihm unter dem Namen «Republikanische Volkspartei» (CHF, später CHP) gegründeten Organisation. Die «Neun Prinzipien» waren eine merkwürdige Mischung aus sehr allgemeinen Grundsätzen und Ankündigungen von ins Detail gehenden Prinzipien, die zum größten Teil auf den Beschlüssen des Wirtschaftskongresses von İzmir (1923) beruhten. Zu den Prinzipien gehörten Sätze wie: «Die Souveränität liegt ohne Einschränkung bei der Nation». «Das Gesetz über die Abschaffung des Sultanats vom 1. November 1922 ist unabänderlich». «Das Kalifat ist ein erhabenes inner-islamisches Amt». «Das Rechtssystem wird vollständig reformiert und vervollkommnet». «Die Dienstpflicht wird reduziert».

Unter Artikel 5 wurden zehn Unterpunkte genannt, unter anderem zu zahlreichen infrastrukturellen Vorhaben wie in einem weitausholenden Regierungsprogramm. Erwähnt wurden eine grundsätzliche Reform des Zehnten, der zügige Ausbau des Eisenbahnnetzes, ein modernes Erziehungswesen und die Reform der Stiftungen, soweit sie sich mit Volksgesundheit und Wohlfahrt befassen. Sensible Punkte wie die geplante Abschaffung des Kalifats und des Scheriatministeriums, die Schließung der Medresen und Derwischerien und natürlich auch die Hutreform wurden in diesem Programm verschwiegen, um die Reaktion nicht zu reizen, wie Mustafa Kemal 1927 freimütig eingestand.

Die Stellung der Nationalversammlung blieb nach 1924 nur auf dem Papier stark. Sie ging bis 1946 aus «allgemeinen, gleichen und geheimen» Wahlen hervor, die allerdings weiterhin in zwei Stufen stattfanden und bis 1935 Frauen ausschlossen. Die gewährten Grundrechte unterschieden sich ebenfalls auf dem Papier nicht allzu sehr von denen der Weimarer Verfassung. Der Präsident der Republik konnte nach Artikel 7 den Ministerpräsidenten und die Regierung nicht entlassen, dieses Recht stand allein der Versammlung zu. Auch konnte er selbst keinen Gesetzesvorschlag einbringen. Es kam also darauf an, das Parlament auf anderen Wegen zu disziplinieren. Das Instrument hierfür war die Republikanische Volkspartei.

Das jähe Ende der Fortschrittlichen Republikanischen Partei

Im Parlament schlossen sich die weniger radikal gesinnten Abgeordneten enger zusammen. 1924 begann das Sitzungsjahr mit Angriffen auf Rauf (Orbay) und Refet (Bele), die beide von der Mehrheit beschuldigt wurden, das Sultanat wieder errichten zu wollen. Am 9. November verließen sie die Volkspartei, die ihren Namen einen Tag später um den Zusatz «Republikanische» erweiterte. Die neue «Fortschrittliche Republikanische Partei» (TCF) gewann den mit Mustafa Kemals Selbstherrlichkeit unzufriedenen «Eroberer des Ostens» Kâzım Karabekir Paşa als Vorsitzenden; Rauf Bey und Dr. Abdülhak Adnan (Adıvar, 1882–1955), der zweite Gatte von Halide Edib, dienten als seine Vertreter.

Am 11. November erkrankte der Gazi Paşa ernstlich an einer Herzstörung, so dass der Arzt Neşet Ömer (İrdelp) aus Istanbul gerufen wurde. Sechs Tage lang herrschte offizielles Schweigen. Am 18. November veröffentlichten die Dissidenten ein Parteiprogramm, in dem klassisch-liberaldemokratische Forderungen nach Eindämmung staatlicher Aufgaben und allgemeiner Dezentralisierung einen großen Raum einnahmen. Artikel 6 dieses Programms wurde später von Mustafa Kemal als Argument angeführt, seine Verfasser hätten den reaktionären Kurden zugearbeitet. Der Artikel lautete: «Die Partei respektiert religiöse Meinungen und Überzeugungen.» Nach dem Rücktritt Fethis als Ministerpräsident gelang es İsmet, der sich seit den Tagen von Lausanne zum unversöhnlichen Gegner Raufs entwickelt hatte, wieder die Regierung zu übernehmen.

Kâzım Karabekir Paşa, der «Eroberer des Ostens», hatte 1920 die Armenier besiegt. Er gründete 1925 die Fortschrittliche Republikanische Partei. Im Attentatsprozess von İzmir wurde er fälschlich beschuldigt und zog sich bis 1946 aus der Politik zurück.

Am 9. Februar 1924 kam es während der Budget-Beratungen auf den Fluren der *Meclis* zu einem folgenschweren Zwischenfall. Der Abgeordnete von Ardahan, *Deli* («kühn») Halid Paşa, wurde von einem der treuesten Gefolgsleute Mustafa Kemals, *Kel* Ali (Çetinkaya), nach einem «Handgemenge», wie es im amtlichen Bericht hieß, niedergeschossen. Ali selbst wurde von der Schusswaffe Halids leicht verletzt, während dieser an Ort und Stelle starb. Dieser Vorgang, dem ein wichtiger Oppositionspolitiker zum Opfer gefallen war, verschärfte die Spannungen zwischen den Lagern. Istanbuler Zeitungen berichteten, dass Halid Paşa im Begriff gewesen sei, der TCF beizutreten.

Nach verschiedenen Schritten gegen die TCF wurde sie kurz nach Unterdrückung der Scheich Said-Revolte, über die noch zu berichten sein wird, am 3. Juni 1925 auf Antrag des Unabhängigkeitsgerichts von Ankara unter anderem wegen «Missbrauchs der Religion für politische Zwecke» zusammen mit einigen linken Organisationen per Ministerratsbeschluss verboten. Fethi Bey war es nicht gelungen, den Parteivorstand zu einer Selbstauflösung zu bewegen.

Die Unabhängigkeitsgerichte waren ursprünglich gegründet worden, um vor allem Fahnenflüchtige während des Befreiungskriegs rasch aburteilen zu können. Zwischen 1920 und 1922 sprachen sie 3881 Todesurteile aus, von denen 2827 in andere Strafen umgewandelt wurden (Ergün Aybars). Die leichten Strafen werden auf mehr als vierzigtausend beziffert. Es gab auch schwere Kollektivstrafen wie das Abbrennen des Hauses, die Gestellung eines Ersatzmannes aus der Familie und Geldbußen für das ganze Dorf oder Stadtviertel des Deserteurs. Bei mehrfacher Wiederholung erfolgte die Todesstrafe durch Erschießen oder öffentliches Hängen.

Nach 1922 verwandelten sich die Unabhängigkeitsgerichte in politische Tribunale, die ihren Höhepunkt in der Aburteilung führender Oppositioneller im Jahr 1926 erreichten. Ihre Mitglieder wurden von der Versammlung bestimmt, die Verurteilten hatten keine Appellationsmöglichkeiten, die Sitzungen waren öffentlich. Ab 31. Juli 1922 regelte ein neues Gesetz ihre Zusammensetzung, nach dem sie im Folgenden aus einem Vorsitzenden, zwei Beisitzern und einem Ankläger bestanden.

Auslöser einer neuen Verhaftungswelle war ein gescheiterter Attentatsversuch auf Mustafa Kemal. Im Rückblick fällt auf, dass der Staatschef nach 1925 keine Rundreisen mehr mit Ansprachen an die Bevölkerung unternahm, wie sie in den Vorjahren die Regel waren. Man kann das mit der berechtigten Furcht vor Anschlägen verbinden. Manche Autoren (Sina

Akşin) begründen damit auch die Tatsache, dass er nach 1919 Istanbul mied und auf Auslandsreisen ganz verzichtete. Erst im Mai 1926 kündigte er bei einem Aufenthalt in Bursa einer Istanbuler Abordnung an, dass er «glücklich» sei, diesen Besuch bald erwidern zu können. Andererseits nahm er auch später noch, ganz wörtlich, am Strand von Florya am Rande Istanbuls das Bad in der Menge, was seine Leibwächter zwang, ihre Waffen in unauffälligen Handtüchern mit sich zu führen. Kundgebungen mit großen Menschenmassen, wie sie in den europäischen Diktaturen der Epoche gepflegt wurden, hat es jedoch in der kemalistischen Türkei nur an den Jahrestagen der Republik in Ankara gegeben.

Auf der Suche nach Hintermännern

Ein am 15. Juni 1926 in İzmir vereitelter Anschlag führte zunächst zur Verhaftung von 14 Personen (ehemalige Unionisten, Abgeordnete der «Zweiten *Meclis*-Gruppe» vor 1923 und der neuen TCF). Der Gouverneur von İzmir hatte von einem Bootseigner, dem Kreter Şevki, erfahren, dass eine Gruppe von Männern einen Anschlag plante. Es stellte sich heraus, dass der ehemalige Abgeordnete von Lazistan (Rize), Ziya Hurşid, hinter ihnen steckte. Schon früher hatte er seine erbitterte Gegnerschaft zu Mustafa Kemal deutlich bewiesen. Als dieser sich nach der Rückkehr von der Sakarya-Front im September 1921 vor dem *Meclis*-Gebäude feiern ließ, blieb er als einziger zurück und schrieb auf eine Tafel: «Eine Nation schafft sich ihren eigenen Götzen und betet ihn an.» Ziya Hurşid hatte auch als einziges Mitglied der Versammlung in der Nacht vom 1. zum 2. November 1922 gegen die Abschaffung des Sultanats gestimmt.

Als die Zeitungen über die Aufdeckung des Attentatsversuchs berichteten, kam es in İzmir zu organisierten Freudenkundgebungen. Alle elektrische Beleuchtung blieb bis in die Morgenstunden angeschaltet, und auf einem Ehrenbogen der Stadtverwaltung las man: «İzmir ist mit Dir, Großer Gazi». Der Gazi selbst bezeichnete den Anschlag Yunus Nadi (Abalıoğlu) gegenüber als nur «scheinbar» gegen seine Person gerichtet, in Wirklichkeit habe man einen Schuss auf das «Schicksal der Nation» abgegeben. Seine Unersetzlichkeit ergab sich aus der wiederholten Identifizierung seiner Person mit der Nation.

Im ganzen Land wurden führende Personen festgenommen. Die parlamentarische Immunität mehrerer Abgeordneter wurde nicht respektiert. Kâzım (Özalp), der als Präsident die Aufgabe gehabt hätte, die Abgeordneten zu schützen, erklärte, man habe sie «bei der Ausübung eines Verbrechens *(in flagranti)*» festgenommen, was die Geschäftsordnung des Parlaments gestatte.

In einer ersten Runde wurden Mitglieder der TCF, darunter alte Kampfgefährten Mustafa Kemals wie Kâzım Karabekir, Ali Fuad (Cebesoy), Cafer Tayyar (Eğilmez) und Refet (Bele) vernommen. Einige wichtige Angeklagte wie das vermutliche Haupt der Verschwörung, der ehemalige Parteichef der Unionisten in Istanbul Kara Kemal (1868–1926), und der frühere Gouverneur von Ankara Abdülkadir Bey entzogen sich durch Flucht dieser Prozedur. Im Folgenden erweiterte der Staatsanwalt die Anklage auf eine größere Gruppe von Personen, darunter Rauf (Orbay), der sich im Ausland befand.

Die Prozesse von İzmir und Ankara

Die Verhandlungen begannen schon am 26. Juni in İzmir im Saal des Elhamra-Kinos unter dem Vorsitz des verlässlichen Kameraden des Präsidenten Ali (Çetinkaya); als Beisitzer waren mit anwesend der ihm ebenfalls treu verbundene Kılıç Ali und Zırh Ali. Man unterschied die «drei Alis» durch ihre Beinamen (allerdings führte auch der Staatsanwalt Necip Ali denselben Namen). Als einer der prominentesten Angeklagten, der Unterrichtsminister der Jungtürken Ahmed Şükrü Bey, nach einem Verteidiger verlangte, erhielt er vom Vorsitzenden die Antwort: Die Unabhängigkeitsgerichte betrieben nicht die Kunststücke der Advokaten, das Gericht habe keine Instanzen über sich, die Nation erwarte das Urteil. Mustafa Kemal selbst wohnte den Verhandlungen nicht bei, sondern besuchte demonstrativ ein Fußballspiel und ein Tennismatch.

Er steuerte den Ablauf des Prozesses aus dem nahen Çeşme. Am Rande eines Tanzballs sorgte er dafür, dass die Generäle von einer Verurteilung verschont blieben. Einige der am 13. Juli zum Tod durch den Strang verurteilten Personen hingen bis zum nächsten Tag in der Morgensonne an der auf das Regierungsgebäude zuführenden Promenade. Eine Photographie zeigt wenig schaulustige Fußgänger in hellem Sommeranzug und leichtem Panamahut unter den Galgen.

Der zweite, davon abgetrennte, aber als «ergänzend» bezeichnete politische Prozess gegen mehr als fünfzig Angeklagte begann am 2. August in Ankara und führte zur Aburteilung prominenter Unionisten, die man beschuldigte, einen Staatsstreich sowie die Ermordung Mus-

tafa Kemals geplant zu haben. Im Hause des ehemaligen Finanzminis-
ters Mehmed Cavid und in einem Geschäftsgebäude in Istanbul habe
man sich 1923 wiederholt getroffen und nach dem Muster der Geheimgesellschaften der Zeit vor 1908 diese Ziele festgelegt. Vier Personen,
darunter Cavid, wurden gehängt, Rauf in Abwesenheit zum Tode verurteilt.

Im Prozess von Ankara spielten Jahre vor der Republik liegende Vorgänge eine große Rolle, auf deren Darstellug hier verzichtet werden
muss. Auch kemalistisch orientierte türkische Historiker haben diese
Verfahren als «Einschüchterungsprozesse» bezeichnet. Mustafa Kemal,
der die Organisationskraft der alten Unionisten, mit denen er engstens
verbunden war, als sehr gefährlich einschätzte, hatte zu einem Zeitpunkt,
an dem seine wichtigsten Reformen auf dem Weg waren, keine ernster
zu nehmenden Gegner im Innern zu befürchten.

Die Große Ansprache

Im Sommer 1927 begannen die Vorbereitungen für den Kongress der Republikanischen Volkspartei. Der Gazi unterbreitete «im Namen» der Partei die Liste mit den Kandidaten für die Versammlung, die
seine Unterschrift trug. Am 15. Oktober wurde der CHF-Kongress mit
einem kurzen Grußwort eröffnet, in dem er darauf hinwies, dass «unser
erster allgemeiner Kongress» 1919 in Sivas stattgefunden habe. Es gebe
zwar Unterschiede in der Bezeichnung, aber die Organisation sei «im
Prinzip» die gleiche geblieben. Wie in Sivas bringe der heutige Kongress
die «wahren Gefühle der Nation» zum Ausdruck. Anschließend wurde
auf seinen Vorschlag hin İsmet Paşa ohne Gegenstimme zu seinem Stellvertreter als Parteivorsitzender gewählt.

Nach diesen Präliminarien begann Mustafa Kemal mit der Marathon-
Verlesung seines Tatenberichts, der als *Nutuk* («Ansprache») in die Geschichte eingegangen ist. Er hielt sie vor sämtlichen Abgeordneten und
rund 200 aus den Provinzen angereisten Delegierten. Monatelang hatte
sich der Präsident mit Hilfe von Weggefährten darauf vorbereitet. Sein
Butler Cemal (Granda) beschrieb später die Entstehungsbedingungen
unter Entzug von Schlaf und Alkohol. Mehr als ein Jahr nach dem ver-
eitelten İzmir-Attentat und der Verurteilung der «Verschwörer» wollte
der Gazi seine Version des Unabhängigkeitskrieges in ausführlichen Ge-
schichtslektionen vortragen und in der türkischen und internationalen
Öffentlichkeit verfestigen.

GASI MUSTAFA KEMAL PASCHA

Titelblätter der «Großen Ansprache» (Nutuk) Mustafa Kemals
von 1927 mit einer Zeichnung von Arthur Kampf. Der bekannte
deutsche Historienmaler hatte auch den Auftrag für repräsenta-
tive Bilder des Gazi in Uniform und Frack erhalten.

Die Abgeordneten und Parteifunktionäre waren im Frack oder dunklen Straßenanzug gekommen. Die Diplomatenbühne war überfüllt, obwohl jede Nation nur einen Vertreter entsenden durfte. In der Loge des Präsidenten saßen Fevzi (Çakmak), Fethi (Okyar) und Yusuf Hikmet, (Bayur), der Generalsekretär des Präsidenten. Die «Ansprache» war von Anfang an eine Erzählung in der ersten Person, die selbstbewusst mit dem Satz «Am 19. Mai 1919 landete ich in Samsun» begann und damit alle vorausgehenden Formen des Widerstands überging.

Über viele Stunden überwog der Eindruck, dass hier ein Staatsanwalt eine durch zahllose Beweismittel gestützte Anklageschrift verlas. Mustafa Kemal führte seinen Zuhörern noch einmal das Drama der Nationalbewegung vor, aus dem die Türkei ohne seine Umsicht und Entschlossenheit nicht siegreich hervorgegangen wäre. England und Frankreich wurden an einigen Stellen berücksichtigt, wobei die Bezüge auf die Alliierten, wie ein britischer Diplomat nach London berichtete, «nicht kürzer und gemäßigter» hätten ausfallen können. Vahideddin, «der degenerierte Inhaber des Thrones und des Kalifats» und seine «verräterische» Umgebung standen hingegen im Mittelpunkt der Anklage. Der ehemalige Großwesir Damad Ferid Paşa (1854–1928) übernahm dabei die Hauptrolle als Bösewicht. Rauf (Orbay) und Kâzim Karabekir wurden an vielen Stellen beschuldigt, die Sache der Nationalisten nur halbherzig

betrieben oder gar hintertrieben zu haben. Nebenfiguren wie der angli-
kanische Pastor Frew, der Tutor von Damad Ferids Kindern, fungierten
als hässliche «Agenten».

Als der Redner nach 6 Tagen (36 Stunden und 33 Minuten) beim
Scheich-Said-Aufstand angekommen war, sprach er einen letzten kritischen Punkt an:

Aber die Feinde der Republik sahen diese Niederlage nicht als letzte Phase des Kom-
plotts an. In unwürdiger Form versuchten sie ihr letztes Unternehmen, das in der
Form des Attentats von İzmir zu Tage trat. Die rächende Hand der republikanischen
Gerechtigkeit wurde wiederum der Verschwörer Herr und befreite die Republik.

Erst am Ende berührte er vor der erschöpften Zuhörerschaft die revolutionären Neuerungen der letzten Jahre, und auch diese nur in ganz wenigen Sätzen. Er endete mit einem Wort an die türkische Jugend, das neben
zahllosen isolierten Maximen und Sentenzen zu den kanonischen Texten
des Atatürkismus nach Atatürk gehört:

Türkische Jugend! Deine erste Pflicht ist, die nationale Unabhängigkeit, die türkische Republik immerdar zu wahren und zu verteidigen. Das ist die einzige Basis
deiner Existenz und deiner Zukunft. Diese Basis enthält deinen kostbarsten Schatz.
Auch in der Zukunft wird es im Lande selbst wie im Ausland Übelgesinnte geben,
die dir diesen Schatz entreißen wollen. Wenn du eines Tages dazu gedrängt bist, die
Unabhängigkeit und die Republik verteidigen zu müssen, dann wirst du, um deine
Pflicht zu erfüllen, von den Möglichkeiten und Bedingungen der Lage absehen müssen, in der du dich befinden könntest. Es kann sein, dass diese Bedingungen und
diese Möglichkeiten durchaus ungünstig sind. Es ist möglich, dass die Feinde, die
deine Unabhängigkeit und deine Republik vernichten wollen, die siegreichste
Macht vorstellen, die die Erde jemals gesehen hat, man sich durch List oder Gewalt
aller Festungen und aller Arsenale des Vaterlandes bemächtigt hat, alle seine Armeen zerstreut sind und das Land tatsächlich und völlig besetzt ist.
Nimm an, um eine noch schmerzlichere und folgenschwerere Möglichkeit ins Auge
zu fassen, dass diejenigen, die die Regierungsgewalt im Lande innehaben, in Irrtum
verfallen *(gaflet)* sind, sich auf Irrwege *(dalâlet)* begeben oder gar Verrat *(hıyanet)*
üben, ja, dass diese leitenden Leute ihre persönlichen Interessen mit den politischen
Zielen der Okkupanten zusammenfallen lassen. Es könnte kommen, dass die Nation in völlige Entbehrung, in äußerste Not gerät; dass sie sich im Zustand des Zu-
sammenbruchs und völliger Erschöpfung befindet.
Selbst unter diesen Umständen und unter diesen Bedingungen, o türkische Jugend
der Zukunft, ist es deine Pflicht, die Unabhängigkeit, die türkische Republik zu
retten.
Die Kraft, die du hierzu brauchst, ist mächtig in dem edlen Blute, das in deinen
Adern fließt.

In diesen gemeinhin als «Vermächtnis» bezeichneten Worten wird zwar von einer möglichen zukünftigen Bedrohung gesprochen, tatsächlich aber beschrieb er die von ihm überwundenen Gefahren und Hindernisse der Vergangenheit. Mustafa Kemal war an einer internationalen Verbreitung seiner Geschichtsauffassung brennend interessiert. Die türkische Botschaft in Paris bekam den Auftrag, für eine französische Übersetzung zu sorgen. Sehr bald lagen dann deutsche, englische und französische Ausgaben vor, die der Leipziger Koehler-Verlag sorgfältig ausstattete.

Konkurrenz belebt das politische Geschäft

Der Personenkult hatte an Fahrt gewonnen. In der Istanbuler *Milliyet* wurde Mustafa Kemal im gleichen Atemzug mit großen Männern wie Buddha, Konfuzius, Mose, Alexander dem Großen, Napoleon und Christus genannt. Wenige Tage nach der Verlesung der «Ansprache» wurden in Ankara zwei große Reiterstandbilder Mustafa Kemals enthüllt, die der schon im Zusammenhang mit dem Taksim-Denkmal erwähnte Italiener Pietro Canonica, unter den Bildhauern der Zeit *der* Spezialist für große Männer, in Rom modelliert hatte.

Aus dem Exil schrieben Rauf und Halide Edib in Form von Leserbriefen an die *Times* erste Dementis zur «Ansprache». Kâzım Karabekir antwortete später mit eigenen Memoiren, die zur Korrektur des 800-seitigen Werks des «Ich-bin-die-Türkei-Historikers» Mustafa Kemal unbedingt herangezogen werden müssen.

In den folgenden Jahren wuchs innerhalb der alleinherrschenden Volkspartei das Bedürfnis, «kemalistische Prinzipien» in Form einer Staatsdoktrin zu systematisieren. Daraus entstand 1931 die wenig doktrinär gehandhabte Formel von den «Sechs Pfeilen», die für Republikanismus, Nationalismus, Laizismus, Populismus, Etatismus und «revolutionären Reformismus» standen. 1937 wurden sie aus dem Programm der Volkspartei, die zunehmend mit dem Staat verschmolzen war, in die Verfassung aufgenommen.

Allerdings sollte noch einmal eine zweite Partei auftreten, von der sich Mustafa Kemal 1930 eine Kontrolle über unzufriedene Kreise versprach. Der Verfall der Getreidepreise auf dem Weltmarkt hatte zu einem Stillstand der wirtschaftlichen Entwicklung geführt. Fethi (Okyar), zu der Zeit Botschafter in Paris, erklärte sich während seines Jahresurlaubs bereit, eine Organisation unter dem Namen «Freie Republikanische Partei (SCF)» anzumelden. In einem Brief an den Präsidenten vom 9. August

1930 wies Fethi auf die allgemeine Unzufriedenheit im Land hin und beklagte, stark untertreibend, dass in der Nationalversammlung die Diskussionen «zurückgegangen» seien. Abhilfe könne allein eine eigene oppositionelle Partei bilden, die mit der Volkspartei in finanziellen, wirtschaftlichen, innen- und außenpolitischen Fragen konkurriere. Dieser Brief wurde vom Generalsekretariat der neuen Partei kurz danach mit der zustimmenden Antwort des Präsidenten («ich rechne den freie Meinungsaustausch in nationalen Fragen zu den Grundlagen der Republik») in Druck gegeben. Dabei wurde der Satz Fethis «ich bin *entschlossen,* mich mit einer besonderen Partei in die politische Arena zu begeben» des Originals doch wohl durch einen Eingriff des Adressaten in «ich *wünsche* ...» abgemildert. Die SCF eröffnete zügig eine beachtliche Zahl von Zweigstellen im agrarisch entwickelten Westanatolien. Programm und Personal erinnerten in Manchem an die verbotene TCF. Nach Protesten gegen Unregelmäßigkeiten bei den Kommunalwahlen im Oktober 1930 wurde das SCF-Experiment noch im selben Monat eingestellt.

Mustafa Kemal hatte mehr als ein Motiv, die neue Partei ins Leben zu rufen. Eine Konkurrenz republikanischer Eliten konnte seine Position zum einen stärken, zum anderen war auf dem Höhepunkt der Agrarkrise eine Verbesserung seines Images im Ausland wünschenswert. Schließlich zahlte die neue Türkei noch alte osmanische Staatsschulden ab. Letztlich, so glaubt der beste Kenner der Vorgänge im Jahr 1930, Cemil Koçak, waren dem Präsidenten und CHF-Vorsitzenden die Dinge aus dem Ruder gelaufen.

9. EIN TÜRKISCHER KULTURREVOLUTIONÄR (1922–1925)

Der Kalif wird abgesetzt

Wie jedes türkische Schulkind, das unter Abdülhamid II. Lesen und Schreiben gelernt hatte, sah Mustafa Kemal den Sultan auch als Kalif der islamischen Welt, der in alle Gebete eingeschlossen werden musste. Als er in die Militärakademie aufgenommen wurde, war ein Erlass des Inspekteurs der Schulen vom Vorjahr (1898) noch frisch, der einen Tag Kasernenarrest für jedes versäumte Gebet und Kerkerstrafen für Verstöße gegen das Fastengebot im Ramadan verordnete. Der Sultan-Kalif war für den Militärschüler keine entrückte Figur, sondern eine Art Oberschulrat, der zudem nur wenige Kilometer entfernt lebte. Während des Kriegs gegen Italien und im Weltkrieg erlebte er in allen Teilen der islamischen Welt den Einsatz der Kalifatspropaganda, an der sich auch die deutschen Stellen so lebhaft beteiligten, dass manche Gegner von einem «Dschihad (Glaubenskrieg) made in Germany» sprachen.

Obwohl im Unabhängigkeitskrieg den Nationalisten zeitweise Kämpfer einer «Kalifatsarmee» gegenüberstanden, war Mustafa Kemal Paşa lange bemüht, den Unterschied zwischen der Person des amtierenden Sultan-Kalifen und seinem unantastbaren Amt deutlich zu machen. In dem landesweiten Rundschreiben vom 21. April 1920, mit dem er die Eröffnung der Großen Nationalversammlung ankündigte, führte er die «Befreiung des Sitzes von Kalifat und Sultanat» (das heißt von Istanbul) nach der «Sicherung der Unabhängigkeit des Vaterlandes» als «Pflichten lebenswichtiger Art» an.

Mehr als zwei Jahre später, am 18. November 1922, beschloss die Versammlung die Absetzung des geflohenen Sultan-Kalifen, der noch an Bord eines britischen Zerstörers eine Nachricht mit «Kalif der Muslime» gezeichnet hatte, und die Wahl eines Nachfolgers für das Kalifenamt. Nach Auffassung der Turbanträger in der Versammlung und der Abgeordneten, die ihrem Votum folgten, war für beide Schritte ein islamrechtlich begründetes Gutachten erforderlich. Das notwendige Fetwa stellte Mehmed Vehbi Efendi (1862–1949) aus, ein Medreselehrer aus Konya, der sich schon früh auf die Seite der «Nationalen Milizen» *(Kuva-i Milliye)* geschlagen hatte. Mustafa Kemal holte ihn nach Ankara und betraute ihn mit dem Amt eines «Vollzugsbeauftragten» (Minister) für Stiftungs- und Scheriatsangelegenheiten. Als sich herausstellte, dass Vehbi mit seinem Fetwa mehr als ein Scheinkalifat begründen wollte, wurde er abgesetzt.

Die Wahl des neuen Kalifen erfolgte am nächsten Tag mit verdeckten Stimmzetteln. Drei Prinzen aus dem Hause Osman sollen zur Diskussion gestanden haben. Mehmed Selim Efendi (1872–1937) und Abdürrahim Efendi (1894–1952) waren Söhne Abdülhamids; letzterer hatte 1919 in einer Abordnung kaiserlicher Prinzen die Grüße von Sultan Mehmed VI. Vahideddin an die anatolische Bevölkerung vermittelt. Eine Empfehlung für die Nachfolge im Kalifat war dies aus Sicht der Nationalisten nicht. Der dritte und voraussagbar erfolgreiche «Kandidat» war Abdülmecid, ein Mann schon im reiferen Alter, dem nach dem Selbstmord des Prinzen İzzeddin zwischen 1918 und 1922 die verfassungsgemäße Thronfolge zustand. Seine Wahl war nicht ohne Risiko für die Männer um Mustafa Kemal, die für eine ziemlich vage Staatsform standen, deren Verfassung nur «Organisationsgesetz» hieß und keinen Platz für einen Kalifen vorsah.

Abdülmecid hatte in den Augen Mustafa Kemals immerhin den Vorzug, dass er als Sohn von Sultan Abdülaziz (reg. 1861–1876) kein Abkömmling des verhassten Abdülhamid II. war und während der Besetzung Istanbuls zu Vahideddin auf Distanz gegangen war. Er war, nicht nur äußerlich gesehen, eines der repräsentableren Produkte der entmachteten Herrscherfamilie. Während des Weltkriegs hatte er sich in Uniform abbilden lassen. Unter dem *Kalpak*, glatt rasiert mit Ausnahme des hochgezwirbelten Wilhelm-II-Schnurrbarts, hätte er einen Armeechef an der Front geben können. Natürlich wusste jeder, dass osmanische Prinzen Offiziersdienstgrade wie hohe und höchste Orden ohne Gegenleistung verliehen bekamen. Er wird als ein praktizierender Muslim beschrieben. Zudem verkehrte Abdülmecid mit den herausragenden Literaten der Epoche, komponierte und spielte Klavier, ging aber in die jüngere türkische Kulturgeschichte vor allem als Patron der Künstler und begabter Maler ein. In Istanbuler Museen hängen zahlreiche Gemälde, darunter Porträts seiner Dichterfreunde. In allen Residenzen richtete er sein Atelier ein, zuletzt auf dem Höhepunkt seiner Laufbahn als Thronfolger und Kalif im Palast von Dolmabahçe.

Mustafa Kemal versuchte sich, in realistischer Vorausschau, in den Novembertagen 1922 vor Angriffen Abdülmecids auf die neue Ordnung zu schützen. Der Kandidat musste schriftlich erklären, dass er von einer

Thronbewerbung absehe und sich mit dem Amt des Kalifen begnüge. Aber worin sollte diese in keinem Verfassungsartikel beschriebene Funktion bestehen? Die neue Türkei schien für kurze Zeit auf eine Art «Doppelspitze» zuzusteuern, die aus zwei Staatsoberhäuptern bestand.

Abdülmecid hatte zwar nur geringe Aussichten, sein Amt mit mehr Macht als das des Präsidenten der Versammlung auszustatten, aber in dieser Angelegenheit spielten Symbole eine fast ebenso wichtige Rolle. Mittels seines Vertreters Refet (Bele, 1881–1963) in Istanbul versuchte Mustafa Kemal, dem Kandidaten Zügel anzulegen. Telegraphisch wurde Refet am 18. November 1922 angewiesen, dafür zu sorgen, dass Abdülmecid nur den Titel «Kalif der Muslime» *(Halife-i Müslimin)* anstelle des herkömmlichen «Befehlshaber der Muslime» *(Emirü'l-Müslimin)* führte. Eine besonders pikante Forderung an Abdülmecid war, sich in einem «Manifest» auf die zehn ersten Artikel der vorläufigen «Verfassung» zu beziehen und «den besonderen Charakter des türkischen Staates, der Großen Nationalversammlung und ihrer Regierung hervorzuheben und zu erklären, dass sein Verwaltungssystem das nützlichste und das den Interessen und den Wünschen der Bevölkerung der Türkei sowie der ganzen muslimischen Welt am besten angepasste ist.» In völliger Umkehrung der bisher dem Kalifen geschuldeten Huldigung sollte nun der Kalif seinerseits auf die republikanische Verfassung verpflichtet werden.

Am folgenden Tag, dem 19. November, ließ Gazi Mustafa Kemal Paşa auf dem billigen Papier der Versammlung mit einem primitiv gedruckten Briefkopf «Präsidium der Großen Nationalversammlung der Türkei» *(Türkiya Büyük Millet Meclisi Riyaseti)* die Wahl mitteilen. Neben «Kalif der Muslime» wurde dann doch noch der in letzter Minute zugestandene Titel *Hadimü'l-Haremeyn* hinzugefügt, der ihn zum «Hüter der beiden Heiligen Stätten» (Mekka und Medina) im Hedschas erklärte. Das war insofern befremdlich, als in Mekka und Medina der König des Hedschas (und frühere «Scherif») Husain, ein Gefolgsmann Englands, das Sagen hatte. Seine Ambitionen auf das Kalifat gipfelten in einer Huldigung durch seine Gefolgsleute im März 1924. Jedenfalls konnte von einem Fortbestehen der vier Jahrhunderte alten osmanischen Schutzmacht über die Pilgerheiligtümer nicht mehr die Rede sein.

Der zunehmend selbstbewusstere Abdülmecid hatte von Ankara noch mehr gefordert als die Erweiterung seiner Titulatur und darauf bestanden, bei seiner Installierung als Kalif einen Turban nach dem Vorbild Mehmeds II. des Eroberers (reg. 1451–1481) tragen zu dürfen. Schon als

Thronfolger hatte er seiner besonderen Verehrung für den *Fatih* Ausdruck gegeben. In seiner Bibliothek hing ein Gemälde des Sultans zwischen Schreibtisch und Bücherwand. Mustafa Kemal aber konnte eine solche Demonstration einer Sonderbeziehung zu Istanbul und der untergegangenen Dynastie keinesfalls dulden. Er zwang Abdülmecid, bei der *biat* genannten Huldigungszeremonie einen europäischen Gehrock und den Fes zu tragen. Die Photographie dieser letzten *biat* in der türkischen Geschichte am 24. November 1922 zeigt einen gut gekleideten Herrn, vor dem sich die höchsten Ulema mit ihren weißen Turbanen zum Handkuss aufreihen. Die *Meclis* war durch eine Delegation unter dem Deputierten von Kırşehir Müfid Efendi vertreten, der Abdülmecid in einem Beutel aus rotem Atlas das nüchterne Bestallungsschreiben überreichte.

Für Mustafa Kemal war es von großer Bedeutung, dass die Bezüge des Kalifen unter den seinigen lagen. Auch diese Degradierung Abdülmecids verbesserte das Klima zwischen den Antagonisten der neuen Türkei nicht. Während der Amtszeit des Kalifen, der sich inzwischen den für Würdenträger unverzichtbaren weißen Bart hatte wachsen lassen, waren die Kontakte auf eine Anzahl von Telegrammen reduziert. Der Kalif gratulierte dem Präsidenten der Versammlung zu seiner Eheschließung und kondolierte beim Tod der Mutter, und als Mustafa Kemal im August 1923 erneut zum Präsidenten der Versammlung gewählt wurde, schickte er, offensichtlich nicht ahnend, dass seine Tage als Kalif gezählt waren, ein Glückwunschtelegramm nach Ankara.

Mustafa Kemal hatte schon wenige Tage vor der Eröffnung der Konferenz von Lausanne vollendete Tatsachen schaffen wollen. Es galt, die Rolle des Kalifen in der Öffentlichkeit zu minimieren und seine innen- und außenpolitischen Kontakte zu neutralisieren. Auch war auf englische Empfindlichkeiten Rücksicht zu nehmen. Die Muslime des indischen Subkontinents hatten während des Befreiungskriegs ihre Blicke auf die Türkei gelenkt. Ein indisches «Kalifatkomitee» hatte bis zum August 1922 mehrere Hunderttausend Goldlira gesammelt, die allerdings von Ankara nicht für den Kampf gegen Griechenland verwendet wurden, sondern später den Grundstock von Mustafa Kemals persönlichem Budget bilden sollten.

Nach der Wahl Ankaras zur Hauptstadt und der Ausrufung der Republik repräsentierte der in Istanbul «vatikanisierte» Kalif die letzte Institution, die aus der osmanischen Erbmasse, wenn auch arg angeschlagen, übrig blieb. Mustafa Kemals Gegner, unter denen Rauf sicher der bedeutendste war, trugen sich bis zur Ausrufung der Republik mit der Vorstel-

lung einer konstitutionellen Monarchie. Der Kalif sollte eine Art Staatsoberhaupt sein und so den islamischen Charakter des Landes betonen
und den Traditionsbruch weniger spürbar machen. Äußerst empfindlich
reagierte Mustafa Kemal auf mit dem Kalifen sympathisierende Äußerungen in der Istanbuler Presse. Die Ausfahrten des Kalifen in einer
Prunkkalesche zum öffentlichen Freitagsgebet, bei denen er jedes Mal
eine andere Moschee aufsuchte, wurden in Ankara misstrauisch verfolgt.

Anfang 1924 schien Mustafa Kemal der Zeitpunkt zum letzten Schlag
gegen das Kalifat gekommen zu sein. In der Versammlung hatten sich
die Befürworter der Institution um den Deputierten von Afyon, einen
gewissen Şükrü Hoca, geschart, der in einer 28-seitigen Broschüre unter
dem Titel «Das islamische Kalifat und die Große Nationalversammlung»
die klassische Auffassung vertreten hatte, dass der Kalif, anders als der
Papst, über eine spirituelle *und* weltliche Autorität verfüge. «Der Kalif
gehört zur Großen Nationalversammlung, und die Versammlung gehört
zum Kalifen». Abdülmecid hatte an die Regierung weitere Wünsche und
Forderungen gerichtet, von denen İsmet den Präsidenten, der sich mit
seiner jungen Frau auf einer anfangs eher privaten Reise in İzmir aufhielt, telegraphisch in Kenntnis setzte. Am 22. Januar erhielt İsmet ausführliche Instruktionen:

Der Ursprung der Missverständnisse und der ungünstigen Kommentare in Bezug
auf das Kalifat und die Person des Kalifen muss dem Verhalten und der Handlungsweise des Kalifen selbst zugeschrieben werden. In seinem Privatleben und besonders in seinem öffentlichen Auftreten scheint der Kalif das System seiner Vorfahren,
der Sultane, zu verfolgen. Als Beweis: die Freitagszeremonien; die Beziehungen des
Kalifen zu den fremden Vertretern, zu denen er Beamte entsendet; seine Ausfahrten
mit großem Pomp; sein Privatleben im Serail, wo er so weit geht, verabschiedete
Offiziere zu empfangen, deren Klagen er anhört, indem er seine Tränen mit ihren
vereinigt. Wenn der Kalif seine Lage gegenüber der türkischen Republik und dem
türkischen Volk betrachtet, muss er als Maßstab des Vergleichs die Lage des Kalifats und des Kalifen gegenüber dem britischen Königreich und der islamischen Bevölkerung Indiens, der afghanischen Regierung und der Bevölkerung Afghanistans
annehmen. Der Kalif selbst und die ganze Welt müssen in kategorischer Weise erfahren, dass der Kalif und das Amt des Kalifats so, wie sie jetzt beibehalten sind
und bestehen, in Wirklichkeit weder materiell noch politisch irgendeinen Sinn oder
irgendeine Daseinsberechtigung haben. Die türkische Republik kann sich nicht
durch Spitzfindigkeiten beeinflussen lassen und ihre Unabhängigkeit und ihre Existenz einer Gefahr aussetzen.
Die Würde des Kalifats kann, wenn man die Frage zu Ende denkt, für uns keine
andere Bedeutung als die einer geschichtlichen Erinnerung haben. (...) Für die Sicherung des Lebensunterhalts des Kalifen müssen auf jeden Fall Bezüge genügen, die

unter denen des Präsidenten der türkischen Republik liegen. Gepränge und Pomp sind nicht am Platze. Es handelt sich nur darum, dem Kalifen eine anständige Lebensführung zu sichern. (...) Eine Pflicht, die die Regierung bisher hätte erfüllen müssen, ist, den Aufenthaltsort des Kalifen zu bestimmen und festzusetzen. In Istanbul gibt es eine große Zahl von Palästen, die mit dem Geld erbaut sind, das von dem Brot des Volkes erhoben worden ist; die Möbel und wertvollen Gegenstände, die sie enthalten, kurz, alles ist der Zerstörung geweiht, weil die Regierung die Lage nicht genau geklärt hat. Es laufen Gerüchte um wie das, dass dem Kalifen nahe stehende Personen in Beyoğlu hier und dort die wertvollsten Gegenstände aus den Palästen verkaufen. Die Regierung muss diese Reichtümer im letzten Moment noch unter Überwachung nehmen.

Am Ende dieser Aufgabenliste für die Regierung kommt eine vergleichende Bemerkung, bei der wieder durchscheint, wie häufig die Französische Revolution für die progressiven Türken der Epoche als Blaupause diente:

So wie die Franzosen heute noch, hundert Jahre nach der Revolution, der Ansicht sind, dass es für ihre Unabhängigkeit und ihre Souveränität bedenklich wäre, den Mitgliedern der königlichen Familie und ihren Vertrauten die Einreise nach Frankreich zu gestatten, so können wir in der Haltung, die wir einer Dynastie und ihren Vertrauten gegenüber einzunehmen haben, die begierig danach sind, am Horizont die Sonne der absoluten Gewalt wieder aufleuchten zu lassen, die Republik nicht Erwägungen der Höflichkeit und Spitzfindigkeiten opfern. Der Kalif muss genau wissen, was er ist und was sein Amt vorstellt, und sich mit dieser Lage zufrieden geben. Ich bitte Sie, so zu verfahren, dass die Regierung ernste und grundsätzliche Maßnahmen ergreift, und mich hierüber zu unterrichten.

> Der Präsident der Türkischen Republik;
> Gazi Mustafa Kemal.

Nach diesem Warnschuss dauerte es nur noch wenige Tage, bis die Abschaffung des Kalifats beschlossene Sache war, zunächst jedoch nicht etwa im Ministerrat oder gar in der Versammlung. Am Rand von Militärübungen im Raum İzmir vereinbarten Mustafa Kemal und Ministerpräsident İsmet (İnönü) mit Kâzım Karabekir, damals Inspekteur der 1. Armee, Generalstabschef Fevzi (Çakmak), Ali Fuad (Cebesoy) und weiteren Generälen, dem Kalifat ein Ende zu bereiten. In *Nutuk* hörte sich dieses Lehrstück in frührepublikanischer Entscheidungspraxis so an:

Wir wurden uns einig über die Notwendigkeit, das Kalifat zu unterdrücken. Wir waren gleichzeitig auch entschlossen, das Ministerium für religiöse Angelegenheiten und der Frommen Stiftungen ebenfalls zu beseitigen und das Unterrichtswesen zu vereinheitlichen. Am 1. März 1924 musste ich die Eröffnung der Versammlung vornehmen. Wir waren am 23. Februar 1924 nach Ankara zurückgekehrt. Ich unterrichtete die zuständigen Stellen von meinen Entschlüssen [hier wechselt er vom «wir» und «unser» zum «ich» und «mein»]. In der Versammlung begann die Diskussion über das Budget. Das gab Anlass, sich bei der Frage der Bezüge der Mitglieder der Dynastie und des Etats des Ministeriums der religiösen Angelegenheiten und der Stiftungen etwas aufzuhalten. (…) In der Rede, die ich am 1. März bei Gelegenheit der fünften Wiederkehr des Jahrestags der Einberufung der Versammlung hielt, hob ich in ganz besonderer Weise die drei folgenden Punkte hervor:

1. Die Nation verlangt, dass die Republik in der Gegenwart wie in der Zukunft für immer und unbedingt vor jedem Angriff geschützt wird. (…)

2. Wir stellen fest, dass es notwendig ist, ohne Zeit zu verlieren den Grundsatz der Einheit des Unterrichts und der Erziehung durchzuführen, der durch die Abstimmung der Nation formuliert ist.

3. Ebenso sind wir uns über die Wahrheit klar, dass es unerlässlich ist, die Wiedererhebung der islamischen Religion dadurch zu sichern, dass sie aus der Lage, ein politisches Werkzeug zu sein, befreit wird, in die sie durch Gewohnheit seit Jahrhunderten versetzt ist.

In den folgenden Tagen wurden diese Grundsätze des Präsidenten in Anträge an die Versammlung umformuliert. Mustafa Kemal gelang es, in Analogie zu der vorübergehenden Verwendung Mehmed Vehbis bei der Abstimmung über die Trennung von Sultanat und Kalifat von 1922, den Gesetzesvorschlag über die Abschaffung des Kalifats und die Ausweisung der noch verbliebenen Mitglieder der osmanischen Dynastie durch in Religionsfragen kompetente Abgeordnete begründen zu lassen.

Die Debatte in der Meclis

Der Präsident der Sitzung Fethi Bey eröffnete am 3. März 1924 die Debatte zu Artikel 1:

Der Kalif ist von der Institution des Kalifats abgelöst. Da das Kalifat ohnehin in der Bedeutung und dem Begriff von Regierung und Republik enthalten ist, wurde das Amt des Kalifats aufgelöst.

Scheich Safvet aus Urfa begann seinen Redebeitrag mit dem Satz: «Die eine und erste fundamentale Aufgabe der republikanischen Herrschaft ist die Bewahrung der erhabenen Vorschriften des Islam». Nach einem kurzen Exkurs in die islamische Geschichte («man hat auch Schurken Kalifen genannt») umschrieb er sinngemäß den Artikelentwurf: «Die Substanz des Kalifats findet sich vollständig in der juristischen Person der Versammlung». Damit vertrat er die These vom impersonellen Kalifat der *Meclis*, die versöhnlich in die neue Zeit überleiten sollte, ohne die Rolle der Religionsgelehrten in den Hintergrund treten zu lassen.

Den anstrengenden Höhepunkt der Aussprache bildete eine mehr als einstündige Vorlesung des Justizministers Mehmed Emin Seyyid Efendi (1873–1925). Er hatte im Vorjahr ein Buch über das «Kalifat und die Nationale Souveränität» veröffentlicht, in dem er den politischen Charakter des Kalifats über alle Epochen der islamischen Geschichte hinweg nachzuweisen suchte. Kalifat bedeute nichts anderes als «Regierung», mit Glaubensüberzeugungen habe das Kalifat nichts zu tun. Im Koran sei das Amt nicht beschrieben, die Hadith-Sammlungen, die alle Einzelheiten zum Schneiden der Fingernägel und zur Länge des Bartes enthielten, schwiegen zu dem Thema. Die Gläubigen irrten in der verbreiteten Annahme, dass das Freitagsgebet beim Fehlen eines Kalifen ungültig sei. Im islamischen Glauben gebe es keinen Mittler zwischen Gott und seinen Dienern. Auch für die Ernennung des religiösen Personals sei das Kalifat überflüssig, schließlich sei das Scheriatministerium in Ankara schon seit einem Jahr für alle Personalangelegenheiten zuständig.

Der Wettlauf der Gottesmänner bei diesen gewichtigen Säkularisierungsmaßnahmen erreichte einen Höhepunkt durch den Ausruf eines Hodschas in den Korridoren der Versammlung vor dem Amtszimmer des Präsidenten, den Falih Rıfkı überlieferte:

Mein Pascha, mein Pascha, wenn Du vorhaben solltest, das (Heilige) Buch aufzuheben, befiehl es uns, wir werden einen Weg finden, aber – indem er auf den Sitzungssaal zeigte – lass es nicht durch die da sagen!

Präsident Fethi Bey beendete die Debatte mit dem Satz «Das Kalifat gehört der Geschichte an», was nicht ganz zu den Erörterungen passte, in denen behauptet wurde, man könne die Funktionen des Kalifats auf die *Meclis* übertragen. Aber das waren für Mustafa Kemal nur Augenwischereien.

In der Versammlung gab es Deputierte, die versuchten – wenn schon die Abschiebung Abdülmecids unvermeidlich war – wenigstens das Amt als solches zu retten. Andere wollten sich darauf nicht einlassen und schlugen vor, dass Mustafa Kemal selbst Kalif werden sollte. In *Nutuk* erinnerte er an diese Vorgänge:

Als die Große Nationalversammlung das Kalifat abgeschafft hatte, war der Religionsmann Rasih Efendi, der Deputierte von Antalya, Vorsitzender einer Abordnung des Roten Halbmondes, die sich in Indien befand. Er kam über Ägypten nach

Ankara zurück. Er suchte um eine Unterredung mit mir nach und machte mir Erklärungen des Inhalts, dass die Muslime in den Ländern, die er durchreist habe, verlangten, dass ich Kalif würde, und dass die zuständigen islamischen Körperschaften ihn beauftragt hätten, mir von diesem Wunsch Mitteilung zu machen.

Mustafa Kemal will höflich dankend geantwortet und sich auf das islamische Staatsrecht stützend, so wie er es verstand, erwidert haben:

Sie wissen, dass Kalif Staatsoberhaupt bedeutet. Wie kann ich die Vorschläge und Wünsche der Völker annehmen, über die Könige und Kaiser regieren? Wenn ich mich zu der Annahme bereit erklärte, würden die Souveräne dieser Völker dem zustimmen? Man muss die Befehle des Kalifen ausführen und sich seinen Verboten unterwerfen. Sind diejenigen, die mich zum Kalifen machen wollen, in der Lage, meine Befehle auszuführen? Würde es infolgedessen nicht lächerlich sein, sich mit einer illusorischen Rolle auszustaffieren, die weder Sinn noch Daseinsberechtigung hat?

Nicht wenige Deputierte wussten, dass eine Art spirituelles, aber deswegen nicht weniger universelles Kalifatsverständnis seit dem späten 18. Jahrhundert existierte. Staaten wie Russland, Österreich-Ungarn und Großbritannien hatten frühere Untertanen des Sultan-Kalifen innerhalb ihrer Grenzen und gestanden dem ehemaligen Souverän in seiner Eigenschaft als Kalif bestimmte religiöse Sonderrechte zu (Krim, Bosnien-Herzegowina, Zypern). Man hätte 1924 durchaus noch diese Formel ins Spiel bringen können. Mustafa Kemal sah das anders und erklärte, sich direkt an die Versammlung wendend:

Meine Herren! Ich muss offen und kategorisch erklären, dass diejenigen, die sich weiter mit der Schimäre des Kalifats beschäftigen und die islamische Welt damit irreführen, nur Feinde der islamischen Welt und besonders der Türkei sind. Hoffnungen an eine derartige Gaukelei knüpfen kann nur Sache von Ignoranten oder Blinden sein.

İnönü hat dieser Maßnahme in seinen Memoiren mehr Bedeutung zugestanden als der Abschaffung des Sultanats. Die Beseitigung des Kalifats löste hingegen in der übrigen islamischen Welt keinen Erdrutsch aus. In ihren arabischen Teilen führte sie bei den nationalistischen und säkularen Kräften eher zu einer Erhöhung von Mustafa Kemals Ansehen.

Die Feinheiten der Beweisführung dieser letzten Ulema irritierten ihn nicht. Er kommentierte Seyyid Efendis erfolgreiche Breitseite gegen das Kalifat mit dem Satz: «Er hat seine letzte Pflicht getan». Schon wenige

Tage nach der historischen Vorlesung wurde Seyyid aus dem Amt des Justizministers entlassen. Er war der letzte islamrechtlich gebildete Chef der Justizverwaltung, seine Nachfolger sollten wie Mustafa Necati und vor allem Mahmud Esad (Bozkurt) «weltliche» Juristen sein, die sich nicht mehr mit einer Versöhnung oder Aufhebung islamischer Institutionen und Normen in der neuen Türkei befassen wollten.

Mehrfach hatten Ulema den Mann an der Spitze der Versammlung gestützt, an erster Stelle der Müftü von Ankara, Rifat, mit seinem berühmten Gegenfetwa, dann Mehmed Vehbi, der *Müderris* aus Konya mit den Gutachten zur Absetzung des Sultans und der Wahl eines neuen Kalifen. Islamgelehrte waren es auch, die die Abgeordneten mit Argumenten für die endgültige Abschaffung des Kalifats versorgten. In allen Fällen wurde die öffentliche politische Auseinandersetzung mit islamischen Argumenten geführt. Falih Rıfkıs Bemerkung «Der Mohr hat seine Schuldigkeit getan, er kann gehen» beschreibt unsentimental die Instrumentalisierung der Hodschas durch den Gazi.

Es gehört zur Tragik der jüngeren türkischen Geschichte, dass es *vor* der mehrstündigen Debatte über die Abschaffung des Kalifats keine ähnlich gründliche öffentliche Auseinandersetzung zu diesem Thema gegeben hat. Der letzte Kalif starb 1944 im französischen Exil im Alter von 76 Jahren. Er war damit nicht nur der letzte Vertreter des Hauses Osman, sondern auch der mit dem längsten Leben.

Die Verfassung des Jahres 1924 enthielt zwei Artikel, mit denen sich Mustafa Kemal später noch einmal rechtfertigend auseinandersctzen musste. Art. 2 besagte: «Die Religion des türkischen Staates ist der Islam.» Art. 26 hatte zum Inhalt: «Die Große Nationalversammlung erfüllt persönlich Aufgaben wie das Inkraftsetzen von Scheriatsbestimmungen.» 1927 räumte er ein, bei diesen beiden Punkten habe es sich um «Zugeständnisse» gehandelt, um die Revolution und die Republik nicht zu gefährden. Zu einem geeigneten Zeitpunkt müsse man sie aus dem Grundgesetz tilgen, was am 10. April 1928 auch geschah. Jetzt konnten er und seine Mitstreiter sich an die Umsetzung des eigentlichen Säkularisierungsprogramms machen.

Die Bruderschaften

Auch wenn Saloniki keine Hochburg des islamischen Bildungswesens war, so gab es doch wie in jeder osmanischen Stadt eine Anzahl von «Derwischerien», wie man die Konvente der mystischen Bruderschaften treffend genannt hat. Jeder kannte das Mevlevihane hoch über der Altstadt, Einheimische und Durchreisende besuchten es, um dem Rundtanz der Derwische beizuwohnen. Ein Freund der Familie überlieferte, dass der Militärschüler Mustafa Kemal in den Schulferien in einem Derwischkonvent mit den anderen Besuchern bis zur Erschöpfung die Silben *Huu, huu* (arab. «ER» für Gott) auszustoßen pflegte. Das hat im unterhaltungsarmen Milieu einer osmanischen Stadt wenig zu sagen, Mustafa Kemal war jedenfalls zu keinem späteren Zeitpunkt seines Lebens ein Mann, der sich für die meditativen Praktiken und spirituellen Reichtümer der islamischen Bruderschaften erwärmen ließ. Gewiss hat er schon früh die Auffassung der jungtürkischen Reformer geteilt, dass der fehlende Beitrag der Brüder zum Bruttosozialprodukt skandalös sei und der Staat den Wildwuchs der nach Tausenden zählenden kleinen und großen Derwischerien beseitigen müsse. Sie forderten eine Beteiligung der behaglich von Stiftungsmitteln lebenden Kuttenträger an Werken der Wohlfahrt und Erziehung. Eine Art von verspätetem Josephinismus hatte die Türkei ergriffen.

Es gibt ausreichend Hinweise dafür, dass sich Mustafa Kemal spätestens als junger Offizier vom Islam abwandte. Dabei sollte eine von manchen vermutete «Initiation» in eine Freimaurer-Loge von Saloniki Ende 1907 nicht überbewertet werden, denn zahlreiche oppositionelle Offiziere bewegten sich in diesen Zirkeln. Wichtiger scheint seine Beschäftigung mit Auguste Comte (1798–1857), dem Säulenheiligen des Positivismus, und Emile Durkheim (1858–1917), einem der Begründer der modernen Soziologie. Durkheim wurde den Hörern der Istanbuler Universität von Ziya Gökalp, mit dem Mustafa Kemal seit 1909 in Verbindung stand, in Vorlesungen zur «Gesellschaftswissenschaft» ab 1913 vermittelt. Sein Werk über die «Grundlegenden Formen des religiösen Lebens» *(Les formes élémentaires de la vie religieuse)* suchte die Ursprünge der Religion im Totemismus der australischen Urbevölkerung. Dieses Buch wurde den türkischen Lesern durch Hüseyin Cahids (Yalçın) Übersetzung von 1923/24 zugänglich. Mustafa Kemal hat es begierig aufgenommen, aber sich, anders als Ziya Gökalp, nicht verleiten lassen, bei den vorislamischen Türken Zentralasiens nach verwandten Klan-Strukturen und totemistischen Symbolen zu suchen. Wie aber sollte die auch nach Durkheim bestehende enge Verknüpfung von Gesellschaft und Religion aufgelöst werden? Die Religion konkurrierte fortlaufend mit Mustafa Kemals Begriff von Nation und Staat. Es kam darauf an, dem «Heiligen» und allen «übernatürlichen Ideen» die Aura zu rauben und die Kontrolle über den institutionalisierten Islam zu verstärken.

Während des Unabhängigkeitskrieges konnte Mustafa Kemal Paşa auf die einflussreichen Bruderschaften zählen, und er versäumte es auch nicht, sie dafür zu belohnen. Das Mevlevi-Oberhaupt Abdülhalim Çelebi (1874–1925) wurde der erste Vizepräsident der Nationalversammlung und unterstützte die Regierung bei der Unterdrückung der Delibaşı-Revolte im Raum Konya (Oktober 1920). Im Winter 1919 konferierte Mustafa Kemal auf dem Weg von Sivas nach Ankara in Hacıbektaş mit dem Bektaşi-Baba Salih Niyazi (gestorben 1941). Auch die große Gemeinschaft der Aleviten, die dort ihr Zentrum hat, fand die entsprechende Würdigung. Ihr Oberhaupt, Cemaleddin Çelebi (1862–1922), wurde zweiter Vizepräsident der Versammlung, obwohl er dieses Amt aus Gesundheitsgründen nicht wirklich ausfüllen konnte. Man hat zu Recht davor gewarnt, aus dem kurzen Routine-Besuch in Hacıbektaş weitreichende Schlüsse über eine besondere Vorliebe Mustafa Kemals für diese heterodoxen Gemeinschaften zu ziehen (Hülya Küçük). Tatsächlich konkurrierte er mit der Sultansregierung gleichsam «um jede anatolische Stimme» und setzte wie diese auf *alle* religiösen Vertreter: Ulema, Sufis und Anhänger des Volksislam.

In der ersten Nationalversammlung hatten 85 von 403 Abgeordneten eine traditionelle religiöse Ausbildung hinter sich gebracht, 42 waren

Der Gazi mit dem kurdischen Stammesführer Mustafa Diyab Aga auf dem Weg zur Nationalversammlung (22. März 1921). Der alevitische Kurde aus dem Dersim kooperierte schon unter Sultan Abdülhamid II. mit der Zentralregierung.

Professoren an Medresen, 17 Müftüs und 9 Derwischscheiche. Gegen diese Männer war keine Politik zu machen. Dasselbe galt sinngemäß für die als besonders glaubenstreu geltenden sunnitischen Kurden. Bis zur Beseitigung des Kalifats war es Mustafa Kemal gelungen, einen einfluss-reichen Teil der Kurden von seiner Politik zu überzeugen. Er hatte es nicht versäumt, wichtige kurdische Repräsentanten auf den Kongressen von Erzurum und Sivas zu hofieren. In der ersten Großen Nationalver-sammlung saßen etwa so viele Kurden, wie es ihrem Bevölkerungsanteil entsprach (72 von 437 Abgeordneten).

1921 bereiste Sayyid Ahmad (1873–1933), der in Istanbul exilierte Großmeister der tripolitanischen Sanusiya-Bruderschaft, Anatolien. Mustafa Kemal wusste sehr wohl, welche Widerstandskraft die Sanusiya gegen die italienischen Okkupanten seit 1911 mobilisiert hatte. Deshalb erlaubte er sogar, dass man ihn in dem vom «Şeyh Sunusi» überbrachten arabischen Kostüm photographierte. Viel deutlicher lässt sich die Nähe des anatolischen *cihâd* zum islamischen Anti-Imperialismus nicht sym-bolisieren. Die Dinge änderten sich schlagartig nach Ausrufung der Re-publik und der Vertreibung des Kalifen.

Der erste große Kurdenaufstand

Spätesten 1923 hatte sich eine Geheimorganisation kurdischer Offiziere *(Azadi)* gebildet, die sich mit dem Nakşbandi-Scheich Said ver-band und einen «nationalistischen Aufstand in religiösem Gewand» ent-fachte (Martin Strohmeier). Im Februar 1925 erhob sich, ausgehend von einem Dorf in der heutigen Provinz Bingöl, ein großer Teil der Stämme gegen die türkische Armee. Die Rebellen besetzten rasch ganze Städte wie Elazığ, Muş und Varto. Das Aufstandsgebiet zwischen Silvan im Westen und Bitlis im Osten war zum großen Teil deckungsgleich mit dem von Mustafa Kemal 1916 intensiv erkundeten Teil von Kurdistan. Vor Ort hatte er studieren können, welche Loyalitäten – Bindung an den Stamm und Respekt vor einem Scheich – dort galten und wie wenig das Wort der Regierung zählte.

Am 25. Februar 1925 erklärte Ministerpräsident Fethi (Okyar) das Kriegsrecht für die Ostprovinzen. Tage später forderte er (vergeblich) die «freiwillige» Auflösung der «Fortschrittlichen Republikanischen Partei» (TFC). Das Parlament änderte das Gesetz über Hochverrat ab, womit im Folgenden jede politische Instrumentalisierung der Religion unter Strafe gestellt wurde. Damit war der Kurdenaufstand zur religiös inspirierten

Revolte erklärt, bei der reaktionäre Scheichs als *murşids* (hier: «Spirituelle Führer») ihre unwissenden *mürids* («Schüler») benutzten. Kâzım Karabekir und die anderen TFC-Politiker übten nun zwar einen engen Schulterschluss mit Mustafa Kemal, sollten aber trotzdem bald zur Zielscheibe heftigster Angriffe des Präsidenten werden.

Nachdem die Kurden sogar Diyarbekir regelrecht belagert hatten, gelang der aus drei Richtungen vorstoßenden Armee schließlich die Unterdrückung des Aufstands. Am 3. März übernahm İsmet (İnönü) die Regierungsgeschäfte, um schon am folgenden Tag über ein drakonisches Gesetz für die «Aufrechterhaltung der öffentlichen Ruhe» abstimmen zu lassen. Von 44 Deputierten aus kurdischen Provinzen stimmten 37 für und nur sieben gegen die Regierung. In einer telegraphischen Erklärung an Armee und Verwaltung vom 7. März verurteilte der Präsident die Aufständischen, die sich «unter der Maske der Religion» verbergen würden.

Anfang Juni wurde die TCF per Ministerratsbeschluss verboten. Die Partei habe die Religion für politische Zwecke missbraucht und in Verbindung mit den Verrätern um den früheren Sultan Vahideddin gestanden. Die Unruhe im Südosten erhöhte die Bereitschaft der Türkei, den englisch-türkisch-irakischen Mosul-Vertrag zu unterzeichnen, nach dem der Irak über 25 Jahre 10 Prozent der Ölförderung in Kirkuk zu zahlen versprach und die Grenze als «endgültig und unverletzlich» bezeichnet wurde.

Nach seiner Gefangennahme wurde Scheich Said am 29. Juni in Diyarbekir exekutiert. Gleichzeitig wurden die Derwischerien im Gebiet des Kriegsrechts geschlossen. Erst am 2. September, im Anschluss an Mustafa Kemals «Hutreisen» nach Kastamonu und İnebolu, über die noch berichtet wird, erfolgte die Ausdehnung dieses Verbots auf das ganze Land. Eine (vorläufig) endgültige Befriedung des Raums wurde erst nach zwei weiteren massiven Revolten im Raum Ağrı/Ararat (1930) und Dersim/Tunceli (1937/38) erreicht. Diese beiden Erhebungen waren in ihren Auswirkungen noch bedeutender. Die Ağrı-Revolte führte sogar zu Deportationen von Kurden ins Landesinnere.

Die Literatur stellt einen engen – nicht nur zeitlichen – Zusammenhang zwischen der Scheich-Said-Revolte und der Unterdrückung der Bruderschaften in der gesamten Türkei her. Tatsächlich ermöglichte erst das Notstandsgesetz, welches auch die Presse weitgehend zum Schweigen verurteilte, so tiefreichende Maßnahmen. Es ist aber fraglich, ob die eher staatsnahen Bruderschaften außerhalb der tribalen Gesellschaft eine akute Bedrohung bildeten.

In der Kastamonu-Rede vom 30. August 1925 benutzte der Gazi ein Wortspiel mit *tarikat*, das sowohl «Weg(e)» als auch «mystische Bruderschaft» bedeuten kann:

Meine Herren, o Nation, wisset, dass die Republik Türkei nicht das Land der Scheichs, Derwische, ihrer Jünger und anderer Angehöriger sein kann. Der wahrste, der richtigste Weg ist der Weg der Zivilisation *(tarikat-i mediniye)*.

Genau drei Monate später, am 30. November, wurde das noch heute durch die Verfassung geschützte Gesetz Nr. 677 «Über das Verbot und die Schließung der Derwischorden, der Konvente und Mausoleen, über das Verbot des Berufs der Mausoleenwächter und die Führung und Verleihung einiger Titel» angenommen. Das 1927 in Ankara eröffnete *Etnografya Müzesi* sammelte fortan die Inventare der aufgelösten Konvente. Die Republik zeigte die Attribute der Derwische wie Relikte einer vergangenen Zeit unter Glas. «Mittelalter» und «Aberglaube» waren für Mustafa Kemal zwei Seiten der selben Medaille.

Keines der Reformgesetze war so detailliert und gleichzeitig so offen feindselig formuliert wie Gesetz Nr. 677. Es befahl nicht nur die Schließung der Konvente und untersagte die Ausübung der Rituale. Eine lange Liste zählte von nun an verbotene Titel wie *şeyh*, *derviş*, *dede* oder *baba* auf. Ausdrücklich stellte es Tätigkeiten unter Strafe wie Wahrsagerei, Zauberei oder Heilung durch Anhauchen, mit denen viele Scheichs ihren Lebensunterhalt aufbesserten. Geschlossen wurden auch die Mausoleen *(türbe)* der Sultane und der Scheichs. Das durch die Enteignung von Grundbesitz erzielte Kapital sollte Dorfschulen zugute kommen.

Das Gesetz war mit so heißer Feder geschrieben worden, dass man die notwendige Novellierung von Artikel 75 der Verfassung vom Vorjahr, der den Bruderschaften jede Freiheit einräumte, glatt vergessen hatte. Die weitgehend personengleichen «Väter» des ersten republikanischen Grundgesetzes von 1924 hatten in ihren Grundrechtskatalog noch die folgenden Bestimmungen aufgenommen:

Niemandem dürfen wegen seiner Zugehörigkeit zu einer Religion, einer Konfession oder einer mystischen Bruderschaft *(tarikat)* oder wegen seiner philosophischen Überzeugung Vorhaltungen gemacht werden. Die Ausübung des Gottesdienstes jeder Art von religiösem Ritual ist frei, soweit sie nicht gegen die öffentliche Ordnung, die guten Sitten und die gesetzlichen Vorschriften verstößt.

Erst 1937 tilgte die Versammlung die Schutzwürdigkeit der Bruderschaften aus dem Verfassungsgesetz, was kein gutes Licht auf den Umgang mit dem rechtlichen Fundament der Republik warf. Nebenbei wurde damals der Ausdruck «philosophische Überzeugung» von der letzten Stelle an die erste, noch vor das Wort «Religion» gerückt – ein unauffälliger, aber eindeutiger Verweis auf das religionsfeindliche Klima dieser Jahre. Die überwiegend türkisch besiedelten Räume des Nordostens blieben von diesen Erhebungen weitgehend unberührt; die Nakşbandiya hatte nur innerhalb kurdischer Netzwerke die notwendige Mobilisierungskraft aufgebracht.

Menemen und ein republikanischer Märtyrer

Eine Lynchattacke von Nakşibendi-Anhängern auf den jungen Reserveoffizier Kubilay in Menemen bei İzmir am 23. Dezember 1930 löste eine nun auch die größeren Städte des Westens einbeziehende Verfolgung von Scheichs dieser Bruderschaft aus, obwohl es sich wahrscheinlich um eine isolierte Aktion gehandelt hatte.

Letztlich hatte Atatürk, der die Bruderschaften im Osten als Sicherheitsproblem, im Westen als mittelalterlichen Spuk betrachtete, den mystischen Sektor des Religionsmarkts unterschätzt. Sein Denken wurde durch gleich bleibende Begriffe wie Erneuerung, Fortschritt, Wissenschaft, Aufklärung, Jugend, Zivilisation gegenüber Reaktion, Fanatismus, Mittelalter, Aberglaube bestimmt.

Bevor er aber das Mittel der polizeilichen Verfolgung einsetzte, nutzte er seine Position, um in einer Art hastigen Nacharbeitens der «Lumières» des 18. Jahrhunderts die Eliten für seine Ideen zu gewinnen. Anscheinend ließ er zum Beispiel 1928 den kurdischen Arzt Dr. Abdullah Cevdet (1865–1932) den berühmten «Katechismus der Gottlosen» *Le Bon Sens* («Die gesunde Vernunft») des Baron Holbach übersetzen. Abdullah Cevdet war ein hochgebildeter Mediziner, als Autor und Übersetzer wurde er zu einem der radikalsten Bannerträger des türkischen Atheismus.

Die Entfernung des Verfassungsartikels, der 1924 den Islam als Religion des türkischen Staates festlegte, und die weniger beachtete Ersetzung von «Gott» in der Eidesformel durch «meine Ehre» im Jahr 1928 bildeten einen weiteren Höhepunkt seiner Bemühungen, islamische Institutionen zu schwächen. Im selben Jahr aber ließ er, gut beraten, einen Vorstoß Istanbuler Theologieprofessoren, die Moscheen in eine Art Reformsynagoge zu verwandeln, stoppen. Demnach sollten die Gebetsräume auch mit Schuhen betreten werden dürfen und Instrumentalmusik

sollte zugelassen werden. Die Prediger sollten von fähigen «Religions-
philosophen» beraten werden.

Besonders deutlich wurde Mustafa Kemals sich inzwischen verfesti-
gendes Bild von der Religion im Allgemeinen und dem Islam im Besonderen in seiner Unterhaltung mit dem weithin bekannten deutschen
Schriftsteller Emil Ludwig im Herbst 1929, von der schon im Zusammenhang mit seinen Musikreformen die Rede war. Er hatte Ludwigs
Bestseller *Napoleon* gelesen und in *Hakimiyet-i Milliye* die Übersetzung
in Fortsetzungen abdrucken lassen.

Die Begegnung mit dem «Gasi» fand im *Köşk* von Çankaya statt und
zog sich über drei Stunden hin. Als Dolmetscher diente der Minister des
Äußeren Tevfik Rüşdü (Aras, 1883–1972). Das Interview war für die
Wiener *Neue Freie Presse* bestimmt, wurde aber auch im April 1930 auf
dem Umweg über eine in Syrien erschienene arabische Übersetzung in
einem amtlichen türkischen Bulletin wiedergegeben. Niemand sollte sich
von den Intentionen des Gazi falsche Vorstellungen machen.

Mustafa Kemal beantwortet die Gretchenfrage

Der lange Abschnitt über die Religion ist dabei von besonde-
rem Interesse. Ludwig brauchte die Gretchenfrage nach der Religion gar
nicht zu stellen, denn Mustafa Kemal beantwortet sie selbst – als hätte er
soeben Auguste Comtes positivistische «Bibel», den *Discours sur l'esprit
positif*, aus der Hand gelegt, wo es heißt, dass «die Verehrung der Sterne
die höchste Stufe dieser ersten theologischen Phase der Menschheit»
darstellt:

Sie wundern sich, dass die Moscheen sich so schnell leeren, obwohl sie niemand
schließt? Der Türke war von Hause aus kein Muslim, die Hirten kennen nur die
Sonne, Wolken und Sterne; das verstehen die Bauern auf der ganzen Erde gleich,
denn die Ernte hängt vom Wetter ab. Der Türke verehrt nichts als die Natur.

Ludwig reagierte auf das Stichwort «Natur» nicht mit Bezug auf Comtes
Fetischismus-Konzept, das hier ganz klar durchleuchtete, sondern mit
einem Satz zu Goethes Pantheismus, der aber auf Mustafa Kemal wenig
Eindruck machte: «Gott ist nur die Spitze der menschlichen Gesellschaft». Durkheims Annahme, dass Gott eine Symbolisierung des (australischen) Klans darstelle, fügt sich gut in seine Vorstellungswelt. Von
sich aus kam der Herr von Çankaya dann auf von ihm initiierte Übersetzungen des Koran und einer Darstellung des Prophetenlebens:

Ich lasse jetzt auch den Koran zum ersten Mal auf Türkisch erscheinen, ferner ein Leben Muhammads übersetzen. Das Volk soll wissen, dass überall ziemlich das Gleiche steht und dass es den Pfaffen nur darauf ankommt zu essen.

«Zum ersten Mal» kann nur heißen «in neuer Lateinschrift», denn Mustafa Kemal war sicher bewusst, dass es seit der Tanzimat-Zeit türkische Versionen des Koran gab (1841) und sich insbesondere nach 1908 eine lebhafte Diskussion über die Notwendigkeit von Übersetzungen und Auslegungen des heiligen Buchs entfaltet hatte. 1925 hatte die Versammlung den Auftrag einer Übersetzung ins Türkische an den Dichter der Nationalhymne Mehmed Akıf (Ersoy, 1873–1936) gegeben, der sich aber nach Konflikten mit dem neuen Regime mit seiner inzwischen als verschollen geltenden Arbeit ins Exil nach Kairo begab.

Ungeachtet auch der Tatsache, dass es zwischen der Schriftreform von 1928 und Atatürks Tod zu keiner modernen Übertragung eines «Prophetenlebens» ins Türkische kam und hier vermutlich von einem anderen Buch die Rede war, ist es interessant zu lesen, dass Mustafa Kemal die heiligen Bücher durch Übersetzungen wohl eher entzaubern wollte als sie – im lutherischen Sinn – zu «vulgarisieren». Auch hier folgte er nur sehr äußerlich Ziya Gökalps Vision von «einem Land, in dem der Gebetsruf auf Türkisch ertönt, in dem der Bauer die Bedeutung des Gebets im Gottesdienst versteht, ein Land, in dem der türkische Koran gelesen wird».

Als 1932 die Notwendigkeit entstand, den Imamen türkische Korantexte zur Verfügung zu stellen, benutzte man einen von allen Gottesmännern heftig kritisierten Text eines Cemil Said aus dem Jahr 1924, der sich auf eine weit verbreitete Koranübersetzung ins Französische von Kazimirski *alias* Albert de Biberstein (1808–1887) aus dem Jahr 1840 stützte. Vielleicht sollte man an dieser Stelle unterstreichen: Für die türkischen Muslime dieser Jahre war nicht die Tatsache einer (interpretierenden) Übersetzung des Korans Konfliktstoff, sondern die Verwendung des Türkischen im Gebet.

Noch zu Lebzeiten Atatürks (1935) wurde allerdings ein umfangreicher Koran»kommentar» in türkischer Sprache in Auftrag gegeben und 1938, im Todesjahr des Republikgründers, abgeschlossen. Nicht Atatürk hatte dazu den Anstoß gegeben, sondern einige Deputierte der Großen Nationalversammlung. Ironischerweise brachte sein Autor, Elmalili Muhammad Hamdi Yazir (1878–1942), in seinem über 1000 Seiten starken Werk noch eine kleine Abrechnung mit dem Positivismus im

Allgemeinen und Auguste Comte im Besonderen unter. Der französische Gelehrte sei der irrigen Annahme verfallen, dass der in ihm stattgefundene Verlust des angeborenen Gottesglaubens die gesamte Menschheit erfasst habe.

Wir sehen Mustafa Kemal als entschiedenen Agnostiker, der zugleich im Durkheimschen Sinn die tiefe Verwurzelung der Religion in der türkischen Gesellschaft als soziale Tatsache wahrzunehmen in der Lage war. Sein Wort über die sich leerenden Moscheen mag für die Zentren einiger Städte zugetroffen haben, aber unterrichtete man ihn nicht ausreichend über die Situation auf dem Land? Davon konnte auf den ersten Blick keine Rede sein. Er unternahm noch 1930 drei ausgedehnte Reisen in Begleitung von Ministern in asiatische und europäische Landesteile, 1931 führte ihn eine Frühjahrsreise bis ins ostanatolische Malatya. Diese und alle vorausgehenden Besuche in der Provinz boten Gelegenheit, die oft miserabel funktionierende und korrupte örtliche Bürokratie zu inspizieren und Petitionen unzufriedener Bürger entgegenzunehmen. Auch die Abgeordneten der Volkspartei sandten regelmäßig Beschwerden aus ihren Wahlkreisen an ihr Generalsekretariat. Wie gefiltert waren diese Schriftsätze? Der amerikanische Botschafter Joseph C. Grew (1880–1965, auf Posten in der Türkei 1927–1932) schrieb wohl zu Unrecht, dass der Gazi, Fethi und selbst İsmet nichts über die (öffentliche) Meinung in der Türkei wüssten und offensichtlich keine Ahnung vom anwachsenden Unmut hätten.

Staatsbürgerkunde aus erster Hand

Ab Herbst 1929 beschäftigte sich der Präsident intensiv mit dem Entwurf eines Lehrbuchs für alle Schulen, das nach dem Vorbild der deutschen «Staatsbürgerkunde» beziehungsweise der französischen *Instruction civique* die neue Generation mit den Grundlagen des kemalistischen Staates vertraut machen sollte. Der weitgehend von seiner Adoptivtochter Âfetinan (Ayşe Âfetinan, 1908–1985) redigierte Text erschien 1930 und enthält zahlreiche direkt auf Mustafa Kemal zurückgehende Passagen. Der zweite Teil wurde von Receb (Peker), dem starken «Dritten Mann» des Einparteienregimes (1925–1936), verfasst, der 1934 eine Professur für «Revolutionsgeschichte» an der Istanbuler Universität übernehmen sollte. Man muss ihn als «Chefideologen» einer kemalistischen Doktrin bezeichnen, deren Bestandteile im Gedankengebäude Mustafa Kemals eher unverbunden nebeneinander lagen.

Die «Staatsbürgerkunde» begann mit einer eigenwilligen Definition des Begriffs «Nation» *(millet)*. Den Verfassern war daran gelegen, zu zeigen, dass «die Türken schon vor Annahme des islamischen Glaubens eine große Nation waren». Die islamische Religion sei nicht in der Lage gewesen, Iraner, Ägypter und Türken zu einer einzigen, zusammengehörigen Nation zu verbinden, «denn der von Muhammad begründete Glaube stützte sich auf den arabischen Nationalismus».

Es gebe auf der Welt keine größere, keine ältere, keine reinere Nation als die der Türken. Sie hätten mit der Republik einen Staat gegründet, der auf der Regierung des Volkes beruhe. Dieser Staat sei laizistisch *(layik)*. Jeder Volljährige dürfe seine Religion frei wählen. Die türkische Sprache sei Herz und Geist der türkischen Nation. Diese habe sich über alle Kontinente, einschließlich Amerikas, ausgebreitet, was aus «neuen historischen Dokumenten» hervorginge. «Aber die heutige türkische Nation sei für ihre Existenz mit der jetzigen Heimat zufrieden.»

Die Menschen, die den Glauben Muhammads annahmen, seien gezwungen, sich selbst zu vergessen, ihr Leben an jeder Stelle der Erhöhung des Wortes Gottes zu weihen. Solange man nicht Arabisch lerne, wisse man nicht, was Gott gesagt habe. Das osmanische Kalifat leite sich von einer zweifelhaften Figur ab, die in Ägypten aufgetaucht sei. Die türkische Nation habe für (diesen) Gott und den Propheten ihr Land, ihre Interessen und ihre Identität aufgegeben. Die Hinweise auf hohe ethische Tugenden der alten, frei und unbeschwert in der Steppe lebenden Türken haben nichts mit späteren Versuchen zu tun, so etwas wie einen vorislamischen Monotheismus zu konstruieren, sie gehen vielmehr wieder direkt auf Ziya Gökalp zurück. Dieser verweist an zahlreichen Stellen, freilich romantisch verklärt und ohne nähere Ausführung, auf alttürkische Einrichtungen unter Hervorhebung des hohen ethischen Niveaus der Vorfahren.

Als im Fastenmonat Ramadan im Jahr 1926 in Göztepe ein Imam die Gebetsformel auf Türkisch rezitierte, wurde er von der Religionsbehörde seines Dienstes enthoben, worauf ihn der Unterrichtsminister an der Schule für Vorbeter und Prediger anstellte. Der damalige Präsident der Religionsbehörde war niemand anders als der loyale Müftü Rifat (Börekçi). Am 22. Januar 1932 ordnete Mustafa Kemal die Rezitation der 36. Sure in einer kleinen Istanbuler Moschee durch Hafız Yaşar an, den früheren Vorsänger des Präsidentenorchesters. Der Versuch wurde dann in mehreren Moscheen, am 3. Februar in der Hagia Sophia, wiederholt. Rifat hatte jetzt seinen Widerstand aufgegeben. Ob Mustafa Kemal dies als einen Schritt zu einer Turkisierung des Islam sah, ist wie gesagt sehr fraglich. Die «Staatsbürgerkunde» zeigt deutlich, dass er glaubte, die islamische Botschaft richte sich letztlich nur an die Araber. Anders als bei den Versuchen, seinem Volk eine neue Sprache zu verpassen und ein neues Geschichtsbild zu vermitteln, schreckte Mustafa Kemal bei diesen Vorstößen jedoch vor dem letzten Schritt einer Kampagne für den Atheismus zurück.

«Ist unsere Kleidung zivilisiert und international?»

1925 beendete Mustafa Kemal schlagartig die Epoche, in der der Fes so etwas wie ein Leitfossil des sich modernisierenden osmanischen Staates war. Seit seiner Einführung unter Sultan Mahmud II. (1828) bestand eine gewaltige Nachfrage nach dieser Kopfbedeckung für das Militär, Zivilbeamte und Schüler, die von der großen staatlichen Manufaktur in Istanbul allein nicht befriedigt werden konnte. Die österreichische Industrie stillte große Teile des gehobenen Bedarfs und wurde nach der Annexion Bosnien-Herzegowinas 1909 Zielscheibe eines osmanischen Fes-Boykotts. Die bekanntesten Photographien, die Mustafa Kemal Paşa mit einem Fes zeigen, stammen aus Erzurum 1919, kurz nachdem er die Generalsuniform abgelegt hatte. Militärs trugen seit 1909 anstelle des auffälligen roten Fes eine hohe, *kalpak* genannte Lammfellmütze, vor allem bei zeremoniellen Anlässen. Der *kalpak* wurde zusammen mit dem leichteren Tuchhelm mit Korkeinlage *(kabalak)* offiziell eingeführt. Von Anfang 1916 stammt das früheste künstlerische Porträt Mustafa Kemals unter dem *kabalak*, ein Ölbild des österreichischen Kriegsmalers Wilhelm Victor Krausz (siehe die Abbildung auf Seite 94).

Die Feindseligkeit der Kemalisten gegen die traditionelle Kleiderordnung war ihren Gegnern bekannt. So setzte der Widerstand gegen europäische Kopfbedeckungen schon ein, bevor die Versammlung in Ankara das «Hutgesetz» als eine der bekanntesten Reformmaßnahmen im Jahr 1925 beschloss. Bereits nach der jungtürkischen Revolution waren die neuen Machthaber von der radikalislamischen Presse beschuldigt worden, die Einführung des europäischen Hutes zu planen. 1924 veröffentlichte ein in Fragen der islamischen Tradition unnachgiebiger Gelehrter, Atıf Hoca aus İskilib (1876–1926), eine kleine Abhandlung, in der er «Die Nachahmung der Franken» durch das Tragen eine Hutes anprangerte. Der unduldsame Hoca setzte den Hut gleich mit anderen Unterscheidungsmerkmalen der Christen wie dem Kreuz und dem Gürtelstrick der Mönche.

Das «Gesetz zur Wiederherstellung der Ordnung» vom 4. März 1925 erzeugte dann bei den Gegnern ein Klima der Verängstigung. Ihre Schriften verschwanden unter dem Ladentisch, auch die des Hocas, der sein Büchlein vom Erziehungsministerium zum Druck hatte genehmigen lassen.

Im Hochsommer desselben Jahres unternahm Mustafa Kemal dann jene berühmte Reise, die er zur Propagierung der neuen Kleiderordnung nutzte. Seine auf acht Automobile verteilte Delegation stieß in die grüne Provinz Kastamonu vor, wo der Gazi ein ihm noch unbekanntes Stück Anatolien kennenlernte, dessen Menschen, worauf er in seinen Reden anspielte, ihm ganz zu Unrecht als besonders hinterwälderisch («geradezu unwissend und fanatisch») geschildert worden waren. In der letzten Augustwoche wurden Kastamonu, der Schwarzmeer-Hafen İnebolu und die Kleinstadt Daday zur Bühne für einen geradezu theatermäßigen *coup*. Mustafa Kemal fuhr, einen neuen Panamahut auf dem Kopf, im offenen Wagen, was der Bevölkerung erlaubte, fast auf Tuchfühlung mit ihm zu gehen.

Ein Bericht in der Lokalzeitung von Kastamonu vermittelt die Atmosphäre, die in den anatolischen Städten herrschte, bevor der Gazi eintraf. Vereine und Zünfte hatten an zehn Stellen Siegesbögen errichtet. Schulen und Privathäuser an der improvisierten *Via Triumphalis* wurden mit frischem Tannengrün geschmückt. Im Garten des *Konak*s (Stadthaus), das

Auf seiner Reise nach Kastamonu, İnebolu und Daday im August 1925 zeigte sich Mustafa Kemal abwechselnd in Zivil mit einem leichten Sommerhut und in Marschallsuniform. Links Fuad (Bulca), am rechten Rand Nuri (Conker).

ihm für seinen Aufenthalt zur Verfügung gestellt wurde, hatte man eine *kameriye* aus Blumen aufgebaut (so nennt man kleine Pavillons, die man in der alten Türkei in mondhellen Sommernächten nutzte; auch der Garten von Çankaya enthielt eine *kameriye*). Im Konak selbst war in einem Raum eine Wanne und eine Dusche installiert worden, damit, wie es in der Zeitung hieß, «seine Exzellenz der Gazi baden und sonstiges machen konnte». Wie üblich fuhr eine Delegation aus Notabeln dem hohen Besucher entgegen, um ihn an der Provinzgrenze zeremoniell in Empfang zu nehmen.

Wenn man seine Reden, die er in den drei Orten hielt, vollständig liest, wird deutlich, dass zwar die Propagierung des Huts als «zeitgenössische» und «zivilisierte» Kopfbedeckung im Mittelpunkt stand, aber gleichzeitig die *gesamte* traditionelle Tracht in Frage gestellt wurde. In İnebolu rief er, immer noch den Panamahut in Händen, im Vereinslokal des «Türkenherd» *(Türk Ocağı)* den Besuchern die rhetorischen Fragen zu: «Ist unsere Kleidung national?» und «Ist unsere Kleidung zivilisiert und international?» Die Zuhörer antworteten jeweils mit einem deutlichen «Nein». Dann führte er aus: «Ich kann Euch nur zustimmen. Bitte erlaubt mir den Ausdruck, ein Gewand, das man ‹Unten wie ein Flintenrohr, oben wie ein Gewehrkolben› nennen kann, ist weder national noch international.»

Er begründete diesen seine Träger verletzenden Angriff auf den bequemen und zweckmäßigen *Schalwar* der anatolischen Männer, der nur an den Unterschenkeln fest anliegt, vordergründig mit dem hohen Tuchverbrauch, von dem nur die europäischen Kaufleute profitierten. Entschieden forderte er die Übernahme einer «zivilisierten und internationalen» Kleidung. Es gebe keinen Grund nach turanischen, das heißt mittelasiatischen Kostümen zu suchen, wie sie offensichtlich bei den oft in großtürkischen Fantasien verfangenen *Türk Ocağı*-Leuten diskutiert wurden.

Ich will das in aller Offenheit sagen: Als Fußbekleidung tragen wir Halbschuhe *(iskarpin)* oder Halbstiefel *(fotin)*, an den Beinen Hosen *(pantalon)*, eine Weste *(yelek)*, ein Hemd *(gömlek)*, eine Krawatte *(kıravat)*, einen abknöpfbaren Hemdkragen *(yakalık)*, ein Jackett *(caket)*, und selbstverständlich auf dem Kopf zur Vervollständigung einen Hut mit Sonnenkrempe *(şemsli serpuş)*. Diese Kopfbedeckung nennt man Hut *(şapka)*.

Es gebe Leute, die «unseren Hut» gleichsetzten mit Ausdrücken wie *redingot, bonjur, frak* (…), denen müsse man sagen, dass sie sehr gedankenlos, sehr unwissend seien, wüssten sie doch nicht einmal, dass der Fes in Wirklichkeit eine griechische Kopfbedeckung ist.

Nach seiner Rückkehr wurde er in Ankara von den Spitzen des Staates empfangen. Rifat Börekçi Efendi, der Müftü und höchste Religionsverwalter, begrüßte ihn barhäuptig, den umwundenen Fes in der Hand, was den beeindruckten Pascha veranlasste, ihn in seinen Wagen einzuladen. Jetzt kam die Gesetzesmaschine in Gang. Am 11. Oktober wurden Frack *(frak)* und Zylinder *(silindir)* für Staatsbeamte bei offiziellen Anlässen vorgeschrieben. In der Debatte um das Hutgesetz (nach Mango die letzte parlamentarische Aussprache, die diesen Namen verdient) wagten nur zwei Abgeordnete Einwände. Nureddin Paşa, der treue Gegner des Gazi, sah sich als Parlamentarier nicht an ein Gesetz gebunden, das nur für Staatsdiener gemacht wurde.

Typisch für den Argumentationsstil der Zeit war, dass sich nicht allein Gegner, sondern auch Anhänger der westlichen Kleiderordnung der islamischen Terminologie bedienten und zum Teil auf das Leben des Propheten Muhammad selbst zurückgriffen. So zitierte der gefügige Rasih Efendi, Abgeordneter von Antalya, eine Überlieferung, die davon spricht, dass der Prophet eine Weste *(caket!)* trug, die ihm der römische Kaiser gesandt habe.

Nach der Abstimmung am 25. Oktober 1925 wurde der Hutzwang mit Wirkung vom 28. November Gesetz. Nureddin Paşa hatte offensichtlich nur einen früheren Textentwurf vorliegen, als er seine Stimme erhob. Am Ende entging niemand der neuen Kleidervorschrift:

> Die Mitglieder der Großen Türkischen Nationalversammlung und die Beamten und Angestellten der allgemeinen und örtlichen Verwaltung und sämtlicher Institutionen sind verpflichtet, den von der türkischen Nation getragenen Hut zu tragen.
> Die allgemeine Kopfbedeckung des türkischen Volkes ist der Hut, die Regierung verbietet die Fortsetzung der dem zuwiderlaufenden Gewohnheit.

Die von Mustafa Kemal in den dürren zwanziger Jahren mit der Propagierung des Huts verbundene Werbung für den Kauf nationaler Produkte war nicht widerspruchsfrei, da der Staat seinen Bedienten großzügige Kredite für die neue Einkleidung gewähren musste. Die prokemalistische Zeitung *Cumhuriyet* fand dann auch Sündenböcke für überhöhte Preise bei «nicht-türkischen» (jüdischen, armenischen und griechischen) Einzelhändlern. Gleichzeitig behauptete sie, dass sich für die früheren Hersteller von Derwisch-Kappen ein wirtschaftlicher Ausweg als Hutmacher eröffnete. Religiöse Amtsträger durften im Dienst ihre turbanähnliche Kopfbedeckung beibehalten, ein Gesetz vom Dezember 1934 schränkte dann den Gebrauch von religiöser Kleidung für sämtliche Glaubensrichtungen auf Gotteshäuser und den Gottesdienst ein.

1926 fand sich der zu Beginn dieses Abschnitts vorgestellte Atıf Hoca vor Kel Alis (Çetinkaya) «Unabhängigkeitsgerichtshof» in Ankara. Er wurde, obwohl sein Buch *vor* der Verabschiedung des Hutgesetzes erschienen und verbreitet worden war, wegen Verstoßes gegen genau dieses Gesetz zum Tod durch den Strang verurteilt. Seine Anhänger flüsterten sich zu, dass die Henker dem Kopf des toten Hoca einen europäischen Hut übergestülpt hätten. Noch zehn Jahre nach Verabschiedung des Gesetzes wurden repressive Maßnahmen gegen Festräger ergriffen.

Auch wenn man sich auf dem Land und in den kleiner Städten, in denen mehr als 90 Prozent der Bevölkerung lebte, nur langsam an die neue Mode gewöhnte beziehungsweise die Schirmmütze *(kasket)* einem Krempenhut vorzog, war aus der Sicht der Kemalisten eine weitere Schlacht um die ethnisch-soziale Homogenisierung der Bevölkerung gewonnen. Europäer, die oft belustigt über groteske Erscheinungen berichteten, hatten eine besonders schmerzliche Wirkung des Hutes für Muslime übersehen. Er musste nicht nur getragen, sondern auch beim Betreten eines Raumes *abgenommen* werden.

Zum ersten Mal zeigten sich Männer in einem islamischen Land barhäuptig, wenn sie grüßten oder einen Raum betraten. Diese Folge des Hutgesetzes ist, obwohl es das Tragen des Hutes und nicht sein Ablegen regelte, vielleicht ebenso beachtlich. Die Vorbildwirkung von Mustafa Kemals Kopfbedeckungen war gewaltig und reichte über die türkische Bevölkerung hinaus. Als er den von seinen Reformen begeisterten afghanischen König Amanullah im Mai 1928 zu einer kleinen Kahnfahrt auf dem künstlichen, «Marmara» genannten See in Ankara einlud, trug auch der Gast aus Kabul einen Filzhut.

10. DAS NEUE RECHT UND DIE LAGE DER FRAUEN (1923–1935)

Die Reform des Rechts und des Gerichtswesens

Keine der bisher bekannten Quellen hat Hinweise auf die Einstellung des frühen Mustafa Kemal zum islamischen kanonischen Recht (Scheria) einerseits und zum europäischen Recht andererseits freigegeben. Von seinen Äußerungen in jener denkwürdigen Nacht am Ende des Erzurum-Kongresses (1919) kann man aber ableiten, dass seine Vorstellung von der Republik und von der vom Schleier befreiten Frau nicht ohne einen radikalen Umbau der Rechtsordnung denkbar war, welche die Gleichstellung der Geschlechter einbeziehen musste.

Am 1. Dezember 1921 hatte Mustafa Kemal in der *Meclis* unter Hinweis auf die ersten Reformanstrengungen von Sultan Mahmud II. (reg. 1808–1839) noch vor einer Nachahmung europäischer Gesetze gewarnt: «Gesetze können nicht durch Imitation geschaffen werden.» Notwendig seien «natürliche Gesetze». Mit einiger Wahrscheinlichkeit bezog sich der Redner auf Charles de Montesquieus Hauptwerk «Vom Geist der Gesetze» (*De l'esprit des lois*, 1748), in dem dieser forderte, die sozialen und politischen Institutionen ihrer Natur entsprechend einzurichten. Montesquieu war in der alten Türkei kein Unbekannter. Mustafa Kemal hatte ihn vielleicht durch die Vermittlung Celal Nuris (İleri, 1870–1939), eines der wichtigsten westlich ausgerichteten Intellektuellen seiner Zeit, gelesen. Celal Nuri resümierte die naturrechtlichen Vorstellungen Montesquieus in seiner während des Weltkriegs erschienenen «Zeitschrift für allgemeine Literatur» *(Edebiyat-ı Umumiye Mecmuası)*. Dazu passt, dass die von der Nationalversammlung in Auftrag gegebenen Kommissionsarbeiten an jungtürkische Reformtexte von 1916 anschlossen, in denen für jede große Religionsgruppe eigene Formen der Eheschließung vorgesehen waren.

Der Vertrag von Lausanne aber zwang die neue Türkei, die Schutzbestimmungen für nichtmuslimische Minderheiten so rasch wie möglich durch eine vollständige Europäisierung des Rechts- und Gerichtswesens überflüssig zu machen. Am 14. September 1924 begann in Istanbul eine 26-köpfige Juristenkommission unter dem Vorsitz des jungen, agilen Mahmud Esad zu tagen, der sein Jura-Studium im schweizerischen Fribourg abgeschlossen und zu den Mitgliedern des schon einmal erwähnten *Foyer Turc* gehört hatte. Nach dem Unabhängigkeitskrieg leitete er 1923 den Wirtschaftskongress in İzmir. Ein Jahr zuvor war ihm das Justizministerium angeboten worden, was er aber ablehnte, weil ihm unter der damaligen Regierung der Zeitpunkt für radikale Änderungen noch nicht gekommen schien.

«Im Leben ist die Wissenschaft der wahrste Führer»

Mustafa Kemal gewährte Mahmud Esad freie Hand bei der Leitung der Reformkommission. Die Literatur spricht zwar von «einer engen Zusammenarbeit» des Präsidenten mit seinem jungen Minister, ohne jedoch dafür Beweise zu liefern. Bald aber ließ sich die drängende Ungeduld des Vorsitzenden der Nationalversammlung aus Reden und Erklärungen ablesen, in denen er die alte und neue Rechtsordnung berührte.

Mustafa Kemal setzte bei seinen Kontakten mit der Bevölkerung wie so häufig auf junge Lehrer, deren Idealismus für ihn der wichtigste Nährboden für seine Ideen zum Umbau des Landes war. In Samsun, wo er vor mehr als fünf Jahren an Land gegangen war, wurde 1925 eine Teeeinladung an der dortigen Handelsschule arrangiert. Der hohe Gast bedankte sich bei den Lehrern, unter denen sich auch eine Dame befand, mit einer kurzen Ansprache, die sein ganzes positivistisches Credo enthielt. Er lobte das «aufgeklärte, mit Kenntnissen in Wissenschaft und Technik gezierte Kollegium», bevor er zu dozieren begann:

Auf der Welt bilden die Wissenschaft und die Technik in der Zivilisation, im Leben, für Erfolge (insgesamt) den einzig wahren Führer *(mürşid)*. Außerhalb von Wissenschaft und Technik einen Führer *(rehber)* zu suchen, ist eine Gedankenlosigkeit, eine Dummheit, ein Irrweg.

Später hat man diesen Satz, an dessen Ende sich drei arabische Wörter für Gedankenlosigkeit, Dummheit und Irrweg dramatisch steigernd reimen, auf die erstarrte Formel verkürzt: «Der einzig wahre Führer im Leben ist die Wissenschaft.» Manche sehen darin eine deutliche Absage an spirituelle Wegweiser, wie sie in den mystischen Bruderschaften verehrt werden. Dagegen spricht aber die eher neutrale Verwendung von *mürşid* und des hier gleichbedeutenden *rehber*. Jedenfalls steht das Wort «Im Leben ist die Wissenschaft der wahrste Führer» als republikanischer Leitsatz in großen Lettern über dem Gebäude der von Mustafa Kemal gegründeten Fakultät für Sprache, Geschichte und Geographie in Ankara.

Am Ende der Rede in Samsun wurde Mustafa Kemal konkreter. Er griff, wie auch sonst gern, zu einem Beispiel, um zu zeigen, wie wenig man auf die Weisheit der Ulema geben könne. Er habe sich bei zwei verschiedenen Islamgelehrten nach der Auslegung der 95. Koransure erkundigt, die den Namen «Feige und Olive» trägt. Der erste Hoca Efendi habe daraus ein Gesetz *(kanun)* abgeleitet, die Feige deute auf «Fülle oder Überfluss» hin, die Olive auf «Einheit»:

Will der Koranvers dies sagen? Ist es so? Ich werde mich dazu nicht äußern. Allerdings habe ich auf dieser Reise ganz zufällig einen anderen Hoca Efendi nach der Bedeutung gefragt. Er hat mir geantwortet, er müsse eine halbe Stunde darüber nachdenken. Was soll man zu jemandem sagen, der sein ganzes Leben mit der Wissenschaft verbracht hat, aber bei der Bitte versagt, *aus einem Buch* eine Zeile auf Türkisch zu erläutern? Deshalb, meine Herren, muss man den Hirnen der jungen Generation, die bereit sind, alles aufzunehmen und sich anzueignen, ohne sie zu ermüden, die Realitäten einprägen.

Die Wortwahl «aus einem Buch» für den heiligen Text des Islam war respektlos genug. Es ist auch fraglich, ob Mustafa Kemal wirklich an den Ergebnissen der jahrhundertealten Koranexegese interessiert war, die für diese rätselhafte Überschrift ganz verschiedene Deutungen vorgeschlagen hat, von denen die türkischen Hoca Efendis tatsächlich einige hätten kennen müssen. Vor den Lehrern in Samsun wollte er deutlich machen, dass man Menschen, die nicht einmal ihr eigenes Metier beherrschen, nicht die nächste Generation anvertrauen darf. Es kam ihm aber vor allem darauf an, den religiösen Spezialisten nicht nur den Zugriff auf die Schuljugend zu verwehren, sondern sie auch von der Schaffung der neuen Rechtsordnung auszuschließen. Das war nur möglich, wenn man ihr Monopol brach, ihre Texte überflüssig machte, ihre Gerichte aufhob und ihre Medresen und Mektebs zusperrte.

Eine Kaderschmiede für republikanische Juristen

Seine wichtigste Rede zum Thema Rechtsreform hielt Mustafa Kemal am 5. November 1925 bei der Einweihung des Gebäudes der Rechtsschule in Ankara:

Bei keinem Unternehmen habe ich ein solches Glücksgefühl empfunden wie bei der Eröffnung dieser großen Einrichtung, die eine Garantie [für das Fortbestehen] der Republik sein wird.

Dieser Satz ist zwar nicht so verbreitet worden wie das Diktum von Samsun, aber er steht immerhin auf einer Marmortafel an der Juristischen Fakultät der Universität Ankara, der Nachfolgerin der Rechtsschule. Der Präsident hatte Grund zur Genugtuung. Von Anfang an bot diese erste höhere Bildungseinrichtung in der neuen Hauptstadt 300 Studenten einen Ausbildungsplatz und war der krönende Abschluss der Rechtsreformen, mit denen sich Regierung und Parlament mehrere Jahre lang beschäftigt hatten. Die Istanbuler Fakultät entließ im Jahr 1925 nur zwei oder drei Dutzend Lizenziaten, von denen nur ein Bruchteil den Staatsdienst wählte. Der Bedarf an republikanischen Juristen war also enorm.

Schon 1921 hatte man eine Rechtsschule in Ankara geplant, aber die notwendigen Mittel nicht bereitstellen können. Mahmud Esad machte 1922 einen neuen Anlauf, indem er kühn versicherte, über ein Gebäude und das notwendige Lehrpersonal zu verfügen. Die ersten konkreten Schritte erfolgten ab 15. September 1925 in Arbeitsbesprechungen eines kleinen Gründungsausschusses im Zimmer des Justizministers. Die Anwesenheitsliste mit acht Namen liest sich wie ein Auszug aus dem Pantheon der frühen Republik. Neben Mahmud Esad waren die Namen von Yusuf Kemal, des Völkerrechtlers Cemil Bilsel (1879–1949), von Akçuraoğlu Yusuf und Ağaoğlu Ahmed die bekanntesten. Die beiden zuletzt Genannten waren prominente Russlandtürken, die wesentliche Beiträge zum intellektuellen Erscheinungsbild der neuen Türkei geleistet hatten.

In den Sitzungen waren Fragen des Lehrplans vorrangig. Ein Istanbuler Jurist, Şevket Mehmed Ali (Bilgişin), erhob erfolgreich Einspruch, als vorgeschlagen wurde, auch die sogenannte *Mecelle* zum Studienfach zu machen. Hier handelt es sich um die *Mecelle-i Ahkam-i Adliye* genannte «Sammlung von Rechtsvorschriften», in der die wichtigsten Regeln des islamischen vermögensrechtlichen Privatrechts nach der in der Türkei gültigen hanafitischen Lehre zusammengefasst sind. Noch heute wird darüber diskutiert, ob es sich bei den 1851 Artikeln eher um eine Kompilation oder eine Kodifizierung handelt. Jedenfalls ist sie die modernste systematische Teilsammlung des islamischen kanonischen Rechts. Şevket Mehmed Ali war ein Kenner des europäischen Rechts, er hatte 1923 in der Zeitschrift der Istanbuler Fakultät Artikel über das Zivilrecht in mehreren europäischen Staaten publiziert und gehörte zu den fortschrittlichen Juristen, deren Namen heute in Vergessenheit geraten sind.

Lange gab es in Ankara keinen geeigneten Hörsaal, so dass die Hauptvorlesungen ins Parlament verlegt wurden, wo an Vormittagen keine Sitzungen stattfanden. Man wusste auch, dass die zukünftigen Richter ohne einen kostenfreien Internatsbetrieb fernbleiben würden. Die Regierung konnte aber nur provisorische Schlafräume anbieten, gab Matratzen und Bettdecken aus und zahlte jedem Studenten ein Kostgeld von 50 Kuruş.

Bei der Einweihung des endlich fertig gestellten Hauses wurde Mustafa Kemal zum Ehrenpräsidenten der Anstalt ernannt. Für İsmet (İnönü) fiel noch eine Honorarprofessur für Türkische Rechtsgeschichte ab, nicht unverdient, hatte er doch in Lausanne den Weg zum Einheitsrecht für alle Staatsbürger gebahnt. In seiner Begrüßungsansprache sagte Mustafa Kemal, dass die «neuen rechtlichen» Grundlagen das Fundament für das gesellschaftliche Leben darstellten, und fuhr mit der rhetorischen Frage fort:

> Was ist die türkische Revolution? *(Türk inkılabı nedir?)* Diese Revolution hat einen weiteren, veränderten Inhalt. Sie bedeutet etwas anderes als das Wort «Aufstand» *(ihtilal)*, auf das von Anfang an angespielt wurde. Unsere heutige Staatsform hat, nachdem sie die seit Jahrhunderten überkommenen alten Staatsformen aus dem Weg geräumt hat, die fortgeschrittenste Form erreicht.

Anstelle von Religion und Konfession, die seit Jahrhunderten das gemeinsame Band zwischen den einzelnen Menschen darstellten, um das Fortbestehen ihrer Religionsgruppe *(millet)* zu sichern, habe nun das Band des türkischen Nationalbewusstseins *(milliyet)* die Individuen zusammengeführt. Auf die Rechtsreform eingehend, warf er indirekt und direkt dem «alten Recht», unter Vermeidung des Worts «Scheria», Unbeweglichkeit vor. Es sei doch eine natürliche und zwingende Erfordernis, dass sämtliche Gesetze einem ständigen Wandel und einer ständigen Vervollkommnung unterworfen sind. Die Türken hätten ihren Kampf um Befreiung und Aufstieg wie andere Nationen eifrig geführt, doch hätten sie sich nicht von einem blinden Eifer verleiten lassen. Nun komme es darauf an, zur Sicherung des Erreichten neue rechtliche Grundlagen zu schaffen und neue Rechtskenner heranzuziehen. Es sei heute eine unbezweifelbare Tatsache, dass in der republikanischen Türkei an Stelle der alten Lebensregeln, an Stelle des alten Rechts neue Lebensregeln und ein neues Recht entstanden sind. Sich erneut an die Professoren wendend, wies er sie an: «Diese vollendete Tatsache wird in Ihren Büchern und in unseren anzuwendenden Gesetzen zum Ausdruck kommen und erläutert werden.»

In seiner Rede verwendete er drei Beispiele, um das Versagen, ja die Niedertracht der «alten» Rechtsgelehrten zu illustrieren. Das erste berührte einen äußerst wunden Punkt der türkischen Kulturgeschichte, nämlich die sehr späte, erst nach 1728 erfolgte und dann nur stockend in Gang gekommene Einführung des Buchdrucks.

Versetzen Sie sich in das Jahr 1453 (...) Die Macht, die Istanbul für alle Zeiten für die türkische Gemeinschaft gegen eine Welt von Feinden erobert hat, war nicht in der Lage, die etwa zur gleichen Zeit erfundene Druckerei gegen den niederträchtigen Widerstand der Juristen für die Türkei zu gewinnen. Da das alte Recht und seine Befürworter die Einfuhr der Druckerei in unser Land nicht erlaubten, ergab sich eine Zwangslage über dreihundert Jahre, in der sehr viel Energie auf die Beobachtung (der Entwicklung) und das Zögern beim Für und Wider aufgebracht wurde.

Leider habe es sich nicht um einen Einzelfall in einer weit zurückliegenden Vergangenheit gehandelt:

Glauben Sie bloß nicht, dass ich (als Beispiel nur) eine Epoche des alten Rechts, die weit entfernt und sehr alt ist und in der die Kräfte der Erneuerung abwesend sind, ausgesucht habe. Wenn ich von den Schwierigkeiten, die das alte Recht und seine Anhänger in unserer neuen revolutionären Epoche mir selbst bereitet haben, Beispiele brächte, würde ich Gefahr laufen, Sie über Gebühr zu belästigen. Als ich in der Großen Versammlung den Gesetzesvorschlag einbringen ließ, der zum Ausdruck bringt, dass die Souveränität ohne Bedingung der Nation zukommt, befanden sich an der Spitze derjenigen, die wegen des Gegensatzes zu den osmanischen Prinzipien Einspruch erhoben, prominente Vertreter des alten Rechts, die mit ihrer wissenschaftlichen Exzellenz die Nation täuschten.

Der Redner schloss mit der Ankündigung:

Wir gehen daran, völlig neue Gesetze zustandezubringen und die alten juristischen Grundlagen mit Stumpf und Stil auszurotten. Wir eröffnen diese juristische Institution, um eine neue Rechtsgeneration zu erziehen, die das Studium der Grundlagen des Rechts mit dem kleinen Einmaleins beginnt.

Und sich direkt an Studenten wendend: «Ihr werdet die wahren Rechtsgelehrten *(ulema-i hukuk)* des republikanischen Zeitalters sein.»

«Profesör» statt «Müderris»

Es wurde deutlich, dass die Ankara-Schule als wichtigste Kaderschmiede der neuen Republik dienen sollte. Mustafa Kemal setzte nicht auf die alte Juristengeneration, selbst wenn sie ihre Ausbildung in

Europa erfahren haben sollte. Die Ankara-Schule erfüllte ihren Auftrag als revolutionäre Institution. Von Istanbul grenzte man sich so weit wie möglich ab, indem man auf Antrag von Akçuraoğlu Yusuf statt des dort noch verwendeten Titels *Müderris* für einen Hochschullehrer wegen des Beigeschmacks von *Medrese* zum ersten Mal in der neuen Türkei das Wort *Profesör* verwendete.

Der Schulleiter und Minister Mahmud Esad gilt gemeinhin als der Motor der Übernahme des Schweizer Zivilrechts in der Türkei. Man muss sich freilich nicht wundern, dass er selbst den Gazi als die eigentliche Inspirationsquelle seiner Leistung nannte. Als die Studenten der Istanbuler Rechtsfakultät 1926 ein Schreiben an Mahmud Esad richteten, in dem sie für die eingeleiteten Reform dankten, stellte dieser in der Antwort seine Person völlig in den Hintergrund:

> Wenn man in den Gesetzen der Republik Erfolge und Schönheiten sieht, so verdanken wir sie nicht meiner Person, sondern unmittelbar Seiner Exzellenz, dem großen Führer *(lider)* der Türkischen Revolution *(ihtilal)* Gazi Mustafa Kemal Paşa. Es sind die reichen materiellen und immateriellen Geschenke und Eingebungen, die ich von dem großen Führer erhielt, die mich diese Gesetze vorbereiten ließen.

Dem mag so gewesen sein, es steht aber auch fest, dass nur realitätsblinde Gefolgsleute Atatürks behaupteten, die Einführung des europäischen Rechts gehe allein auf die «Eingebung» durch den großen Führer zurück. Dass hier das vom *lider* verpönte Wort *ihtilal* hereingeschlüpft ist, sei nur am Rande vermerkt. Mustafa Kemal verhielt sich bei der Modernisierung des osmanischen Rechts ja zunächst eher zögerlich. Wollte er zumindest nach außen hin eine Zeitlang den noch gültigen Rechtstexten in reformierter und umstrukturierter Form eine Chance bieten oder war er auf der Suche nach einem «Naturrecht»? Die Forderungen der alliierten Verhandlungspartner in Lausanne haben dann die Einführung des europäischen Rechts, wie dargelegt, beschleunigt, aber nicht – wie man häufig lesen kann – angestoßen.

Die osmanische Türkei hatte an vielen Stellen Kontakt mit europäischen Rechtsgebieten. Ab 1840 wurde eine ganze Anzahl von Gesetzbüchern, vor allem französischen Ursprungs, ins Osmanische übertragen und auch angewendet. Beispiele sind das Handelsgesetzbuch von 1850 und das Zivilprozessgesetzbuch von 1879. Im Jahr 1867 schlug der Großwesir Ali Paşa vor, für Prozesse mit Beteiligten unterschiedlicher Religionen den französischen *Code Civil* einzuführen. In jungtürkischer Zeit nahm das Interesse an europäischen Gesetzen zu. Während des

Weltkriegs unterrichteten an der Istanbuler Universität zwei deutsche Juristen unter anderem «Europäisches bürgerliches Recht». Die Zeitschrift der juristischen Fakultät veröffentlichte ab 1914 Übersetzungen des deutschen Bürgerlichen Gesetzbuches, des schweizerischen Zivilgesetzbuchs und eines französischen Werks über den *Code Civil.* 1917 erließ die Regierung schon ein Familiengesetzbuch, das die Besonderheiten der islamischen, christlichen und jüdischen Religionsgemeinschaften berücksichtigte.

Schweizer Zivilrecht und italienisches Strafrecht

Weniger als ein halbes Jahr nach der Eröffnung der Rechtsschule, am 17. Februar 1926, brachte Mahmud Esad das Schweizer Zivilgesetzbuch in türkischer Übersetzung als Einzelgesetz in die Versammlung ein. In seiner Begründung hieß es:

Nach meiner Auffassung bietet die türkische Frau in der türkischen Geschichte das betrüblichste Bild. Die familien- und erbrechtlichen Bestimmungen zu diesem Gesetz werden der türkischen Mutter, welche bisher nach Belieben am Arm gefasst und wie eine Gefangene hin- und hergeschoben wurde, die aber seit jeher eine Dame geblieben ist, den verdienten Ehrenplatz geben. Man darf nicht vergessen, dass dieses Gesetz die türkische Gemeinschaft auf diese Weise kräftigen wird. Kollegen, in dem Moment, in dem Sie das Zivilgesetzbuch billigen und bestätigen, werden Sie der Revolution der türkischen Geschichte und dem türkischen Dasein eine neue Richtung geben. Wenn Sie Ihre Hände zur Annahme des Gesetzes erheben, werden die vergangenen 13 [islamischen] Jahrhunderte zu Ende gehen, und die türkische Gemeinschaft wird sich einem neuen und fortschrittlichen, zivilisierten Dasein öffnen. Die Revolution und die sie vertretende türkische Nation erwarten diesen historischen Beschluss. Ihr Justizministerium ist aufrichtig überzeugt, dass es bei der Erarbeitung des Zivilgesetzbuches die Interessen der türkischen Nation vor der Geschichte und der Revolution zum Ausdruck gebracht hat.

Der Berichterstatter der Justiz-Kommission Şükrü Kaya Bey, Abgeordneter von Menteşe/Muğla, ein in der Schweiz und in Paris ausgebildeter Jurist, der später als Innenminister die Familiennamengesetzgebung durchboxte, erklärte:

Die Vorlage dieses Entwurfs zu einem Zivilgesetzbuch an diese Ihre hohe Ratsversammlung fällt mit dem Zusammenbruch des Kalifats, der Abschaffung des Sultanats und der Verkündigung der Republik zusammen. Die Kommission ist der Überzeugung, dass dieses Gesetz ein Gesetz ist, das dem türkischen Charakter und den türkischen Bedürfnissen am ehesten würdig ist. Dieses Gesetz wurde unmittelbar und buchstäblich aus dem Recht der Schweiz übernommen. (...) Es bestand die Möglichkeit, eine Redaktion aus den rechtlichen Grundsätzen der verschiedensten Nationen zusammenzustellen. Dies ist aber von dem Standpunkt einer vollkommenen Lösung aus mehrfach bedenklich: Zunächst können sich zwischen den Paragraphen und den Bestimmungen Widersprüche ergeben. Es gibt auch Argumente für ein völlig neues und zeitgenössisches Gesetz. Das hätte aber sehr viel Zeit erfordert.

Meine Herren! Wir sind eine Nation, die ihre Fehler mit vollständiger Kühnheit bekennt. Wenn unser Militärwesen und unsere Medizin von westlichen Methoden profitierten, warum soll dann unser Rechtswesen nicht aus westlichen Methoden Nutzen ziehen? (...) Denn das Schweizer Zivilgesetzbuch vereinigt alle Grundsätze. (...) Es stärkt die Familie, es unterstützt die Tugend, es beschützt die Waisen und Kinder.

Die Väter des Zivilgesetzbuches haben die aus dem christlichen Europa übernommene Erschwerung der Ehescheidung für eines der stärksten Argumente bei seiner Einführung gehalten. Mahmut Esad ging sogar so weit, die Vorschrift, dass Ehescheidung nur unter bestimmten Voraussetzungen zulässig sei, als die Hauptsäule des neuen Gesetzbuchs zu bezeichnen. «An dem Tag, an dem sie einstürzt, stürzt das Ganze ein und damit – nach meiner Ansicht – auch die Familie.»

Es ist ein bloßes Gedankenspiel, wenn man sich vorstellt, der Staatschef hätte etwa ein Jahr später nicht mehr die *alaturka*-Scheidung (wie Latifes Schwester sich ausdrückte) beziehungsweise Verstoßung in beiderseitigem Einverständnis vollzogen, weil das neue Zivilgesetzbuch, das damals noch im Übersetzungsstadium war, schon mit seinen Erschwernissen gegriffen hätte ...

Die Übernahme dieses Gesetzbuches ohne Rücksicht auf schweizerische Besonderheiten, die mit der Kantonsverfassung des Landes zusammenhängen, und manche Ungenauigkeiten und Unstimmigkeiten bei der Übersetzungsarbeit war ein ebenso kühner Reformschritt wie die Gründung einer Schule ohne Hörsaal und Büroräume. Schlagartig war in einem islamischen Land die Gleichstellung von Frauen mit Männern (mit allen in der Schweiz noch geltenden Abweichungen) und von Muslimen mit Nichtmuslimen gelungen.

Im Gegensatz zum Zivilrecht hatte das Strafrecht schon im 19. Jahrhundert eine Kodifizierung erhalten, die freilich viel zu lückenhaft für eine moderne Justiz war. Mahmud Esad gestand vor der Versammlung ein, dass die Artikel des italienischen Kodex sehr «hart» seien, man aber für die Durchsetzung der Revolution keine andere Wahl habe:

Wer unser Land liebt, wer zu uns gehört, wer der türkischen Revolution alles Gute wünscht, alle ehrenwerten Leute werden in diesem Strafgesetz einen Zufluchtsort finden. Für Leute mit Ehre ist es ein Dokument, das ihnen Immunität gewährt!

Der Aufbau eines Rechts- und Gerichtswesens gelang dann im Übrigen nicht ganz ohne Beteiligung der «alten Juristen». Gute Kenntnisse in der vertrackten osmanischen Rechtssprache waren für das Studium aller Urkunden und Akten, die vor der Schriftreform (1928) verfasst worden waren, unerlässlich. Aus manchen stock-konservativen Ulema-Familien gingen kemalistisch korrekte Juristen hervor.

Eine nachzutragende Besonderheit der Rechtsschule war, dass von Anfang an auch gestandene Politiker neben den Studenten im Hörsaal saßen, wie zum Beispiel Adnan Menderes (1899–1961), der Ministerpräsident der Jahre 1950–1960. Der aus Ankara stammende Politiker Hıfzı Oğuz Bekata hinterließ eine Anekdote, die schlagartig die Existenz zweier Rechtsordnungen, die in der Türkei der zwanziger Jahre nebeneinander bestanden, sichtbar macht. Als er seinen Banknachbarn Ali Saib (Ursavaş) fragte: «Mein Herr, in welchen Fächern wollen Sie am Ende des Studienjahrs geprüft werden?», antwortete dieser: «Mein Sohn, ich habe es mir überlegt, ich werde mich überhaupt keiner Prüfung unterziehen, denn ich war Präsident des Unabhängigkeitsgerichts in den Ostprovinzen. Ich habe viele Leute verurteilt und Beschlüsse über Hinrichtungen gefasst. Wenn ich jetzt in eine Prüfung gehe und durchfalle, was werden die Leute dann sagen?»

In Mustafa Kemals Türkei bestand auch nach Einführung der Verfassung von 1924 keine wirkliche Gewaltenteilung. Das Regime der Unabhängigkeitsgerichte kam ohne Strafgesetz und Prozessordnung aus. Der neue Status der Frau im Ehe- und Erbrecht blieb in weiten Teilen des Landes ein toter Buchstabe.

Am 12. Juni 1933 veranlasste der große Führer eine Änderung des zum Heiligen Text hochgejubelten Zivilgesetzbuchs, um unter Umgehung der pflichtteilsberechtigten Erben uneingeschränkt über sein Vermögen beziehungsweise seinen Nachlass verfügen zu können. Kurz zuvor hatte er erklärt, sein gesamtes Vermögen der Volkspartei zu vermachen, nachdem er schon am 19. Oktober 1927 mitgeteilt hatte, dass diese seinen Grundbesitz erhalten sollte. Diese *Lex Atatürk* (Gesetz Nr. 2307) sollte sich kurz vor seinem Tode als nützlich erweisen. *Quod licet Iovi …*

Zu diesem Zeitpunkt war der Gazi schon mehr als zwei Jahre von Latife getrennt. Trotzdem macht es Sinn, sein kurzes Eheleben im Zusammenhang mit den Rechtsreformen, die zur Gleichstellung der türkischen Frauen führten, zu skizzieren.

Eine Blitzheirat

Die Umstände, unter denen der siegreiche Pascha seine zukünftige Frau wenige Tage nach dem «Großen Angriff» im Hause ihres Vaters in İzmir kennenlernte, grenzten an Kitsch, der freilich bei näherer Betrachtung seine romantische Seite, die in der Auslandspresse hervorgehoben wurde, verliert. Die damals 23-jährige Latife (1899–1975) wäre auch unter «normalen» Gegebenheiten eine der besten Partien des westlichen Anatolien gewesen. Die Autorin Halide Edib (Adıvar), die nach der Befreiung İzmirs bei einem Abendessen auf Latife traf, beschrieb sie mit scharfem weiblichen Blick, aber nicht ohne Sympathie:

Eine sehr kleine Dame in Schwarz (…) empfing uns. Obwohl es hieß, sie sei erst vierundzwanzig, wirkte sie durch ihre ruhige Art und ihre Reife viel älter. Ihre formvollendete Begrüßung besaß Würde und die Anziehungskraft der Altvorderen. Sie trug ihr Haar in ein schwarzes Tuch eingebunden, und dieser dunkle Rahmen ließ ihr Gesicht, das wie ihre Figur etwas dicklich war, vorteilhaft hervortreten. Ihre harten, schmalen und wenig weiblichen Lippen verrieten ungewöhnliche Kraft und Willensstärke, und ihre schönen, ernsten und strahlenden Augen waren von Intelligenz beherrscht.

Auch das Bild, das Männer von Latifes Äußerem zeichneten, bestätigt, dass sich ihre Schönheit dem Liebhaber kleiner, kompakter Frauen (sie reichte dem Gazi nur bis unter die Schulter) auf den ersten, anderen eher auf den zweiten Blick erschloss. Dazu passten feste Hände, denen man nicht unbedingt ansah, dass sie sehr ordentlich Klavier spielte.

In den letzten Jahren des Weltkriegs hatte sie bei der Liszt-Schülerin Anna Grosser-Rilke (1853–1937), die sich in Istanbul als Leiterin eines Korrespondenzbüros durchschlug, Stunden genommen. In ihren Erinnerungen an die damals 19-Jährige nimmt sie als ihre «talentvollste und durch ihr ganzes Wesen interessanteste Schülerin» einen besonderen Platz ein:

Ich forderte sie auf, mir etwas vorzuspielen, und mein Erstaunen wuchs, als sie mit dem herrlichen Adagio aus der Mondscheinsonate von Beethoven begann. Ihr Vortrag und das Verständnis waren verblüffend (…). Sie sprach ein fehlerloses Deutsch und war eine begeisterte Verehrerin unserer großen Dichter; den ersten Teil des Faust rezitierte das außergewöhnlich begabte Menschenkind auswendig. Besonders erinnere ich mich noch, wie schön und klar Latifé Bachsche Fugen spielte.

Als sie später in Ankara eine Romanze von Tschaikowsky vortrug, war der sowjetische Botschafter Aralov verzaubert. Man war sich einig, und dem schloss sich auch Frau Zübeyde an, dass sie in Wirklichkeit hübscher war als auf den wenigen Photographien, die von der jungen Frau kursierten.

Ihr Vater Muammer (1876–1951) war Geschäftsmann in der dritten Generation einer Familie, die mit dem Handel von Agrarprodukten und Teppichen aus dem reichen Hinterland İzmirs zu großem Wohlstand gekommen war. Den Unionisten nahe stehend, hatte er 1909 kurze Zeit als Bürgermeister von İzmir gedient. Er sorgte sich um die Ausbildung seiner Söhne und Töchter. Nach der griechischen Besetzung (1919) ging er nach Frankreich, Latife wurde ins englische Kent geschickt, wo sie an einem Mädcheninternat *(Chisleshurst Tudor Hall School)* zusätzlich zu den in ihren Kreisen üblichen drei oder vier weiteren Fremdsprachen ganz vorzügliche Englischkenntnisse erwarb. Da die Familie auch in Paris eine Wohnung hatte, legte ihr der Vater ein Rechtsstudium an der Sorbonne nahe, das sie zumindest begonnen haben soll. Als Muammer Bey Latife verheiratete, war sein Vermögen allerdings zum größten Teil zusammengeschmolzen.

Jedenfalls befand sich Latife 1922 in İzmir, als vor der brennenden Kulisse der nichtmuslimischen Viertel Mustafa Kemal und sein Gefolge die «Weiße Villa», das Haus ihres Vaters im südlichen Stadtteil Göztepe, als Hauptquartier bezogen. Die Familie hatte noch ein zweites bequemes Haus im gegenüberliegenden Villenvorort Karşıyaka, in das sich Latife nur ganz vorübergehend zurückzog, um dann von einer Dependance der Weißen Villa aus das von den Offizieren erzeugte Durcheinander einigermaßen zu steuern. Ali Fuad (Cebesoy) scherzte über die durchsetzungsstarke «Frau Kommandantin des Hauptquartiers». Es waren zahllose Besucher aufzunehmen, die Mustafa Kemal in der im Land üblichen Weise nicht nacheinander, sondern gleichzeitig empfing.

Latife himmelte den siegreichen und gut aussehenden Pascha an und versuchte, ihm unter allen möglichen Vorwänden dienstbar zu sein. Wie beeindruckt er seinerseits von der westlichen Bildung Latifes war, wurde oft hervorgehoben. İpek Çalışlar, ihre jüngste Biographin, beschreibt nachvollziehbar die kältere Gefühlswelt des Paschas, der fand,

dass ihm eine solche Lebensgefährtin, «auf die er wie durch einen Lotte-
riegewinn gestoßen war», bei den Aufgaben, die er vorhatte, behilflich
sein könnte.

Immerhin war die Zuneigung zu Latife so sichtbar, dass sein alter
Freund und Adjutant Salih (Bozok) geradezu eifersüchtig auf Mustafa
Kemal wurde. Salih sollte dann die schwierige Aufgabe eines Vermittlers
zwischen dem Pascha und der jungen Frau spielen, hatte er doch, woran
ihn Latife in einem Brief vom 29. Juli 1923 erinnerte, ihrem Vater versprochen, seine Rolle während der Abwesenheit Muammers in Europa
zu übernehmen.

Vor einer von Latife herbeigesehnten Verlobung waren mindestens
drei Hindernisse aufgebaut: Erstens musste der Pascha seine eigenen
Grundsatzbeschlüsse gegen eine Eheschließung über Bord werfen. Dann
galt es den Widerstand des in Frankreich weilenden Muammer Bey zu
überwinden. Und last not least: In Çankaya schaltete und waltete Fikriye, die schon erwähnte Nichte von Mustafa Kemals Stiefvater. Fikriye
war wohl ein oder zwei Jahre älter als Latife und ihr als Typus nicht un-
ähnlich. Soll man hinzufügen, dass seine Mutter, die inzwischen in Çankaya bei Fikriye lebte, der geplanten Verbindung mit der jungen Dame
aus einem verwestlichten Haushalt distanziert gegenüberstand?

Aus der Sicht seiner Kameraden, die fast alle in jungen Jahren geheiratet hatten, barg eine Verehelichung Mustafa Kemals die Chance, ihn von
seinem Alkoholkonsum ab- und ihm eine regelmäßige Lebensweise beizubringen. İsmets Pragmatismus sah in Latife eine brauchbare Assisten-
tin bei der Gestaltung der Außenbeziehungen der Nachkriegstürkei. Allein Fethi sagte schon jetzt voraus, dass sich der Pascha auch nicht von
einer willensstarken Ehefrau von seinen Gewohnheiten abbringen lassen
würde.

In den Tagen, in denen Latife ein vages Verlobungsversprechen in die
Tat umgesetzt sehen wollte, hielt sich der Kandidat in Bursa auf. Fikriye
gelang, was Mustafa Kemal Latife erfolgreich verweigerte: der Zugang
zu ihm. Dazu trug freilich auch die Tatsache bei, dass sie sich, an Tuber-
kulose erkrankt, auf dem Weg in einen Schweizer Kurort befand. Nach
İzmir zurückgekehrt, bot Mustafa Kemal Latife die Eheschließung in
einer seltsam überstürzten Form an, die vielleicht damit zu tun hatte,
dass er sobald wie möglich während der krisenhaften Entwicklung der
Friedensverhandlungen von Lausanne wieder vollständige Handlungs-
freiheit gewinnen wollte. An Stelle des weiterhin abwesenden Muammer
Bey suchte Fevzi (Çakmak) begleitet von Salih einen Großonkel Latifes

auf, von dem sie als Senior der Familie die Zustimmung zur Heirat der Nichte einholten. Am 4. Januar verkündete der Gazi in Ankara bei einem Empfang in der Vertretung Aserbaidschans beiläufig seine bevorstehende Heirat, worauf der Gesandte Bakus die Frage stellte: «Wer ist die Glückliche, die das Herz des Eroberers von İzmir eroberte?»

Die Heirat selbst erfolgte am 29. Januar – für die meisten Beteiligten etwas überraschend – am Rande einer Einladung zum Tee in Muammers Haus. Noch galt der osmanische «Ritus» unter Beisein eines Kadis. Diese Form der Eheschließung, welche die klassische Scheria weder kennt noch vorschreibt, war bei den Türken seit einigen Jahrhunderten üblich und sollte erst durch die Einführung des Zivilgesetzbuches fallen. Der einfache Rahmen des Ganzen ersparte dem Schwiegervater ein kleines Vermögen und passte auch besser vor den Hintergrund eines ruinierten Anatolien.

Die *Anatolische Agentur* fasste noch am selben Tag den Vorgang zusammen:

Die Eheschließung seiner Exzellenz des Oberkommandierenden Gazi Mustafa Kemal Paşa mit der Gnädigen Frau Latife Uşaki-Zâde wurde heute um 5 Uhr in Göztepe nach den Geboten der Sunna (des Propheten) vollzogen. Das Zeremoniell der Eheschließung war außerordentlich schlicht. Zugegen waren die Exzellenzen und Paschas Marschall Fevzi (Çakmak) und Kâzım Karabekir als Zeugen seiner Exzellenz des Oberkommandierenden Paschas, der Gouverneur Abdülhalik Bey (Renda) und der Erste Adjutant Salih (Bozok) als Zeugen der Gnädigen Frau Latife. Seine Exzellenz der Pascha und die Gnädige Frau Latife saßen um einen Tisch mit Zeugen und Gästen. Seine Exzellenz der Pascha sprach den Kadi mit folgenden Worten an: «Verehrter Efendi, wir haben uns entschlossen, die Ehe mit Frau Latife einzugehen. Wollen Sie bitte die notwendige Prozedur vollziehen.» Daraufhin wandte sich der Kadi Efendi an Frau Latife: «Akzeptieren Sie die Eheschließung mit der hier anwesenden Exzellenz, dem Oberkommandierenden Gazi Mustafa Kemal Paşa, bei Zahlung von zehn Dirhem (eine Silbermünze) *mihrimüeccel* und einer zwischen Ihnen zu vereinbarenden *mihrimuaccel*?» Frau Latife antwortete: «Ich akzeptiere es.»

Die Zahlung eines «Heiratsgutes» erfolgte einmal in Raten nach der Eheschließung und konnte bei einer Scheidung wieder eingeklagt werden *(mihrimüeccel)*. Hingegen war der *mihrimuaccel* eine sofort fällige Mitgift. Nachdem der Kadi dieselbe Frage an den Pascha gerichtet hatte, war die Prozedur abgeschlossen, und die frisch Getrauten nahmen die Glückwünsche der Anwesenden entgegen. Die traditionelle Eheschließung barg einen von den Beteiligten noch gar nicht erkannten Vorteil: So rasch die Ehe eingegangen war, so rasch konnte sie auch wieder aufgelöst werden.

Latife, die Gattin Mustafa Kemals, begleitete ihn auf zahlreichen Reisen und vermittelte der Bevölkerung das Bild einer modernen türkischen Frau.

Für einen späteren Kommentator (Lord Kinross) hat Mustafa Kemal «sowohl aus soziologischen als auch aus persönlichen Gründen» geheiratet, denn «wie konnte er das Volk davon überzeugen, dass man die Frauen entschleiern solle, wenn er selbst keine Gattin hatte, der er den Schleier abnehmen konnte?» Sehr überzeugend ist diese Deutung nicht, wenn man sein Eintreten für die neue weibliche Kleiderordnung *nach* der Scheidung betrachtet, wovon weiter unten die Rede sein muss.

Die protokollarisch korrekte Anrede für die Gattin des Präsidenten stellte ein kleines Problem dar. Die ausländischen Zeitungen schrieben von «Mme. Kemal», wenn sie von Latife Hanım berichteten. Anna Grosser-Rilke bezeichnet ihre Schülerin als «Latifé Mohamet», vermutlich in Folge einer Gedächtnislücke. Jedenfalls machte sie deutlich, dass Latife vor ihrer Verbindung mit Mustafa Kemal den Eigennamen ihres Vaters quasi als Familienname führte. Wir wissen, dass Latife ihren Mann mit «Kemal» anredete, was für heutige Leser nicht sehr aufregend klingt, aber für Mitglieder der spätosmanischen Oberschicht ein Bruch mit den Usancen war. Die Gesellschaft erwartete Anreden wie «mein Herr» *(Beyim)* oder «mein Pascha» *(Paşam).*

Der Prozess der Zivilisation

Am 12. März begab sich das Ehepaar nach einem ersten Ausflug in den Raum Balıkesir um Edremit zum zweiten Mal auf eine längere Reise. Ob man von Hochzeitsreise sprechen kann, ist angesichts der Truppenbesichtigungen, die der Pascha in Anatolien vornahm, und des Propagandacharakters dieses Unternehmens Geschmackssache.

Der zweiwöchige «Honigmond» schien zunächst über Adana, weitere Stationen waren Städte wie Konya und Kütahya. İsmail Habib (Sevük, 1882–1954), der einzige in dem kleinen Gefolge zugelassene Journalist, notierte: «Der *Şef* wird zum ersten Mal seine Gattin auf dieser Reise ohne Gesichtsschleier der Nation zeigen. Das ist nicht nur eine Honigmond-Reise, das ist eine Reise im Dienst der Revolution und der Instruktion.» Symbole von «Revolution und Instruktion» waren auf dieser Reise die Kleidungsstücke der Gattin, ein langes «Schneiderkostüm» *(tayyör)*, um den Kopf ein leichter, mehrfarbiger Schal *(yemeni)*. In Adana und Tarsus trug sie Reitstiefel zu engen Hosen. Das erregte so großes Aufsehen, dass *Associated Press* am 14. März aus Ankara darüber berichtete und die *New York Times* eine Meldung machte.

In Konya bot die Teeeinladung einer Frauengruppe des Roten Halbmonds dem Gazi ein Forum für ausführliche Darlegungen zum Thema Frau in der neuen Türkei. Er leitete sie mit der plastischen Beschreibung ihrer Leistungen in den vorausgegangenen Kriegen ein: «Sie haben, ohne auf Regen, Winterkälte und Sommerhitze zu achten, die kleinen Kinder im Schoß, auf ihren Rücken und mit ihren *Kağnıs* den Kriegsbedarf an die Front geschleppt.» Freilich kämen die Feinde auf Grund oberflächlicher Eindrücke zu dem Schluss, dass die Türkei kein zivilisiertes Land sei. Dafür seien insbesondere die Kleidung und die Verschleierung der Frauen verantwortlich.

Die Art der Bekleidung und Verschleierung unserer städtischen Frauen erscheint in zwei Formen, entweder in einem Extrem oder im anderen, das heißt, entweder in einem nach außen, man weiß nicht was es ist, sehr abgeschlossenen, sehr dunklen Gewand oder in einem Kleid, das selbst auf den freizügigsten Bällen Europas als Ausgehkostüm nicht gewagt werden würde. Beides ist jenseits der Empfehlung des kanonischen Rechts *(şeriat)* und der Gebote der Religion. Diese Formen (von Kleidung) stellen keine Erfordernis der Religion dar, sie sind ihr entgegengesetzt. Die von unserer Religion empfohlene Bedeckung entspricht sowohl dem (Alltags-)-Leben als auch den guten Sitten.

Kurz: Die islamische Bedeckung hindere die Frauen nicht, am gesellschaftlichen, wirtschaftlichen und wissenschaftlichen Leben teilzunehmen und
zum Unterhalt beizutragen. Das Extrem einer Imitation europäischer
Frauen sei zu vermeiden, jede Nation habe ihre eigenen Traditionen, eigenen Sitten und Gebräuche, ihre eigenen nationalen Besonderheiten.

Mustafa Kemals Ansprachen drangen an die größere türkische und
internationale Öffentlichkeit, indem sie zumeist vollständig in seinem
Hausblatt, der «Nationalen Souveränität» *(Hakimiyet-i Milliye)* in Ankara, wiedergegeben wurden oder über ein monatliches Bulletin der Regierung Verbreitung fanden. Zweieinhalb Jahre später waren alle Rück-
sichten auf ein religiös sensibles Publikum gefallen. Bemerkenswert ist,
was dem frisch geschiedenen Mann in İnebolu (28. August 1925) zum
Thema «Familie» einfiel:

Meine Herren, der Ursprung des Gesellschaftslebens, sein eigentliches Band ist das
Familienleben. Es bedarf keiner Erläuterung zum Thema Familie, sie besteht aus
Frau und Mann. (…) Während meiner Reisen habe ich, nicht (so sehr) in Dörfern,
aber besonders in den kleineren und größeren Städten, beobachtet, dass unsere
Freundinnen ihre Gesichter und Augen sehr dicht und mit Sorgfalt bedecken. Insbesondere in unserer heißen Jahreszeit glaube ich, dass dies Qualen und Beschwerden auslöst.
Freunde, das ist auch ein wenig die Folge unserer Selbstsucht. Es ist eine Notwendigkeit, tugendhaft und vorsichtig zu sein. Aber, sehr verehrte Freunde, auch die
Frauen sind wie wir mit Verstand begabte und nachdenkliche Menschen. (…) Sie
sollen ihre Gesichter der Welt zeigen und mit ihren Augen die Welt aufmerksam
betrachten. Dabei ist nichts zu befürchten.

Nebenbei holte Mustafa Kemal in Bezug auf die herkömmlichen Sitten
das gerne von Reformern verwendete Argument der fehlenden Hygiene
hervor. Am Ende lieferte er eine genaue Vorstellung von seinem Begriff
von Zivilisation als einem irreversiblen Prozess, dem sich entgegenzu-
stemmen ebenso vergeblich wie schädlich sei. Anders als für islamische
Denker des vorausgehenden Jahrhunderts war für Mustafa Kemal die
Zivilisation einzig und ungeteilt, und ihrem Einfluss konnte sich niemand entziehen. Anders auch als die islamischen Modernisten unterschied er nicht zwischen den «guten Seiten» der (westlichen) Zivilisation, die aus wissenschaftlich-technischen Errungenschaften bestanden,
und einer eher zweifelhaften «Lebensweise». Mit Ziya Gökalps auf deut-
schem Nährboden (Ferdinand Tönnies, *Gemeinschaft und Gesellschaft*,
1887) gewachsener Entgegensetzung von Kultur und Zivilisation hat er
sich ebenfalls nie wirklich beschäftigt. Für ihn zählte nunmehr allein das

Gegensatzpaar «zivilisiert – barbarisch» *(medeni – vahşi)*. Form und Inhalt waren dabei engstens verbunden:

Angesichts der Stärke und Erhabenheit der Zivilisation, die Berge durchbohrt, die alles dem Auge unsichtbare von den kleinsten Stäubchen bis zu den Sternen am Rande des Firmaments erkennen kann, erleuchtet und erforscht, sind Nationen, die versuchen, mit einem mittelalterlichen Bewusstsein, einem primitiven Aberglauben voranzukommen, verurteilt, unterzugehen oder wenigstens versklavt und verachtet zu werden.

Töchter einer zivilisierten Nation

In Kastamonu forderte Mustafa Kemal gegen Ende seiner Ansprache an die Mitglieder der Volkspartei vom 30. August 1925:

An manchem Ort sehe ich Frauen, die über ihren Kopf ein Hals- oder Badetuch oder etwas Ähnliches werfen, um Gesicht und Augen zu verdecken, und ihren Kopf von an ihnen vorbeigehenden Männern abwenden oder sich mit geschlossenen Augen hinsetzen. Was ist Sinn und Bedeutung dieses Verhaltens? Meine Herren, darf die Mutter, die Tochter einer zivilisierten Nation sich in eine solch barbarische Haltung begeben? Das ist ein Anblick, der die Nation äußerst lächerlich zeigt. Man muss dies unverzüglich korrigieren.

Bei der Propagierung der weiblichen Kleiderordnung mussten die Gattinnen höherer Beamter in der Provinz mit gutem Beispiel vorangehen. Der Gesichtsschleier wurde aber in einigen Städten durch lokale Verordnungen verboten, wie zum Beispiel in Adana im März 1935. Auf dem Kongress der Volkspartei im Mai 1935 forderte der Delegierte Hakkı Tarık Us ein gesetzliches Verbot des Schleiers, zu dem es allerdings nie kam. Eine ostentative Entschleierung, wie sie Lenins Frau auf einem Komsomolkongress 1919 an einem muslimischen Mädchen vornahm, hat es in der Türkei nie gegeben.

Als typisches Symptom von Unterentwicklung erfassten die ersten Volkszählungen einen geringeren Anteil von Frauen als von Männern (1927: 47,4 Prozent statt der zu erwartenden 49 Prozent). Auch die Alphabetisierung der Frauen schritt langsam voran, 1935 betrug die Quote der lesenden und schreibenden Frauen weniger als ein Zehntel (9,8 Prozent) der auf 16 Millionen Menschen angewachsenen Bevölkerung. Der Zugang zu den höheren Bildungseinrichtungen führte hingegen zu einem rasch, aber nicht gleichmäßig wachsenden Frauenanteil in akademischen Berufen.

Eine illustrierte Zeitschrift *(Resimli Ay)* stellte im September 1925 die Frage: «Werden die Absolventinnen der Universität ins Haus (und in die Familie) gehen oder ins (Berufs-)Leben hinaustreten?», und beantwortete sie zugleich im Untertitel: «Von 57 Akademikerinnen werden 30 einen Beruf ergreifen.» Am 14. November 1927 titelte *Cumhuriyet*: «Unsere neuen Ärztinnen werden in Anatolien arbeiten», und veröffentlichte ein Foto von sechs über Mikroskope gebeugten Frauen.

Die sich zur Staatspartei entwickelnde CHF hatte zwischen 1923 und 1931 in ihren ersten Statuten «Frauen» nur im Zusammenhang mit familiären Pflichten erwähnt. Erst im Programm von 1931 wurde ausdrücklich von ihren politischen Rechten gesprochen. Am 5. Dezember 1934 verabschiedete die *Meclis* das Gesetz, das Frauen das passive und aktive Wahlrecht für die Nationalversammlung gewährte. Die Vorsitzende der Türkischen Frauenunion Latife Bekir (Çeyrekbaşı) versprach in einem Telegramm an den Präsidenten, die türkischen Frauen würden die ihnen zufallende große Aufgabe mit Zuversicht in Angriff nehmen. Im April 1935 versammelte sich in Istanbul die Internationale Frauenunion *(XII. Congrès Suffragiste International)* als «eine Art huldigender Anerkennung der Umwälzungen und der Aufsehen erregenden Fortschritte auf dem Gebiet des Frauenrechtes», wie der österreichische Botschafter August Ritter von Kral schrieb. Atatürk empfing eine Delegation des Kongresses in Çankaya. Wenig später löste sich die Türkische Frauenunion (10. Mai 1935) unter dem Druck der Staatspartei selbst auf. Çeyrekbaşı erklärte loyal, dass nach der politischen Gleichstellung von Mann und Frau ihre Mitglieder die Arbeit in der Volkspartei fortführen würden.

Die Auflösung der ohne einen Beitrag Atatürks gegründeten Frauenunion war konsequent, weil jede unabhängige Organisation dem monolithischen Staats- und Gesellschaftsbild des Hochkemalismus widersprach. Türkische Autorinnen (Yaprak Zihnioğlu) betonen heute immer stärker, dass sich Atatürks Frauenbild seit den frühen zwanziger Jahren kaum verändert habe. Er pries sie als Ursprung des Familienlebens, lobte sie als Verbündete im Unabhängigkeitskrieg und schätzte sie als Organisatorinnen von Wohltätigkeitsunternehmen. Durch Salih (Bozok) wissen wir, dass sich Latife ihrem Mann gegenüber an einer politischen Vertretung türkischer Frauen interessiert zeigte. Bei den Wahlen im Juni 1923 wurden in verschiedenen Provinzen Stimmen für Frauen abgegeben. Latifes Name stand mehrfach auf den selbstverständlich ungültigen Zetteln.

Am 3. April 1930 wurde den Frauen das Gemeindewahlrecht gewährt. Der Präsident nahm darauf mit keinem Wort Bezug, obwohl er diese Wahlen in seiner Rede zur Parlamentseröffnung am 1. November im Zusammenhang mit einschüchternden Worten an die Adresse der neuen «Parteien» erwähnte. Fünf Jahre später durften weibliche Abgeordnete auch in die Nationalversammlung einziehen. Ihr Anteil betrug in den Jahren 1935 bis 1939 4,08 Prozent (18 Frauen). Was fast wie eine Frauenquote wirkt, kann nur dann gerecht gewürdigt werden, wenn man den nach 1939 sinkenden Frauenanteil damit vergleicht.

Von der arabischen zur «türkischen» Schrift

Kaum ein Thema hat Mustafa Kemal stärker umgetrieben als die Vergangenheit und Zukunft seiner Muttersprache. Unter allen Reformmaßnahmen nimmt die Schrift- und die sie zeitlich, aber nicht unbedingt sachlich begleitende Sprachreform einen besonderen Platz ein. Keine der Kulturreformen veränderte so schlagartig die Erscheinung der Städte wie die Einführung der lateinischen Buchstaben nach 1928. Gleichzeitig verschwanden die zahllosen Firmen- und Reklameschilder in Französisch, Griechisch und Armenisch aus den Geschäftsvierteln. Verschont wurden allein die Stiftungsbauten mit ihren in Marmor gehauenen arabischen Inschriften. Innerhalb weniger Monate wurden Menschen mit traditioneller Bildung zu Analphabeten, die Schwierigkeiten hatten, ein Transparent oder einen Fahrschein für die *tramvay* zu entziffern. Europäer genossen hingegen plötzlich den Vorteil, ohne Hilfestellung Straßennamen und Überschriften von Zeitungen zu verstehen.

Die mit dem Schriftwechsel in Angriff genommenen Alphabetisierungskampagnen erfassten alle Bevölkerungsschichten, Männer und Frauen, Arm und Reich, Stadt und Land. Auch Menschen, die der kemalistischen Revolution feindselig gegenüberstanden, konnten sich nicht dem Zwang entziehen, die neue Schrift zu lernen. Ohne sie war keine Eingabe an die Behörden möglich, keine Urkunde lesbar und kein Prozess vor Gericht zu führen.

Die Atatürk-Literatur hat stets versucht, frühe Belege für Mustafa Kemals Beschäftigung mit türkischen Texten in lateinischen Buchstaben aufzuspüren und daraus seine Entschlossenheit zu einer Schriftumstellung abzuleiten. Dazu gehören Briefe aus dem Jahr 1914 an die «Liebe Frau» Corinne (*sévimli hanim … keuzlérinden eupérim*, heute: *sevimli hanım … gözlerinden öperim*: «Ich küsse dich auf beide Augen»), in denen er ein auf der französischen Orthographie basierendes Türkisch verwendete. Es ist auch sicher, dass er sich auf den Rat Agops (Dilâcar) mit der für deutschsprachige Türkischlernende bestimmten kleinen Grammatik des ungarischen Turkologen Gyula Németh (1880–1976) aus dem Jahr 1917 befasste. Sie war, wie fast alle Lehrmittel, die während der

Zeit der Waffenbrüderschaft mit Deutschland und Österreich-Ungarn produziert wurden, in lateinischer Schrift abgefasst. Das von Németh gewählte Umschriftalphabet ist von der modernen türkischen Schrift gar nicht so weit entfernt: *üč > üç* («drei»), *alty > altı* («sechs»), *jedi > yedi* («sieben»). Wir wissen aber letztlich nicht, wann sich Mustafa Kemal die Überlegenheit der Lateinschrift, in der sich der türkische Vokalreichtum «eins zu eins» ausdrücken lässt, über die arabische Schrift, in der die Lesung oft in ein reines Ratespiel ausartet, vollständig zu Eigen gemacht hat. Falih Rıfkı schrieb bündig: «Die Alphabetsache war für Atatürk am Anfang nicht mehr als ein Schriftproblem.» Die großen Fragen an den Ursprung und die Verbreitung der türkischen Sprache wurden später gestellt.

In Manastir hätte man 1908 verfolgen können, wie ein Albanischer Nationalkongress die Annahme der Lateinschrift beschloss. Für türkische Beobachter war das eine schmerzliche Entscheidung, weil hier muslimische Albaner ihren christlichen Brüdern folgten. Ebenfalls in Manastir erschien mit der Zeitung *Esâs* («Fundament», «Prinzip») das früheste bekannte Organ in türkischer Lateinschrift. Zu diesem Zeitpunkt kämpfte Mustafa Kemal bereits um den Bestand des «Osmanischen Afrika», er könnte aber von diesem kurzlebigen Experiment durch seine Briefpartner gehört haben.

Dieser lokalen Anregungen bedurfte ein wacher Zeitgenosse allerdings nicht. Schon ab Mitte des 19. Jahrhunderts diskutierten viele Intellektuelle innerhalb und außerhalb des Osmanischen Reichs den Übergang vom arabischen auf das lateinische Alphabet. Für die Türkei waren die Entwicklungen unter den Turkvölkern des Zarenreichs und der Sowjetunion besonders lehrreich. In Aserbaidschan erschien nach jahrzehntelangen Debatten am 21. September 1921 eine erste Zeitung in lateinischer Schrift. Im Juni 1923 wurden dort alle Staatsdiener zum Erlernen des «Türkischen Alphabets» und zur Entgegennahme von Schriftstücken in dieser Schrift gezwungen. Am 27. Juni 1924 wurde die Lateinschrift als verbindlich erklärt, 1928 die arabische Schrift verboten.

In Ankara verfolgte man diese politischen und kulturellen Prozesse sehr genau. Zu einem internationalen Turkologenkongress in Baku hatte man 1926 zwei Delegierte entsandt. Während eines Empfangs hoben die Teilnehmer ihr Glas auf den «revolutionären Führer Mustafa Kemal». All das blieb dem derart Gehuldigten natürlich nicht verborgen, genauso wenig wie die im Kaukasus begonnenen Alphabetisierungskampagnen (*likbez*-Kurse) unter den werktätigen Massen. Damit stand ein Format für eine erfolgreiche Durchsetzung der Latinisierung im geographisch nahen und sprachlich verwandten Aserbaidschan zur Verfügung.

Mustafa Kemal aber schwieg lang anhaltend zur Alphabetfrage, vielleicht weil er selbst an der Umsetzbarkeit eines Alphabetwechsels zweifelte, oder auch weil er sich dem Vorwurf, im Kielwasser der gottlosen Bolschewiki zu schwimmen, nicht aussetzen wollte. Mindestens so wichtig war, dass es in seiner nächsten Umgebung viele Zauderer und entschiedene Gegner der Latinisierung gab, darunter auch Kâzım Karabekir Paşa. Dieses politisch-militärische Schwergewicht erklärte dem Korrespondenten der *Hakimiyet-i Milliye* (veröffentlicht am 5. März 1923), jetzt, da die Albaner die voreilige Übernahme der lateinischen Buchstaben bereuten, verfielen die Freunde in Aserbaidschan in denselben Irrtum. Man gebe den Europäern damit eine schöne Waffe in die Hand, indem sie der (übrigen) islamischen Welt gegenüber behaupten könnten, die Türken hätten eine fremde Schrift angenommen und seien damit zu Christen geworden. «Das ist der teuflische, von unseren Feinden ausgearbeitete Plan», fügte Kazım Karabekir hinzu. Warum sollte sich Mustafa Kemal in der Schriftfrage, auch wenn sie schon 1924 in der Versammlung für Aufruhr sorgte und in allen Zeitungen und Zeitschriften diskutiert wurde, aus dem Fenster lehnen? Die Mehrheit der Blätter gestand ein, dass es ein riesiges Problem bei der Darstellung des Türkischen in arabischer Schrift gab, «aber es waren nur sehr wenige, die beherzt für einen Wechsel der Buchstaben eintraten» (A. S. Levent). İsmet (İnönü) sprach sich noch 1927 als Ministerpräsident gegen den Schriftwechsel aus, von den religiösen Würdenträgern im ganzen Land, den Professoren in Istanbul und einer großen Anzahl nationalistischer Intellektueller einmal ganz abgesehen.

Ein Durchbruch wurde erzielt mit der Einsetzung einer von Mustafa Kemal handverlesenen «Sprachkommission» *(Dil Encümeni)* durch das Parlament im Mai 1928. Ihr Auftrag lautete, «über die Art und Anwendungsmöglichkeit der lateinischen Buchstaben auf unsere Sprache nachzudenken». Unter ihren ursprünglich neun Mitgliedern befanden sich neben Falih Rıfkı unter anderem die beiden «Hofschriftsteller» Ruşen Eşref (Ünaydın) und Yakub Kadri (Karaosmanoğlu). Motor des Unternehmens wurde der anfangs zurückhaltende junge Unterrichtsminister Mustafa Necati (1894–1929), auf den der Präsident alle Hoffnungen setzte. Sein früher Tod (an den Folgen eines Blinddarmdurchbruchs, während er den *Zeybek* tanzte) riss eine große Lücke in die dem Gazi völlig ergebenen zivilen Führungskader. Nur selten sah man Mustafa

Kemal weinen, aber als Necati starb, konnte er die Tränen nicht zurückhalten.

Eine wichtige Figur unter den Schrift- und Sprachingenieuren war von Anfang an Necmi (Dilmen) aus Saloniki, der Mustafa Kemal gegenüber große Überzeugungsarbeit geleistet hatte. Vielleicht spielte es eine Rolle, dass er während des Weltkriegs an der alten Universität Assistent von Professor Friedrich Giese (1870–1944) war, einem angesehenen deutschen Osmanisten und guten Kenners der türkischen Volksliteratur.

Die Ergebnisse der Kommissionsarbeit lagen nach wenigen Monaten unter anderem in Form eines «Alphabetberichts» vor. Der Gazi hatte sich gegen die Verwendung von komplexen Schriftzeichen (wie *gh*, *kh*, *sh*) und der Buchstaben *q*, *w* und *x* ausgesprochen, die teilweise im Albanischen verwendet werden. Hingegen fand das für das moderne Rumänische erfundene *ş* für «sch» seine Billigung. Dieser Buchstabe charakterisiert den weithin gelungenen Abbildungscharakter der türkischen Phoneme durch jeweils *ein* Zeichen. Das Deutsche benötigt zur Wiedergabe des Türkischen *ş* drei, das Französische und Englische je zwei *(ch, sh)* Buchstaben. Die neue Lateinschrift wurde und wird auch auf Fremdwörter europäischen Ursprungs angewandt (vgl. *şoför* für «Chauffeur»).

Als offizieller Beginn der Buchstabenrevolution gilt aber das Auftreten Mustafa Kemals im Gülhane-Park von Istanbul. In der denkwürdigen Nacht vom 9. August 1928 wurde, anlässlich einer Festveranstaltung der Volkspartei, an die noch im Zusammenhang mit seinem Verhältnis zur Musik erinnert werden soll, die Botschaft nach Istanbul getragen. Gülhane war 1928 nur noch eine kümmerliche Parkanlage plus Gartenlokal *(gazino)* unterhalb des Topkapı Sarays. Der Park trägt den Namen des Pavillons, in dem Reşid Paşa 1839 jenes große Reformedikt über Rechtssicherheit und Gleichbehandlung der Untertanen verkündet hatte, das gemeinhin den Beginn der osmanischen Reformzeit markiert.

Seit Ende 1926 bildete eine Statue des Gazi im Gülhane-Park einen besonderen Blickfang. Sie war sein erstes Standbild und wurde auf Initiative des Istanbuler Bürgermeisters durch den österreichischen Bildhauer Heinrich Krippel (1883–1945) geschaffen. Die etwa drei Meter hohe Bronzefigur aus den Vereinigten Metallwerken Wien blickte also dem lebenden Gazi bei seinem Auftritt gleichsam über die Schulter. Am Tag der Gülhane-Rede wurde nach zweieinhalbjähriger Vorbereitungszeit am planerisch noch völlig unvollkommenen Taksim-Platz in Istanbul-Beyoğlu das große Republik-Denkmal enthüllt.

*Das 1928 vollendete Republik-
denkmal Pietro Canonicas am Istanbuler Taksim-Platz zeigt auf der
Südseite Mustafa Kemal zwischen
İsmet (beide in Zivil) und Fevzi
Paşa. Die einfache Bevölkerung ist
durch Arbeiter, Soldaten und
einen Lehrer vertreten. Im Hintergrund links fast unsichtbar eine
Frau.*

Der Schöpfer dieses figurenreichen Monuments war der schon erwähnte vielbeschäftigte Italiener Pietro Canonica, eine Tatsache, die
Mussolini zu einem Glückwunschtelegramm an den Gazi veranlasste.
Mustafa Kemal hatte der Enthüllung übrigens nicht beigewohnt, am
nächsten Tag allerdings einen kurzen Blick auf das Monument geworfen.

Die Gülhane-Nacht der neuen Buchstaben

Im *Gazino* wandte sich Mustafa Kemal zu fortgeschrittener
nächtlicher Stunde mit einer kurzen Rede, von der er den wichtigsten
Teil durch Falih Rıfkı verlesen ließ, an die Bevölkerung, die zu einem
großen Teil aus Mitgliedern der Volkspartei bestanden haben dürfte:

Meine lieben Brüder und Schwestern, ich kann kaum ausdrücken, wie glücklich ich
in Eurer Gegenwart bin. Ich will meine Gefühle mit einigen unverbundenen Worten
wiedergeben:
Ich bin zufrieden, ich bin angerührt, ich bin glücklich, ich bin bewegt. Ich habe die
Gefühle, die mich in dieser Lage durchdringen, in Form kleiner Notizen festgehalten. Ich werde sie durch einen Landsmann aus eurer Mitte verlesen lassen.

Er übergab diese Aufzeichnungen einem jungen Mann unter den Anwesenden und nahm sie kurz darauf wieder an sich:

Landsleute, diese Notizen sind reine und richtige türkische Wörter, geschrieben mit türkischen Buchstaben. Euer Bruder hat sofort versucht, sie zu lesen; nachdem er sich etwas abgemüht hatte, konnte er sie nicht auf Anhieb lesen. Er wird sie aber zweifellos (bald) lesen können. Ich möchte, dass ihr sie innerhalb von fünf bis zehn Tagen lesen könnt.

Freunde, unsere harmonische, reiche Sprache wird mit den neuen türkischen Buchstaben voll zur Geltung kommen. Ihr müsst dies begreifen, um uns von unverstehbaren und von uns unverständlichen Zeichen zu erlösen, die seit Jahrhunderten unsere Gehirne in ihren eisernen Fesseln gefangen halten.

Die in lateinischen Buchstaben abgefassten Notizen wurden dann von Falih Rıfkı zu Ende gelesen. Sie enthielten den Auftrag an die Parteigenossen, sich an der Verbreitung der neuen Schrift aktiv zu beteiligen.

Jetzt ist nicht die Stunde des Wortes, sondern der Tat gekommen. (…) Es wurde viel geleistet, (…) doch es gibt eine weitere sehr notwendige Aufgabe: die neuen türkischen Buchstaben so schnell wie möglich zu lernen. Lehrt sie den Landsleuten, Frauen, Männern, Lastträgern, Bootsleuten. Wisset, dass das eine Tat der Liebe zum Vaterland und zur Nation ist. Wenn ihr diese Pflicht auf euch nehmt, bedenkt, dass wenn in einer Nation, in einer Gesellschaft, zehn Prozent lesen und schreiben können, achtzig Prozent (!) zu den Nichtwissenden gehören. Wer ein Mensch ist, muss sich dessen schämen. Diese Nation ist keine Nation, die geschaffen wurde, um sich zu schämen, sie wurde geschaffen, um sich mit Ruhm zu bedecken. Es ist eine Nation, die mit berechtigtem Stolz Geschichte geschrieben hat.

Im nächsten Satz beantwortete er, wenn auch nur andeutungsweise, die Frage, warum die Türken in diesen bedauernswerten Zustand geraten waren:

Wenn aber achtzig Prozent der Nation Analphabeten sind, so liegt der Fehler nicht bei uns. Er liegt bei denen, die die türkische Wesensart nicht verstehen und ihren Verstand mit zahlreichen Ketten fesseln. Es ist jetzt an der Zeit, die Fehler der Vergangenheit von Grund auf zu beseitigen. Wir werden die Fehler korrigieren. Bei der Korrektur der Fehler wünsche ich mir die Beteiligung aller Landsleute. Spätestens in ein oder zwei Jahren wird die gesamte türkische Volksgemeinschaft die neuen Buchstaben lernen. Unsere Nation wird mit ihrer Schrift und ihrem Verstand zeigen, dass sie Teil der gesamten zivilisierten Welt ist.

Dass mit den «zahlreichen Ketten» die lähmenden Instrumente des religiösen Obskurantismus gemeint waren, dürfte den meisten Anwesenden klar gewesen sein. Nach dieser Erklärung hob der Gazi sein Rakiglas in Richtung des Volkes und fügte hinzu:

In der alten Zeit wurde die tausendfache Menge davon an den schmutzigsten Orten in aller Heimlichkeit getrunken von heuchlerischen Typen, die alle möglichen Schandtaten begingen. Ich bin kein Heuchler, ich trinke auf das Wohl meiner Nation.

Diesen Gestus des öffentlichen Trinkens hatte er zum ersten Mal 1922 unmittelbar nach der Einnahme von İzmir in einem Hotelrestaurant exerziert. Darauf sei hier aufmerksam gemacht, auch wenn im Gülhane-Park nicht der Alkoholgenuss, sondern die neue Schrift und die Musik im Vordergrund standen.

In den folgenden Tagen wurde der Schauplatz der Schriftreform ins gegenüberliegende Schloß Dolmabahçe verlegt. Der riesige Zuckerbäckerpalast war inzwischen zur festen Sommerresidenz des Gazi geworden, was er mit den Worten kaschierte, hier sei nicht mehr der «Schatten Gottes» (ein Beiname des Sultans), sondern der «Sitz der Nation».

Mustafa Kemal verließ dann die von ihm einberufene Ratsversammlung für einen Tag, um mit der ehemals imperialen Staatsjacht *Ertoğrul*, an deren Bug und Heck bereits der Schiffsname in neuen Buchstaben prangte, nach Tekirdağ zu fahren, der Stadt, in der er zuletzt im Februar 1915 als Divisionskommandeur ohne Division eingetroffen war. Das Schiff erreichte den Hafen in den frühen Morgenstunden des 23. August. Der Gazi ruhte noch einige Zeit, um dann gegen elf Uhr «unter begeisterten Zurufen der Bevölkerung» das Gebäude der Provinzverwaltung aufzusuchen.

Dort versammelte er den Gouverneur und andere hochgestellte Persönlichkeiten, die Abgeordneten und weitere Besucher in einem Halbkreis und begann mit Hilfe einer Schultafel seine erste Lektion in türkischer Lateinschrift mit der Frage: «Kennt ihr die neue türkische Schrift oder kennt ihr sie nicht?» Als ihm Antworten wie «Wir haben sie gelernt» und «Wir erlernen sie gerade» entgegenschallten, rief er einen der Anwesenden an die Tafel und forderte ihn auf, einen Satz mit neuen türkischen Buchstaben aufzuschreiben. Die gut präparierte Person malte, mit nur zwei kleinen Schreibfehlern, die Worte: «Die Türken sind glücklich, den Großen Gazi zu haben.»

Nach dieser Inszenierung setzte sich die Veranstaltung in ihrer Mischung aus Unterricht, Prüfung und Aufmunterung über zwei Stunden fort. Anschließend wechselte die Besuchergruppe ins Gebäude der Stadtverwaltung und beendete den Besuch im Offiziersheim, wo sich Mustafa Kemal offensichtlich auf die Propagierung der neuen Schrift beschränkte, ohne die Soldaten zu examinieren.

Auf dem Rückweg zum Hafen rief er einen Hoca Efendi, der Imam an der Alten Moschee und Stellvertreter des Müftü war, aus der die Straßen säumenden Menge. Er hatte ein Opfer gefunden, mit dessen Hilfe er die Nichteignung der arabischen Schrift für türkische Leser am Beispiel des Heiligen Buchs demonstrieren konnte. Mustafa Kemal hatte sich, aus welchem Grund auch immer, für solche und ähnliche (religionskritische) Gelegenheiten, wie schon einmal gezeigt wurde, auf die 95. Sure kapriziert. Er ließ die Umstehenden den ersten Vers lesen, wobei es zu arg abweichenden Aussprachen kam. Daraufhin schrieb er den arabischen Satz in lateinischen Buchstaben nieder, die dann von jedermann richtig gelesen wurden. Die Begegnung endete mit der Aufforderung an den Hoca: «Lerne die neuen Buchstaben und ermuntere alle, sie zu lernen. Wenn ich wieder hierher komme, möchte ich dich entsprechend (vorbereitet) sehen.»

In seiner Sicht, das zeigt eine Erklärung, die er nach der Reise dem Korrespondenten der Anatolischen Agentur abgab, repräsentierten die Einwohner von Tekirdağ die türkische Nation, weil sie «so wie ich sahen und so wie ich fühlten».

Ich kann sagen, dass meine Mitbürger von Tekirdağ beinahe von der Stelle weg die neuen türkischen Buchstaben zu schreiben und lesen gelernt haben. Ich habe sämtliche Beamte persönlich geprüft. Auf den Straßen und in den Läden trat ich in Kontakt mit der einfachen Bevölkerung. Ich war Zeuge, dass sich Menschen, die die arabische Schrift nicht beherrschten, sofort mit der türkischen Schrift anfreundeten.

Nach diesem in Tekirdağ erprobten Muster vollzog sich Mustafa Kemals historische Reise in mehrere anatolische Städte im September 1928. Eine solche Mission ist beispiellos: ein Staatsoberhaupt in der Rolle eines Schreibmeisters. Wie in Tekirdağ konzentrierte sich sein Eifer zunächst auf die Staatsdiener, die er einem förmlichen und gewiss öfters demütigenden Examen unterzog, auf die jugendlichen Hoffnungsträger und – in klarer Berechnung des propagandistischen Effekts – auf Analphaben aus dem einfachen Volk.

Er kehrte zu einem kurzen Auftritt bei der in Dolmabahçe weiterhin tagenden Sprachkonferenz nach Istanbul zurück, um sich dann am 27. August erneut an Bord der *Ertoğrul* nach Mudanya und von dort aus nach Bursa zu begeben. Auf der Rückreise erreichte den Funker der Jacht ein Telegramm, dessen Absender sich scheinbar ernsthaft nach der Möglichkeit erkundigte, die Namen jener zehn Genossen des Propheten Muhammad, denen schon zu Lebzeiten die Aufnahme ins Paradies zugesichert wurde, in türkischen Buchstaben zu notieren. Diese provokante und anonyme Anfrage zu nächtlicher Stunde trieb dem Gazi die Zornesadern in die Stirn. Er verwandelte seine Empörung über diese freche Infragestellung seiner Mission in eine ungewöhnlich emotionale Erklärung, die er zu früher Morgenstunde über Funk sandte und am nächsten Tag in *Hakimiyet-i Milliye* veröffentlichen ließ:

Ich hatte nicht geglaubt, dass ich über eine solche Sache hätte je nachdenken müssen. Was man den Leuten mit einem derartig falschen und verkrüppelten Bewusstsein zu sagen hat, ist das folgende: Warum glauben diese Dummköpfe, jetzt darauf verzichten zu können, auf das Wort der Nation, das Herz der Nation, die Wünsche der Nation zu hören? Der Wunsch, die Forderungen, der Wille sind weder der unsere noch von jemand anderem, sie sind die der Nation. Wir sind (allein) diejenigen, die beauftragt sind, die derart artikulierten materiellen und immateriellen Bedürfnisse der Nation auszuführen! Sind wir etwa berechtigt, mit der Anmaßung einer absoluten Autorität für uns aufzutreten? Darf man sich vorstellen, dass es weiterhin erlaubt ist zu glauben, dass ein beliebiger Amtsträger oder auch Präsident einer beliebigen Nation, insbesondere aber der großen türkischen Nation, so wie es in den stupiden und verachtenswerten Perioden der Vergangenheit der Fall war, ihn (den Willen der Nation) seinem bauernfängerischen Verstand unterwirft?

Die Wut des Absenders steigerte sich gegen Ende der Erklärung in folgenden Sätzen:

Das Schicksal aller, die sich dagegen sperren wollen, ist es, unter den starken Füßen des Türken zermalmt zu werden. Wenn diese Nation allein in dieser Angelegenheit auf irgendeine Schwierigkeit stößt, werden ich und meine Kameraden, ohne zu zögern, angesichts dieser starken Füße und dieser Löwenpranken unser Leben für die Nation opfern.

Von sanfter Überzeugungsarbeit konnte hier nicht mehr die Rede sein, der Gründer der Republik war längst in die Phase der Einschüchterung eingetreten, zumal die eigentliche Missionsreise nach dem Probelauf in Tekirdağ noch vor ihm lag. Der Text dieses nicht in die offizielle Sammlung von Atatürks «Reden und Erklärungen» aufgenommenen Telegramms ist ein Beispiel unter vielen, wie Mustafa Kemal und seine revolutionären Mitstreiter sich als selbst entäußernde Befehlsempfänger der Nation darstellten. Die revolutionäre Elite antizipiert den Wunsch und Willen der türkischen Nation, die sich nicht ausreichend zu artikulieren vermag und einer Vertretung bedarf.

Die erste Volksbelehrung im großen Stil fand in Sinop am Schwarzen Meer statt. Der Gazi examinierte alle Beamten der Provinz- und Stadt-

Mustafa Kemal betätigte sich in mehreren Städten als Lehrer der neuen Schrift. Die weit verbreitete Aufnahme mit der Schultafel entstand auf dem Regierungsplatz in Sivas am 20. September 1928.

verwaltung. Kein Lehrer wurde ausgelassen, und am Ende zeigte er auf einen einfachen Mann in der Volksmenge:

– Komm näher! (…) Wie heißt du?
– Bekir, Pascha.
– Dein Beruf?
– Ich bin Kutscher, Pascha.
– Kannst du lesen und schreiben?
– Nein, Pascha, ich bin hierher gekommen, um es von dir zu lernen!

Der Pascha vermittelte dem braven Bekir innerhalb einer halben Stunde die lateinische Schreibung von zwei Wörtern, die zweifellos zu seinem Kutscherberuf passten: *at* («Pferd») und *ot* («Gras»). Der gelehrige Schüler soll am Ende ausgerufen haben:

Er hat mir, einem Fünfzigjährigen, beigebracht zu lesen! In meinem ganzen Leben ist der Gazi, unser Vater, mein erster Lehrer geworden. Ihm sei Dank, möge er tausend Jahre leben!

Diese zehn Jahre später von dem Folkloristen Mehmet Şakir Ülkütaşır (1894–1981), einem Augenzeugen, aufgezeichnete Episode gehört zur großen Erzählung der türkischen Kulturrevolution und wird in ähnlicher

Form, angewandt auf einen analphabetischen Metzger, auch vom Auftritt Mustafa Kemals in Sivas tradiert.

Noch im selben Herbst reiste eine Anzahl von Abgeordneten auf Mustafa Kemals Spuren in ihre Wahlprovinzen. Über die Aufnahme dieser kleinen Missionare wissen wir wenig, können aber vermuten, dass sie so ausfiel, wie es Falih Rıfkı, selbst Mitglied der Sprachkommission und Teilnehmer des Tekirdağ-Ausflugs, zusammenfasste: «Die neue Schrift war unter Atatürks Revolutionen diejenige, die am meisten Unbehagen auslöste.»

Am 1. November 1928 nahm das Parlament das Gesetz über die «Neuen Türkischen Buchstaben» an. Der Kernsatz der Begründung lautete:

Die große Nation bedarf eines Mittels, um sich in ihrer eigenen schönen Sprache verständlich zu machen und um ihre Epoche der Unwissenheit mit so wenig Mühen wie möglich zu überwinden.

Die Abgeordneten überreichten dem Präsidenten danach eine Plakette mit den neuen Zeichen in goldener Schrift. Ein Glückwunschtelegramm der *Simplified Spelling Society* aus London wird ihn besonders gefreut haben, denn ihre Absender sahen in dem türkischen Revolutionär einen Bundesgenossen in einem weltweiten Kampf um vereinfachte Orthographie.

Schulen der Nation

Mit der Einrichtung von «Schulen der Nation» *(Millet Mektepleri)* ab dem 1. November 1929 für sämtliche Analphabeten zwischen 16 und dreißig Jahren in allen öffentlichen Gebäuden, Fabriken, Hospitälern, aber auch Moscheen und Kaffeehäusern wurde eine energische Massenalphabetisierung vorangetrieben. Mustafa Kemal war nun ganz offiziell «Oberlehrer» *(başmuallim)* einer Nation, die sich kollektiv zu seinen Schülern *(talebe)* erklärte.

Die Kurse boten viele Möglichkeiten, den Präsidenten zu glorifizieren. Zu Beginn jeder Veranstaltung sollte eine Rede des Führers durch ein Grammofon übertragen werden. Das Lehrbuch enthielt unter anderem Texte zur Geschichte der Türken, insbesondere zu den Verdiensten, die der Gazi im Unabhängigkeitskrieg erworben hatte.

Der Oberlehrer hatte erfolgreich alle Vorschläge, die arabische Schrift einige Jahre neben der neuen zu tolerieren, zurückgewiesen. Wie im Falle der als zu hastig empfundenen Rezeption des europäischen Rechts hatte sich auch bei der Schriftreform die radikale Überstürzung als Vorausset-zung für ihre Unumkehrbarkeit erwiesen.

Der Alphabetwechsel beschleunigte die seit Jahrzehnten von vielen türkischen Nationalisten befürwortete Bewegung, Arabismen und Per-sismen im Osmanischen durch «rein» türkische Wörter zu ersetzen. Das Arabische wurde zunehmend mit pathologischen Metaphern für die «De-generation» des Türkischen verantwortlich gemacht.

Der Anteil dieser von der Sprachgemeinschaft selten als «fremd» emp-fundenen Wörter war in der Schriftsprache und Umgangssprache der Gebildeten sehr groß. Mustafa Kemals eigenes Vokabular machte hier keine Ausnahme. Selbst der Wortschatz seiner in gepflegtem Spätosma-nisch vorgetragenen «Ansprache» *(Nutuk)* wurde bald nach seinem Tod «authentifiziert» und ist in der Originalfassung praktisch unzugänglich. Auch die Gralshüter des Kemalismus lesen und zitieren die Schriften des Lehrers der Nation heute selten im Original.

Ein Rechtschreibwörterbuch von 1928/29 ersetzte bereits viele ara-bisch-persische Wörter durch Turzismen, eine Tendenz, die in Bezug auf wissenschaftliche Fachausdrücke fortgesetzt wurde. Bald beschleunigte sich die Entwicklung, die Sprachingenieure hielten engen Kontakt mit dem Staatschef. In seiner Vorrede zu dem Werk «Für die türkische Spra-che» des tatarischen Sprachfreunds Sadri Maksudi (Arsal, 1880–1957) betonte er:

Die Bande zwischen dem Nationalgefühl und der Sprache sind sehr stark. Der Hauptfaktor bei der Entwicklung des Nationalgefühls ist eine nationale und reiche Sprache. Die türkische Sprache ist eine der reichsten Sprachen, vorausgesetzt dass diese Sprache bewusst benutzt wird. Die türkische Nation, die ihr Land und ihre hehre Freiheit zu schützen weiß, muss auch ihre Sprache vom Joch fremder Spra-chen befreien.

Anfang der dreißiger Jahre tauschte Mustafa Kemal sein arabisch-per-sisches Vokabular weitgehend gegen alte und neugeprägte türkische Wörter aus. Bei der Eröffnung der Versammlung am 1. November 1931 hatte die Formel «Ich begrüße die ehrenwerten Mitglieder mit Hoch-achtung und Liebe» außer zwei Suffixen kein einziges türkisches Ele-ment enthalten, 1932 wurden schon vier türkische Wörter in einem leicht abgewandelten Satz benutzt, und 1934 stand dann nur noch ein arabisches Wort, nämlich das für «Vertreter» (der Nation) im Protokoll. Bis 1937 hatte sich das Verhältnis zwischen den Sprachen umgekehrt.

Trotz des Gebrauchs von Neologismen waren diese Texte weitgehend verständlich.

Die Institutionalisierung der Sprachreform

Jedermann war klar, dass er unter dem «Joch» in erster Linie das Arabische verstand, das man nun auch im islamischen Kultus durch türkische Formeln zu ersetzen versuchte. Die Gründung der «Vereinigung zur Erforschung der türkischen Sprache» unter der Schutzherrschaft Mustafa Kemals am 12. Juli 1932 eröffnete die Phase der radikalen Purifizierung. Der Staatschef begnügte sich nicht damit, diese weitgehend von Amateuren betriebene Vereinigung zu protegieren, er trug auch wiederholt mit eigenen Vorschlägen für die Ersetzung arabischer Wörter zu ihrer Arbeit bei. Zum Beispiel verfasste er ein Geometrie-Lehrbuch in neuer Sprache, ohne seinen Namen auf dem Titel zu nennen. Besonders gelungen waren darin das Wort *açı* für den Begriff «Winkel» und andere mathematische Termini. Auch entschiedene Gegner der Sprachreform mussten anerkennen, dass aus didaktischen Gründen eine Vereinfachung und Turkisierung der umständlichen Fachsprachen der Mathematik, Geologie oder Chemie unaufschiebbar waren. Inakzeptabel waren aber Mustafa Kemals eigene «Forschungsvermutungen». Hinter vorgehaltener Hand lachte man über seine Ableitung des Wortes *kültür* («Kultur») von einem tschagataischen Verb *kültürmak*.

Beim Ersten Türkischen Sprachkongress in Istanbul (26. September bis 5. Oktober 1932), dem Mustafa Kemal wie den folgenden selbstverständlich vorsaß, wurde ein Arbeitsprogramm verabschiedet, in dem es hieß, die Türken hätten die erste Zivilisation geschaffen. Türkisch sei die Mutter aller indo-europäischen und semitischen Sprachen. Nach der Alphabetisierungsbewegung wurde eine Kampagne zur Sammlung original türkischer Wörter eingeleitet, die Wörter der Dialekte zusammenstellen, aber auch in älteren Literaturwerken nach vergessenen Turzismen suchen sollte. Obwohl einzelne Stimmen vor den nun einsetzenden Sprachbasteleien warnten, fuhr die vor allem von Schullehrern getragene Bewegung fort, um türkische Äquivalente für «Fremdwörter» zu finden. In einem 1934 veröffentlichten zweibändigen Werk fanden sich über dreißigtausend türkische Wörter, denen man etwa 7000 fremden Ursprungs gegenüberstellte. Für Mustafa Kemal war jetzt die Zeit gekommen, «rein türkische» Zeitungsartikel zu fordern.

Als rücksichtsloser Verfechter der Sprachrevolution zeigte er sich am

3. Oktober 1934 in Çankaya. Beim Besuch des schwedischen Thronfolgers in Ankara brachte er einen Toast auf König Gustav V. (1907–1950) in «reinem Türkisch» aus. Die Tischrede bestand fast nur aus brandneuen Wortschöpfungen (von denen sich so gut wie keine durchsetzte), und die Anwesenden werden nicht viel mehr Wörter als die schwedischen Besucher verstanden haben: *Güstav*, *Altes Ruvayâl* (Altesse Royale) und *prenses* (Prinzessin).

Nach Atatürks Tod geriet die «Sprachrevolution» in ruhigeres Fahrwasser. Die Meinung, es habe sich bei der Purifizierung des Osmanischen um einen «katastrophalen Erfolg» (Geoffrey Lewis: «a catastrophic success») gehandelt, wird zumindest von vielen Sprechern bestritten. Die alte Diglossie gilt im Gegenwartstürkischen als überwunden.

Die Ergebnisse von Geschichts- und Sprachwissenschaft konnten Atatürk nur teilweise zufrieden stellen. Seit den zwanziger Jahren sah er verstärkt in der biologischen Anthropologie die Disziplin, mit deren Hilfe sich die Frage nach dem Ursprung der anatolischen *und* zentralasiatischen beziehungsweise europäischen Bevölkerungen lösen ließ. 1925 wurde an der alten Istanbuler Universität ein «Forschungszentrum für anthropologische Studien der Türkei» eingerichtet, zu dessen Ehrenvorsitzenden herausgehobene Vertreter der neuen republikanischen Elite gehörten. Ab 1927 wurden vier junge Leute an die Harvard-Universität, an das Kaiser Wilhelm-Institut in Berlin, nach Paris und Genf entsandt, um mit anthropologischen Themen den Doktorgrad zu erwerben – keine geringe Zahl angesichts der wenigen Stipendien, die die junge Republik zu vergeben hatte (Suavi Aydın).

Unter ihnen befand sich Şevket Aziz (Kansu, 1903–1983), der an einem Institut der Sorbonne promoviert wurde, das den Namen von Paul Broca trägt, des weltweit anerkannten Hirnforschers und Begründers der biologischen Anthropologie. Nach seinem Abschluss im Jahr 1929 wurde Şevket Aziz Dozent und Professor, um 1935 als erster türkischer Ordinarius an die von Atatürk gegründete Fakultät für Sprache, Geschichte und Geographie in Ankara berufen zu werden. Neben diesem Gründervater der Anthropologie in der Türkei ist die im Zusammenhang mit der späteren «Staatsbürgerkunde» schon erwähnte Adoptivtochter Afet zu nennen. Die wissbegierige und willensstarke junge Frau wurde zu Professor Pittard nach Genf geschickt, um dort zu lernen, wie man zur Untermauerung der sich herausbildenden «Türkischen Geschichtsthese» rassenbiologisches Material sammelt und bewertet.

Atatürk war stolz auf seinen Schädelindex von 84, womit das Verhältnis von Breite des Kopfes zur Länge in Prozent ausgedrückt wird. So konnte er sich zu der brachykephalen («kurzköpfigen») Menschenrasse rechnen beziehungsweise dem in Mitteleuropa vorherrschenden *Homo alpinus*. Nach einer sich Ende des 19. Jahrhunderts herausbildenden Auffassung hatte diese Rasse in der Frühgeschichte der Menschheit eine primitive europäische Bevölkerung überschichtet. Woher stammten diese Menschen und wie gelangten sie nach Europa? Sie konnten nur aus Zentralasien kommend, südlich von Aralsee und Kaspischem Meer den Weg über Anatolien genommen haben, wo sie für eine kulturell blühende Metallzeit sorgten, bevor sie diese Errungenschaften an den Westen weitergaben.

Anatolische Anthropologie und Archäologie

Der Weg von einer spekulativen Typenlehre von Rassen zur Kraniologie («Schädelmessung») wurde schon im 19. Jahrhundert vor allem von französischen Autoren beschritten, die man in der Türkei intensiv rezipierte. Mustafa Sati Bey (al-Husri, 1884–1968), der universal gebildete erste «Ethnologe» an der Istanbuler Universität (1908/09) hatte aus Paris «Gipsabformungen mit Beispielen der wichtigsten Rassen» und «Instrumente zur Knochenmessung» mitgebracht und behandelte die Vertreter der «Pariser Schule» in seinen Vorlesungen.

Wir wissen nicht, wann Mustafa Kemal das Werk von Joseph Arthur Gobineau (1816–1882) über die «Ungleichheit der Menschenrassen» (*Essai sur l'inégalité des races humaines*, Paris 1853) zum ersten Mal in die Hand nahm, er hat es aber, wie man aus den zahlreichen Anstreichungen seines Exemplars schließen kann, sehr gründlich gelesen. Sätze wie «Die Geschichte existiert nur bei den weißen Völkern» oder «Der Westen war stets das Zentrum der Welt» wurden Bestandteil seines Geschichtsbildes. Dem Skandal von Gobineaus Typisierung der Türken als «gelb» konnte man aber nur begegnen, wenn zu zeigen gelang, dass die anatolische Bevölkerung zur weißen Rasse zählte.

Man ist versucht, die Atatürk'sche Obsession für Anthropologie mit einer tiefen Verletzung seines Selbstwertgefühls in Zusammenhang zu bringen. Er und die gesamte gleichgestimmte Generation, denen der islamische Glaube und das damit verbundene Überlegenheitsgefühl verlorengegangen war, wollten sich nicht mit dem Mittelplatz in der Rassenhierarchie begnügen, der ihnen auf den Völkertafeln der ausländischen Schulbücher zugewiesen wurde.

Als Staatschef konnte Mustafa Kemal Menschen, Apparate und Ressourcen mobilisieren, um den anthropologischen Status der anatolischen Bevölkerung zu erforschen und sie mit Hilfe der Wissenschaft aus der Zweitrangigkeit zu erlösen. Gleichzeitig mit der Institutionalisierung dieser Forschungen versuchte er, die jüngsten Ergebnisse der westlichen Wissenschaft selbst kennenzulernen. Agop (Dilâcar) beschrieb seinen Lesehunger mit folgenden Worten:

Unsere Botschafter in Europa und Amerika kauften im Westen erschienene wichtige Bücher und schickten sie nach Çankaya. Wenn Atatürks Bibliothekar Nuri und sein Chefbutler İbrahim in den Sommermonaten mit ihm nach Istanbul reisten, packten sie die Bücher, die in den Dolmabahçe-Palast gebracht werden sollten, in leere Munitionskisten.

Dilaçar freute sich über dieses «prächtige Symbol»: «Der militärische Krieg war gewonnen, jetzt wurde in den Wissenskrieg eingerückt».

In dem Schweizer Anthropologen Eugène Pittard (1867–1962), dem Verfasser von *Les races et l'histoire. Introduction ethnologique à l'histoire* (Paris 1924) und zukünftigen Doktorvater Afets (Âfetinan), fand Mustafa Kemal den wichtigsten europäischen Kronzeugen für die These von den Türken als Auslöser des Neolithikums und ihrer Zugehörigkeit zur weißen Rasse. Pittards Ansehen bei dem Projekt, die anatolischen Türken gleichsam zu «entmongolisieren», war so groß, dass ihn Atatürk 1937 zum Präsidenten des 2. Kongresses für türkische Geschichte in Istanbul machte. Überdies hatte er dafür gesorgt, dass auch der prominente Wiener Ethnologe Wilhelm Koppers (1886–1961) eingeladen wurde. Nach dessen «Ost-These» gab es Übereinstimmungen zwischen dem Urtürkentum und dem Urgermanentum. Den Ursprung der Indogermanen glaubte Koppers im Altai-Gebirge gefunden zu haben.

1937 wurde auf Atatürks Befehl und mit Unterstützung zahlreicher Regierungsbehörden und des Militärs eine «Enquête» bei 64 000 Menschen vorgenommen, die zu dem schon 1933 von Pittard auf Grund der Vermessung von 200 Personen vorausgesagten Ergebnis führte: Die Türken unterschieden sich vor allem durch Körpergröße (Durchschnitt 1, 71 m), Haarfarbe und Nasenform von den Mongolen. Dass Pittard sich an etlichen Stellen vorsichtiger als seine türkischen Jünger ausdrückte, sei hier nicht verschwiegen. Zu den angeblichen Wanderwegen der Neolithiker schrieb er alles andere als eindeutig: «Es ist deshalb sehr wahrscheinlich, dass die neolithischen Brachykephalen über Anatolien nach Europa eingewandert sind.» Afet hielt dankbar fest, dass ihre Ergeb-

nisse, die sich auf über eine Million in kürzester Zeit erhobene Daten
stützten, ohne Atatürks Förderung nicht möglich gewesen wären:

> Es ist ziemlich sicher, dass, wenn Atatürk nicht ganz persönlich diese großartige
> anthropologische Untersuchung angeordnet hätte, wir diese erwünschten Aus-
> künfte über die anatolischen Bevölkerungen nur in unzusammenhängenden Stü-
> cken und das (nur) über mehrere Jahre hinweg erhalten hätten.

So reichhaltig die Dokumentation über die lebende anatolische Bevölkerung ausfiel, so enttäuschend waren die Ergebnisse der archäologischen
Grabungen in anthropologischer Hinsicht. Atatürk förderte die Kam-
pagnen an Plätzen wie Alişar bei Yozgat durch das Oriental Institute der
Universität Chicago. «Er schlug persönlich Gâvur Kale, etwa 60 Kilometer südwestlich von Ankara, mit seinen Architekturanlagen und hethitischen Felsenreliefs vor. Im Frühjahr 1930 wurden die Ausgrabungen durchgeführt. Am 29. Mai hat Atatürk an Ort und Stelle die Arbeiten besichtigt und sich (…) in einem mehrstündigen Aufenthalt mit den
dabei aufgeworfenen Problemen beschäftigt.» Die Grabung bei Ahlatlıbel
14 Kilometer südwestlich vom damaligen Ankara «ging letzten Endes
ebenfalls auf die Anregung und beständige Ermunterung Atatürks zurück», notierte Kurt Bittel (1907–1991), der als junger Prähistoriker in
der Türkei Atatürks zu arbeiten begonnen hatte.

1931 richtete er an den damaligen Präsidenten der Türkischen Geschichtsgesellschaft, Hasan Cemil (Çambel, 1879–1967), die Aufforderung, eine größere archäologische Expedition vorzubereiten. Diese erste
wichtige türkische Grabungskampagne in Alacahöyük, die zur Entde-
ckung von Fürstengräbern aus dem 3. Jahrtausend v. Chr. mit wertvollen
Beigaben führte, lieferte endlich die erwünschte Bestätigung für die Existenz einer großen Metall verarbeitenden Zivilisation in Anatolien. Der
Grabungsleiter Hamid Zübeyr (Koşay, 1898–1984) hatte in Budapest
und Berlin Turkologie und Ethnologie studiert und bemühte sich um den
Nachweis eines Fortlebens vorgeschichtlicher und antiker Kulturele-
mente in der Folklore der anatolischen Dörfer. Noch Jahrzehnte nach
Atatürks Tod beschäftigte er sich mit von ihm vermuteten Verwandt-
schaftsbeziehungen des Türkischen mit dem Baskischen. Die Geschichtsthese konnte zu riskanten, wenn auch unbewussten Infragestellungen
der Identität von Nation und Sprache führen.

Sonnensprachtheorie und Sumerologie

Die sich herausbildende These von einer frühen türkischen Einwanderung in Anatolien bedurfte einer sprachwissenschaftlichen Untermauerung, die Mustafa Kemal Anfang der dreißiger Jahre gefunden zu haben glaubte. Als Förderer archäologischer und anthropologischer Unternehmungen war er auf den Namen des englischen Archäologen Charles Leonard Woolley (1880–1960) gestoßen. Der Katalog von Atatürks Privatbibliothek enthält dessen Werk «Vor fünftausend Jahren» über die Ausgrabungen von Ur und die Geschichte der Sumerer in allen europäischen Hauptsprachen. Die französische Version von 1930 weist zahlreiche Anstreichungen des gleichsam elektrisierten Lesers auf.

Woolley hatte 1927 über die von ihm erforschten Sumerer geschrieben: «Sie waren ein dunkelhaariges Volk (…) mit agglutinierender Sprache, die in ihrer Bildung, jedoch nicht in ihrer Etymologie, dem alten Türkisch (Turanisch) etwas ähnlich ist.» Die eifrigen Amateure in der Umgebung Mustafa Kemals, allen voran Ahmet Cevad (Emre, 1887–1961) und Hasan Reşid (Tankut, 1891–1980), beeilten sich, Woolleys Satz von gewissen formellen Ähnlichkeiten des Türkischen mit dem Sumerischen in eine von diesem nie beabsichtigte Behauptung über die Verwandtschaft beider Sprachen umzudeuten. Als Atatürk davon hörte, schrieb Hasan

Die Privatbibliothek des Präsidenten auf Çankaya wuchs bis zu seinem Lebensende auf mehrere tausend Bände, neben türkischsprachigen Werken nimmt die französische Literatur den größten Raum ein.

Reşid, «war er freudig erregt wie ein Mittelschüler, der die Versetzung geschafft hat».

Bei aller Unbedarftheit, die Mustafa Kemal in linguistischen Fragen mit den meisten Menschen teilte, und den an Scharlatanismus grenzenden Spekulationen mancher Berater muss darauf hingewiesen werden, dass die sumerisch-türkische These eine auf dem Boden der europäischen Orientalistik des späten 19. Jahrhunderts gewachsene Pflanze war. Ihr bekanntester Vertreter war der angesehene Münchner Altorientalist Fritz Hommel (1854–1936), der auf dem Höhepunkt des Weltkriegs einige Hundert «Gleichungen» zwischen dem Wortmaterial beider Sprachen vorlegte.

Im Frühjahr 1933 erschien der russisch-georgische Orientalist Nikolai Jakovlevič Marr (1865–1934) in Ankara. Er hatte eine in der Sowjetunion bis 1950 verbindliche Ursprachenlehre entwickelt. Mehrere Mitglieder der Sprachgesellschaft sollten einige Zeit aus Marrs ebenso zahlreichen wie abstrusen Werken zitieren. Eine noch stärkere Wirkung als die zwei Halbsätze von Woolley hatte auf den wissbegierigen Staatschef eine als Manuskript eingesandte Arbeit eines Wiener Privatgelehrten namens Hermann Fedor Kvergić (um 1895–1948), die ihm Anfang 1935 zugestellt wurde. Ihr Verfasser hatte eine mit türkisch-sumerischem Sprachmaterial zusammengestellte «Lautpsychologie» entwickelt, die rasch als «Sonnensprachtheorie» bekannt wurde.

Kvergić behauptete, dass zwischen Türkisch, den indo-europäischen und semitischen Sprachen enge Beziehungen bestünden. Einer seiner Ausgangspunkte war die Jung'sche Lehre von den Symbolen, nach der ihre Bedeutung von festen psychologischen Gesetzen abhängig sei. Als Hauptsymbol legte Kvergić die Sonne fest, die von den ersten Menschen mit einem «Ur-Phonem» *a* beziehungsweise *ağ* angesprochen worden sei, von dem sich durch bestimmte Regeln unter Hinzufügung von Konsonanten und Vokalen alle türkischen, letztlich aber sämtliche Wörter in allen Sprachen ableiten beziehungsweise auf das Türkische zurückführen lassen.

Am Ende des 3. Kongresses für türkische Sprache im Dolmabahçe Sarayı, in dessen Verlauf Atatürk an allen sechs Sitzungstagen bis zum 31. Oktober 1936 persönlich anwesend war, wurden sechs Thesen über die Sonnensprachtheorie angenommen, von denen die erste behauptete, «dass es sich um eine durchaus originelle, interessante und tiefgehende Theorie handelt, die in der Lage ist, einen vollständigen Wechsel in der wissenschaftlichen Linguistik herbeizuführen.»

Alle ausländischen Gelehrten, die an der Kommission für die Sonnensprachtheorie teilgenommen hatten, versprachen nach diesem Papier, Studien zu der neuen Theorie zu veröffentlichen. Zudem wollten sie der wissenschaftlichen Welt erläutern, dass die Türkei nicht allein auf dem Gebiet der Linguistik, sondern auch in der allgemeinen Bildung von einem völlig neuen Elan ergriffen sei. Das Papier wurde zwar nicht von allen ausländischen Teilnehmern unterzeichnet, aber man findet die Unterschriften von Németh, dessen kleine Grammatik Mustafa Kemal zwanzig Jahre vorher einen ersten Anstoß zur Schriftreform gegeben haben könnte, von Kvergić, der, nach allem, was man weiß, über die von ihm losgetretene Lawine eher erschrocken war, und von Giese sowie seinem früheren Assistenten İbrahim Dilmen. Dieser hatte es inzwischen zum Generalsekretär der türkischen Sprachgesellschaft, zum Professor an der neuen Fakultät in Ankara und zum Deputierten von Burdur gebracht.

Atatürk war es, zumindest für große Teile der türkischen Öffentlichkeit, gelungen, eine durchaus bizarre Theorie mit Unterstützung ausländischer hilfswilliger Wissenschaftler in seine Doktrin einzubauen und mit Hilfe der Sprachgesellschaft zeitweise zu institutionalisieren.

Auf einen angeblichen Vorzug der Sonnensprachtheorie wurde oft hingewiesen: Indem sie Türkisch zur Ursprache erklärte, konnte man auf die anstrengende Ersetzung von Arabismen und anderen Fremdelementen eigentlich verzichten. Ein genialer Coup Atatürks, um aus der Sackgasse der Authentifizierung herauszukommen? İbrahim Dilmen ahnte, dass dem Einwand, man könnte nun weiterhin (im übrigen völlig eingebürgerte) Arabismen wie *müdür* («Direktor») und *kâtib* («Schreiber») verwenden, begegnet werden musste: Diese seien «Relikte einer [osmanischen] Institution, die uns an alte Seinsweisen gemahne». *Direktör* und *sekreter* seien hingegen Zeichen einer neuen zivilisierten und kultivierten Existenz. Etymologisch betrachtet sei jedoch das Türkische, ebenso wie es die Urwurzel der Sprachen Europas sei, auch die eigentliche Wurzel der sogenannten semitischen Sprachen Arabisch und Hebräisch.

Atatürks Geschichtsthese, wie sie von Afet und anderen verbreitet wurde, hatte ansonsten kein langes Nachleben. Der Versuch, bei der Schaffung eines Nationalstaates eine nicht-islamische Identität zu behaupten, war zum Scheitern verurteilt, schon wegen der Konstruktion des Türkischen als Ursprache und des Einreißens der Barrieren zu großen anthropologischen Formenkreisen *(Homo Alpinus)*.

Bemerkenswert ist sein Verzicht, um die altehrwürdigen Stätten an Orhon und Jenissei, in der Mongolei beziehungsweise Sibirien, wo sich die frühesten türkischen Schriftzeugnisse aus dem 9. Jahrhundert befinden, nach ungarischem Vorbild eine Art romantischer Antike zu konstruieren. Das Bild des «dekadenten» osmanischen Imperiums war gleichfalls nicht versöhnbar mit der auch von Atatürk zugestandenen Bedeutung des Reiches im 16. Jahrhundert.

Gelegentlich sprach er zwar von der Blüte des vorosmanischen Anatolien unter den Seldschuken, er konnte jedoch nicht erklären, welche demographischen Auswirkungen die Islamisierung und Turkisierung ab dem späten 11. Jahrhundert auf Kleinasien und Südosteuropa hatte. Die Behauptung von einem «leeren Haus», in das die zentralasiatischen Turkstämme der Ogusen ab 1071 einmarschiert seien, die nach Atatürks Tod von einem Historiker eingeführt wurde, der ironischerweise den Familiennamen *Sümer* («Sumerer») trug, konnte ganz auf den Nachweis einer somatischen (Kansu, Afet), sprachlichen (Dilaçar) und brauchtumsmäßigen (Koşay) Kontinuität verzichten.

Für die geistige Standfestigkeit der türkischen Intelligenzija in den dreißiger Jahren sprach nicht, dass nur wenige Gelehrte, unter ihnen der «Russlandtürke» beziehungsweise Baschkire Zeki Velid Togan, offene Widerrede gegen die herrschende Ideologie übten oder zumindest wie Fuad Köprülü, ein angesehener Osmanist, ihre Zustimmung verweigerten. Togan ging ins Ausland, Köprülü war allerdings teilweise als Herausgeber eines «hochkemalistischen» Organs (*Ülkü*) auf der *payroll* der Republik und bezog sozusagen Schweigegeld.

Spätere Kemalisten nahmen Atatürk mit fragwürdigen Erläuterungen seiner Sumerer-These in Schutz: Er habe den griechischen Invasoren ein Zeichen setzen wollen, dass es sich um «unser Land» handele. In der Tat waren die türkisch-griechischen Beziehungen aber selten so gut wie zwischen 1930 und 1933.

12. KRANKHEIT UND TOD (1936–1938)

Ein Patient erster Klasse

Atatürk kämpfte spätestens seit dem Krieg in Nordafrika mit Krankheiten, die ihn zwangen, Ärzte zu konsultieren, Hospitale aufzusuchen und Kuraufenthalte einzulegen. Er hatte eine Malaria überstanden, aber eine vergrößerte Milz behalten. Offensichtlich teilte er die Überzeugung vieler Zeitgenossen, dass Seebäder und klassische türkische Hammams, aber auch der gepriesene «Luftwechsel» manche Leiden an der Wurzel kurieren konnten. Eine insgesamt stabile Verfassung erlaubte dem Mittfünfziger noch in den Jahren 1936 bis 1937, seinen Lebensstil bar jeder gesundheitlichen Disziplin aufrechtzuerhalten. Die Nächte wurden mit Freunden an der Tafelrunde verbracht, in Ankara sah man ihn noch bei Karpiç Baba, in Istanbul in Klubs und im Restaurant des Park-Hotels.

Nüchterne Beobachter waren sich einig, dass der Alkohol schon drei oder vier Jahre vor Ausbruch seiner Krankheit Wirkung zeigte. So vergaß er zum Beispiel, was er am Vortag angeordnet hatte, und manche seiner Urteile lösten nur Kopfschütteln aus. Dr. Ömer Neşet (İrdelp), der Mustafa Kemal seit zwanzig Jahren kannte und auch seine Mutter zehn Jahre lang behandelt hatte, erklärte nach seinem Tod: «Hätte er noch ein oder zwei Jahre weitergelebt, wäre es vielleicht für das Land gefährlich ausgegangen.»

Der sich gelegentlich unterbeschäftigt fühlende Präsident griff nur noch selten in die Tagespolitik ein – soweit wir das bei den heutigen Zugangsmöglichkeiten zu den Archiven sagen können. Sein Kalender wurde von repräsentativen Aufgaben bestimmt, er nahm Beglaubigungsschreiben von Botschaftern entgegen und sandte Glückwunschtelegramme zu Geburtstagen ausländischer Staatsoberhäupter.

Am ersten Tag des Jahres 1938 richtete er Genesungswünsche an İsmet İnönü, der mit einer schweren Grippe kämpfte. İsmet saß in der Schmollecke, hatte er doch Ende Oktober sein Amt als Ministerpräsident, in dem er sich in sieben Kabinetten seit 1923 eingerichtet hatte, an Mahmud Celal Bayar, den alten Unionisten und früheren Wirtschaftsminister, abgeben müssen. Ob ihn Atatürks Briefschluss tröstete? «Ich küsse dich mit

dem Gefühl tiefster Liebe, unerschütterlicher Bruderschaft und Freundschaft auf die Augen».

Drei Wochen später musste sich Atatürk selbst «wegen einiger Beschwerden» im Behandlungszimmer des Chefarztes der Badeanstalten
von Yalova, Dr. Nihat Reşat Belger, einfinden. Ein Lokalradio hatte am
24. Januar eine die Tatsachen leicht verschleiernde Meldung an die Presse
gegeben:

> Der Präsident der Republik, der seit vorgestern Yalova mit seinem Besuch beehrt,
> hat nach einer Ruhepause im *Otel Termal* und verschiedenen mit seiner Gesundheit
> zusammenhängenden Tätigkeiten nach dem Mittagessen einen Spaziergang auf
> dem Nationalen Landgut gemacht. Er kehrte gegen Abend ins Hotel zurück und
> verbrachte den Abend mit Gästen, die bis zum Essen blieben. Unser Präsident war
> bei bester Gesundheit und sehr gut gelaunt.

In Wahrheit quälten Atatürk ein Juckreiz am ganzen Körper und Nasen-
bluten, typische Symptome für eine von Dr. Belger, der in Paris seinen
Facharzt als Internist gemacht hatte, rasch erkannte Hypertrophie der
Leber. Nun wurde der vertraute Dr. İrdelp hinzugezogen. Dieser berichtete nach Atatürks Tod dem Journalisten Asım Us (1887–1964), wie der
Patient seine früheren und wiederholten Mahnungen aufnahm, den Rakı
zu meiden:

> Er gehörte nicht zu den Männern, die auf jemand hören. Es gab schon Zeiten, in
> denen er das Trinken bleiben ließ. Das galt aber nur, wenn wichtige Arbeiten vorla-
> gen. Zum Beispiel trank er überhaupt nicht, als der Kalif aus dem Land gewiesen
> werden sollte. Als er die Große Rede *(Büyük Nutuk)* schrieb, hat er sechs Monate
> lang keinen Rakı angerührt (…) Damals pflegte er zu mir zu sagen: «Du sagst, trink
> keinen Rakı. Also trinke ich keinen.» Das sagte er allerdings nur, um mich zufrie-
> denzustellen.

Äußerlich unbeeindruckt fuhr Atatürk Anfang Februar nach Istanbul.
Unterwegs weihte er in Gemlik und Bursa noch zwei Textilfabriken ein.
Nach einem der gewohnt langen Abende im Park-Hotel mussten Belger
und İrdelp erneut ans Bett des Präsidenten in Dolmabahçe gerufen werden. Ein Lungenstau mit hohem Fieber zwang ihn zu einer zweiwöchigen
Bettruhe. Zurück in Ankara führte am 27. Februar ein heftiges Nasen-
bluten zu einer das Protokoll berührenden Verspätung. In der Hauptstadt
hatten sich als Vertreter der Balkanpaktstaaten der griechische General
Metaxas, der jugoslawische Ministerpräsident Stojadinović und ein ru-
mänischer Staatssekretär eingefunden. Atatürk traf wegen seiner Unpäss-

Während seiner Reise nach Ostanatolien im November 1937
ließ sich Atatürk mit seiner Adoptivtochter, der Fliegerin Sabiha
Gökçen, und dem Ministerpräsidenten Celal Bayar in Diyarbekir
photographieren.

lichkeit erst nach Beginn des Diners ein. Danach beschwor er Ministerpräsident Celal Bayar: «Angesichts der Hatay-Frage wäre es schlecht,
wenn von meiner Krankheit etwas nach außen dringt. Konsultationen
und Behandlungen sollten durch unsere eigenen Ärzte erfolgen.»

Für nicht eingeweihte Beobachter blieb der Gazi auch Anfang März
ein Staatschef, der fast keines der wichtigen Ereignisse in Ankara aus-
ließ. Er führte Gespräche mit Professoren der Fakultät für Sprache, Geschichte und Geographie, schaute im *Anadolu Kulübü* vorbei und fuhr
hinaus zum Flugfeld nach Etimesğut, um Vorführungen junger Piloten
zuzusehen. Ein Ereignis bildete zu einem Zeitpunkt, zu dem traditionelle
Musik im Rundfunk nicht gesendet werden durfte, ein Konzert der jungen Sängerin Melek Tokgöz (geboren 1917) im Saal des «Neuen Kino»
(Yeni Sinema). Atatürk hatte sie zuvor schon nach Dolmabahçe eingeladen und war beeindruckt, weil sie auch von ihm besonders geliebte ru-
melische Weisen im Repertoire hatte. Diese Umtriebigkeit mag von dem
Bestreben motiviert gewesen sein, der Öffentlichkeit einen gesunden und
aktiven Atatürk zu präsentieren.

Der Ernst seiner Krankheit war ihm oder zumindest der am 6. März
gebildeten Ärztegruppe klar. Am 12. März wurde der Internist Professor
Erich Frank (1884–1957) geholt, der seit seiner Emigration aus Deutschland die II. Medizinische Klinik der Universität leitete. Schließlich wandte man sich, offensichtlich auf Drängen Bayars, an eine ausländische Be-

rühmtheit, Dr. Noël Fiessinger (1881–1946) von der Pariser Fakultät. Fiessinger hatte passenderweise seine Doktorarbeit über die Histogenese der Leberzirrhose verfasst. In der Folge wurde er noch dreimal von Paris an das Bett Atatürks gerufen und bis zu dessen Tod fortlaufend telefonisch um Rat gefragt. Am 31. März erschien das erste amtliche Bulletin zum Gesundheitszustand des Präsidenten in den Zeitungen: Es gebe keinen Anlass zur Beunruhigung, man habe dem Präsidenten eine sechswöchige Ruhepause empfohlen. Nach dem Bericht von Atatürks treu ergebenem Sekretär Hasan Rıza (Soyak) gab die Prognose des Franzosen ein klein wenig Anlass zur Hoffnung. Eine Umstellung der «Ernährungsweise» könnte dem Kranken vielleicht helfen, erklärte Fiessinger:

> Die Vorstellung, dass diese Krankheit allein den Alkohol zur Ursache hat, ist nicht richtig. Ich habe eine ganze Anzahl muslimischer Patienten aus Marokko, Tunis und Algerien, die ihr ganzes Leben lang keinen Tropfen Alkohol zu sich genommen haben.

Flaggezeigen an der Grenze zu Syrien

Am 21. Mai brach Atatürk – gegen ärztlichen Rat – zu einer anstrengenden Bahnfahrt ins südanatolische Mersin und Adana auf. Das Programm, das aus Truppenbesichtigungen, bei denen er stundenlang in der heißen Sonne ausharren musste, der Inspektion von Orangenhainen und der Besichtigung des antiken Soloi (Viranşehir) bestand, erschöpfte ihn außerordentlich. Dieser kräftezehrende Ausflug in die Nähe der noch-syrischen Grenze war als deutliches Signal an Frankreich gedacht, den «Sandschak von Alexandrette» (Hatay) endlich zu räumen. Am 27. Mai traf Atatürk erneut in Istanbul ein. Dort verschlechterte sich sein Zustand, als er von einem kurzen Ausflug zum Badepavillon in Florya zurückkehrte.

Die Regierung Bayar hatte inzwischen beschlossen, für den angesichts der türkischen Wirtschaftslage beachtlichen Preis von einer Viertel Million Dollar eine Jacht zu erwerben, um die körperliche Unbeweglichkeit des Präsidenten durch Schiffstouren auszugleichen. Die luxuriöse *Savanora* war eine «Doppelschrauben-Turbinendampfjacht», deren Vorbesitzerin eine amerikanische Millionärin war. Das Schiff löste die in die Jahre gekommene *Ertoğrul* als Staatsjacht ab.

Nachdem Atatürk am 1. Juni auf die *Savarona* gegangen war, wurde er nicht mehr in der Öffentlichkeit gesehen. Atatürk «bewohnte» sie regulär fast zwei Monate bis zum 25. Juli und empfing dort wiederholt

Bayar und andere Regierungsmitglieder. Seine Getreuen konnten auf diese Weise auch den Zugang zum Şef leicht kontrollieren. Die schwere Krankheit änderte nichts an Atatürks Gewohnheit, elegante Kleidung zu tragen, obwohl ihm der Doktor eigentlich das Hinaufsteigen zum Deck verboten hatte. Er trug weiße Hosen zu einem blauen Marinesakko, in dem stets eine frische Blüte steckte. Auf dem Kopf saß eine weiße Schildmütze. Als Ablenkung dienten Radio Istanbul und das unvermeidliche Grammofon mit türkischer und orientalischer Musik. Da der Lärm der Generatoren den Kranken stören konnte, bezog die Jacht ihren Strom von einem längsseits angelegten Unterseeboot. Die Ärzte gingen in dichter Folge an Bord und verließen das Schiff mit besorgten Mienen. Dr. Fiessinger überwand zum zweiten Mal die 3000 Kilometer, die Paris von Istanbul trennen, um Atatürk zu untersuchen.

Die *Savarona*-Wochen endeten voraussagbar. Atatürk musste in der Nacht vom 24. zum 25. Juli mit einer Tragbahre in den völlig verdunkelten Dolmabahçe-Palast gebracht werden und bezog den Raum, der noch heute Besuchern als Sterbezimmer gezeigt wird. Früher hatte dieser dem Erbauer des Serails, Sultan Abdülmecid, und seinen Nachfolgern als Winterschlafgemach gedient.

Kılıç Ali und Soyak wichen so gut wie nie von seiner Seite. Beide verfassten bis ins medizinische Detail gehende Berichte über die letzten Tage ihres Leitbilds. Aus London war Fethi Okyar, der dort als türkischer Botschafter auf Posten war, herbeigeeilt. Der alte enge Freund Salih Bozok blieb bis zur letzten Minute. Von Atatürks «Familie» hatten Schwester Makbule, von den Adoptivtöchtern vor allem Afet, die Anthropologin, und Sabiha, die Pilotin, ständigen Zugang. Die fünf- oder sechsjährige Ülkü (geboren 1932) findet man noch auf zahlreichen späten Fotos an der Hand ihres Adoptivvaters.

Kılıç Ali notierte einen Satz, den der Kranke nach einem Gespräch mit Celal Bayar äußerte und der seine Sorgen um seine Nachfolge deutlich macht:

«Ich liege im Krankenbett. Celal Bey liegt ebenfalls darnieder. Fevzi Paşa (Çakmak) leidet an Zuckerkrankheit, auch er ist krank. Ich weiß nicht, was noch werden soll.» – Uns fiel sofort auf, dass İsmet İnönüs Name bei diesen Worten nicht fiel, und wir legten dem vielfältige Bedeutungen bei. Wir hatten richtig gesehen, denn İsmet Paşa war auf die zweite Stelle verbannt und blieb mit seinem ergebenen Freund Dr. Refik Saydam (1881–1942) zusammen. Es sah so aus, als hätte er alle Beziehungen zu Atatürk abgebrochen, Atatürk suchte weder nach ihm, noch fragte er nach ihm.

*Die letzten Photographien Atatürks
zeigen ihn häufig mit Ülkü («Ideal»)
in Florya am Marmara-Meer.
Die Adoptivtochter wurde 1932 in
Ankara geboren.*

Ob İsmet İnönü aus Taktgefühl oder politischer Taktik in Ankara blieb, ist schwer zu sagen. Er war seinem langjährigen Weggefährten zuletzt am 13. April in Ankara begegnet. Danach gab es nur noch Briefe İsmets mit Genesungswünschen und eine Gratulation Atatürks zum 15. Jahrestag des Friedensvertrags von Lausanne. Wahrscheinlich sah İsmet in Bayar den wichtigsten Konkurrenten um die Nachfolge auf dem Präsidentenstuhl. Fevzi Çakmaks Ansehen war keinesfalls geringer als das İnönüs, sein moderates Temperament schien aber eher für ein unpolitisches Amt geeignet zu sein als für eine Türkei, die in schweres außenpolitisches Fahrwasser zu kommen drohte. England und Frankreich auf der einen Seite, Deutschland, das Österreich im März 1938 angeschlossen hatte, und ein ebenso unberechenbares Italien auf der anderen Seite rückten näher zusammen.

Es steht fest, dass Atatürk kein politisches Testament im Sinn einer Nachfolgeregelung verfasste. Nach einer Mitteilung des Volkspartei-Politikers Hilmi Uran (1886–1957) hatte er es auch abgelehnt, während seiner Krankheit einen Stellvertreter einzusetzen. Wollte er im Rahmen der Verfassung die politischen Kräfte in Ankara sich selbst überlassen oder verzichtete er in einem unausgesprochenen Einverständnis mit İnönü auf eine offensichtliche Unterstützung? Wie auch immer – dem Land sollten schmerzhafte Satrapenkämpfe erspart bleiben.

Geldgeschichten

Noch bei vollem Bewusstsein ordnete er hingegen seine Vermögensverhältnisse. Sein Vermächtnis bezog auch politische Festlegungen für die Zukunft ein. Vor einem operativen Eingriff zur Entfernung von Flüssigkeitsansammlungen in seinem Unterleib, den er für bedrohlich hielt, wollte er seine finanziellen Angelegenheiten abschließend regeln. Soyak brachte ihm eine Aufstellung der Immobilien ans Krankenbett, so dass er am 5. September die folgenden Punkte diktieren konnte:

Ich überlasse und vermache meine sämtlichen Barmittel und Aktien sowie meinen in Çankaya befindlichen beweglichen und unbeweglichen Besitz unter den im Folgenden genannten Bedingungen der Volkspartei:

1) Barmittel und Aktien sollen wie bisher von der *İş Bankası* verzinst werden.

2) Unter Vorbehalt, dass mir von den jährlichen Zinsen Anteile zu Lebzeiten verbleiben, sollen monatlich ausgezahlt werden an Makbule 1000, Afet 800, Sabiha Gökçen 600, Ülkü 200, an Rukiye und Nebile die schon jetzt geltende Summe von je 100 Lira.

3) Sabiha Gökçen erhält Geld, um ein Haus zu erwerben.

4) Makbule behält das von ihr in Çankaya bewohnte Haus auf Lebenszeit [sie nutzte das Haus allerdings nicht mehr und ließ sich abfinden].

5) Den Kindern von İsmet İnönü soll zur Vollendung ihrer Hochschulstudien die notwendige Unterstützung gewährt werden.

6) Der alljährlich von den Zinsen verbleibende Betrag wird zu gleichen Teilen für die Gesellschaft für Türkische Geschichte und Türkische Sprache bestimmt.

Atatürks Prioritäten lagen auf der Hand: Noch vor den Frauen aus seiner überschaubaren «Familie» enthielt das Testament als Hauptbegünstigte die Republikanische Volkspartei, die in den letzten Lebenswochen ihres Gründers für jedermann sichtbar mit dem Staat zusammengewachsen war. Ihre Fahne mit den sechs Pfeilen flatterte seit dem 20. August 1938 vor allen Amtsgebäuden! Mit den Zuwendungen für die beiden Trägervereine seiner Geschichts- und Sprachtheorien machte er deutlich, dass er auf ihre Fortentwicklung setzte. Erst nach der Militärintervention vom 12. September 1980 verloren die beiden Institutionen ihre finanzielle Unabhängigkeit.

Den Grundstock seines bis 1938 auf rund 2 Millionen Lira angewachsenen nominellen Vermögens bildeten die in Indien für den Unabhängigkeitskrieg gesammelten Hilfsgelder, von denen er etwa 250 000 in Agrarland investiert hatte, das er in Mustergüter umwandeln wollte. Ein «Konto Nr. 2» bei der *İş Bankası* bestand zum größten Teil aus dem Betrag (900 000 Lira), den der frühere ägyptische Chedive Abbas Hilmi Paşa für die türkische Staatsangehörigkeit bezahlt hatte. Atatürk konnte zwar rechtlich geschen über diese Beträge verfügen, hat sie aber Soyak zufolge für keine «persönlichen Ausgaben» benutzt.

Selbstverständlich hatte er als Präsident der Republik an der Spitze der staatlichen Einkommenstabelle gestanden. 1932 betrug sein monatliches Gehalt nach Abzug von Steuern (5410 Lira) 9078 Lira, von denen 2000 an İnönü gingen. An Pensionsgeldern hatte er zum Zeitpunkt seines Todes nur 19 0566,80 Lira angesammelt. Atatürk war wie ein osmanischer Wesir gezwungen, einen großen Haushalt und zahlreiche Gäste zu unterhalten. Für seine Reisen im Land stellte der Staat zwar Züge und Schiffe bereit, für alle Spesen und die seiner Begleitung musste er aber selbst aufkommen.

Am 6. September gaben sich der Notar, dem Atatürk das Testament überreicht hatte, und Professor Fiessinger im Dolmabahçe-Serail die Klinke in die Hand. Der Arzt präzisierte den Typus der Erkrankung: *Hepatite sclereuse hypertrophique, type Hanot et Gilbert.* Dem Patienten wurden neue detaillierte Vorschriften gemacht und Verbote auferlegt. Radiohören wurde auf 15 bis 20 Minuten beschränkt, Besucher durften erst fünf bis acht Tage nach Punktionen des Bauchwassers empfangen werden und insgesamt nicht länger als ein bis zwei Stunden bleiben.

Am 26. September wurde der Sprachfeiertag begangen. Atatürk verfolgte die Festansprache von İbrahim Necmi Dilmen am Radio. Er konnte dazu nur telegraphisch gratulieren. Zwei Tage später fand ein Gedenktag an den osmanischen Großadmiral Hayreddin Barbarossa statt, der vierhundert Jahre zuvor eine christliche Flotte bei Prevesa von der Adriaküste vertrieben hatte. Atatürk konnte die «Lichterspiele» auf dem Bosporus, die zweifellos nicht nur als Erinnerung an die frühere Vorherrschaft der Osmanen im östlichen Mittelmeerraum, sondern auch als Signal an das Rom Mussolinis gedacht waren, noch von den Fenstern seines Krankenzimmers aus verfolgen. Zu den Besuchern der letzten Lebenswochen zählte auch sein alter Adjutant und jetziger General İzzeddin Çalışlar. Celal Bayar berichtete am 15. Oktober telegraphisch von den Ergebnissen der Kommunalwahlen, an denen sich zum zweiten Mal auch Frauen beteiligt hatten.

Am 16. Oktober verfiel Atatürk gegen Abend in ein Koma, aus dem er erst nach drei Tagen vollständig erwachte. Das Bulletin vom 20. Oktober sprach von einer Verbesserung des «Allgemeinzustands». Am

27. Oktober konnte er sich mit Korrekturen der Rede zum 15. Republik-
tag befassen, die Bayar am 29. Oktober bei der großen Parade im Hip-
podrom von Ankara verlas. Programmgemäß war auch die Eröffnung
des 4. Sitzungsjahrs der 5. Legislaturperiode der Versammlung durch Bayar «auf Befehl des Präsidenten der Republik Atatürk».

Die letzten Tage in Dolmabahçe

In den folgenden Tagen bekam er außer den Ärzten nur wenige
Menschen zu sehen: von den Politikern nur Bayar, ansonsten Makbule,
Afet und Sabiha. Als er am 9. November erneut ins Koma fiel, musste
das Bulletin seines Sekretariats bekennen: «Der allgemeine Zustand hat
eine gefährliche Form angenommen.» Vor den Gittern des Palastes
drängten sich immer mehr Menschen, unter ihnen viele Reporter. Alle
starrten auf die Fahne, die über dem Dach des Palastes wehte, aber noch
immer nicht auf Halbmast gesenkt war.

Am 10. November lautete das von drei behandelnden und fünf bera-
tenden Ärzten unterzeichnete Bulletin:

Die Schwere im allgemeinen Zustand des Präsidenten der Republik Atatürk hat
sich seit dem gestern Nacht um 24 Uhr veröffentlichten Bulletin ständig erhöht.
Heute am Donnerstagmorgen des 10. November um neun Uhr fünf hat unser großer Şef unter einem tiefen Koma das Leben verlassen.

Auf eine Autopsie wurde wegen der klaren Todesursache verzichtet. Die
amtliche Todesnachricht endete mit den Worten: «Kemal Atatürk wird
in der Geschichte und im Herzen der Türken weiterleben.»

Ein deutscher Augenzeuge, der als Emigrant in der Türkei lebende
Rechtswissenschaftler Ernst Hirsch (1902–1985) beschrieb die Lage in
Istanbul nach der Verkündigung der Todesnachricht:

Der leibliche Tod Atatürks (...) erschütterte die gesamte Bevölkerung in allen ihren
Schichten und Kreisen. Es war so, als ob wirklich der Vater aller Türken heimge-
gangen wäre; so stark war der Andrang der Menschen, die am aufgebahrten Sarg
im stillen Vorübergehen dem Verstorbenen die letzte Ehre erweisen wollten. Am
Trauerzug, der vom Palais Dolmabahçe durch den Stadtteil Galata über die Brücke
bis zur Serailspitze geleitet wurde, beteiligte sich auch – lt. Protokoll unmittelbar
hinter den Ministern, Abgeordneten und Mitgliedern des Diplomatischen Korps –
die Professorenschaft der Universität in Frack und Zylinder. Entlang der Straßen,
die der Trauerzug kilometerweit passierte, standen weinende Menschen, waren alle
Fenster, alle Häuser von weinenden Menschen besetzt. Es war uns, die wir im Zug

mitgingen, als ob ganz Istanbul zusammengeströmt sei, um weinend Spalier zu bilden. Eine derartige echte Volkstrauer wie an jenem Novembertag 1938 habe ich weder vorher noch nachher jemals miterlebt.

In Ankara wurde noch am Todestag İsmet İnönü zu Atatürks Nachfolger gewählt, während die Regierung Bayar im Amt blieb, aber drei wichtige Ressorts neu besetzte. Asim Us hatte kurz nach dem Tod Atatürks in seinem Tagebuch zum Zusammenspiel dieser beiden Hauptfiguren der neuen Türkei notiert:

İsmet İnönüs eigentliche politische Persönlichkeit wird erst jetzt zu Tage treten. Denn es ist nicht möglich festzustellen, welche Handlungen, die er bisher als Regierungschef vornahm, auf seine Initiative zurückgingen, und welche das Ergebnis von Anordnungen waren, die von Atatürk erteilt wurden.

Das Große Zeremoniell

Nach der Einbalsamierung wurde Atatürk in einem Sarg, der von der türkischen Fahne eingehüllt war, im großen Festsaal von Dolmabahçe aufgebahrt, in dem früher die höchsten religiösen Feiertage begangen wurden. Jetzt konnte der Istanbuler Teil der Nation Abschied nehmen. Endlich, am 19. November, wurde im engeren Kreis das Totengebet in der Dolmabahçe-Moschee durch den Theologie-Professor Şerafeddin Yaltkaya (1879–1947) gesprochen. Ein Torpedoboot brachte den Sarg zum Kreuzer *Yavuz*, jenem Schiff, das im Oktober 1914 unter dem Namen *Goeben* und unter deutscher Flagge in die Dardanellen eingelaufen war. Die *Yavuz* übergab ihren stummen Passagier in İzmit, wo ein Sonderzug nach Ankara bereitstand, an die Bahn.

Der türkische General Necip Torumtay (geboren 1926) hielt in seinen Memoiren den Eindruck fest, den die nächtliche Reise Atatürks auf die am Bahnhof von Bilecik aufgestellten Schüler machte: Der Zug verlangsamte seine Fahrt, und man sah durch die großen Fenster der Spezialwaggons den von der Flagge bedeckten Sarg zwischen vier Generälen, die in ihren Paradeuniformen wie Standbilder wirkten. Torumtay fügte einen Satz hinzu, wie er in vielen Erinnerungen an diese Tage zu lesen ist: «Wir fühlten uns wie Waisen.»

In Ankara warteten am 20. November an jenem Bahnhof, den Atatürk von den ersten Tagen des anatolischen Widerstands an zu seinem Hauptquartier gemacht hatte, die Spitzen der Republik: İsmet İnönü, Abdülhalik Renda, der Präsident der Versammlung, Marschall Fevzi Çakmak,

Bei der Totenfeier in Ankara wurde der Sarg Atatürks,
begleitet von 12 Generälen, vom Bahnhof zu einem von Bruno
Taut entworfenen Katafalk gebracht.

die Mitglieder des Ministerrats und die Deputierten. Ein Infanterieregiment grüßte, dann wurde der Sarg von zwölf Generälen vom Waggon gehoben und in einem Fahrzeug zum Gebäude der Großen Nationalversammlung gebracht. Dabei wurden 101 Kanonenschüsse abgefeuert. Vor dem Parlament stand ein Katafalk, den der Architekt Bruno Taut (1880–1938) in aller Eile entworfen hatte.

Am folgenden Tag wurde der Sarg zu seinem vorläufigen Bestattungsort, der Vorhalle des Ethnographischen Museums, gebracht. An allen Straßen waren Soldaten aufgereiht, um die andrängende Menge zurückzuhalten, nur Journalisten, Photographen und Wochenschauleute durften sich frei bewegen. Chopins Trauermarsch ertönte, alle fünf Minuten wurde eine Kanone abgefeuert. Alle befreundeten europäischen Staaten hatten Militärdelegationen entsandt. Angesichts der gespannten Beziehungen zu Italien, die durch eine persönliche Antipathie Atatürks gegenüber Mussolini verstärkt wurden, überraschte das Fehlen italienischer Soldaten nicht.

Obwohl der Personenkult um Atatürk schon zu seinen Lebzeiten voll im Gange war, wurde durch die Anfertigung einer Totenmaske die Voraussetzung für eine Unzahl von weiteren Büsten und Denkmälern geschaffen. Erst 1953 wurde der riesige Grabtempel (Anıtkabir) auf dem Anıttepe («Denkmalshügel) fertig gestellt.

EPILOG

Im Rahmen des Fünfjahresplans für die industrielle Entwicklung wurde zwei Jahre vor Atatürks Tod eine «Idealskizze des republikanischen Dorfs» *(İdeal Cumhuriyet Köyü)* veröffentlicht, welche die Visionen des «Hochkemalismus» anschaulich vor Augen führt. Die ländliche Siedlung der Zukunft gruppierte sich in vier konzentrischen Ringen um das «Monument» *(Anıt)*. Dieser Mittelpunkt war selbstredend eine Büste oder Statue Atatürks. Von Bäumen gesäumte Straßen verbanden die Bauernhäuser untereinander und mit den Nachbarorten. Um den Dorfplatz waren die wichtigsten staatlichen, genossenschaftlichen und privaten Gebäude angeordnet. Dabei nahm die Schule die größte Fläche ein. Ihr gegenüber lagen das Gebäude der Ortsgruppe der Republikanischen Volkspartei, ein Gästehaus, ein Vortragsraum und eine Lesehalle. Neben dem *otel*, das auch ein herkömmlicher *han* sein durfte und bei dem man nicht vergessen hatte, einen Briefkasten zu markieren, sollten die Gesundheitsdienste einschließlich der Hebammenstation entstehen. Zwischen der innersten und der zweiten Ringstraße konkurrierten ein großes «Dorf-Kasino», in dem man Radio hören konnte, ein Jugendklub und ein Ausstellungsgebäude für land- und hauswirtschaftliche Produkte um Besucher. Eher unauffällig schlossen sich die beiden für eine islamische Lebensführung unverzichtbaren Bauten – Moschee und Bad *(hammam)* – an.

Außerhalb des Siedlungskerns waren der als «zeitgenössisch» *(asrî)* bezeichnete, das heißt regulär parzellierte Friedhof und ein großer Sportplatz vorgesehen. Die wirtschaftliche Grundlage des Idealdorfes blieb nicht auf Ackerbau und Viehzucht, zum Teil auf genossenschaftlicher Grundlage, beschränkt, am Rande des Schemas waren auch «Fabriken» eingetragen. Der Plan macht sinnfällig, wie sich die zivilisatorische Mission von Staat und Partei auf dem Dorf entfalten sollte. Zu einem Zeitpunkt, als sich die türkische Bevölkerung nach den Verlusten der Kriege allmählich erholte und die Kinder der Überlebenden erwachsen wurden, setzte man auf die neue Generation. Die Lehrer als Bannerträger des «Neuen Lebens» sollten privilegiert innerhalb eines grünen «Dorfparks» wohnen, an den ein Spielplatz angrenzte. Briefkästen, eine Telefonzent-

Anıtkabir: Das 1953 vollendete Bauwerk von Emin Onat und Orhan Arda ist durch eine 250 Meter lange, von «hethitischen» Löwen gesäumte Allee erschlossen. Das Mausoleum selbst ist eine riesige Pfeilerhalle.

rale, Radio und ausgebaute Straßen sollten die Menschen aus ihrer jahrtausendealten Isolierung befreien. Atatürk wachte von seinem Denkmalsockel schon zu Lebzeiten über die Einlösung seines Vermächtnisses.

Unter dem Nachlassverwalter İsmet İnönü, der zwischen 1938 und 1950 als «Nationaler Führer» (*Millî Şef*) zusammen mit einigen von Atatürks engsten Weggefährten autoritär das Land regierte und geschickt durch die Klippen des Zweiten Weltkriegs steuerte, wurde der nationalistische, laizistische und modernistische Kurs des Republikgründers fortgesetzt und in manchen Bereichen auf die Spitze getrieben. Freilich zwang die Zulassung von Oppositionsparteien ab 1946 die Volkspartei zu manchen Kompromissen in Religionsfragen. Nach dem klaren Wahlsieg der Demokratischen Partei von Adnan Menderes (1899–1961) und Celal Bayar im Jahr 1950, die sich auf eine ländliche und traditionell religiöse Bevölkerungsmehrheit stützte, wurde zügig mit den Institutionen aufgeräumt, mit deren Hilfe die Volkspartei die ländliche Türkei an das «Republikanische Idealdorf» heranführen wollte. Volkshäuser und Anstalten zur Ausbildung von Dorflehrern wurden geschlossen. Karikaturisten bogen die sechs Pfeile, die einst die Leitprinzipien von Staat und Partei symbolisierten, zu krummen Haken um.

Celal Bayar, der İnönü als Präsident folgte, leitete noch die Fertigstellung des riesigen Mausoleumskomplexes für Atatürk, in den 1953 seine
sterblichen Überreste überführt wurden. Nun verfügte die Republik über
einen zentralen Ort für die Symbole und Rituale der neuen Zeit. Das
Anıtkabir wurde zum Pilgerort nicht nur für die Türken, die den Kemalismus als Nationalreligion oder, wenn man will, als zivile Religion ver-
innerlicht hatten, sondern auch für diejenigen, die seine Leistungen in
den Kriegen über sein Reformwerk stellten. Alle anderen Gedenkstätten
werden in der Türkei bis heute nachrangig behandelt. Die Idee eines
Denkmals für den «Unbekannten Soldaten» wurde schon zu Lebzeiten
Atatürks heftig als eine Herabwürdigung der Leistungen des Gazi ange-
griffen. Von Atatürks Nachfolgern wurde allein İnönü 1973 im Ehren-
hof des Mausoleums eine unauffällige Grabstätte eingeräumt.

Das «Menderes-Jahrzehnt» zwischen 1950 und 1960 endete mit einem
Militärputsch, den man als eine kemalistische «Korrekturrevolution»
bezeichnet hat. Die Offiziere rührten zwar mehrheitlich nicht an dem
Gebetsruf, der nach 1950 wieder in seiner ursprünglichen arabischen
Form erschallen durfte, aber sie sorgten für eine neue rechtsstaatliche
Verfassung, über deren Einhaltung seit 1962 ein eigenes Gericht wacht.
Die Wähler honorierten das Bündnis «des 27. Mai 1960» aus Militärs,
Bürokraten und Intelligenzija jedoch nur zurückhaltend. Die unter Ata-
türk und İnönü mit dem Staat verschmolzene Volkspartei musste sich
wie nach 1950 in den Konkurrenzkampf mit großen und kleinen Par-
teien und reaktionären und linksradikalen Splittergruppen begeben.

Der als Reformer («links von der Mitte») gefeierte Volksparteiführer
Bülent Ecevit ging 1974 eine Koalitionsregierung mit dem Islamisten
Necmettin Erbakan (geb. 1926) ein und erlaubte die weitere Ausdehnung der längst nicht mehr als Berufsfachschulen geltenden Lyzeen für
Vorbeter und Prediger (*İmam Hatip Liseleri*). Ein weithin sichtbares
Zeichen für die Überwindung der kemalistischen Hegemonie wurde in
der Hauptstadt gesetzt. Die Silhouette Ankaras bestimmte nicht länger
der Anıttepe mit seinem Grabtempel, sondern die pompöse Zentralmoschee Kocatepe, die Turgut Özal (1927–1993), der der Nakşibendi-Bru-
derschaft nahestehende Präsident der Republik, 1987 eröffnete.

Aber auch die Kemalisten der zweiten und dritten Generation selbst
leisteten ihren Beitrag zur Eintrübung von Atatürks Bild, indem sie den
Republikgründer auf zusammenhanglose Sentenzen und hagiogra-
phische Lebensbilder reduzierten. Anekdoten, die sich niemand durch
Recherchen zerstören lässt, Beispielsammlungen für Atatürks ans Pro-

phetische grenzende Voraussicht und endlich Behauptungen über seine persönliche Frömmigkeit sind Bestandteil dieses neuen Kults. Nur noch in den Schulen sang man mit voller Überzeugung:

> Atatürk starb nicht, in meinem Herzen lebt er,
> Im Kampf um die Zivilisation die Fahne trägt er,
> Alle Widerstände überwindet er.

Dazu passt die Aussage von Denkmälern, auf denen nur das Geburtsjahr (1881) Atatürks angegeben ist und sein Todesjahr durch drei Punkte vertreten wird.

Atatürks beamtete Nachlassverwalter benutzten ihre Budgets, um seine Schriften in zahllosen Exemplaren und in mehr oder weniger modernisierter Sprache in Schulen und öffentlichen Bibliotheken zu verbreiten, während sich in den durch extreme Polarisierung geplagten 1970er Jahren neben den Kassen der Buchhändler – je nach Couleur – radikal-islamisches, kurdisches oder großtürkisches Schrifttum stapelte und im Gegensatz zu der «Großen Ansprache» Atatürks reißenden Absatz fand.

Daran änderte auch Kenan Evrens (geb. 1918) Putsch vom 12. September 1980 nichts, obwohl sich der General ausdrücklich als Retter einer Nation gab, deren Jugend wieder mit Atatürks Geist erfüllt werden müsse. Anders als Atatürk, der auf die Austrocknung des islamischen Kultus gesetzt hatte, versuchte Evren aber die Religion als Kitt zwischen verfeindeten ethnischen und religiösen Gruppen einzusetzen.

Die Republikanische Volkspartei (CHP), die nach längerem Zickzackkurs und nach dem Verbot sämtlicher «Altparteien» im Jahr 1980 wiedererstanden ist, deckt sicher noch einen wichtigen Teil des politischen Spektrums ab, doch finden ihre Vorstellung vom homogenen Ordnungsstaat und ihr hausbackener Souveränitätsbegriff, der sich mehr und mehr gegen die Europäische Union richtet, weniger Anhänger als die sich moderat und europafreundlich gebende «Partei für Gerechtigkeit und Aufbau» (AKP) von Tayyip Erdoğan, einem Adepten Erbakans.

Die öffentliche Beschwörung von Atatürks Gedächtnis unterscheidet sich heute von Ort zu Ort, von Stadtteil zu Stadtteil, je nach dem Parteibuch des Bürgermeisters. Provinz- und Stadtverwaltung Istanbuls zelebrierten am 29. Mai 2008 den 555. Jahrestag der Eroberung Istanbuls durch Mehmed II. mit größerem Einsatz als die zur Routine erstarrten Nationalen Gedenktage, die wiederum in den nicht von der AKP dominierten Bezirken feierlicher begangen wurden. Von der CHP unabhängige Personen und Gruppen pflegen das Gedächtnis an Atatürk auf ihre Weise. Die Wiederentdeckung des frühen Kemalismus als einer Periode, in der «alles rein und sauber» war, durch die städtische Mittelklasse hat die Kulturanthropologin Esra Özyürek 2006 als «Nostalgie für die Moderne» (der 1930er Jahre) bezeichnet. Diese Aussage wird verständlich angesichts der seit den 1970er Jahren kontinuierlichen Wiedergewinnung des republikanischen Terrains durch nationalreligiöse Kräfte, die den «Marsch durch die Institutionen» angetreten haben. Seit die Gedenkfeiern am 23. April, 19. Mai und 29. Oktober nicht mehr strikt vom Staat verordnet werden, wirkt die Sehnsucht von jener Hälfte der türkischen Nation, die nicht AKP gewählt hat, nach einem säkularen Ordnungssystem glaubhafter. Jedoch kann man den Nostalgikern für die Moderne den Vorwurf nicht ersparen, über die autoritären Seiten der Epoche hinwegzusehen.

Das Regime Atatürks ging weit über die zu Recht beschworene Erziehungsdiktatur («von der Überzeugung zur Erzwingung») hinaus, lässt sich aber nicht leicht typologisch in die anderen Diktaturen der Zwischenkriegszeit Europas und Lateinamerikas einordnen. Der Jurist Hans Kelsen hat 1936 von einer Einparteiendiktatur gesprochen, wenn die für eine Demokratie fundamentale Trennung von Staat und Parteiapparat aufgehoben wird. In diesem Sinne war die Türkei in den Jahren 1925 bis 1946 eine moderne Autokratie, an deren Spitze aber nicht wie in den zeitgenössischen faschistischen Regimen ein charismatischer Führer stand, sondern ein manchmal schüchtern auftretender «Oberlehrer» mit sorgfältiger, aber alles andere als hinreißender Diktion.

Auch weitere Merkmale anderer autoritärer Staaten finden sich nicht in der Türkei. Atatürks System war alles andere als militaristisch und entbehrte jedes imperialistischen Auftretens in der Außenpolitik – und dies gewiss nicht aus wirtschaftlicher Schwäche und ängstlicher Zurückhaltung, sondern weil für Atatürk der Rückzug auf das anatolische «Herz des Landes» Vorrang vor großtürkischen Ambitionen hatte und ihm das Modernisierungsprojekt wichtiger war als eine rückwärtsgewandte Nationalromantik. Der demokratische Parlamentarismus war nach 1925 gewiss eine reine Fassade für die «Große Nationalversammlung», aber diese Fassade blieb immerhin so unbeschädigt, dass sie sich ab 1946 als «Format» für den Übergang zur Mehrparteiendemokratie eignete. Die pluralistischen liberalen Demokratien des Westens wurden in Ankara zu keinem Zeitpunkt wie in den totalitären Diktaturen der Sowjetunion oder des «Dritten Reichs» zum Feindbild erklärt. Wenn es ein Feindbild gab, so waren es nicht die Systeme anderer Staaten, sondern die unverbesserlichen Anhänger des osmanischen *Ancien Régime*. Der Pascha hielt sie für so stark und gefährlich, dass er sich gezwungen sah, seine wahren Ziele lange zu verbergen. Die Mobilisierung der «Massen» musste ausbleiben, solange die «Republikaner» zum überwiegenden Teil auf dem Lande lebten und von ihrem neuen Status als «wahre Herren der Nation» nichts wussten. In der Hauptstadt konnten selbst zu den runden Republikfeiern nicht mehr als 60 000 oder 80 000 Menschen zusammengerufen werden.

Nichtmuslimische Minderheiten wurden unter Atatürk im Alltag diskriminiert, und niemand schritt gegen ihre Verhöhnung in bestimmten Presseorganen ein. Der Assimilierungsdruck auf nicht türkisch sprechende Gruppen, allen voran die Kurden, war enorm, die Bereitschaft, das Leid der vertriebenen und ermordeten Armenier anzuerkennen, ist bis heute gleich null. Aber Atatürks Regime hatte bei allen willkürlichen und rücksichtslosen Handlungen gegenüber Einzelnen und ganzen Gruppen nicht jenen totalitären Charakter, der anderswo zu den Herrschaftsinstrumenten von Geheimpolizei und Konzentrationslagern führte. Die Verhandlungen der Unabhängigkeitsgerichte widersprachen zwar eklatant den eben erst als «Neues Türkisches Recht» eingeführten europäischen Gerichtsverfahren, waren aber von Schauprozessen weit entfernt.

Die Frage nach der demokratischen Legitimität des Atatürkschen Systems nach mehr als achtzig Jahren ist erlaubt, trägt aber wenig zum Verständnis der Zeit bei. Der Sozialhistoriker Zafer Toprak hat eine treffende Antwort gegeben: Wäre das Zivilgesetzbuch als Rückgrat des türkischen Laizismus im Jahr 1926 einem Referendum unterbreitet worden, hätten weniger als fünf Prozent zugestimmt. Heute, könnte man hinzufügen, würde eine Abstimmung ein deutliches Ja ergeben.

Wenn man abschließend noch einmal auf das «Republikanische Idealdorf» des Jahres 1936 zurückkommen will, kann man nachtragen, dass die Weltwirtschaftskrise der türkischen Landwirtschaft 1929 einen Schlag versetzte, von dem sie sich erst nach 1947/48 einigermaßen erholte. Die ländliche Türkei erlebte im zweiten Atatürk-Jahrzehnt rein wirtschaftlich gesehen einen Stillstand und sogar einen Rückgang hinsichtlich ihrer Exportmöglichkeiten. Damit war die ohnehin abgeschwächte Dynamik einer von Atatürk erstrebten «permanenten Revolution» verloren gegangen.

Nachdem es Atatürk selbst, wie schon seine Zeitgenossen kummervoll bemerkten, nicht gelungen war, den Bebauungsplan von Ankara durchzusetzen, darf man sich über den Wildwuchs der Provinzstädte und Dörfer nicht wundern. Die Dörfer wurden zwar aus ihrer Isolierung erlöst und erhielten spätestens in den 1970er Jahren Telefon, Elektrizität und Schule, aber die massive Abwanderung in die Städte konnte durch diese Segnungen nicht aufgehalten werden. Die im Idealplan eingetragenen «Fabriken» wurden nie gebaut, Bildungseinrichtungen wie Volkshaus und Lehrsammlungen sind, falls sie überhaupt realisiert wurden, verschwunden. Niemand hört in einem Gemeinschaftsraum die Stimme des Präsidenten oder seiner Minister aus dem Radio. Im Idealdorf musste die Moschee ins zweite Glied zurücktreten, heute beherrscht sie wieder die Siedlung. An unerwarteten Plätzen existieren Lyzeen für «Imame und Vorbeter», die nicht für den Bedarf an religiösen Spezialisten gebaut werden, sondern junge Leute auf die Universität vorbereiten sollen und gleichzeitig die Grundlagen des Islams einschließlich der arabischen Sprache vermitteln.

Die Dialektik des Bewahrens und des Wandels bestimmt die Türkei auch siebzig Jahre nach dem Tode des Republikgründers. Bei allen Veränderungen, die das Atatürk-Bild noch erleben wird, scheint aber doch festzustehen, dass die Brandhorizonte der Kriege zwischen 1912 und 1922 für zukünftige Archäologen weniger auffällig sein werden als die breite Kulturschicht der Jahre 1920 bis 1938.

ANHANG

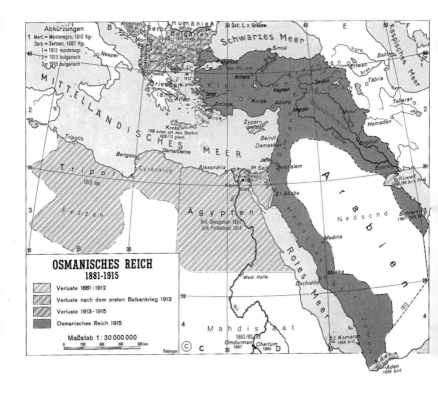

In Atatürks Geburtsjahr (1881) erstreckte sich das Osmanische Reich trotz großer Gebietsverluste noch über drei Kontinente.

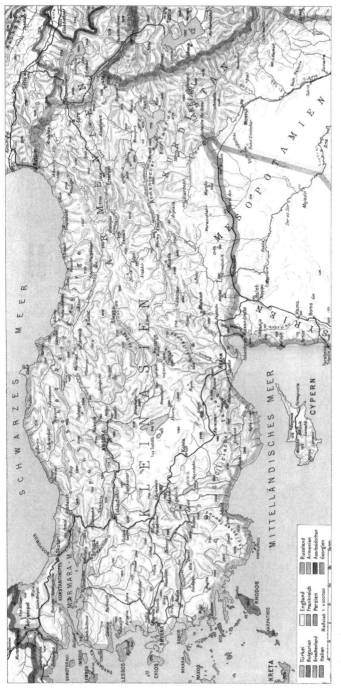

Die Türkei 1924

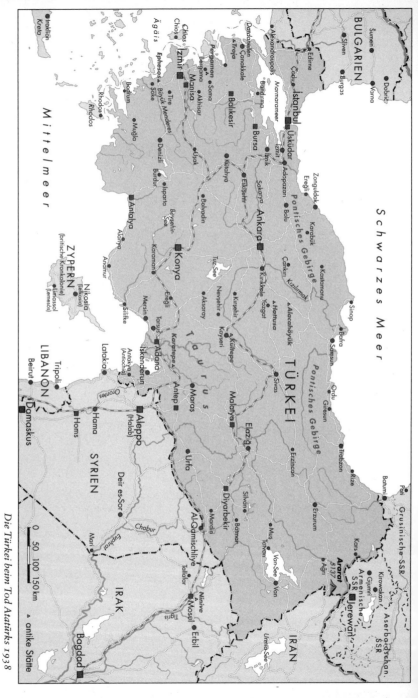

Die Türkei beim Tod Atatürks 1938

ZEITTAFEL

1880/81	Mustafa wird in Saloniki geboren (amtlich auf den 19. Mai 1881 festgelegt).
1894 oder 1895	Annahme des Beinamens «Kemal».
1894	*April:* Entritt in die zweite Klasse der *Rüşdiye*.
1896	Mustafa Kemal wird in die Militärschule von Manastir/Bitola aufgenommen.
1897	*14. April:* Osmanische Kriegserklärung an Griechenland.
1899	*13. März:* Mustafa Kemal tritt in die Kriegsakademie Istanbul ein.
1902	Mustafa Kemal wird Leutnant.
1903	*30. September:* Das Mürzsteger Abkommen über Reformen in Makedonien zwischen Österreich-Ungarn und Russland wird geschlossen.
1905	*11. Januar:* Mustafa Kemal absolviert die Kriegsakademie und wird nach Damaskus versetzt.
1907	*13. September:* Mustafa Kemal ist bei der 3. Armee in Saloniki. *29. Oktober:* Er wird Mitglied der Gesellschaft für Einheit und Fortschritt» in Saloniki.
1908	*9.–10. Mai:* Treffen von Reval zwischen dem englischen König Edward VII. und Zar Nikolaus II. *24. Juli:* Jungtürkische Revolution, Abdülhamid II. verkündet die Gültigkeit der Verfassung von 1876. *Oktober:* Mustafa Kemal ist als Abgesandter der «Jungtürken» in Tripolitanien und der Kyrenaika.
1909	*31. März:* «Konterrevolution». *13. April:* Mustafa Kemal ist bei der «Operationsarmee» am Rande Istanbuls. *27. April:* Absetzung Abdülhamids II., Sultan Mehmed V. Reşad besteigt den Thron.
1910	*Mai:* Mustafa Kemal dient im Stab des Kriegsministers Mahmud Şevket Paşa bei der Bekämpfung von albanischen Aufständischen. *9.–18. September:* Mustafa Kemal ist als Manöverbeobachter in der Picardie; anschließende Reise nach St. Étienne und Paris.
1911	Er tritt in das Komitee «Einigkeit und Freiheit» in Saloniki ein. *27. September:* Italienisches Ultimatum.

27. *November:* Mustafa Kemal wird zum Oberst ernannt.

8. *Dezember:* Er trifft in der Kyrenaika (Benghazi) ein und kämpft gegen die italienischen Besatzungstruppen.

1912   10. *November:* Saloniki wird durch griechische und bulgarische Truppen eingenommen.

1913   23. *Januar:* Staatsstreich der «Gesellschaft für Einheit und Fortschritt».

20. *November:* Mustafa Kemal ist Militärattaché in Sofia.

1914   28. *Juni:* Attentat von Sarajevo.

12. *Januar:* Briefe an Corinne «une grand idée».

3. *November:* Russland erklärt den Krieg an die Türkei; Großbritannien und Frankreich folgen.

1915   10. *Januar:* Verlustreiche Schlacht von Sarıkamış.

20. *Januar:* Mustafa Kemals Zeit als Militärattaché in Sofia endet; er übernimmt die Leitung der 19. Division.

1. *Juni:* Provisorisches Gesetz über die Deportation von Armeniern.

25. *April:* Landung der ANZAC-Truppen bei Arıburnu, die durch Mustafa Kemals Division zurückgewiesen werden.

20. *Juli:* Brief an Corinne über den Glauben an das Märtyrertum.

6.–7. *August:* Mustafa Kemal wehrt einen Vorstoß der Alliierten bei Anafartalar ab.

6. *September:* Bulgarien tritt an der Seite der Mittelmächte in den Krieg ein.

1916   27. *Januar:* Mustafa Kemal geht als Chef des XVI. Korps an die kurdische Front gegen Russland.

27. *Februar:* Er kommt in Diyarbekir an und wird zum General (Paşa) ernannt; Lektüren in Silvan.

5.–6. *August:* Bitlis und Muş werden eingenommen.

1917   7. *März:* Mustafa Kemal wird Befehlshaber der 2. Armee in Syrien und Palästina.

11. *März:* Bagdad fällt an die Briten.

5. *Juli:* Mustafa Kemal wird Befehlshaber der 7. Armee in Syrien und Palästina.

4. *Oktober:* Er bittet um seine Entlassung von der Sinai-Front und kehrt nach Istanbul zurück.

8. *Dezember:* Übergabe von Jerusalem an den britischen General Allenby.

1917/18   15. *Dezember–4. Januar:* Deutschlandreise mit der Delegation des Thronfolgers.

1918   25. *Mai–2. August:* Mustafa Kemal reist zur ärztlichen Behandlung und zu einer Kur nach Wien und Karlsbad.

4. *Juli:* Thronbesteigung Mehmeds VI. Vahideddin.

7. August: Mustafa Kemal befehligt erneut die 7. Armee in Palästina.

30. Oktober: Waffenstillstand von Mudros.

1. November: Flucht führender Unionisten.

13. November: Mustafa Kemal trifft in Istanbul ein, nachdem er in Syrien ein Armeekorps befehligt hat.

1919   *30. April:* Er wird Inspekteur der 9./3. Armee.

15. Mai: Griechische Truppen halten sich in İzmir auf.

19. Mai: Mustafa Kemal trifft mit seinem Stab in Samsun ein.

22. Juni: Historisches «Rundschreiben» von Amasya.

8. Juli: Mustafa Kemal hält sich in Erzurum auf; er legt die Uniform ab.

23. Juli–7. August: «Erzurum-Kongress».

4.–11. September: In Sivas tagt der Kongress der «Gesellschaft für die Verteidigung der Nationalen Rechte Anatoliens und Rumeliens».

27. Dezember: Mustafa Kemal trifft in Ankara ein.

28. Januar: Das osmanische Parlament nimmt den Nationalpakt an.

1920   *16. März:* Die Alliierten besetzen Istanbul.

Februar: Londoner Konferenz.

23. April: Eröffnung der Großen Türkischen Nationalversammlung in Ankara.

10. April: Fetwas des Scheichülislam gegen den nationalen Widerstand.

22. Juni: Die griechische Armee überschreitet die Milne-Linie.

10. August: Die Regierung des Sultans unterzeichnet den Friedensvertrag von Sèvres.

2. Dezember: Der Vertrag von Gümrü/Alexandropol über die Grenze zwischen der Türkei und Sowjet-Armenien wird geschlossen.

1921   *9.–11. Januar und 31. März:* İsmet Paşa schlägt in den Schlachten bei İnönü die griechischen Truppen zurück.

20. Januar: Provisorisches Grundgesetz.

21. Februar–2. März: Auf der Londoner Konferenz wird den Türken Istanbul zugesprochen.

16. März: Vertrag von Moskau.

Frühjahr: Mustafa Kemal bezieht das Gartenhaus in Çankaya.

5. August: Er hat den Oberbefehl mit Vollmachten für drei Monate inne.

23. August–13. September: Schlacht am Sakarya.

13. September: Mustafa Kemal verkündet die Generalmobilmachung.

19. September: Die Nationalversammlung zeichnet Mustafa Kemal mit dem Titel «Gazi» aus.

20. Oktober: Abkommen mit Frankreich (Franklin-Bouillon).

1922   *26. August:* Beginn des «Großen Angriffs».

30. August: Sieg gegen die griechische Armee bei Dumlupınar.

9. September: Türkische Truppen marschieren in İzmir ein; Mustafa Kemal folgt am nächsten Tag.

11. Oktober: Waffenstillstand *(Convention Militaire)* von Mudanya.

1. November: Beschluss über die Absetzung des Sultans.

21. November: Verhandlungen in Lausanne beginnen.

6. Dezember: Mustafa Kemal kündigt die Gründung einer Volkspartei an.

1923   *14. Januar:* Tod der Mutter Zübeyde in İzmir.

22. Januar: Mustafa Kemal hält in Bursa eine Rede über Kunst.

29. Januar: Er heiratet Latife in İzmir.

4. Februar: Unterbrechung der Verhandlungen in Lausanne.

17. Februar–4. März: Wirtschaftskongress in İzmir.

24. Juli: Friedensvertrag von Lausanne.

9.–11. September: Gründung der Volkspartei (CHF), deren erster Präsident Mustafa Kemal wird.

13. Oktober: Ankara wird zum «Entscheidungszentrum».

29. Oktober: Die türkische Republik wird ausgerufen; Mustafa Kemal wird ihr erster Präsident.

1924   *3. März:* Abschaffung des Kalifats, Ausweisung der Dynastie.

20. April: Das Verfassungsgesetz wird verabschiedet.

12. September: Mustafa Kemal tritt eine See- und Landreise mit Latife an.

18. November: Programm der «Fortschrittlichen Republikanischen Partei» (TCF).

1925   *20. Februar:* Beginn des Scheich-Said-Aufstands in Kurdistan.

4. März: Ministerpräsident Fethi (Okyar) erklärt das Kriegsrecht für die Ostprovinzen.

5. August: Mustafa Kemal lässt sich von Latife scheiden.

30. August: Mustafa Kemal hält die Kastamonu-Rede zur Reform der männlichen Kopfbedeckung.

5. November: Einweihung der Rechtsschule in Ankara.

25. November: Das Hutgesetz wird verabschiedet.

30. November: Gesetz gegen Derwischkonvente.

1926   *17. Februar:* Das Zivilgesetzbuch wird im Parlament eingebracht und angenommen.

1. März: Strafgesetzbuch.

5. Juni: Mosul-Vertrag mit Großbritannien und Irak.

15. Juni: In İzmir wird ein Attentatsversuch auf Mustafa Kemal aufgedeckt.

2. August: Beginn des Ankara-Prozesses gegen führende Unionisten.

3. Oktober: Ein erstes Standbild für Mustafa Kemal wird im Istanbuler Gülhane-Park enthüllt.

1927   *15.–20. Oktober:* «Große Ansprache».

1928   *3. Februar:* Freitagsgebet in einigen Istanbuler Moscheen in türkischer Sprache.

10. April: Durch eine Verfassungsänderung ist der Islam nicht mehr Staatsreligion.

9. August: Mustafa Kemal tritt im Gülhane-Park auf und kündigt die Einführung der Lateinschrift an (Einführung durch Gesetz vom 3. November 1928).

28. November: Der gesetzliche Hutzwang wird wirksam.

1929   *30. November:* Emil Ludwig besucht Mustafa Kemal.

1930   Veröffentlichung der «Staatsbürgerkunde».

3. April: Das Kommunalwahlrecht für Frauen wird eingeführt.

August–Oktober: Zwischenspiel der Freien Republikanischen Partei (SCF).

23. Dezember: Lynchmord an dem Reserveoffizier Kubilay in Menemen.

1931   *15. April:* Gründung der Gesellschaft für Türkische Geschichte.

1932   *12. Juli:* Gründung der Gesellschaft für Türkische Sprache.

18. Juli: Einführung des türkischen Gebetsrufs.

26. September–5. Oktober: Erster Kongress für Türkische Sprache.

1933   Mustafa Kemal unternimmt ausgedehnte Reisen durch Anatolien.

29. Oktober: Feiern zum zehnjährigen Bestehen der türkischen Republik.

1934   *21. Juni:* Gesetz über Nachnamen; am 24. November nimmt Mustafa Kemal den Namen Atatürk an.

5. Dezember: Frauen wird das Allgemeine Wahlrecht zugesprochen.

1935   *10. Mai:* Auflösung der Türkischen Frauen-Union.

20. Oktober: Volkszählung: 16 648 270 Menschen leben in der Türkei.

1936   *20. Juli:* Meerengenabkommen von Montreux.

9. Januar: Eröffnung der Fakultät für Sprache, Geschichte und Geographie in Ankara (DTCF).

1937   Anthropologische Enquête.

5. Februar: Verankerung von kemalistischen Prinzipien in Form von «Sechs Pfeilen» in der Verfassung (Republikanismus, Nationalismus, Laizismus, Populismus, Etatismus, revolutionärer Reformismus).

März–April: Großer Dersim-Aufstand.

1938   *31. März:* In den Zeitungen erscheint das erste amtliche Bulletin über Atatürks angeschlagene Gesundheit.

5. Juli: Türkische Truppen marschieren in İskenderun ein.

10. November: Atatürk stirbt in Dolmabahçe.

LITERATUR

Das Buch stützt sich zum größten Teil auf türkischsprachiges Material. Nach einigen allgemeinen Erläuterungen zur bibliographischen und chronologischen Hilfsmitteln, zur Quellenlage und zum Forschungsstand werden hier die wichtigsten und ausdrücklich erwähnten Texte angeführt. Im Hinblick auf den Leserkreis werden Bücher und Aufsätze, die in den europäischen Hauptsprachen zugänglich sind, bevorzugt behandelt.

Auch für eine systematische Befassung mit dem Thema «Atatürk» bilden bibliographische Arbeiten den Ausgangspunkt. Seit einiger Zeit kann man auch auf eine «Bibliographie der Bibliographien» zu Atatürks Leben und Werk zurückgreifen (Yücel Karlıklı, *Atatürk ve Türk devrimi bibliyografyalarının bibliyografyası*, İstanbul 2002). Eine umfangreiche Bibliographie von Werken in deutscher, englischer, französischer und türkischer Sprache wurde von Azmi Süslü zusammengestellt: *Atatürk ve Türkiye Cumhuriyeti konusunda yurtdışında yayınlanmış kitaplar bibliografyası*, Ankara 2000 («Atatürk und die Türkische Republik: Bibliographie der im Ausland erschienenen Bücher»).

Ein unentbehrliches Hilfsmittel ist die Atatürks Leben so weit möglich Tag für Tag erfassende Arbeit von Utkan Kocatürk, die man in der erweiterten zweiten Auflage konsultieren sollte (*Doğumundan Ölümüne Kadar Kaynakçalı Atatürk Günlüğü*, Ankara 1999). Die Benutzung der zum Teil in deutscher, zum Teil in türkischer Sprache vorliegenden «Türkischen Geschichtskalender» von Gotthard Jäschke (1894–1993), dem Begründer der türkischen Zeitgeschichtsforschung, bleibt dabei weiterhin notwendig. Jäschkes *Geschichtskalender* erschienen zum größten Teil innerhalb der Zeitschrift *Die Welt des Islams*. Der Zeitabschnitt von 1918–1928 (verfasst mit Erich Pritsch) kam auch (Berlin 1929), der von 1935–1941 nur in Buchform (Leipzig 1943) heraus. Die von Jäschke herangezogenen Quellen umfassen nicht nur türkisches amtliches und journalistisches Material; er hat zum Beispiel auch das führende Organ des zeitgenössischen Nahen Ostens *Oriente Moderno* (Rom 1921/22–) ausgewertet. Die Geschichtskalender gehen weit über eine Chronologie der wichtigsten politischen Ereignisse hinaus, auch religiöse und kulturelle Themen werden erfasst.

Siebzig Jahre nach Atatürks Tod sind längst nicht alle Schrift- und Bildquellen, die in den zentralen Archiven der Republik (http://www.devletarsivleri.gov.tr), in der Historischen Abteilung des Militärarchivs (Institut für Kriegsgeschichte und Strategische Studien/ATASE), dem Institut für Geschichte der Türkischen Revolution (*Türk Devrim Tarihi Enstitüsü*) und der Bibliothek der Gesellschaft für Türkische Geschichte *(Türk Tarih Kurumu)* gehütet werden, in ihrem genauen Umfang bekannt, geschweige denn voll zugänglich und erschlossen. Während sich die Katalogisierung in den zentralen osmanischen Archiven allmählich der Vollständigkeit annähert, kann das für die republikanischen Fonds, insbesondere die Archive einzelner Ministerien, längst nicht behauptet werden. Hervorzuheben sind aber ein bequemer Internet-Zugang für jedermann und unbürokratische Benutzungsregeln. ATASE hat mehr als 1,5 Millionen Dokumente zur Geschichte des Weltkriegs, die bis hinunter zu Regimentsakten reichen (vgl. dazu und zu den publizierten, aber im Ausland kaum zugänglichen kriegsgeschichtlichen Studien der Armee Edward J. Erickson, *Ottoman Army Effectiveness in World War I. A Comparative Study*, London 2007).

Man darf annehmen, dass auch autobiographische Zeugnisse, wie Mustafa Kemals «Wiener Tagebücher» aus dem Jahr 1918 und zahlreiche Briefschaften nicht verloren gegangen sind, sondern in einem Archiv aufbewahrt werden. Atatürk war ein produktiver Korrespondent, und es nimmt Wunder, dass nur wenige seiner privaten Briefe veröffentlicht wurden.

Alle Biographen haben die von ihm selbst verfassten oder autorisierten Beschreibungen seiner ersten vierzig Lebensjahre benutzt. Die wichtigsten bekannten Tagebücher, aus denen auch hier zitiert wird, stammen von der kurdischen Front (Şükrü Tezer (Hrsg.), *Atatürk'ün Hatıra Defteri*, Ankara 1972) und aus Karlsbad (Âfetinan, Ayşe (Hrsg.), *Karlsbad Hatıraları*, Ankara 1983).

Im Staatshandbuch der Republik wurde 1926 ebenso wie in der amtlichen *Hakimiyet-i Milliye* (Ankara) 1926 eine offizielle Biographie veröffentlicht. Jean Deny hat sie mit einigen Erläuterungen als erster auf Französisch zugänglich gemacht: «Moustafa Kemal Pacha. Biographie d'après Le nouvel Annuaire Officiel de Turquie», in: *Revue du Monde Musulman*, 63 (1926), 146–167. Weiteres biographisches Material aus der Zeit des Weltkriegs hat Deny in Interview-Form unter dem Titel «Les souvenirs du Gâzi Moustafa Kemâl Pacha ‹version française remaniée d'après l'original turc›», in: *Revue du Études Islamiques* 1 (1927), 177–222 publiziert. Vor wenigen Jahren erschien ein Quellenband zu Mustafa Kemals militärischer und politischer Wirksamkeit in den Jahren vor 1922 (Uğurhan Demirbaş, *Belgelerle Mustafa Kemal Atatürk (1916–1922)*, Ankara 2003).

Bald nach Atatürks Tod wurde das Institut für Geschichte der Türkischen Revolution an der Universität Ankara mit der Herausgabe seiner «Ansprachen und Erklärungen» beauftragt, die zuerst zwischen 1945 und 1964 unter dem Titel *Atatürk'ün Söylev ve Demeçleri* (ASD) herauskamen und mehrere Neuauflagen erlebten. Sie enthalten im ersten Teil alle großen Ansprachen von der Eröffnung des Erzurum-Kongresses 1919 über die Reden zu Beginn der Legislaturperioden der *Meclis* beziehungsweise der Generalversammlungen der Volkspartei bis 1938. Der zweite Teil der ASD umfasst unter anderem die wichtigen Reden, die der Pascha in den Provinzstädten auf dem Höhepunkt der Reformmaßnahmen zwischen 1923 und 1926 hielt. Ein letzter Teil besteht vor allem aus Erklärungen in der Presse zu verschiedenen innen- und außenpolitischen Themen. Sehr ergiebig ist auch der Band der «Rundschreiben, Telegramme und Erklärungen» *(Atatürk'ün Tamim, Telegraf ve Beyannameleri)* mit über 800 Quellentexten von Ende 1917 bis zu Atatürks letzten Tagen (Ankara 1964).

Am häufigsten wird für die Jahre des Unabhängigkeitskriegs die Sechs-Tage-Rede *Nutuk* zitiert, über die in dieser Biographie zusammenfassend berichtet wird. Der sofort kanonisierte Text erschien 1927 in arabischer, 1934 in lateinischer Schrift. Fast gleichzeitig mit dem Original kam eine deutsche Übersetzung auf Grundlage der autorisierten französischen Version heraus. Sie wurde unter dem Titel *Die neue Türkei 1919 bis 1927* auf Betreiben der türkischen Regierung bei K. F. Koehler in Leipzig gedruckt (Band 1: *Der Weg zur Freiheit 1919–1920*; Band 2: *Die nationale Revolution 1920–1927*). Der Quellenanhang mit dreihundert Dokumenten erschien 1929 nur in der deutschen Reihe, freilich in französischer Fassung (Vorwort: «Dies schien deshalb geboten, weil die französische Übersetzung auf Grund der türkischen Originale in Konstantinopel unter den Augen des Gasi hergestellt worden ist und die Genauigkeit des Textes durch eine nochmalige Übertragung vom Französischen ins Deutsche nicht vermindert werden sollte.»)

Die neuen türkischen Ausgaben enthalten ein hilfreiches Personenregister. Aus diesem Text wurde hier häufiger zitiert, nicht ohne den Wortlaut gelegentlich zu verändern und zu korrigieren. Heute wird *Nutuk* fast nur in der ins Neutürkische übertragenen und stark vom Original abweichenden Form benutzt.

Es ist verwunderlich, dass es beim Existieren großer staatlicher beziehungsweise halbstaatlicher und zum Teil hochsubventionierter Institutionen, insbesondere des nach der Militärintervention vom 12. September 1980 gegründeten *Atatürk Araştırma Enstitüsü* (AAE/Atatürk Research Center), keine philologisch korrekten und annotierten Ausgaben von Atatürks Schriften gibt. Daran ändert auch nichts, dass der Istanbuler Kaynak-Verlag seit 1988 «Sämtliche Werke Atatürks» *(Atatürk'ün Bütün Eserler)* in chronologischer Abfolge herausbringt. Eine kritische und annotierte Textausgabe soll im Verlag Yapı Kredi Yayınları (Istanbul) erscheinen.

Das AAE gibt mit *Atatürk Araştırmaları Dergisi* (1984–) dreimal im Jahr eine Zeitschrift heraus, die neben vielen verzichtbaren Beiträgen auch immer wieder neue Quellen und Tatsachen erschließt. Das gilt sinngemäß für die Veröffentlichungen von Symposien und größeren Tagungen wie dem Internationalen Atatürk-Kongress *(International Congress on Atatürk)*, deren fünfter 2003 in Ankara stattfand. Das AAE hat neben *Nutuk* auch die Sammlung der übrigen Reden Atatürks und seine Zeitschrift über das Internet zugänglich gemacht (http://www.atam.gov.tr).

Die in diesem Buch verwendeten Briefe und Postkarten an Corinne Lütfü aus den Jahren zwischen 1913 und 1917 erschienen erstmals 1955 in der Zeitung *Milliyet* und wurden dann von Nachfahren der Adressatin im Rahmen ihrer Familiengeschichte auf Türkisch und jüngst auch auf Deutsch als Buch veröffentlicht (Özverim, Melda, *Mustafa Kemal und Corinne Lütfü. Die Geschichte einer Freundschaft*, Dortmund 2004).

Zu Atatürks Leben und Wirken gibt es zahlreiche Zeitzeugenberichte, deren Ton von grenzenloser Verehrung bis hin zu distanziert-feindseligen Stellungnahmen reicht. Ali Fuad Cebesoy, der nicht weniger als fünf verschiedene «Memoiren» hinterlassen hat (hier wurden die von Osman Selim Kocahanoğlu hrsg. *Siyasi Hatıralar*, 2 Bände, Istanbul 2002 benutzt), und Kâzım Karabekir gehören zu den wichtigsten

Zeitgenossen, die mit ihren Veröffentlichungen die Autorität der «Großen Rede» erschüttern wollten. Rauf Orbay verfasste unter dem Titel «Höllenmühle. Meine politischen Erinnerungen» (*Cehennem Değirmeni. Siyasi Hatıralarım*, Istanbul 1993) eine bittere Abrechnung mit der Zeit seiner politischen Verantwortung und Exilierung. Die in der Türkei lange nur «unter dem Ladentisch» gehandelten vier Bände «Mein Leben und meine Erinnerungen» (*Hayat ve Hatıratım*, 4 Bände, Istanbul 1967–1968) des ersten Gesundheitsministers der *Meclis*-Periode Dr. Rıza Nur bestehen aus einer Abfolge von durchaus interessanten Fakten und haltlosen Vorwürfen.

Es ist oft schwer, türkische Memoiren von biographischen Erweiterungen durch Herausgeber, Nachkommen und andere Dritte zu trennen. Atatürk selbst folgt in *Nutuk* dem von spätosmanischen Politikern bevorzugten Format der «Rechtfertigungsautobiographie», die der Darstellung dienstlicher Aktivitäten und der Verteidigung politischer Maßnahmen dient, nicht etwa dazu, Einblicke in das Innere der Verfassers freizugeben.

Zu den frühesten Lebensbeschreibungen, die sich den hier nur beiläufig behandelten Vorfahren Atatürks widmen, gehört Enver Behnan Şapolyos vielzitiertes Buch «Kemal Atatürk und die Geschichte des Nationalen Kampfs» (*Kemal Atatürk ve Millî Mücadele Tarihi*, Ankara 1944). Mazhar Müfit Kansu hat unter dem zu weit gespannten Titel «Mit Atatürk von Erzurum bis zu seinem Tod» (*Erzurum'dan ölümüne kadar Atatürk'le beraber*, 2 Bände, Ankara 1966–1968), Erinnerungen veröffentlicht, die für die Vor- und Frühgeschichte der Republik von großer Wichtigkeit sind. Die bekannteste Atatürk-Biographie in türkischer Sprache hat der langjährige Wegbegleiter Falih Rıfkı Atay unter dem Titel «Çankaya. Erinnerungen an die Epoche Atatürks» geschrieben (zuerst Ankara 1961 in 2 Bänden). Atays Buch ist auch in einer guten englischen Teilübersetzung zugänglich (*The Atatürk I knew*, Istanbul 1981). Häufig zitiert wird die in drei starken Bänden erschienene Arbeit von Şevket Süreyya Aydemir, «Der einzige Mann» (*Tek Adam*, Istanbul 1966). Ihr Autor stand seinem Gegenstand weniger nahe als Atay, was sich aber für die insgesamt ausgeglichenere Darstellung nicht nachteilig auswirkte.

Schon zu Atatürks Lebzeiten erschien eine größere Zahl von Biographien, die dem westlichen Lesepublikum den siegreichen und rätselhaften Mann nahe bringen wollten. Harald C. Armstrong (1891–1943), der nach dem Weltkrieg an der britischen Botschaft in Istanbul beschäftigt war, löste mit seinem *Grey Wolf Mustafa Kemal. An Intimate Study of a Dictator*, London 1932 (deutsch unter dem Titel *Der graue Wolf. Das Leben des Diktators Mustafa Kemal*, Berlin 1933), in dem er den Gasi einen «ruthless dictator» nannte, einen diplomatischen Konflikt mit England aus.

Typisch für die Epoche zwischen den Weltkriegen war die Aufnahme von Atatürk in Sammelwerke über «Große Männer». So bezeichnete ihn der einflussreiche französische Journalist und Historiker Jacques Bainville (1879–1936) als die originellste Gestalt unter den zeitgenössischen Diktatoren. Er habe etwas von Washington und Tschingis Chan, doch sei Peter der Große die historische Gestalt, der er am meisten ähnele (*Les Dictateurs*, Paris 1935)!

Ein Beispiel für die bis heute in der Türkei gültige Sicht des Republikgründers bildet der sehr umfangreiche Artikel «Atatürk», der schon 1946 in der türkischen Überarbeitung *(İslâm Ansiklopedisi)* der in Leiden herausgegebenen «Enzyklopädie des Islam» erschien. 1963 wurde er unter der Federführung von Uluğ İğdemir, dem Generalsekretär der Türkischen Geschichtsgesellschaft, im Auftrag der türkischen UNESCO-Kommission unter anderem auch als selbstständiges Buch auf Deutsch verbreitet.

Die drei derzeit umfangreichsten Atatürk-Biographien in nichttürkischer Sprache sind Werke von englischen beziehungsweise englisch geprägten Publizisten. Patrick Balfour Kinross (1904–1976) schrieb seine Biographie *Atatürk. The Rebirth of a Nation,* (London 1964), als noch wichtige Zeitgenossen befragt werden konnten. Die Stärke dieses flüssig geschriebenen Texts liegt in den «oral informations».

Salâhî R. Sonyels *Atatürk. The Founder of Modern Turkey* (Ankara 1989) hat das britische *Public Record Office* zur Grundlage seiner Kapitel über die wichtigen britisch-türkischen Beziehungen gemacht. Sein Buch enthält neben Protokollen der Gespräche Mustafa Kemals mit dem britischen Botschafter Sir Georg Clerk auch Korrespondenzen englischer Konsuln aus den Provinzstädten, die über Reaktionen der Bevölkerungen auf die Reformen berichten.

Der 1926 in Istanbul geborene Publizist und langjährige Leiter der türkischen Abteilung des BBC Andrew Mango hat die detaillierteste Lebensgeschichte Atatürks in nichttürkischer Sprache verfasst *(Atatürk,* London 1999, 666 Seiten). Anders als Kinross standen ihm nur noch wenige Nachkommen von Atatürks Freunden in zweiter und dritter Generation als Auskunftgeber zur Verfügung. Um so intensiver hat er einen sehr großen Teil der publizierten Erinnerungen genutzt und sorgfältig zitiert. Sehr nützlich für nichttürkische Leser sind die «Biographical Notes» zu allen wichtigen Figuren.

Zu einer Anzahl von Personen, die wie İsmet İnönü und Celal Bayar in Atatürks privatem und politischem Leben eine wichtige Rolle spielten, gibt es neuere Biographien. Unentbehrlich zum Verständnis der kemalistische Führungsschicht ist Hans-Lukas Kieser, *Vorkämpfer der Neuen Türkei. Revolutionäre Bildungseliten am Genfer See (1870–1939),* Zürich 2005. Mit Gewinn benutzt wurde hier auch die Studie von Walter F. Weiker über die Besucher Atatürks und ihre Frequenz in seinen letzten Lebensjahren («Associates of Kemal Atatürk, 1932–1938», in: *Belleten* 34 (1970), 633–652). Einige wenige liegen auch in englischer und deutscher Sprache vor (Metin Heper, *İsmet İnönü. The Making of a Turkish Statesman,* Leiden 1998; Camilla Dawletschin-Linder, *Diener seines Staates. Celal Bayar (1883–1986) und die Entwicklung der modernen Türkei,* Wiesbaden 2003). Das gut dokumentierte Buch der Journalistin İpek Çalışlar über Atatürks Gattin *(Latife Hanım,* Istanbul 2006) wurde sofort zum Bestseller. Von dieser Autorin wurde auch das als Zeitzeugnis für die Jahre vor 1918 verwendbare Buch von Anna Grosser-Rilke (*Nie verwehte Klänge,* Leipzig 1937), aus dem hier direkt zitiert wurde verwendet. Zu anderen weithin vergessenen deutschsprachigen Quellen aus der Zeit der Befreiungskriege gehören die Erinnerungen von Hans Tröbst, der 1921 bis 1922 als Söldner unter Mustafa Kemal diente *(Soldatenblut. Vom Baltikum zu Kemal Pascha,* Leipzig 1925). Weiteres von der Forschung unberücksichtigtes Material enthalten die Türkei-Bücher des Ingenieurs Karl Klinghardt (vor allem *Angora-Stambul. Ringende Gewalten*, Frankfurt a. M. 1924).

Von den Schriften, die Atatürks Zeitgenossen hinterließen, können hier nur ganz wenige beispielhaft angeführt werden. Aus dem Tagebuch von Mustafa Kemals Adjutanten über mehrere Weltkriegsjahre İzzeddin/İzzettin Çalışlar (*Atatürk'le İkibuçuk Yıl*, Istanbul 1993) wurde hier mehrfach zitiert. Seit ihrer ersten Begegnung im Jahr 1919 gehörte Kılıç Ali zu den engsten Gefährten des Gazi. Seine Aufzeichnungen, die an verschiedenen Stellen erschienen, wurden in einem voluminösen Band unter dem Titel «Die Erinnerungen von Atatürks Busenfreund» (*Atatürk'ün Sirdaşı Kılıç Ali'nın Anıları*, Istanbul 2005) zusammengefasst. Er enthält einen langen Abschnitt über die Unabhängigkeitsgerichte und den Attentatsversuch in İzmir. Von den engen Freunden haben außerdem Salih Bozok (mit Cemil Bozok, *Hep Atatürk'ün yanında*, Istanbul 1985) und Fethi Okyar (*Üç Devir'de bir Adam*, Istanbul 1980) Erinnerungen hinterlassen. Bei dem zuletzt genannten Buch handelt es sich allerdings um eine vom Herausgeber Cemal Kutay stark redigierte, in der dritten Person verfasste Biographie.

Sehr umfangreich sind die Aufzeichnungen seines Generalsekretärs Hasan Rıza Soyak, der ihm schon seit seiner Tätigkeit als *Meclis*-Sekretär 1922 nahe stand (*Atatürk'ten Hatıralar*, Istanbul 1973, 2. Aufl. 2004, 772 Seiten). Erwartungsgemäß steht der Alltag in Çankaya in den Erinnerungen seines «Butlers» *(Uşak)* der Jahre 1927–1938 Cemal (Granda) im Vordergrund (*Atatürk'ün uşağı gizli defteri*, Istanbul 1971). Spätere Auflagen erschienen unter veränderten Titeln.

Zu den wichtigsten Journalisten und Literaten der Epoche, die über Atatürk schrieben, gehören Autoren wie Yakub Kadri Karaosmanoğlu, Ruşen Eşref Ünaydın, Ahmed Cevad Emre, Yunus Nadi Abalıoğlu und Asım Us. Ihre hier verwerteten Texte liegen nur auf Türkisch vor und sind für Leser dieser Sprache leicht ermittelbar. Mustafa Kemals Äußerung zu Panslavismus und Pangermanismus aus Kapitel 4 entstammt İhsan Ertekins Artikel «Atatürk ve Rıdvan Nafiz», in: *Ridvan Nafiz Edgüer'in Hayatı*, o. O., o. J.

Die im Abschnitt über den Einmarsch der türkischen Armee in İzmir zitierte Beobachtung des armenischen Arztes Chatscherian kann inzwischen in deutscher Sprache und im Zusammenhang gelesen werden (Sakayan, Dora (Hrsg.), *Smyrna 1922. Das Tagebuch des Garabed Hatscherian*, Klagenfurt 2006).

Nichttürkisches Quellenmaterial stammt unter anderem von ausländischen Journalisten. Ernest N. Bennett traf Mustafa Kemal bereits 1911 in Afrika (*With the Turks in Tripoli. Being some Experiences in the Turco-Italian War of 1911*, London 1912). Der deutsche Schriftsteller Emil Ludwig begegnete Atatürk 1928, sein Interview ist ein wichtiges, aber durchaus nicht alleinstehendes Beispiel für Atatürks manchmal atemberaubende Offenherzigkeit gegenüber ausländischen Gesprächspartnern.

Mehrere Diplomaten haben wichtige Aufzeichnungen hinterlassen. Die kurze aber bewegte Amtszeit des sowjetischen Botschafters Semon I. Aralov (1922) ist ein frühes Beispiel. Englische und amerikanische Vertreter wurden bevorzugt in den drei oben genannten Biographien von Kinross, Sonyel und Mango verwertet. Der Österreicher August von Kral hat mit *Das Land Kamâl Atatürks. Der Werdegang der modernen Türkei* (2. Aufl., Wien 1937) eine gut informierte politisch-wirtschaftlich-kulturelle Landeskunde verfasst, die, obwohl auch französische und englische Ausgaben existieren, zu Unrecht kaum zitiert wird.

Schwer überschaubar sind die Beiträge von Militärs, die an den Kämpfen des Weltkriegs beteiligt waren. Die englischsprachige «Gallipoli»-Literatur ist schon zu einer kleinen Bibliothek angewachsen. Orientierung für die Kämpfe auf der Halbinsel und an anderen Fronten vermittelt das Buch von Field Marshal Lord Carver (1915–2001): *The Turkish Front 1914–1918. The Campaigns at Gallipoli, in Mesopotamia and in Palestine* (London 2003).

Auf deutscher und österreichisch-ungarischer Seite müssen vor allem Otto Liman von Sanders (*Fünf Jahre Türkei*, 2. Aufl., Berlin 1922) und Joseph Pomiankowski (*Der Zusammenbruch des Ottomanischen Reiches. Erinnerungen an die Türkei aus der Zeit des Weltkrieges*, Wien 1927), Friedrich Kreß von Kressenstein (*Mit den Türken zum Suezkanal*, Berlin 1938) und Hans Kannengießer (*Gallipoli: Bedeutung und Verlauf der Kämpfe 1915*, Berlin 1927) genannt werden.

Zur griechischen Invasion Kleinasiens und ihrer diplomatischen Vorgeschichte kann man immer noch Michael Lleewellyn-Smith glänzende Darstellung heranziehen (*Ionian Vision. Greece in Asia Minor, 1919–1923*, London 1973).

Atatürk hat die Jahre zwischen 1919 und 1938 in einem Ausmaß geprägt, dass sich die historische Literatur zur «Neuen Türkei» zu einem großen Teil auch mit seinem Leben und seiner Nachwirkung beschäftigen. Nicht übersehen sollte man, dass seine formativen Jahre in die Zeit des Regimes von Sultan Abdülhamid II. fallen. Zu diesem Sultan, dessen Regime die jungtürkische Opposition erzeugte, gibt es jetzt eine autoritative Biographie (François Georgeon: *Abdülhamid II. Le sultan calife (1876–1909)*, Paris 2003).

Als Einführung in die türkische Geschichte vom 19. bis in die Mitte des 20. Jahrhunderts bietet sich das schon zu Lebzeiten des Autors zum Klassiker gewordene Buch von Bernard Lewis *The Emergence of Modern Turkey* (2. Aufl., Oxford 1968) an, nicht zuletzt weil es den Leser auf elegante Weise mit dem politischen Denken der Epoche vertraut macht. Erik Jan Zürcher hat eine erfolgreiche, aus Vorlesungen hervorgegangene Einführung in die moderne Geschichte der Türkei verfasst, in der er sich an wichtigen Stellen von der «offiziellen» Sicht der Rolle Mustafa Kemals im Befreiungskrieg entfernt: *Turkey. A Modern History*, London 1998. Für Zürcher umfasst die «jungtürkische Ära» die Zeit von 1908 bis 1950, schließt also die gesamte Wirksamkeit Atatürks ein. Sein Buch enthält auch einen nützlichen «Bibliographical Survey» von etwa 20 Seiten.

Eine der wenigen Epochenmonographien türkischer Autoren, die auch in westlicher Sprache zugänglich sind, stammt von Sina Akşin (*Turkey: from Empire to Revolutionary Republic. The Emergence of the Turkish Nation from 1789 to the Present*. London 2007). Sehr materialreich sind die fünf Bände von Stanford J. Shaw, *From Empire to Republic. The Turkish War of National Liberation 1918–1923. A Documentary Study*, Ankara 2000). Das umfangreiche Register muss ein auch in türkischer Sprache fehlendes Personenlexikon der Atatürk-Jahrzehnte ersetzen. Beide Autoren zeigen sich als kenntnisreiche, aber selten von der kemalistischen Perspektive abweichende Historiker. Eine nach wie vor gültige Gesamtdarstellung der Außenpolitik des Landes bietet Kurt Ziemke, *Die neue Türkei. Politische Entwicklung 1914–1929* (Stuttgart 1929). Unbedingt ergänzt werden sollte die Lektüre der Geschichtswerke durch die Landeskunde des historisch gebildeten Geographen Wolf-Dieter Hütteroth (*Türkei*, Darmstadt 1972).

Über die Entstehung des Einparteienregimes bleibt die wichtigste Arbeit Mete Tunçay, *Türkiye Cumhuriyeti'nde Tek Parti Yönetimini'nin Kurulması (1923–1931)*, Istanbul 1981 (2. Aufl. 1989). Nachdem die Archive der Volkspartei in Ankara zugänglich gemacht wurden, ist mit einer wachsenden Zahl von neuen Untersuchungen der politischen, sozialen und ökonomischen Landschaft der Atatürk-Jahre zu rechnen. Das grundlegende Werk über die «Unabhängigkeitsgerichte» bleibt Ergün Aybars, *İstiklal mahkemeleri. 1923–1927*, Ankara 1982. Eine eindringliche Monographie über das Experiment mit der «Freien Republikanische Partei» wurde von Cemil Koçak verfasst (*Belgelerle İktidar ve Serbest Cumhuriyet Fırkası. Târihyazımında Serbest Cumhuriyet Fırkası*, Istanbul 2006).

Das noch nicht übertroffene Orientierungsmittel für die türkische Geistesgeschichte in den Jahrzehnten vor und nach 1900 ist Hilmi Ziya Ülkens *Türkiye'de Çağdaş Düşünce Tarihi* (Istanbul 1966). Der von Ahmet İnsel herausgegebene Band *Kemalizm* des Sammelwerks «Politisches Denken in der Modernen Türkei» (*Modern Türkiye'de Siyasi Düşünce 2, Istanbul 2001)* enthält auf nahezu 700 Seiten analytische und deskriptive Beiträge sowie wichtige Quellenstücke zur Theorie und Praxis des Kemalismus und ersetzt so eine kleine Bibliothek zum Thema. Zu Ziya Gökalps Kulturphilosophie muss man neben zahlreichen türkischen Arbeiten auf Uriel Heyds Monographie verweisen *(Turkish Nationalism and Western Civilization, London 1950)*.

Bei vielen zentralen Themen der Kulturreform kann man auf wichtige deutschsprachige Literatur zurückgreifen. Gotthard Jäschke hat als juristisch und turkologisch versierter Zeitgenosse ausgehend von seiner Dissertation *Die Form der Eheschließung nach türkischem Recht* (1940) zahlreiche Themen zum islamischen Kultus in der Umbruchszeit mit aller wünschenswerten, fast pedantischen Präzision beschrieben. Es verwundert nicht, dass sein *Der Islam in der neuen Türkei* (1951) und daran anschließende Artikel (alle in der Zeitschrift *Die Welt des Islams*) ins Türkische (1972) übersetzt wurden. Die Erinnerungen des deutsche Juristen Ernst E. Hirsch, *Aus des Kaisers Zeiten durch die Weimarer Republik in das Land Atatürks; eine unzeitgemäße Autobiographie* (München 1982) belehren auch den Laien in anregender Weise über die Rechtsreformen.

Einen vollständigen Überblick über das Projekt der türkischen Sprachreform mit ihren oft bizarren Auswüchsen bietet Jens-Peter Lauts auch für Nicht-Linguisten verständliches Buch *Das Türkische als Ursprache? Sprachwissenschaftliche Theorien in der Zeit des erwachenden türkischen Nationalismus* (Wiesbaden 2000).

Über Atatürks Interesse an der physischen Anthropologie berichtet anschaulich Hans-Lukas Kieser, «Türkische Nationalrevolution, anthropologisch gekrönt. Kemal Atatürk und Eugène Pittard», in: *Historische Anthropologie. Kultur, Gesellschaft, Alltag,* 14 (2006), Seite 105–118. Für Türkisch-Leser bildet eine Fundgrube das von Kudret Emiroğlu und Suavi Aydın herausgegebene *Antropoloji Sözlüğü* (Ankara 2005), aus dem an einer Stelle zitiert wurde. Die Arbeit eines Kunstgeschichtlers zur Architektur im Kemalismus konnte an mehreren Stellen verwertet werden (Bernd Nicolai, *Moderne und Exil. Deutschsprachige Architekten in der Türkei; 1925–1955,* Berlin 1998). Eine wertvolle Quelle zum Musikleben ist Kurt und Ursula Reinhard, *Musik der Türkei,* 2 Bde., Darmstadt 1985. Zu großen Themengebieten wie Musik, Folklore, Archäologie fehlen trotz wichtiger Vorarbeiten Übersichten in nichttürkischer Sprache.

So bedauerlich die Langsamkeit der Quellenerschließung insbesondere für die mit dem etablierten, geschlossenen Atatürk-Bild unzufriedenen Autoren auch sein mag, einige jüngere Arbeiten haben überzeugend vorgeführt, dass eine gründliche Lektüre des bekannten Forschungsmaterials zu wichtigen Ergebnissen führen kann. Zwei Beispiele müssen genügen: Hülya Küçük konnte zeigen, dass von einer Privilegierung der heterodoxen Gemeinschaften der Bektaşis und Aleviten durch Mustafa Kemal nicht die Rede sein kann (*The Role of the Bektashis in Turkey's National Struggle. A Historical and Critical Study,* Leiden 2002). Emel Akal ist so zur Überzeugung gekommen, dass der Unabhängigkeitskrieg zentralistisch von İttihad ve Terakki-Kadern organisiert wurde, innerhalb derer Mustafa Kemal als Vertreter des Talat-Paşa-Flügels eine entscheidende Rolle spielte (*Milli Mücadelenin Başlangıcında Mustafa Kemal İttihat Terakki ve Bolşevizm* (2. erw. Aufl., Istanbul 2006).

Als ein letztes Beispiel für die unübersehbare zeitgenössische Literatur über Atatürks Vermächtnis sei die Untersuchung «Aber welcher Atatürk?» von Taha Akyol genannt, die hier hinsichtlich ihrer Beobachtungen zur Sprache von Mustafa Kemal verwendet wurde (*Ama Hangi Atatürk,* Istanbul 2008).

Eine wichtige Neuerscheinung ist das Buch von M. Şükrü Hanioğlu über Mustafa Kemals geistige Wurzeln in der europäischen Ideenwelt des 19. Jahrhunderts: *Atatürk: An Intellectual Biography* (Princeton 2011).

BILDNACHWEIS

Seite 11: Klaus Kreiser, Berlin – *Seite 12:* Aus: Patrick Balfour Kinross: Ataturk. A biography of Mustafa Kemal, father of modern Turkey, New York 1965, Abb. 4 – *Seite 19:* Anadolu Ajansı – *Seite 22:* Ullstein-Bild – *Seite 44:* Aus: Kinross (a. a. O.), Abb. 3 – *Seite 50, 60, 68:* Anadolu Ajansı – *Seite 75:* Hulton Deutsch Collection/Corbis – *Seite 81:* Aus: Melda Özverim: Mustafa Kemal und Corinne Lütfü. Die Geschichte einer Freundschaft, Dortmund 2004, S. 27 – *Seite 87, 92:* Anadolu Ajansı – *Seite 93:* Foto eines unbekannten Fotografen im Besitz von Marion Kettermann, Hamm in Westfalen – *Seite 94:* Gültekin Elibal: Atatürk ve Resim Heykel, Istanbul 1973, nach S. 184 – *Seite 101:* Aus: Fritz Rössler: Kemal Pascha, Berlin 1934, S. 33 oben – *Seite 111:* Mehmet Önder: Atatürk'ün Almanya ve Avusturya Gezileri, Ankara 1993, S. 73 – *Seite 147:* Anadolu Ajansı – *Seite 151:* Aus: Karl Klinghardt: Angora – Konstantinopel. Ringende Gewalten, Frankfurt a. M. 1924, gegenüber S. 63 – *Seite 158:* Karte aus: Klaus Kreiser/Christoph Neumann: Kleine Geschichte der Türkei, Stuttgart 2003, S. 380 f. – *Seite 165:* Ullstein-Bild – *Seite 168:* Kinross (a. a. O.), Abb. 7 – *Seite 186:* Afife Batur (Hg.): M. Vedad Tek. Kimliğinin İzinde Bir Mimar, Istanbul 2003, S. 355 (A. Batur Arşivi) – *Seite 190:* Batur (a. a. O.), S. 192 (Cumhurbaşkanlığı Arşivi) – *Seite 199:* Bettmann/Corbis – *Seite 200, 201:* Ullstein-Bild – *Seite 205:* SV-Bilderdienst/Knorr + Hirth – *Seite 210:* Aus: Klinghardt (a. a. O.), gegenüber S. 73 – *Seite 215:* Aus: Gasi Mustafa Kemal Pascha: Der Weg zur Freiheit, 1919–1920, Leipzig 1928, Titelseiten – *Seite 230:* Anadolu Ajansı – *Seite 240:* Andrew Mango: Atatürk, London 1999, Abb. 28 – *Seite 258:* Bettmann/Corbis – *Seite 268:* Klaus Kreiser, Berlin – *Seite 273:* akg – *Seite 281:* Ullstein-Bild/Roger Viollet – *Seite 287:* Mango (a. a. O.), Abb. 32 – *Seite 290:* Kinross (a. a. O.), Abb. 18 – *Seite 295:* Hulton-Deutsch Collection/Corbis – *Seite 297:* Postkarte – *Seite 304:* Karte aus: Großer Historischer Weltatlas, Teil 3, München 1981, Entwurf: Franz Babinger (bearbeitet von Klaus Kreiser) – *Seite 305:* Karte aus: Klinghardt (a. a. O.) – *Seite 306:* Zeichnung: Peter Palm, nach Wolf-Dieter Hütteroth/Volker Höhfeld: Türkei, Darmstadt 2002 (bearbeitet von Klaus Kreiser)

PERSONENREGISTER

GEOGRAPHISCHES REGISTER